臺灣歷史與文化 研究輯刊

十 二 編

第 9 冊

戰後臺灣作家文學中的「原住民族書寫」：
自 1945 到 1987（第三冊）

蔡 政 惠 著

花木蘭文化事業有限公司

國家圖書館出版品預行編目資料

戰後臺灣作家文學中的「原住民族書寫」：自 1945 到 1987
（第三冊）／蔡政惠 著 — 初版 — 新北市：花木蘭文化事業有
限公司，2017〔民 106〕
目 2+260 面；19×26 公分
（臺灣歷史與文化研究輯刊十二編；第 9 冊）
ISBN 978-986-485-160-7（精裝）
1. 臺灣文學 2. 文學評論
733.08   106014102

ISBN-978-986-485-160-7

9 789864 851607

臺灣歷史與文化研究輯刊
十二編　第　九　冊　　　　　　ISBN：978-986-485-160-7

戰後臺灣作家文學中的「原住民族書寫」：
自 1945 到 1987（第三冊）

作　　　者　蔡政惠
總　編　輯　杜潔祥
副總編輯　楊嘉樂
編　　　輯　許郁翎、王筑　美術編輯　陳逸婷
出　　　版　花木蘭文化事業有限公司
社　　　長　高小娟
聯絡地址　235 新北市中和區中安街七二號十三樓
　　　　　　電話：02-2923-1455 ／傳眞：02-2923-1452
網　　　址　http://www.huamulan.tw 信箱 hml 810518@gmail.com
印　　　刷　普羅文化出版廣告事業
初　　　版　2017 年 9 月
全書字數　866039 字
定　　　價　十二編 13 冊（精裝）台幣 26,000 元

戰後臺灣作家文學中的「原住民族書寫」：
自 1945 到 1987（第三冊）

蔡政惠 著

目

次

第四章　李喬文學中的原住民族書寫

第一節　李喬文學歷程

　　李喬 1968 年的《晚晴》中，收錄〈山之戀〉、〈香茅寮〉、〈山上〉；1970年〈迷度山上〉；1975 年《李喬自選集》中，收錄〈蕃仔林的故事〉、〈山女〉、〈哭聲〉；1978 年〈達瑪倫‧尤穆〉；1980 年《心酸記》中，收錄〈烏蛇坑野人〉、〈山河路〉；1982 年〈馬拉邦戰記〉；1986 年《告密者》；1993 年《李喬集》中，收錄〈泰姆山記〉；1999 年〈鱒魚〉……等原住民族文本，上述均爲李喬歷年來所撰寫的原住民文學作品。

一、家世背景

　　在李喬的自述與文學評論中，均可得知其家世與成長背景，對於其文學創作的影響甚深，有著密不可分、息息相關的密切性。在探究其文學背景前，必定要先瞭解他的家世與成長背景。李喬曾自述其生平背景。

> 我姓李名能棋，苗栗縣大湖鄉人。先父李木芳原先居住銅鑼鄉；先母本姓黃，彭姓人童養媳「葉冉妹」夭折，先母就被李代桃僵地套用了這個姓名。後來預定匹配的彭家男子意外死亡，先父乃入贅大湖鄉蕃仔林山區的彭家。兩年後解除贅養關係，先父母還是在當地定居下來。〔註1〕

〔註 1〕李喬，〈自傳（63 年秋於苗栗逸園自宅）〉，《李喬自選集》（臺北：黎明文化事業公司出版，1975 年 5 月），頁 1。

李喬一直以來被視爲具有客家人血緣外，「傳說中，李喬的祖父是嘉義劉性福佬人，後來被苗栗銅鑼客家的李姓人士收養，後代遂成爲客家人。有福佬血緣的李喬，他的福佬話遠不如客家話說得好。」〔註2〕由此涵養出李喬對於不同族群間的關注與尊重。李喬父親對於其成長影響乃十分深厚。當年李喬父親即爲抗日的有識之士，曾因抗日行動而被捕入獄，也造成李喬童年生活的艱辛困苦，進而對其文學產生重大影響。

> 李喬的父親在日據時代爲一抗日份子，曾被捕入獄多年，出獄後被「限制居住」在蕃仔林山區，接受主七佃三的苛酷的條件，造林種薯。生活的悲苦可達到筆墨難以形容的地步。〔註3〕

由於李喬父親的政治背景，「他的父親投身抗日運動，被捕而在獄中。因此父親的樣子，只是一種如同模糊不清的影子，沒有留下深刻的印象。」〔註4〕此即使李喬一家人，被迫限制居住於「蕃仔林」，過著「主七佃三」的貧困佃農生活。此受難的生活模式，也激發其於文學創作中，源源不絕的創作題材，與悲天憫人的人道關懷精神。

> 當然由於父親的緣故，居住的地方受到了限制（住在苗栗山胞居住地區附近，有蕃族之林含意的「蕃仔林」），被社會唾棄，心甘情願於「主七佃三」的貧困佃農生活。這種母子相依爲命，過著筆墨難以形容的窮困生活，當然使這位少年的內心底處受到很深的傷害。
>
> 〔註5〕

在李喬自述中，「先父曾招募游勇伐蕃，當過兩年的『隘勇』，伐木工人，木材搬運工，山場管理員等。三十歲以後，因參與反日活動，被捕繫獄多年，出獄後限居蕃仔林山區，接受七佃三的苛酷條件，造林種薯安頓家

〔註2〕 陳銘城，〈期待平等公義的終極關懷〉，李喬，《短篇小說全集資料彙編》（苗栗：苗栗縣立文化中心，1993 年 5 月 17 日），頁 324。原載於《自立晚報——名人開講》（1993 年 5 月 17 日）。

〔註3〕 葉石濤，〈論李喬小說裡的「佛教意識」〉，李喬，《短篇小說全集資料彙編》（苗栗：苗栗縣立文化中心，1999 年 8 月），頁 118。原載於《臺灣文藝》第 57 期（1978 年 1 月）。

〔註4〕 岡崎郁子著；江上譯，〈臺灣文學的香火——李喬〉，李喬，《短篇小說全集資料彙編》（苗栗：苗栗縣立文化中心，1999 年 8 月），頁 257。原載於《津田大學紀要》第 19 號（1987 年 8 月）。

〔註5〕 岡崎郁子著；江上譯，〈臺灣文學的香火——李喬〉，李喬，《短篇小說全集資料彙編》（1999 年 8 月），頁 257。原載於《津田大學紀要》第 19 號（1987 年 8 月）。

小。」〔註6〕正當父親壯年之際，因參與反日活動而被捕入獄，使一家老小生活乃陷入愁雲慘霧中。父親出獄後，一家被限制居住於所謂的「蕃仔林」，也開啓李喬對於原住民族書寫的重要關鍵因素之一。李喬還曾自述自幼體弱多病，再加上窮絕山居的悲苦童年，對其創作與思想乃影響甚深。

> 我自幼多病，七歲曾患瘧疾一年有餘，上午冷顫，午後高燒，向暮開始嘔吐；天天這樣循環不已。我一生羸弱，大概種因在這裡。至於窮絕山居悲苦童年，對我心靈和人格結構，進而寫作的方向和思想都影響很深吧。〔註7〕

李喬曾在自述中論及，父親在出獄後生下他。童年李喬乃在孤寂深山中度過，「『我生長在農村。』李喬說：『先父參加反日運動，繫獄八年，出獄後生下我。童年，在深山的蒼蒼莽林裡寂寞度過。我從小多病，愛幻想，敏感，有點神經質；那窮困悲苦的童年，可能使心靈上受點損傷吧？』」〔註8〕在父親政治背景陰影下，李喬永遠記得父親的叮嚀，囑咐後代子孫不要碰政治。當年被限制居住的「蕃仔林」生活，在李喬童年留下深刻印象，並成爲日後文學創作時的重要題材來源。

> 苗栗縣最窮困的鄉鎮是大湖鄉，大湖鄉是窮困的一部分叫「香林村」，過去叫「蕃仔林」，這就是我出生的地方，……我出生在蕃仔林的一處深山中，由於我的上一代和政治有糾葛，一輩子被限制居住，離開深山住所卅公里外就要向警察局報備。由於如此，我這一代很怕政治。我記得當父親臨死時，還不忘要我後代子子孫孫永遠不要碰政治。〔註9〕

李喬父親即爲抗日的有識之士，縱然使全家遭受到生活困頓，但仍展現出知識份子的不凡氣度，「我們知道李喬父母都享有高齡，父親在日據時期即因抗日行動而坐牢，應該是相當值得尊敬的有識之士。或許是母親持家勞苦，

〔註6〕李喬，〈自傳（63年秋於苗栗逸園自宅）〉，《李喬自選集》（1975年5月），頁1～2。

〔註7〕李喬，〈自傳（63年秋於苗栗逸園自宅）〉，《李喬自選集》（1975年5月），頁。

〔註8〕洪醒夫，〈偉大的同情與大地的鄉愁——李喬訪問記〉，李喬，《短篇小說全集資料彙編》（苗栗：苗栗縣立文化中心，1999年8月），頁280。原載於《書評書目》第16期（1974年10月1日）。

〔註9〕李喬，〈一位臺灣作家的心路歷程〉，《短篇小説全集資料彙編》（苗栗：苗栗縣立文化中心，1999年8月），頁45～46。原載於《亞洲人》第7期（1984年11月15日）。

在他眼中是一個受苦犧牲的象徵吧。」〔註 10〕李喬勤儉持家的母親，則造就李喬在文學創作上，根植於臺灣這塊土地的無限題材；以貼近臺灣的感情與心靈，緊密結合現實人生與文學創作，而創造出寬廣的創作空間。

> 這正如他有一個熱衷政治活動的父親、為了和統治者對抗，半生東飄西蕩，置他們母子生死於不顧，像「影子」一樣的父親，他才能享有盈盈的母愛；故鄉的貧乏，正好帶給他根植土地，鄉親土甘的心靈豐饒。〔註11〕

在李喬自述中，曾不諱言地說明父親的農民組合領導人背景，「我的家庭是一個極端的貧農，是向地者承租山林地而來造林的佃農，但是當時土地收益的分配，卻是歷史之最。……從這樣的家庭環境出來，我的老爸很自然在接觸到臺灣文化協會之後，成為地方的農民組合領導人。實際上，我了解父親參與農民組合背景之前，我自己的文學型態，一種關懷土地、平民與人道的寫作風格，早已形成。」〔註 12〕李喬文學創作風格，均以人道關懷為主要基調。李喬曾自述，「我家是標準的佃農，我從小在深山長大，知識水準是很低的。我的求學過程，多是從讀臺灣歷史和寫作當中沉思得來。」〔註 13〕伴他成長的蕃仔林，在其文學創作中，乃深具舉足輕重的影響性。接著，即由其成長的故鄉──「蕃仔林」深入探究。

二、成長背景

在李喬文本創作過程中，經常提及故鄉蕃仔林。縱然蕃仔林帶給他，均為痛苦、窮困的記憶，「李喬的童年和他苦心堅毅的成長奮鬥過程，對他的文學性格的形成，有極為緊密的相連。他的自述告訴我們。他的故鄉『蕃仔林』是一個與世隔絕的窮鄉僻壤，帶給他的是『痛苦、窮困的童年歲月』。」〔註 14〕但蕃仔林對於李喬文學創作，卻產生莫大的影響。蕃仔林的一切，即

〔註 10〕鍾鐵民，〈李喬印象記〉，李喬，《短篇小説全集資料彙編》（苗栗：苗栗縣立文化中心，1999 年 8 月），頁 327。原載於《臺灣文藝》第 57 期（1978 年 1 月）。

〔註11〕李喬，〈資料評論卷編者序〉，《短篇小説全集資料彙編》（1999 年 8 月），頁 6。

〔註12〕陳銘城，〈把文學創作駛盡歷史的港灣〉，李喬，《短篇小説全集資料彙編》（苗栗：苗栗縣立文化中心，1993 年 5 月 17 日），頁 316～317。原載於《自立晚報──名人開講》（1989 年 6 月 10 日）。

〔註13〕李喬，〈一位臺灣作家的心路歷程〉，《短篇小説全集資料彙編》（1999 年 8 月），頁 46。原載於《亞洲人》第 7 期（1984 年 11 月 15 日）。

〔註14〕李喬，〈資料評論卷編者序〉，《短篇小説全集資料彙編》（1999 年 8 月），頁 6。

爲其精神寄託的大地，將成爲最佳的創作題材。接著，即以李喬的生長背景爲例，探究對於其文本所產生的影響。

> 知道你要遠行，不著痕跡地攜你去大湖深山荒村——蕃仔林走一趟。讓你走過老爸童年中的山水草木，細訴那個空間裡的變化滄桑。……蕃仔林是老爸生命定點的一角大地，精神宇宙與夢境的原點，不能忘，不能捨的。〔註15〕

蕃仔林在李喬的創作中，不僅代表個人的童年回憶，也象徵著臺灣的殖民情境，「在某種意義上，李喬的『蕃仔林』象徵了臺灣人被殖民統治的終極情境。從這裡也源源滋生了他文學裡的抵抗力量。難怪李喬在六十歲時，回首往事前塵，要以無限感慨的口氣說：『它是永遠的『蕃仔林』，永遠的故鄉……。』」〔註16〕蕃仔林生活乃拓展李喬於文學創作中的視野與範疇，諸如李喬曾在自述中提及，「『我』是懷著流亡心態的人，『我』只能寫流浪之歌；『我』有赤貧經驗，『我』才能寫貧窮與飢餓。」〔註17〕在蕃仔林的困頓生活，造就李喬對於民間疾苦，有著徹底的親身體驗與感悟。

> 同樣的道理，青少年都生活在中部山村的「我」，「我」的作品必然從「臺灣中部山村的生活」出發。「我」是生活在臺灣的作者，我的作品必然屬於「臺灣」的。因爲「我」瞭解本島過去的悲苦血淚歷史嘛！「我」看清此地人間的不平不義嘛！（當然任何時空都有不平不義，但「我」只看清此地嘛！）因爲「我」愛身邊的大眾嘛！因爲「我」就是此地大眾之一嘛！那麼「我」的作品必然充滿「臺灣意識」。然則有何不可？〔註18〕

在李喬所居住的蕃仔林，如今卻成爲伯公石雕像的聚集所，「我從出生到二十歲，一直都住在蕃仔林，那是在苗栗縣泰安鄉泰興村西南角；上蕃仔林沒有人在，下蕃仔林的伯公廟，現在堆滿了上蕃仔林早年的伯公石雕像，成了伯公的國際旅社。」〔註19〕自幼在蕃仔林成長的李喬，蕃仔林在其創作過

〔註15〕 李喬，〈千言序遠行〉，《聯合報》（1992 年 6 月 30 日），《李喬文學文化論集（二）》（苗栗：苗栗縣政府國際文化觀光局出版，2007 年 10 月），頁 19。
〔註16〕 李喬，〈資料評論卷編者序〉，《短篇小說全集資料彙編》（1999 年 8 月），頁 6。
〔註17〕 李喬，〈我看臺灣文學〉，《短篇小說全集資料彙編》（苗栗：苗栗縣立文化中心，1999 年 8 月），頁 56。原載於《臺灣文藝》第 73 期（1981 年 7 月）。
〔註18〕 李喬，〈我看臺灣文學〉，《短篇小說全集資料彙編》（1999 年 8 月），頁 57。原載於《臺灣文藝》第 73 期（1981 年 7 月）。
〔註19〕 陳銘城，〈把文學創作駛盡歷史的港灣〉，李喬，《短篇小說全集資料彙編》

程，具有舉足輕重的地位。此外，蕃仔林的居住環境，也增加李喬與原住民
族接觸的機會。

> 我家和原住民的泰雅族爲鄰，原住民出草時，往往會事先通知我們。
> 我最近想發表蕃仔林的生活回憶文章，那裡有一段我童年昏暗的心
> 病記憶，不但記載著我的成長史，也影響我日後的思想傾向，以及
> 我對生命、人世間的看法。〔註20〕

李喬經常提及，在童年歲月對其影響至深的二人，即爲唐山人與原住民
族酋長，「李喬的童年啓蒙者卻是一位泰雅族老酋長禾興和一位唐山客邱梅，族
群相處『異質文化』，早就在這位文學家的童年中，撒下種子。」〔註21〕諸如
其於自述中曾言，「在蕃仔林的童年歲月中，有兩個人對我影響最大，其中一位
是唐山人，一位是原住民酋長，他們都是我生命中的『異質存在』。」〔註22〕
此成長過程的獨特經歷，也造就李喬對於異族文化的關注與感悟。

> 我非來自高文化階層人家的子弟，相反的，環境周遭的人都是識字
> 不多的山野村婦。現在想起來，童年歲月裡給我一些「文事」影響
> 的大概有二人。一是一位老泰雅首長，他給我形容死亡，直說
> 「性」；另一爲是孤獨的老人——「長山人」。他熟記三國水滸等章
> 回小說，幼身通草藥命理，他給我一些在童年來說是神秘奇奧的東
> 西這簡陋的文事夙緣，加上那深山荒村，莽莽森林，淵谷音籟，猿
> 聲響狐：這些居然匯成我文學的深緲而又豐富的資產。〔註23〕

在李喬的童年記憶中，「李喬從小住在蕃仔林與原住民泰雅族爲鄰，但是

（1993 年 5 月 17 日），頁 319。原載於《自立晚報——名人開講》（1989 年 6
月 10 日）。

〔註20〕陳銘城，〈把文學創作駛盡歷史的港灣〉，李喬，《短篇小說全集資料彙編》
（1993 年 5 月 17 日），頁 319～320。原載於《自立晚報——名人開講》（1989
年 6 月 10 日）。

〔註21〕陳銘城，〈期待平等公義的終極關懷〉，李喬，《短篇小說全集資料彙編》（1993
年 5 月 17 日），頁 324。原載於《自立晚報——名人開講》（1993 年 5 月 17
日）。

〔註22〕陳銘城，〈把文學創作駛盡歷史的港灣〉，李喬，《短篇小說全集資料彙編》
（1993 年 5 月 17 日），頁 320。原載於《自立晚報——名人開講》（1989 年 6
月 10 日）。

〔註23〕李喬，〈繽紛二十年〉，《短篇小說全集資料彙編》（苗栗：苗栗縣立文化中心，
1999 年 8 月），頁 33。原載於《自由日報》「晨鐘副刊」，（1981 年 10 月 3～4
日）。

他的父親卻當過隘勇，在早期苗栗墾荒拓地時，曾經侵略並屠殺過原住民，因此他始終對原住民懷有濃厚的『漢民族原罪』感。」〔註24〕李喬常以悲天憫人的角度，描述著原住民族文化；還經常提及童年中記憶最深刻的泰雅族老酋長，並深入地探尋此原住民老酋長，對他的影響與互動過程。

> 我童年時有個很特別的泰雅族人，是個名叫「禾興」的酋長，山裡很冷，但是我印象裡他都打著赤膊，帶著一把 KSTUTIMI（蕃刀），穿丁字褲，頭髮光光的，牙齒全部沒有了。我未進小學就跟著他滿山野跑，晚上射飛鼠，白天去抓穿山甲或各種野獸。〔註25〕

在他童年記憶中，對於泰雅族老酋長的記憶，始終十分鮮明且生動地被描述著，泰雅老酋長對於李喬的影響深遠，而造就李喬在創作中對於原住民族題材與文化的關注與體悟。李喬經常生動陳述著童年，與泰雅族老酋長共同創造的諸多回憶，即成為其日後重要的創作靈感來源之一。

> 泰雅族老首長禾興，是影響我最大的人。小時候只要我沒上課時，他就跑來找我玩。記憶中，我六、七歲時，他已八十多歲，牙齒全掉光了？我常跟他後面和其他原住民去打獵，追穿山甲、射松鼠、狐狸和飛鼠。他們以三根磨尖的雨傘骨綁在箭竹竿上，另一端裝上鷹毛充當箭翎，再拿兩根橡皮筋為發射動力，製成銃箭射魚。他們也帶我晚上去打獵，憑著肉眼，他們可以看見夜晚在樹梢的飛鼠，一槍就打中，讓我覺得很好玩。禾興老酋長也教我如何設置陷阱抓竹雞，並取用山中的葉子吹出悅耳的聲音，又教我去河裡抓蝦，他告訴我貪吃的河蝦，受到驚嚇時，會往後跳逃的習性，很容易就抓到不少蝦子。〔註26〕

在李喬自述中，窮困悲苦生活中，仍保有一點美好回憶，即因老酋長禾興，「而今我的童年夢境總是溫馨美麗而明晰的。跟著泰雅老酋長夜獵飛鼠，

〔註24〕陳銘城，〈期待平等公義的終極關懷〉，李喬，《短篇小說全集資料彙編》（1993年5月17日），頁324。原載於《自立晚報——名人開講》（1993年5月17日）。

〔註25〕李喬，〈個人反抗與歷史記憶〉，《短篇小說全集資料彙編》（苗栗：苗栗縣立文化中心，1999年8月），頁70。原載於《中時副刊》（1998年10月20～23日，訪問者：黃怡）。

〔註26〕陳銘城，〈把文學創作駛盡歷史的港灣〉，李喬，《短篇小說全集資料彙編》（1993年5月17日），頁320。原載於《自立晚報——名人開講》（1989年6月10日）。

在芒草園追穿山甲，做『釣仔』捉竹雞，用竹籠下放置蕃薯誘捕成群的「蕃薯鳥」，在木瓜樹上用黃木瓜誘捕山娘，山溪裡的釣公捉螃蟹，帶著大黑狗奔馳於山林澗邊……。」〔註 27〕他童年經常與老酋長在山林中，享受原住民族各種傳統文化活動，乃成為童年生活的重要回憶。在李喬記憶中，曾感染瘧疾，後來村人與族人為了要治癒李喬的病，努力地追捕山猴子，彷彿僅有山猴子肉即可治病般，所幸後來李喬果然因此而痊癒。

> 小時候，我曾感染瘧疾，生了兩年的病，後來吃山猴子肉補充營養
> 才好。當時為了抓一隻山猴，幾乎全村的人都出動，包圍了整個
> 山，費了一個星期才抓到山猴，我也跟在後面追逐搖喊，大家彷彿
> 非吃到那隻山猴的動物蛋白質不可。我分到兩塊猴肉吃，終於治好
> 了瘧疾。〔註 28〕

李喬經常提及在泰雅族老酋長禾興身上，童年即學習到何謂「死亡」？何謂「性」？在當時懵懂未知的李喬，直至長大方可明瞭老酋長口中的內容，卻也在他童年記憶中留下深刻印象。

> 他經常跟我講兩件事情，都是用斷裂的客家話講的，三十歲以後我
> 想起來有點像詩，他會說：「我很老囉／我非常害怕 MADUGET（死
> 亡）／MADUGET 黑黑啊／向黑洞把我吸去」；另外一件事就是他
> 常會用手去抓摸自己的卵子，說「啊這個東西，沒有用耶！」我長
> 大後才知道是什麼意思。〔註 29〕

李喬經常提及老酋長禾興令人記憶深刻，又生動活潑的神情與動作。在李喬童年歲月中，老酋長禾興深具舉足輕重的影響。不僅在自述中，甚至於在文本中，均可見到禾興的蹤影。此乃為奠基李喬的原住民族創作筆調，產生重要的啟發性意義。

> 老酋長禾興時常對我談起對年老的恐懼，當時我才六、七歲，沒多
> 大感覺，但是對他的神情和動作卻記憶深刻。記得他常對我說：

〔註 27〕李喬，〈童年夢，夢童年〉，《短篇小說全集資料彙編》（苗栗：苗栗縣立文化中心，1999 年 8 月），頁 12。原載於《自由晚報》「晚安臺灣」，（1994 年 12 月 8 日）。

〔註 28〕陳銘城，〈把文學創作駛盡歷史的港灣〉，李喬，《短篇小說全集資料彙編》（1993 年 5 月 17 日），頁 320。原載於《自立晚報——名人開講》（1989 年 6 月 10 日）。

〔註 29〕李喬，〈個人反抗與歷史記憶〉，《短篇小說全集資料彙編》（1999 年 8 月），頁 70。原載於《中時副刊》（1998 年 10 月 20～23 日，訪問者：黃怡）。

「MA－DO－GAT」（死亡），他說：「死亡就在身邊，很可怕！黑黑
的，看不見，要把我抓過去……」他一面說著，一面伸手去摸摸他
垂垂老矣的陽具，然後嘆口氣道：「老了，就沒有用了……」至今仍
令我印象深刻。〔註30〕

　　李喬曾言自己擁有同輩人中少有的經驗，諸如常提及擁有武功的老「長
山人」邱梅，與泰雅老酋長「禾興」。尤其是老酋長禾興所教授的獨特議題，
即為漢人社會中所禁忌的死亡與性。

在我貧窮孤獨多病的童年，卻擁有同輩人少有的因緣際遇：在未進
小學之前，我有兩個老人玩伴，一是擁有武功的老「長山人」邱梅，
一是泰雅老酋長「禾興」。邱梅教我上山採草藥和一些拳術，另外是
口述三國演義，水滸傳等古典章回小說，雖然當時一知半解，卻留
下可以發芽茁壯的種子。禾興的影響更大。記憶中此人終年赤膊。
腰配戰刀，只著一件丁字褲。他常向我「訴說」二事：形容死亡的
可怕。他手抓丁字褲的「包包」說：我老囉，這個啊，沒有用嘛！
這是奇妙的體會：在漢人社會中禁忌的兩件事：死亡與性，我在童
年就獲得解放了。〔註31〕

　　在李喬眼中泰雅族老酋長，「禾興說話的神情、敘述方式以及他的思想內
容、思考形式，都對我日後的文學寫作有大的影響。後來，我認識布農族的
田雅各醫生時，才明白原住民的思考與表達方式和漢人不同，就像老禾興一
樣，他們用語言敘述一件事到一半時，會停頓下來，會把周圍狀態敘述進去，
再回到主題，是一種很文學性的思考與表達方式，我很得意從禾興身上注意
到語言，文字等符號的奧妙。」〔註32〕李喬在老酋長禾興與田雅各身上，才
理解原住民族特殊思維模式與文字符號的奧秘之處。李喬曾自述與泰雅族原
住民共同居住的蕃仔林，使其成為蕃化的漢族，「我們住的地方是『蕃仔林』，

〔註30〕陳銘城，〈把文學創作駛盡歷史的港灣〉，李喬，《短篇小說全集資料彙編》
　　　　（1993 年 5 月 17 日），頁 320～321。原載於《自立晚報——名人開講》（1989
　　　　年 6 月 10 日）。

〔註31〕李喬，〈我的「性史觀」〉，《自由時報——「四方集」專欄》，《李喬文學文化
　　　　論集（二）》（苗栗：苗栗縣政府國際文化觀光局出版，2007 年 10 月），頁 145
　　　　～146。

〔註32〕陳銘城，〈把文學創作駛盡歷史的港灣〉，李喬，《短篇小說全集資料彙編》
　　　　（1993 年 5 月 17 日），頁 321。原載於《自立晚報——名人開講》（1989 年 6
　　　　月 10 日）。

原來是原住民泰雅族住的，住進去後，我們在認同上變成『蕃化』，直到我父親那一代以前，原住民出草都會通知我們幾家不要外出。」〔註 33〕李喬與原住民族，乃保持著友善共生共存的原漢族群關係。

在李喬最早的自選集文學中，即有數篇以蕃仔林為創作題材的文本出現，「我最早的自選集是《飄然曠野》，那裡面已經有幾篇寫到蕃仔林了。」〔註 34〕蕃仔林在李喬的創作歷程中，佔有舉足輕重的地位。在李喬心中，蕃仔林彷彿為悲苦人生的寫照，「蕃仔林這小小世界卻是造物者創造悲苦人生的樣張，蕃仔林這一方小林也就是上帝的一批選民，上帝把他們圈在這小小的世界中用苦難試煉他們。」〔註 35〕在蕃仔林文本中，所展現的無非為一段血淚交織的歷史文化，「『蕃仔林的故事』觸鬚伸出很多，它提供出來的『過往悲慘的一頁』的慘蹟。」〔註 36〕蕃仔林在李喬的創作中，佔具有重要的象徵意涵，見證原住民族的辛酸血淚史。

三、文學背景

李喬自述文學創作背景之際，嘗言創作乃始於身世的悲苦感受，「李喬的寫作也從自身身世出發，坦露自己淌血心靈的傷口，但透露自身這不幸的人生樣張，李喬曬下悲苦大地的縮影，也因之『蕃仔林』這苦難大地這小小的取樣，成了李喬追憶自己童年悲苦和悲憫生靈劫難的總和。」〔註 37〕尤其以「蕃仔林」這苦難大地為主的追憶與寫照，乃如實而真切地再現著。悲苦童年與蕃仔林記憶，即交織成李喬文本的精神基調。李喬除了透過「蕃仔林」展現原住民族的苦難精神外，也展現現實人生中的悲苦氛圍；進而展現文本

〔註 33〕李喬，〈個人反抗與歷史記憶〉，《短篇小說全集資料彙編》（1999 年 8 月），頁 69～70。原載於《中時副刊》（1998 年 10 月 20～23 日，訪問者：黃怡）。

〔註 34〕李喬，〈個人反抗與歷史記憶〉，《短篇小說全集資料彙編》（1999 年 8 月），頁 69。原載於《中時副刊》（1998 年 10 月 20～23 日，訪問者：黃怡）。

〔註 35〕彭瑞金，〈悲苦大地泉甘土香──李喬的蕃仔林故事〉，李喬，《短篇小說全集資料彙編》（苗栗：苗栗縣立文化中心，1999 年 8 月），頁 128。原載於《臺灣文藝》第 57 期（1978 年 1 月）。

〔註 36〕花村，〈「山女」與「蕃仔林的故事」比較〉，李喬，《短篇小說全集資料彙編》（苗栗：苗栗縣立文化中心，1999 年 8 月），頁 169。原載於《中華文藝》第十一卷第四期（1976 年 6 月）。

〔註 37〕彭瑞金，〈悲苦大地泉甘土香──李喬的蕃仔林故事〉，李喬，《短篇小說全集資料彙編》（1999 年 8 月），頁 122～123。原載於《臺灣文藝》第 57 期（1978 年 1 月）。

的文字張力。

> 我們若從李喬擁抱這塊大地的情懷觀察，我們不難發現，大地之母
> 對於李喬並不只是鄉土熱流中所謂的戀愛情深或精神的休憩處所，
> 而是透過受大地所孕育的蒼生直追人存在的莊嚴本題，揚棄自無可
> 能，因之從「蕃仔林」中所得的悲苦大地影像移植到現世人生中，
> 人生悲苦的結論仍一，不管人如何支離扭曲、變形，悲苦的事實仍
> 一。〔註38〕

李喬童年的悲苦歲月，使其對於人生有更深入的體悟，「事實上，李喬從小命苦。窮困悲苦的童年生活與日後在人生旅途上的備受折磨，是他選擇文學為職志的原因，也是他那悲天憫人的胸懷，具備偉大的同情心的心理背景。」〔註39〕李喬在文本中呈現真實人生的喜怒哀樂，見證人生的現實層面。當李喬有志於創作，乃始於十七、八歲。在古典文學的養料中，深切地奠定其文學創作基礎，養成掌握文本的能力，而影響其文學創作甚深。

> 二十九歲才開始寫短篇小說，但有志於寫作卻在十七八歲時。先
> 是沈醉於古典文學，這段時間的努力他自己認為是「能夠把握作
> 品的主要能力」的重要訓練，是「作夢也想不到」的一個收穫。
> 〔註40〕

李喬在年輕歲月中，曾為了求學與工作汲汲營營外，「後來李喬苦苦的唸書，念新竹師範，參加高普考，高中教員檢定考試，都及格了。考及格時，鄉裡的親朋老父送了一塊『桑梓奇葩』的匾額給他，現在還擺在他家樓上牆根，油漆都已經剝落。但是這一段時間參加考試的十年寒窗，李喬認為是白白虛擲了。他說：『直到在人生旅途上受盡折磨，才恍然徹悟往日的懵然可笑，決心交付自己給最合性情的文學。』」〔註41〕李喬回想起來，彷彿為虛擲

〔註38〕彭瑞金，〈悲苦大地泉甘土香——李喬的蕃仔林故事〉，李喬，《短篇小說全集資料彙編》（1999年8月），頁123。原載於《臺灣文藝》第57期（1978年1月）。

〔註39〕洪醒夫，〈偉大的同情與大地的鄉愁——李喬訪問記〉，李喬，《短篇小說全集資料彙編》（1999年8月），頁280。原載於《書評書目》第16期（1974年10月1日）。

〔註40〕洪醒夫，〈偉大的同情與大地的鄉愁——李喬訪問記〉，李喬，《短篇小說全集資料彙編》（1999年8月），頁281。原載於《書評書目》第16期（1974年10月1日）。

〔註41〕洪醒夫，〈偉大的同情與大地的鄉愁——李喬訪問記〉，李喬，《短篇小說全集

人生光陰。因此，在人生受盡磨難後，決定要將文學創作視爲重要的終生職
志。在李喬決定投身於文學創作之際，體認到創作眞誠而深具臺灣意識文本
的重要性，「換言之：『我』只要是眞誠的作者；『我』是屬於臺灣的，必然會
寫出富於『臺灣意識』的作品來。」〔註 42〕李喬在短篇小說創作中，覺察到
創作題材來源，「一般而言，短篇小說的素材來自兩處，一是故鄉童年，另一
是現實的凝視。十年前我寫短篇小說時發現兩個問題。」〔註 43〕因此在作家
的成長過程中，社會、經濟，與文化條件……等諸多層面，均會對其創作產
生重要影響。

> 我個人認爲，一個寫作的人會自成風格是受幾個要素所影響，其中
> 包括成長過程中的社會、經濟及文化條件。我從個人的作品中檢視
> 自己的痕跡，發現要了解一個人的作品，必須從作者的成長背景去
> 找尋，以了解他的社會、經濟及文化背景，在分析成篇小說時這種
> 情況尤然。〔註 44〕

李喬在自述中曾言，「我所寫的小說的傾向，一方面的是描寫現實面，另
一方面是對生命本身思索。……至於我的創作歷程，籠統的說起來，也是很
浪漫、詩情畫意的。……從另個角度來講，我的作品完全是從生活出發，環
繞在這個事實上。」〔註 45〕李喬諸多文本題材，即由日常生活中取材，其筆
耕二十年的日子，可區分成三個時期。尤其在摸索期時，乃以全副熱情爲創
作目標，且以創作爲終生職志。

> 民國七十年，算是我筆耕二十年的紀錄日子。回顧二十年的歲月，
> 如果依心路歷程與作品的性質傾向來分，大約可以分割三個時期：
> 民國五十一年到五十六年是第一期：這是我的摸索期，主要作品是
> 短篇小說；以小說爲終身努力目標，也是在這時候決定的。……第

資料彙編》（1999 年 8 月），頁 281。原載於《書評書目》第 16 期（1974 年
10 月 1 日）。

〔註 42〕 李喬，〈我看臺灣文學〉，《短篇小說全集資料彙編》（1999 年 8 月），頁 57。
原載於《臺灣文藝》第 73 期（1981 年 7 月）。

〔註 43〕 李喬，〈一位臺灣作家的心路歷程〉，《短篇小說全集資料彙編》（1999 年 8
月），頁 48。原載於《亞洲人》第 7 期（1984 年 11 月 15 日）。

〔註 44〕 李喬，〈一位臺灣作家的心路歷程〉，《短篇小說全集資料彙編》（1999 年 8
月），頁 46。原載於《亞洲人》第 7 期（1984 年 11 月 15 日）。

〔註 45〕 李喬，〈一位臺灣作家的心路歷程〉，《短篇小說全集資料彙編》（1999 年 8
月），頁 47。原載於《亞洲人》第 7 期（1984 年 11 月 15 日）。

一，鼓起我昂揚的鬥志與全副的寫作熱情；第二。堅定我一生全力
以赴的決心；第三，啟示我往後文學之旅的可能方向。〔註46〕

在李喬創作的第二時期，因「臺灣文學獎」的鼓勵，使其創作信心更加
堅定，「這段時期的作品，如果算是某一境界的成熟，那麼也正是一個動搖時
期，分化時期的來臨。」〔註47〕此乃其創作量產的全盛時期外，文本也日臻
成熟而成為創作的全新轉捩點。

民國五十七年到六十五年是第二期。……因倖獲「臺灣文學獎」
——我真正重視的獎——我的作品與方向遂是初步被肯定了。這算
是我的短篇小說的「全盛時期」，五十七年內我發表了二十篇中短篇
小說，迄今這是記錄數目。〔註48〕

李喬自述第二時期，即為其最忙碌，收穫卻最豐富的時期。李喬以童年
故鄉、現實生活為創作背景，創作出版也日益增多，更嘗試創作中短篇小說。
李喬並歸納提四個重點，分析此時期的創作特色與發展。

第一是以童年故鄉為背景為素材來源的小說群。……第二是關心與
取材的重心，轉向現實社會生活上，多以心理分析，潛意識的發掘，
運用比較新的技巧寫小說。……第三，我逐步涉及中短篇小說的寫
作了。……我的另外兩部長篇是「山園戀」十五萬字（「歐姆喔瑪
哈」），六十年省新聞處出版，寫的是山地土地問題和山地青年的出
路與心態問題。……第四，為了給默默寫作的朋友一點聲援，或者
說是精神鼓勵，我開始寫些介評的文字。我啟用了「壹闡提」這個
筆名。……這一時期，我出版的集子有「戀歌」「晚晴」「人的極限」
「山女」「山園戀」「恍惚的世界」「痛苦的符號」「李喬自選集」等。
這是我最忙，收穫最豐的一個時期吧。〔註49〕

在第三時期李喬的創作題材，轉而取材於臺灣歷史事件，又以長篇小說
嘗試創作，此即為其著名的大河小說，「民國六十六年到七十年是第三

〔註46〕李喬，〈繽紛二十年〉，《短篇小說全集資料彙編》（1999 年 8 月），頁 35。原
　　　　載於《自由日報》「晨鐘副刊」，（1981 年 10 月 3～4 日）。
〔註47〕李喬，〈繽紛二十年〉，《短篇小說全集資料彙編》（1999 年 8 月），頁 36。原
　　　　載於《自由日報》「晨鐘副刊」，（1981 年 10 月 3～4 日）。
〔註48〕李喬，〈繽紛二十年〉，《短篇小說全集資料彙編》（1999 年 8 月），頁 36。原
　　　　載於《自由日報》「晨鐘副刊」，（1981 年 10 月 3～4 日）。
〔註49〕李喬，〈繽紛二十年〉，《短篇小說全集資料彙編》（1999 年 8 月），頁 36～38。
　　　　原載於《自由日報》「晨鐘副刊」，（1981 年 10 月 3～4 日）。

期。……我取材於開拓臺灣以及歷史事件爲經，一家三代生活風貌爲緯的大長篇小說的雛形於焉逐次形成。那就是《寒夜三部曲》得誕生因緣。」〔註50〕綜觀李喬的創作歷程可知，其創作取材多元，乃由現實生活去思維人生。李喬的《寒夜三部曲》乃爲其重要的著作，「起稿於一九七五年，幾經滄桑在八〇年脫稿，到一九九七年印行了五版。」〔註51〕李喬乃描述原住民族與義軍，如何奮勇地對抗日本殖民軍。

> 「寒夜」中馬拉邦山腰。原住民與義軍全力對抗日本正規軍之役，彭阿強咬死葉阿添一幕，劉阿強彌留情狀，燈妹歸天場面，聲光氣勢……這些都好像有一神秘力量，抓著我的手筆在「自然運行」。
> 〔註52〕

　　根據李喬觀點，作家創作視野乃影響文本創作甚大，「至於一個作家，終生所見所懷，所寫的作品都侷於一隅，而又不能由特殊性進入人類的普遍性，那是作家個人的境界的問題、智慧問題，與某某地域意識無關。」〔註53〕作家的境界與智慧，將深深影響其文學作品的深度與廣度。李喬認爲一個創作心路歷程，並先與故事、感悟、主題相互結合。

> 談到小說創作中，故事形成的歷程，他有這樣的看法：「（1）先有故事——靈思迸現時呈現主題。（2）先有感悟，而後潛心謀篇，但在這之前要先有主題。（3）孤獨的心靈運行中，偶爾閃現故事與主題，並相互結合。」……。〔註54〕

　　李喬在分析其創作時認爲，想像動力即爲童年回憶中的潛藏意識，加上對大眾現實生活的關注，與對臺灣這塊土地的鄉愁與牽念。李喬即將自我創作理念，落實於自身文本創作中，利用文本去實現其創作理想。

〔註50〕李喬，〈繽紛二十年〉，《短篇小說全集資料彙編》（1999 年 8 月），頁 38～39。

〔註51〕李喬，〈恩感知己，書貽後人——序「大地之母」〉，《寒夜三部曲改編爲精華版改名「寒夜之母」》，2001 年 3 月 12 日，《李喬文學文化論集（二）》（苗栗：苗栗縣政府國際文化觀光局出版，2007 年 10 月），頁 98。

〔註52〕李喬，〈心田上四座靈位〉，《自由時報——「四方集」專欄》，《李喬文學文化論集（二）》（苗栗：苗栗縣政府國際文化觀光局出版，2007 年 10 月），頁 121～122。

〔註53〕李喬，〈我看臺灣文學〉，《短篇小說全集資料彙編》（1999 年 8 月），頁 57。原載於《臺灣文藝》第 73 期（1981 年 7 月）。

〔註54〕黃武忠，〈我的小說寫作觀——訪李喬先生〉，李喬，《短篇小說全集資料彙編》（苗栗：苗栗縣立文化中心，1999 年 8 月），頁 296。原載於《中華日報副刊》（1978 年 12 月 26～27 日）。

> 李喬先生認為，想像的動力有三，也可以說，一個人終生孜孜於寫
> 作，當有這方面的力量在推動方為可能：「其一，是潛藏的意識，童
> 年的，歪曲的，被埋葬的，零碎的幼年記憶。」……「其二，是對
> 大眾的關心，對廣大人群，甚至整個存在界的愛。」……「其三，
> 是對大地的鄉愁。」〔註55〕

　　在李喬自述中，可一脈相承地理解其創作心理歷程與創作題材的靈感根
源。李喬即以文本創作，印證其創作理念與理想。因此，作家的生平經歷與
事蹟，將深刻地影響著其創作文本的發展。由於李喬的蕃仔林童年生活，奠
定其原住民文學的創作基礎。

四、作家評論

　　若要理解李喬的創作理念，除了可由其自述的言論理解外，方可由外界
對於李喬所發表的評論窺知一二，誠如洪醒夫所述，「李喬作品之所以深獲高
水準讀者的推崇，應該歸之於他這個重於常人的、悲天憫人的胸懷，歸之於
他對人世間的『偉大的同情』。」〔註56〕在李喬的諸多文本中，均可窺見其人
道關懷的偉大胸懷；還再現日治時期臺灣社會的殖民情境。

> 現在李喬要以這種發自內心深處的感情，以這些動人故事為小說情
> 節的主幹，透過他那偉大的同情，來表現在日本統治之下的臺灣，
> 表現臺灣的社會，表現人性，表現經歷折磨而又能昂然奮鬥的許多
> 生命，對於生於斯長於斯的李喬來說，這是一種光榮的責任，一種
> 歷史的使命，一種作家的高尚情操。對於我們來說，這是一種期盼，
> 一種渴求，一種道義上的慚惶。〔註57〕

　　李喬以真誠的聲音，呈現童年記憶，偉大的同情，與大地的鄉愁……等
為其主要書寫方向，乃因真實而動人，「支撐李喬在創作事業上邁進的原動

〔註55〕黃武忠，〈我的小說寫作觀——訪李喬先生〉，李喬，《短篇小說全集資料彙
　　　　編》（苗栗：苗栗縣立文化中心，1999 年 8 月），頁 297。原載於《中華日報
　　　　副刊》（1978 年 12 月 26～27 日）。

〔註56〕洪醒夫，〈偉大的同情與大地的鄉愁——李喬訪問記〉，李喬，《短篇小說全集
　　　　資料彙編》（1999 年 8 月），頁 289。原載於《書評書目》第 16 期（1974 年
　　　　10 月 1 日）。

〔註57〕洪醒夫，〈偉大的同情與大地的鄉愁——李喬訪問記〉，李喬，《短篇小說全集
　　　　資料彙編》（1999 年 8 月），頁 293。原載於《書評書目》第 16 期（1974 年
　　　　10 月 1 日）。

力，正如他自己所說，是幼年的記識，是偉大的同情，是大地的鄉愁，尤其後二者，更是他與生俱來的天賦；爲了這一些，李喬所付出的代價是十分龐大的。在任何一個世代裡，我們都希望聽到眞誠的聲音，而李喬的聲音正是這種。」〔註 58〕此外，李喬除了有文人的彬彬氣質外，更展現出山林成長背景所薰陶出的豪爽性格，「我重新思索整理李喬給我的印象，我於日記上這樣寫著：『李喬外表文質彬彬，溫厚謙恭，待人親切有禮，言論中卻流露著粗獷豪爽、野性十足的個性。』」〔註 59〕李喬的文本風格，如同其性格般的多元化。李喬乃爲土生土長的臺灣人，以樂觀積極的態度，爲臺灣人的心聲而吶喊，爲臺灣這塊土地而努力不懈，且充滿希望地面對臺灣的未來。

> 最感動我的，也正是李先生這種自覺是臺灣人、不愧爲臺灣人的精神。……選擇以文學創作爲志業，以表達臺灣歷史脈動的眞實爲使命，在這重利輕義的世代中，李喬先生走的輕鬆。但他認爲目前的一切都很有希望，這是個可以勇敢當眾呼喊的臺灣人心願的時代，即使別人仍畏縮、疑慮，他卻要盡上一切努力。〔註 60〕

李喬文本反映出臺灣人爲追求新生活的努力，「他的作品中，不但呈現了臺灣歷史的苦難，也寫出臺灣住民的反抗事蹟，以及他們追求新天地的精神。」〔註 61〕此外，李喬文本還展現出鄉土力量的堅毅，「受苦多難的大眾今天最重要的自然不是在爭取抗爭和憤怒的權利，而是展現先住民過往的歷史中面對苦難的憂容，那才是鄉土內底眞正雋永的堅毅的力量。」〔註 62〕李喬文本正展現臺灣歷史中的堅毅精神。

〔註 58〕洪醒夫，〈偉大的同情與大地的鄉愁——李喬訪問記〉，李喬，《短篇小説全集資料彙編》（1999 年 8 月），頁 293。原載於《書評書目》第 16 期（1974 年 10 月 1 日）。

〔註 59〕黃武忠，〈人性探討者——李喬訪問記〉，李喬，《短篇小説全集資料彙編》（1999 年 8 月），頁 310。原載於《臺灣時報副刊》（1980 年 12 月 1 日）。

〔註 60〕王昭文，〈追尋臺灣的心靈——拜訪李喬〉，李喬，《短篇小説全集資料彙編》（苗栗：苗栗縣立文化中心，1999 年 8 月），頁 314。原載於《臺灣研究》第三期，臺灣大學臺灣研究社出版，（1989 年 6 月 10 日）。

〔註 61〕陳銘城，〈期待平等公義的終極關懷〉，李喬，《短篇小説全集資料彙編》（1993 年 5 月 17 日），頁 324～325。（原載於《自立晚報——名人開講》，1993 年 5 月 17 日）

〔註 62〕彭瑞金，〈悲苦大地泉甘土香——李喬的蕃仔林故事〉，李喬，《短篇小説全集資料彙編》（1999 年 8 月），頁 126。原載於《臺灣文藝》第 57 期（1978 年 1 月）。

五、臺灣文學

　　李喬文學被歸類於臺灣文學的範疇，在李喬定義下何謂「臺灣文學」呢？「所謂『臺灣文學』是因為四百年來，臺灣這個特定的生活空間，由於它特有的歷史經驗，和此廣大民眾所獨有的處境、苦難、希望，以及奮鬥目標，於是形成了、『臺灣文學』這一特異的文學面貌。」〔註63〕相較於中國文學而言，臺灣文學的特性，即根源於臺灣的被殖民歷史背景，「身為『中國文學』一部份的『臺灣文學』，自日本佔據臺灣以後，固然造就了『臺灣文學』反封建、反迫害的特性。」〔註64〕臺灣文學除了呈現反抗精神外，也深富關懷民間疾苦的人道精神。

> 從歷史的角度看：「臺灣文學」的性格事反封建、反帝、反迫害的文學，更是特別關心大眾疾苦的文學，即最富人道精神的文學。從現實角度看：「臺灣文學」的性格是生活在臺灣的人們苦樂悲歡的發言人，理想與期待的發言書（也許還是整個中國人的，這是文學史來決定，我們不敢奢談）。至此「臺灣文學」已然確有其獨特的位置、意義、價值、以及充滿可能性的文學實體。〔註65〕

　　在臺灣文學中所展現的鮮明精神，即為所謂的反抗精神。在李喬文本中，方可見證反抗精神的體現，「每個反抗都來自生活，他們為生活而反抗。這句話將會貫徹我既有的及未來的作品的主題。人們必須生活，並選擇好的生活。寫作的人所面對的是左右最親愛、密切的人們，必須從這裡出發。……反抗來自生活，為生活而反抗。此足以解釋臺灣幾次重大事件。」〔註66〕在李喬的觀點中，所謂的臺灣文學，即要以臺灣人的觀點，敘述臺灣之事；在臺灣的時空中，同情而認同臺灣人的處境。

> 「所謂臺灣文學，就是站在臺灣人的立場，寫臺灣經驗的文學」。所謂「臺灣人的立場」，是站在臺灣這個特定時空裡，廣大民眾的立場；是同情、認同，肯定他們的苦難、處境、希望，以及追求民主

〔註63〕李喬，〈我看臺灣文學〉，《短篇小說全集資料彙編》（1999年8月），頁56。原載於《臺灣文藝》第73期（1981年7月）。

〔註64〕李喬，〈我看臺灣文學〉，《短篇小說全集資料彙編》（1999年8月），頁58。原載於《臺灣文藝》第73期（1981年7月）。

〔註65〕李喬，〈我看臺灣文學〉，《短篇小說全集資料彙編》（1999年8月），頁61。原載於《臺灣文藝》第73期（1981年7月）。

〔註66〕李喬，〈一位臺灣作家的心路歷程〉，《短篇小說全集資料彙編》（1999年8月），頁47～48。原載於《亞洲人》第7期（1984年11月15日）。

自由的奮鬥目標——的立場。這個立場，與先住民，後住民，省籍
等等文化、政治、經濟因素無關。〔註67〕

臺灣文學的定義並非僅以地域性觀點思考，「『臺灣文學』的提出，和政
治上的所謂『地方主義』『分離主義』不要混爲一談，和所謂『孤兒意識』也
不必作任何牽連。」〔註68〕根植於臺灣這塊地上的臺灣經驗與臺灣精神，方
爲形成臺灣文學的主要因素，「從現階段的努力重點看，『臺灣文學』的性格，
仍然繼續它的歷史性格，注意反觀現實，關心多元社會的諸現象，以期繼續
提升生活素質，改進大眾生活。另一方面又是醫治懷有流亡心態的人們，捨
回面對現實積極人生的靈藥。」〔註69〕臺灣文學中還展現著臺灣人於歷史洪
流中，所粹鍊的臺灣經驗，「所謂『臺灣經驗』，包括近四百年來，與大自然
搏鬥與相處的經驗，反封建，反迫害的經驗，以及反政治殖民，經濟殖民，
和爭取民主自由的經驗。」〔註70〕李喬認爲只要根植於臺灣這塊土地上的文
學，即具有其獨特性。

李喬敘述臺灣文學雖然終究而言乃中國文學的一部份，但在實際創
作之際，只有從生於斯長於斯的「我」出發，抑且實際上戰後的臺
灣文學和大陸的文學動向完全無關的地點上，完成了獨特的發展。
〔註71〕

臺灣文學中乃充滿著苦難的記憶，「臺灣文學的歷史，誠然是苦難的歷
史。」〔註72〕從臺灣歷史經驗中所出發的文學，方具有臺灣文學的眞切性，
「一篇由鄉土出發的作品，能否具備整個族群、整個民族、整個國家、整

〔註67〕李喬，〈臺灣文學正解〉，《短篇小說全集資料彙編》（苗栗：苗栗縣立文化中
　　　心，1999 年 8 月），頁 65～66。原載於《臺灣文藝》第八十三期（1983 年 7
　　　月）。

〔註68〕李喬，〈我看臺灣文學〉，《短篇小說全集資料彙編》（1999 年 8 月），頁 55。
　　　原載於《臺灣文藝》第 73 期（1981 年 7 月）。

〔註69〕李喬，〈我看臺灣文學〉，《短篇小說全集資料彙編》（1999 年 8 月），頁 61。
　　　原載於《臺灣文藝》第 73 期（1981 年 7 月）。

〔註70〕李喬，〈臺灣文學正解〉，《短篇小說全集資料彙編》（1999 年 8 月），頁 66。
　　　原載於《臺灣文藝》第八十三期（1983 年 7 月）。

〔註71〕松永正義著；鍾肇政譯，〈八十年代的臺灣文學〉，李喬，《短篇小說全集資料
　　　彙編》（苗栗：苗栗縣立文化中心，1999 年 8 月），頁 229。原載於《臺灣現
　　　代小說選二》，名流出版社，（1986 年 8 月）。

〔註72〕松永正義著；鍾肇政譯，〈八十年代的臺灣文學〉，李喬，《短篇小說全集資料
　　　彙編》（1999 年 8 月），頁 231。原載於《臺灣現代小說選二》，名流出版社，
　　　（1986 年 8 月）。

個人類的共通性，完全要看作者是不是一個很真誠的文學從事者，對文學有無認識而定。」〔註 73〕李喬認為臺灣文學乃屬於「以流離苦難為主題的創作」。

> 不管從哪個角度來看，一九四五年是臺灣經濟、政治、文化重大轉變的時刻。文學是社會現象之一，我們從這裡談起較好。整體而言，從一九四五年開始到目前為止，最先出現的是，在大動亂之下，以流離苦難為主題的創作。〔註74〕

在臺灣文學中，李喬經常描述日治時期的臺灣，或戰爭底下的創作題材，因軍中作家最能體現戰亂流離苦難的切身之痛，「最重要的作家要算那些有親身體驗的軍中作家。由於強大故鄉戰亂及時代的背景已經深刻的印在他腦海裡，在他的作品中很自然就表現一幅流離苦難圖。」〔註 75〕此乃臺灣文學的重要主題之一。此外，諸如政治、省籍與鄉土小說，均可歸納為臺灣文學的範疇中。

> 第二部份是從流離苦難為主題的小說轉入政治小說，也就是澎湃所謂的反共小說。我想他們那些研究社會或研究文學思潮的人，必定會出現這種高潮。我認為這是一種小說，所反映的是時代的背景及各種弊病。第三部份是表現在省籍處理上的小說。……第四部份是鄉土性的小說，這和一九七七年鄉土文學論戰後所說的鄉土小說，在定義的範疇上有所不同。〔註76〕

在臺灣文學的歷史洪流中，「如果說臺灣文學是一條大河流，我算是一條大河中的小支流，靠在岸邊一搖一晃。……以自己為例，我的短篇小說到目前為止已近兩百篇，在一九七七年前，我的短篇小說有一百篇。」〔註 77〕縱然李喬創作的質量均佳，短篇小說的數量可觀，如此辛勤的筆耕結果下，即

〔註73〕李喬，〈一位臺灣作家的心路歷程〉，《短篇小說全集資料彙編》（1999 年 8 月），頁 47～48。原載於《亞洲人》第 7 期（1984 年 11 月 15 日）。

〔註74〕李喬，〈一位臺灣作家的心路歷程〉，《短篇小說全集資料彙編》（1999 年 8 月），頁 43。原載於《亞洲人》第 7 期（1984 年 11 月 15 日）。

〔註75〕李喬，〈一位臺灣作家的心路歷程〉，《短篇小說全集資料彙編》（1999 年 8 月），頁 43。原載於《亞洲人》第 7 期（1984 年 11 月 15 日）。

〔註76〕李喬，〈一位臺灣作家的心路歷程〉，《短篇小說全集資料彙編》（1999 年 8 月），頁 44。原載於《亞洲人》第 7 期（1984 年 11 月 15 日）。

〔註77〕李喬，〈一位臺灣作家的心路歷程〉，《短篇小說全集資料彙編》（1999 年 8 月），頁 45。原載於《亞洲人》第 7 期（1984 年 11 月 15 日）。

成一家之獨特風格，乃爲臺灣文學竭盡所能的創作著。此外，根據岡崎郁子
的觀點所述，「李喬所指的鄉土文學，可以說就是原本從生活本土所誕生的，
屬於臺灣獨自的主體性的文學。他的意思是使用的語言，北平話也好，閩南
話、廣東話、客家話、阿美話、排灣話也好，甚至民族也各異，只要不是特
定的一小撮人的文學；而是從生根於住在『臺灣』一千九百萬人們一切生活
的文學來作起步。」〔註 78〕臺灣文學乃無關乎語言、省籍、族群，即始以臺
灣這塊土地，土生土長的人民生活爲創作題材的文類。

　　臺灣文學爲充滿自主性的多元文學，「往後的臺灣鄉土派作家大多秉持了
這一光榮的文學傳統，在臺灣土地上辛勤耕耘，創造出統合中國傳統文化與
臺灣地域文化於一爐的自主性豐富的文學。隨著時代的推移，臺灣社會結構
已發生了很大變化，臺灣居民不再是殖民時代接受帝國主義的剝奪壓迫的居
民了，人性的抬頭和自主意識的重新獨立使臺灣人民的精神面貌發生了很大
變化，反映此豐富而深刻的民族精神和鄉土觀念自然是鄉土文學家新的追求
和探索的目標。」〔註 79〕縱然臺灣已無被殖民情境的壓迫，但去殖民化的信
念與殖民遺毒，仍非短時間內可完全抹除。

　　　　由於過去殖民地時代殘害迫辱留下的永恆創傷，養成怕被猜忌謗瀆
　　　　的心理，對於來自傲慢一方的奴化刺傷，有著特別敏銳激烈的反
　　　　映，因之有意無意總要展佈遍嘗血淚心酸而始終堅忍不屈的一面，
　　　　總要辯解被誤會的冤屈……，因之「抗議精神」成了臺灣「鄉土文
　　　　學」的招牌主題和最突出的一項特色。〔註80〕

　　根據李喬所定義的「臺灣新文學」，具有幾個重要特色：「起自日據時代
的『臺灣新文學』，就其文化意義、文學特質、文學風格等綜合而論，……
一、日據時代臺灣作家詩人，是文化啓蒙、社會改造、民族追求解放的一

〔註78〕岡崎郁子著：江上譯，〈臺灣文學的香火——李喬〉，李喬，《短篇小說全集資
　　　料彙編》（1999 年 8 月），頁 268。原載於《津田大學紀要》第 19 號（1987
　　　年 8 月）。

〔註79〕李者佺，〈忿忿不平的冥府鬼魂——李喬「孟婆湯」〉，李喬，《短篇小說全集
　　　資料彙編》（苗栗：苗栗縣立文化中心，1999 年 8 月），頁 191～192。原載於
　　　《我愛黑眼珠——臺灣優等小說賞析》（北京：北京工商出版社，1995 年 2
　　　月）。

〔註80〕彭瑞金，〈悲苦大地泉甘土香——李喬的蕃仔林故事〉，李喬，《短篇小説全集
　　　資料彙編》（1999 年 8 月），頁 124。原載於《臺灣文藝》第 57 期（1978 年 1
　　　月）。

環。二、作品主題以反迷信、反封建、反殖民，以及譴責『三腳仔』（臺奸）
為主要傾向。」〔註81〕所謂的「三腳仔」乃為根據日本殖民時代所定義的
臺奸。

> 文學主題的傾向則是，首先，反殖民、反封建；殖民與封建是一體
> 兩面。這是臺灣的特殊現象，不論如何改朝換代。臺灣的農民世世
> 代代受到壓迫。其次則是反迷信的。其三，譴責「三腳仔」，就是
> 「臺奸」。日本殖民時代臺灣人稱殖民者「四隻腳的」，站在殖民者
> 角度欺侮本地人的本來是兩隻腳，因為認同日本人，所以被嘲為
> 「三腳仔」。〔註82〕

　　李喬認為以譴責臺奸為主的文學主題，乃為最特別的部分，「在臺灣文學
裡面最特別的一個主題：那就是譴責所謂四隻腳的，臺灣人是兩隻腳，臺
灣人替外來的殖民者跑腿的是三隻腳。所以在臺灣文學中有一個專有名詞
叫做『三腳仔』。」〔註83〕此均在譴責殖民地，對於臺灣人民所造成的影響與
遺毒。

　　根據日本學者岡崎郁子對於「殖民地文學」的觀點所述，「所謂殖民地文
學，若要一言概括其主要特徵，只不過是我們從文學創作者是屬於殖民地的
人，或者是以殖民地為題材寫作。雖然在我們的文學作品中，自然會出現殖
民地的鄉土性、殖民地的民主性、殖民地的政治社會之階級性，但其鄉土
性、民主性、階級性當中，不能沒有一種超越了各種特質的，屬於整個世界
的普遍的人性在內。唯有在所謂的殖民地文學當中，具有超越了殖民地意義
要素的東西，始能成為世界性的傑作吧！」〔註84〕李喬方以文字再現原住民
族的被殖民情境。在了解李喬的創作觀點之際，須先理解其家庭與生長背

〔註81〕 李喬，〈客家文學，文學客家〉，《客家文學精選集》（臺北：天下遠見雜誌出
　　　　版，2004 年 4 月 30 日），《李喬文學文化論集（一）》（2007 年 10 月），頁 261
　　　　～262。

〔註82〕 李喬，〈臺灣文學的文化觀〉，《聯合報》，2000 年 6 月 12 日，《李喬文學文化
　　　　論集（一）》（苗栗：苗栗縣政府國際文化觀光局出版，2007 年 10 月），頁
　　　　109。

〔註83〕 李喬，〈臺灣小說中的宗教主題〉，《第四屆文學與宗教國際研討會》（臺北：
　　　　輔仁大學，2001 年 11 月 23 日），《李喬文學文化論集（一）》（2007 年 10
　　　　月），頁 183。

〔註84〕 岡崎郁子著；江上譯，〈臺灣文學的香火──李喬〉，李喬，《短篇小說全集資
　　　　料彙編》（1999 年 8 月），頁 253。原載於《津田大學紀要》第 19 號（1987
　　　　年 8 月）。

景；在了解其文本之際，需先理解臺灣文學與鄉土文學的定義與核心內涵為
何？方可知其文本的精髓。

六、原住民族社會背景

　　根據李喬的觀點所述，臺灣在歷代統治者的治理下，「自古以來，統治者
對臺灣最嚴厲的一招，最傷臺灣的方式是以臺制臺，分爲治之，（把臺灣人分
爲原住民、客家、河洛。到今天，臺灣還有這種狀況。」〔註85〕李喬認爲臺
灣乃爲一個多民族國家。

> 「多民族國家」的確認：臺灣是一個建立在「認同」的現代國家。
> 此時尊重並平等相待國內各族群各民族是必備條件。Holo 與
> Kakka、新住民之間，可認作 ethnic group 之異，與原住民之間是
> Nation 之別。一者學理上確立，二者是尊重先住的少數人，三者加
> 強成爲獨立國家的必須性，認定原住民爲 Nation 單位。然則臺灣是
> 一個「多民族國家」──Nations－Nation。這個觀念，在漢文化（中
> 國文化）裡是極困難的，卻是吾臺灣所需要且必須的。〔註86〕

　　李喬的多民族觀點，乃非常尊重原住民族的存在。在李喬童年在蕃仔林
的歲月中，有機會接觸到原住民族，而養成其悲天憫人的人道關懷精神。李
喬還理性地分析臺灣獨特文化，與原住民族存在的事實。原住民族文化悠
久、原漢文化的頻繁交流、異文化接觸所產生的變遷，均構成臺灣文化的獨
特性。

> 在臺灣：（一）原住民已安生數千年以上，（二）漢移民後裔也生活
> 了三百六十多年，（三）漢移民所攜原鄉文化依文化生態學原理，
> 「已然」變遷了。──。以適應臺島的環境、社會，（四）漢人後裔、
> 平埔諸族，現在原住民族各族間三四百年的血液交流，文化接觸，
> （五）日人五十年統治所帶來的異文化接觸所引起的變遷，（六）臺
> 島所處的世界地理關係位置與產業特性所帶來的世界性異文化接
> 觸。……臺灣當然已擁有自己的獨特文化，這是理所當然而實際已

〔註85〕李喬，〈戰後「臺灣小說的文化批評」〉，《國文天地》第 16 期（2000 年 7 月 1
　　　　日），《李喬文學文化論集（一）》（2007 年 10 月），頁 128。

〔註86〕李喬，〈傳統與創造〉，《臺灣的重建》，2002 年 12 月 21 日，《李喬文學文化論
　　　　集（一）》（苗栗：苗栗縣政府國際文化觀光局出版，2007 年 10 月），頁 208
　　　　～209。

　　然的了。〔註87〕

　　李喬對於原住民族傳統文化觀點可知,「原住民的文化傳統：例如：比較民主、開放的思考,含有濃厚宗教心的敬畏天地、生命謙卑的精神世界,達觀、率眞、團結合群的美德,重視青少年族群傳統的教育制度。(這些是原住民文化的精華,不幸現在是消逝殆盡了。)」〔註88〕原住民族文化精華,乃隨著現代文明的衝擊,不幸已逐漸消逝殆盡。在臺灣的原漢族群,乃共存於這塊土地上,在族群接觸與族群衝突後,將邁向「命運共同體」的大道而行。

> 臺灣是移民社會,在不同時段,不同地域的不同族群以不同動機而來。歷史的鐵則,離散的不可能回歸,他們注定要在臺灣落地生根。臺灣原住民在臺灣擁有數千年生活文化,漢移民也各攜不同文化而來,他們曾經衝突械鬥,但由於生活接觸,婚姻事業的牽連,他們注定要朝向「一個社會」演進。另一方面不斷外敵,外來殖民統治的壓迫,更「迫使」臺灣居民由怨而親、由疏而密,邁向「命運共同體」的大道。〔註89〕

　　在臺灣這塊土地上,身為少數族群的原住民族,乃飽受異族政權的殖民迫害,「在臺灣原住民方面,除了同樣長期被異族政權扭曲傷害統治外,加上渡海漢人侵其土地資源、蝕其文化傳統,不但其優秀文化特質純樸種性被破壞殆盡,且已到了母氏流失血源將絕的地步。」〔註90〕李喬分析原住民族困境,認為原住民文化,正處於危急存亡之際。因此致力於原住民文化復振工作,乃為刻不容緩之事。臺灣原住民文化,不但深具其獨特性,方充實臺灣文化的深度與廣度。

〔註87〕李喬,〈臺灣文化的過去與未來〉,《民眾日報》,1991 年 5 月 19 日,《李喬文學文化論集 (一)》(苗栗：苗栗縣政府國際文化觀光局出版,2007 年 10 月),頁 39。

〔註88〕李喬,〈臺灣文化的過去與未來〉,《民眾日報》,1991 年 5 月 19 日,《李喬文學文化論集 (一)》(苗栗：苗栗縣政府國際文化觀光局出版,2007 年 10 月),頁 40。

〔註89〕李喬,〈「臺灣主體文化」建構的理論與實務〉,《迎接全球化──超越 2008 研討會》(2003 年 9 月 28 日),《李喬文學文化論集 (一)》(2007 年 10 月),頁 237。

〔註90〕李喬,〈「臺灣運動」的困局與轉機〉,《十六屆世臺會演講》,1989 年 8 月 12 日,《李喬文學文化論集 (一)》(苗栗：苗栗縣政府國際文化觀光局出版,2007 年 10 月),頁 20。

> 原住民文化處於存亡之間：原住民的存在，臺灣要建立新國家，其
> 正當性更充足。這是「現實義」。臺灣擁有原住民文化，使「臺灣文
> 化」更豐富多元，富有活力而可沖淡「漢文化之惡」。這是文化原
> 理。〔註91〕

李喬還進一步關注於原住民平埔族的文化斷裂，「然而，事實上『平埔族』
血脈幾乎斷裂，其他原住民語言漸失，社會解體，母源欲斷。站在『臺灣主
體文化』立場，失去原住民文化，其根基將損傷鉅深。」〔註92〕保存原住民
族文化，方可保存臺灣主體文化的完整性。臺灣不僅存在多元族群，更存在
著弱勢族群的問題，諸如客家與原住民文化議題，均值得深入探討。

> 弱勢的客家人的「語言情節」所引起的諸多文化現象、政治議題：
> 更弱勢的原住民，在語言系統又另成一類；其內部的，與他族之間，
> 政府的方針等存在千頭萬緒必須面對的問題。〔註93〕

除了現今較為受到關注的原住民族文化議題外，還有諸如早期的醫療衛
生、感情……等原住民族議題，「臺北醫學大學有一位寄生蟲學教授。這個
人三十年來專心做一件事：給全境原住民驅除寄生蟲；尤其最難纏的絛蟲
的處理經驗，使他成為國際性權威。而他曾以生吃豬肝『示範』教導原住
民。在學校還是原住民學生的濟助者、感情問題顧問、生活的輔導人。」
〔註94〕李喬不僅在文本中，對於原住民族文化議題有所關注外；在社會現實
層面，李喬仍十分地深入地觀察著。在理解李喬的家庭、生長、文學與創
作背景外，方可深入解析其文本中的重要意涵。接著即由李喬文本逐一深入
探究。

〔註91〕 李喬，〈「臺灣主體文化」建構的理論與實務〉，《迎接全球化——超越 2008 研
討會》（2003 年 9 月 28 日），《李喬文學文化論集（一）》（2007 年 10 月），頁
241～242。

〔註92〕 李喬，〈「臺灣主體文化」建構的理論與實務〉，《迎接全球化——超越 2008 研
討會》（2003 年 9 月 28 日），《李喬文學文化論集（一）》（2007 年 10 月），頁
242。

〔註93〕 李喬，〈語言暴力在臺灣〉，《臺灣教會公報》第 2601、2602 期（2002 年 1 月
6、13 日），《李喬文學文化論集（二）》（苗栗：苗栗縣政府國際文化觀光局出
版，2007 年 10 月），頁 157～158。

〔註94〕 李喬，〈「認同」的奧秘〉，《自由時報——「四方集」專欄》，《李喬文學文化
論集（二）》（苗栗：苗栗縣政府國際文化觀光局出版，2007 年 10 月），頁
98。

第二節　李喬的文學創作背景

　　李喬的原住民文學創作，在創作質量上均有豐碩的成果，諸如李喬於
1968 年的《晚晴》中，收錄〈山之戀〉、〈香茅寮〉、〈山上〉；1970 年的〈迷
度山上〉；1975 年《李喬自選集》中，收錄〈蕃仔林的故事〉、〈山女〉、〈哭聲〉；
1978 年〈達瑪倫‧尤穆〉；1980 年《心酸記》中，收錄〈烏蛇坑野人〉、〈山
河路〉（原名〈巴斯達矮考〉），1982 年〈馬拉邦戰記〉；1986 年《告密者》；
1993 年《李喬集》中，收錄〈泰姆山記〉；1999 年〈鱒魚〉……等原住民文
學作品，均為李喬歷年來所撰寫的原住民文學文本。

　　在李喬早期創作中，乃經常描述蕃仔林的故事，〈山女〉即為蕃仔林故事
集，「〈山女〉（即蕃仔林故事集）可說是李喬早期作品出發的集結站，就是今
天再檢視李喬已完成的八部鉅著，〈山女〉仍是第一個重鎮。〈山女〉雖是以
連綴方式完成的短篇小說集，但從人物、風土、時空、環境緊密的串連，……
我們可以看到早期在李喬荒原心靈上最初始的人生觀世界觀。」〔註 95〕在李
喬《自選集》中的〈山女〉，即以日治時期的蕃仔林故事為主，刻劃出當時窮
困社會中，飢寒交迫又難熬的日子，在現實生活真實上演著。

> 李喬的《自選集》裡有一篇小說叫做〈山女〉；他描寫日據時代末期
> 窮苦人家慘絕人寰的故事。我們平常譏笑人家窮得「一條褲子，全
> 家人穿」，但是在〈山女〉裡面，甚至婦道人家和黃花閨女也窮得沒
> 褲子穿；他們的下半身是乾脆裸露的？他們三頓飯都啃生蕃薯為
> 主；因為壓根就沒有洋火；她們沒有鹽巴，只好以「鹽膚木」──
> 即一種樹木來代替鹽巴佐餐。由於難熬的飢餓，使得人終日像死人
> 一樣躺著，免得一走動就多消耗體力。〔註96〕

　　原住民被殖民者的飢寒窘境與日本殖民統治者相互比較，誠如薩依德所
述，「沒有一個人可以逃避、不去涉及到這些──如果不是東／西分裂，就是
南／北對立、富國／窮國、帝國主義者／反帝國主義者、白人／有色人種等
等，我們沒有辦法因為假裝他們不存在，而是躲開這一切。」〔註 97〕再加上

〔註95〕彭瑞金，〈悲苦大地泉甘土香──李喬的蕃仔林故事〉，李喬，《短篇小說全集
　　　　資料彙編》（1999 年 8 月），頁 122。原載於《臺灣文藝》第 57 期（1978 年 1
　　　　月）。
〔註96〕葉石濤，〈論李喬小說裡的「佛教意識」〉，李喬，《短篇小說全集資料彙編》
　　　　（1999 年 8 月），頁 119。原載於《臺灣文藝》第 57 期（1978 年 1 月）。
〔註97〕薩依德，〈晚近發展面面觀〉，《東方主義》（臺北：立緒出版社，1999 年 9

日本殖民者的大肆搜刮物資，「小小世界擠著這些不幸已夠令人心惻，再加之日本在戰爭末期的大肆搜刮，蕃仔林的物質資源已到了山窮水盡的地步了。」〔註98〕最令人不堪的即在蕃仔林中，年輕原住民均為日本殖民帝國犧牲，全蕃仔林僅剩下老弱矜寡，這種山窮水盡的窘境，令人不勝唏噓。

〈山女〉的背景是臺灣黎明前最黑暗的一刻，一個窮鄉僻壤——蕃仔林的故事。此時的「蕃仔林裡，好像人越來越少啦，為什麼年紀不太老的，年輕的，都一個個走了呢？走了就沒回來，不，回來的都是裝在白木箱裡……。」年輕壯盛的一代幾乎全被征去當「兵仔」、「軍伕」了，全蕃仔林剩下的不是老弱矜寡便是天殘。〔註99〕

在李喬筆下記載的蕃仔林中，「最主要是它們毫不做作、毫不誇張的寫出在日本人統治下，臺灣同胞連最原始最基本的生活需求都落空，兩篇都寫『飢餓』、人為造成的飢餓！『山女』純寫眾所周知的『口腹之飢』，『蕃仔林的故事』則比較複雜。」〔註100〕李喬童年中，蕃仔林生活飢餓窘境的窮困寫照，已逼得人快喘不過氣來。此外，李喬在〈泰姆山記〉中，引用泰雅族的神話傳說故事，「〈泰姆山記〉主要是講人和大地的和解，……為什麼叫『泰姆山』，可能還要懂得一些泰雅族的神話，他們認為太陽是大家的父親，山是母親；我自創的神話是泰姆山會移動，把它神聖化。另外，在臺灣人找尋救贖的過程中，原住民是擔任一種角色，因此他們比我們後來的人更接近臺灣的大地。」〔註101〕李喬藉由泰雅族神話改編，描述被神聖化的「泰姆山」，使得原住民族更切近大地。在〈泰姆山記〉中，所塑造的悲劇人物，象徵著以愛寬恕一切的胸懷，藉此展現臺灣人的廣大胸襟。

「泰姆山記」中的「余石基」，比劉明基、曾淵旺更進一步——逃入

月），頁 476。

〔註98〕彭瑞金，〈悲苦大地泉甘土香——李喬的蕃仔林故事〉，李喬，《短篇小說全集資料彙編》（1999 年 8 月），頁 127。原載於《臺灣文藝》第 57 期（1978 年 1 月）。

〔註99〕彭瑞金，〈悲苦大地泉甘土香——李喬的蕃仔林故事〉，李喬，《短篇小說全集資料彙編》（1999 年 8 月），頁 127。原載於《臺灣文藝》第 57 期（1978 年 1 月）。

〔註100〕花村，〈「山女」與「蕃仔林的故事」比較〉，李喬，《短篇小說全集資料彙編》（1999 年 8 月），頁 164。原載於《中華文藝》第十一卷第四期（1976 年 6 月）。

〔註101〕李喬，〈個人反抗與歷史記憶〉，《短篇小說全集資料彙編》（1999 年 8 月），頁 83。原載於《中時副刊》（1998 年 10 月 20～23 日，訪問者：黃怡）。

臺灣的「母山」躲避「外敵」的追殺。當他被「毒蛇」（命運）所傷時，反而冷靜下來。他把相思樹種籽灑在地上，也灑兩把在敵人屍體。於是「當雨水來的時候，有些種籽會發芽。當春天來的時候，這裡是一片相思樹苗了。」至此，以血作了救贖，鮮血滴入自己的土地，回歸大地，與山川林木合爲一體，也以「相思籽」──愛寬恕了敵人。臻至美善的救贖境地。〔註102〕

　　在〈泰姆山記〉中，描述臺灣人的精神，「在『泰姆山記』裡主角發覺鮮血流淌大地而感覺與大地合一，並堅信『明天春雨來時，將以相思樹株的型態再臨人間。』到此，故鄉大地之於作者，之於小說人物，已然是『完整』的宗教信仰矣。」〔註103〕此乃刻劃出臺灣人堅毅的力量，與勇敢的精神寫照。不論有多少苦難歲月，臺灣人均不會被擊倒。在李喬的文本中，呈現諸多臺灣苦難人生中的悲劇人物，「〈迷度上山〉的楊文華和柯子森，……在某種意義下，都是屬於這一類的悲劇性人物。」〔註104〕由悲劇人物的描述，將臺灣現實社會中的悲苦情境，再現於文本的苦難氛圍中，「法農（Frantz Fanon）曾被法國名作家高德（David Caute）稱爲『被殖民化的曠野之聲』。他是二十世紀最重要的傳奇悲劇英雄之一。」〔註105〕原住民族彷彿法農般，成爲諸多原住民文學筆下的悲劇人物。

　　李喬於《告密者》中，描述自身的創作歷程。此文本乃爲自一九七四年《恍惚的世界》起的另一力作，「這是我的第九篇短篇小說集。一九七四年出版的《恍惚的世界》時，我曾自覺地表示；我之於短篇小說，大概只能攀援到那個境地了。八○年代雖然再出版一本《心酸記》，但是舊作舊技佔多數，不過重複自己而已。嚴格說起來，《告密者》本集是《恍惚的世界》後十年的

〔註102〕李喬，〈臺灣當代小說的「解救」表現〉，《第二屆臺灣本土文化國際學術研討會》（1996年4月20日），《李喬文學文化論集（一）》（2007年10月），頁89。

〔註103〕李喬，〈臺灣文學與本土神學──由基督教談起〉，《臺灣文學與臺灣神學研討會》集（2001年4月16日），《李喬文學文化論集（一）》（2007年10月），頁153。

〔註104〕鄭清文，〈李喬的《恍惚的世界》〉，李喬，《短篇小說全集資料彙編》（苗栗：苗栗縣立文化中心，1999年8月），頁103。（原載於《書評書目》第十九期，1974年11月）

〔註105〕南方朔；法農，〈後殖民論述的第一道聲音〉，《黑皮膚，白面具》（2005年4月），頁5。

成績呈現。」﹝註106﹞《告密者》乃可傳達其創作理念與文人使命感。

> 基本上，本集十二篇作品都是所謂的「觀念小說」，篇篇都在傳達作
> 者的思想觀念。我的「觀念」很簡單：維護人性的尊嚴——從最初
> 近處做起；博愛有情人間——從愛護我的鄉土臺灣做起。﹝註107﹞

李喬藉由文本重申其文學創作信念，「在出版本集小說的時候，我願意在
此重申我的文學信念：文學，必然植根於生養其身的土地與人民；文學，必
然自現實社會出發，然後以全人類，甚至有情世界的福祉爲依歸。在文學
上，誰加我以『地方主義』，我欣然接受；文學上，我是『臺灣主義者』。」
﹝註108﹞李喬的文學創作，即根植於鄉土的土壤中，以現實社會爲依歸，創作
出屬於臺灣這塊土地的文學作品，即所謂的臺灣文學。李喬有諸多重要的文
本，均可傳達其重要文學理念，諸如《恍惚的世界》與《告密者》均爲其滿
意之作，「一九七四年出版的《恍惚的世界》是那年爲止我唯一比較滿意的短
篇集。……《告密者》是另一個十年來。我比較滿意的集子；要檢視我十年
來在短篇上的耕耘，大概也可以憑這一部集子下論斷吧。」﹝註109﹞在《告密
者》中，李喬認爲有個完整的創作環節，諸如〈小說〉、《告密者》、〈泰姆山〉、
〈孽龍〉……等文本，乃展現生命的抵抗精神，再現生命的美德。

> 文學是一種抵抗的形式，而生命正是一種抵抗的行程。……抵抗不
> 了就是死亡，不抵抗就是滅亡。抵抗是生之哲學，也是生命的至高
> 美德。……這本小說集。想要表達的，就是有關抵抗的一些旁枝細
> 節。……在我寫作的構圖中，《小說》、《告密者》、《泰姆山》、《孽龍》
> ——四篇是一個完整的環節，現在具足了。﹝註110﹞

在《告密者》中，「這本書是李喬從自己所寫過的二百篇以上的短篇小說
挑選出來。……內容包括《達尤倫・尤穆（丈夫日記）》……《泰姆山》……
是李喬自認爲寫得較好的『短篇小說集』！」﹝註111﹞李喬認爲此書乃爲所謂

﹝註106﹞李喬，〈後記〉，《告密者》（臺北：自立晚報出版，1986 年 12 月），頁 395。

﹝註107﹞李喬，〈後記〉，《告密者》（1986 年 12 月），頁 395～396。

﹝註108﹞李喬，〈後記〉，《告密者》（1986 年 12 月），頁 396。

﹝註109﹞李喬，〈自序（1986 年 10 月 12 日，養生蘭舍）〉，《告密者》（臺北：自立晚
報出版，1986 年 12 月），頁 1。

﹝註110﹞李喬，〈自序（1986 年 10 月 12 日，養生蘭舍）〉，《告密者》（1986 年 12 月），
頁 2～3。

﹝註111﹞陳永興，〈對臺灣作家的敬愛的期待〉，李喬，《告密者》（臺北：自立晚報出
版，1986 年 12 月），頁 5。

的最優秀短篇小說集，以極大的篇幅撰寫短篇小說，再現臺灣人喜怒哀樂的人生百態，與滄桑苦難的悲情臺灣。

> 在臺灣文學的領域裡頭，臺灣小說的成就是較有可觀的。……可以發現臺灣人的喜、怒、哀、樂、榮辱苦悶、委屈辛酸盡在其中，臺灣人的形象百態、臺灣社會的眞實面貌、臺灣歷史的滄桑苦難，都在這些優秀的小說作品中呈現出來，爲歷史記下證言。〔註112〕

李喬秉持著一貫的人道關懷信念，以冷靜虔誠的眼光，關注著臺灣的過去、現在與未來，「他對於臺灣人和臺灣社會具有佛家修道者的透視眼光和虔誠胸懷；把自己奉獻給臺灣文學，用冷靜的思考讓愛著臺灣，他這種的努力我們稱爲是『臺灣精神的修道者』！他認爲臺灣人和臺灣社會所欠缺的是從根救起，徹底重生的文化反省。」〔註113〕李喬從臺灣文化根基，徹底地反省與思考，冀望爲臺灣貢獻一己之力。李喬文學中乃充分展現所謂的「臺灣精神」，「從他的文學作品和待人處世中，我深深喜愛的是他對『臺灣精神』的認識和堅持，我最最欣賞的是他對臺灣人和臺灣社會的分析和觀察。」〔註114〕在李喬文本中，得以使人窺見臺灣社會的變遷與發展脈絡。

第三節　日治殖民下的原住民族論述

一、日治下的原住民

（一）馬拉邦戰記之原漢結盟抗日

李喬在〈馬拉邦戰記〉中，描述原住民族對於日本殖民統治者的印象，與日本殖民下原住民族的變遷。在日治時期，漢族與原住民族起先對於東洋番乃渾然不知，「有一天，柯老總由苗栗帶來一個奇怪消息：大清朝和東洋番要開戰了。東洋番什麼來路？這是大家無法生出印象的事物。後來傳說逐漸增多，知道那是『外敵』，是居住在臺灣東方海島的生番；赤身裸體，只用枝葉遮蔽下體，披頭散髮，矮小而粗壯，善用長刀；生性好殺，據說有生啖人

〔註112〕陳永興，〈對臺灣作家的敬愛的期待〉，李喬，《告密者》（1986 年 12 月），頁6。
〔註113〕陳永興，〈對臺灣作家的敬愛的期待〉，李喬，《告密者》（1986 年 12 月），頁7。
〔註114〕陳永興，〈對臺灣作家的敬愛的期待〉，李喬，《告密者》（1986 年 12 月），頁7。

心的習慣……」〔註115〕在大家口耳相傳的傳聞下，逐漸還原出東洋番的印象，乃令眾人感到驚奇的外族。在日本殖民眼中的原住民族，乃具有野蠻、兇悍的人物形象；豈知，在原住民族與漢族眼中的日本殖民者，同樣被視為東洋番般的蠻夷之邦。

漢族與原住民族在不久後，乃有機會在馬拉邦之戰中，實際接觸到所謂的東洋蕃。在實際接觸後，原住民族更加理解，何謂東洋番的面貌。在此戰役前，原住民部落與漢族的生活範疇，即以隘寮線為界，「臺灣島，在清朝初葉就劃定了先住民一個居耕的範圍，謂之『番地』。在番地邊緣防守線上，設置了『隘寮』，駐勇防守。這些固定距離設置的隘寮，形成的防衛線就稱為『隘寮線』。」〔註116〕所謂的「隘寮線」即為區分原漢族群的生活範疇。臺灣各地均有劃定「隘寮線」，設置在中央山脈西側，範圍乃十分廣闊，「全臺主要的隘寮線，設置在中央山脈的西側。一列或續或斷的番界山嶺，北起桃園角板山，上坪前山、五指山、加里山、廣場大山、大湖南湖丘陵、卓蘭丘陵、東勢丘陵、大橫屏山——一直延伸到阿里山前山，南北大武山……。」〔註117〕在馬拉邦戰爆發的苗栗地段，同樣設有所謂的「隘寮線」，且居住著廣大的原住民族。

> 在苗栗地段，南湖是最深入的隘勇線，南湖的情勢又是最複雜的。因為小小庄落，東南西三面山區，都是人多勢大的先住民數群：庄東隔一條南湖溪對岸就是「加里合彎社」；由庄之東南兩公里外的「淋漓坪」折向正東正是「馬拉邦山」，山區有「馬拉邦社」；越過馬拉邦社，有「蘇魯社」；在一水相隔處，更有「得磨波耐社」、「細道邦社」、「路奔社」、「麻必浩社」、「今毋伊社」、「天狗社」等等。〔註118〕

關於南湖隘湖勇段的枋山，「關於南湖隘湖勇段的枋山職責，實際上在日軍南下之際就形同撤廢；引為墾撫局早就下令，把隘勇的火槍全部撤走，防衛的任務就交給當地原住民自謀解決。奇怪的是，這段時間裡，先住民既不『瑪拉卡即姆』（出草），也未曾騷擾庄民。」〔註119〕縱然少了「隘寮線」的

〔註115〕李喬，〈馬拉邦戰記〉，《短篇小說全集九》（苗栗：苗栗縣立文化中心，1999年8月），頁52。

〔註116〕李喬，〈馬拉邦戰記〉，《短篇小說全集九》（1999年8月），頁55。

〔註117〕李喬，〈馬拉邦戰記〉，《短篇小說全集九》（1999年8月），頁55。

〔註118〕李喬，〈馬拉邦戰記〉，《短篇小說全集九》（1999年8月），頁55～56。

〔註119〕李喬，〈馬拉邦戰記〉，《短篇小說全集九》（1999年8月），頁56。

防衛，原住民仍十分自律。原漢族群在隘勇線的隔離下，往來原本即不多，更何況跟其他族群的往來。但令人意外的即為加里合彎社原住民族，擔憂東洋番將影響部落生計，還派人到「隘勇統制所」來打探消息，甚至於動殺戮的念頭。

> 更意外的是加里合彎社還派人到隘勇統制所打聽東洋番來襲的消息。「同年阿達樣，也去砍東洋番好嗎？」加社的人說。「同年」是先住民友善對方的稱呼。「依索（你），阿樣達，也恨東洋番嗎？」「嗯。依索跟貢（我）阿樣達人，在臺員都都好；東洋番來，人就太多，太多就沒東西吃……」這是先住民最簡明的推理，也是他們要殺東洋番的理由。「同年：不瑪拉卡即姆了嗎？」「阿樣達和大家結同年了，阿樣達只向東洋番瑪拉卡即姆！」〔註120〕

接著，在部落產生十分特別的異族結盟情勢，「奇妙的情勢是：加里合彎社的年輕酋長『接卡・久因』、馬拉邦社的『莫・拉邦』，蘇魯社的『吐魯・哈魯』都紛紛找上門來，要求柯山塘『結同年』，合力打殺東洋番。」〔註121〕此即所謂原漢族群的異族結盟，合力攻打東洋番。此外，傳聞中柯山塘即為充滿傳奇色彩的漢族英雄，甚至於擁有所謂的「剁三刀」稱號。

> 柯山塘是先住民聞風喪膽的人物，也是充滿傳奇色彩的人物。他曾經在漆黑夜裡被一群先住民包圍，結果他帶回來三隻左耳朵，自己卻毛髮未傷。在私下，隘勇們、庄民都稱他為「剁三刀」。至於這個綽號的由來，卻沒有誰清楚。〔註122〕

關於「剁三刀」柯山塘的傳聞，紛紛擾擾地不斷流傳著，「『剁三刀』是五短粗壯的中年漢子。……據說他是直接從『唐山』來的，而且還是劉銘傳的逃兵。又傳說是北部的獨行盜，妻子被先住民所殺，這才投身當隘勇哨官的。……又有一種荒唐的傳說：他實際上是個先住民，或者有先住民的血統。他能聽懂泰雅族語，他又有一身高明的拳術。這是隘勇們都知道的。」〔註123〕在原住民部落名聲遠播的「剁三刀」柯山塘，答應與加里合彎社的年輕酋長「接卡・久因」、馬拉邦社的「莫・拉邦」，蘇魯社的「吐魯・哈魯」共同結盟，以對抗所謂的東洋番，眾人即開始計畫作戰策略。柯山塘在徵求

〔註120〕李喬，〈馬拉邦戰記〉，《短篇小說全集九》（1999年8月），頁56。
〔註121〕李喬，〈馬拉邦戰記〉，《短篇小說全集九》（1999年8月），頁57。
〔註122〕李喬，〈馬拉邦戰記〉，《短篇小說全集九》（1999年8月），頁57。
〔註123〕李喬，〈馬拉邦戰記〉，《短篇小說全集九》（1999年8月），頁58。

眾人意見後，決定先為原住民族的安危著想，「現在南湖街庄既不能安頓，柯山塘在眾人贊同下，決定撤入『淋漓坪』部署抵抗。至於加里合彎社的男女老少，卻先一步全部撤離社落，爬上馬拉邦社，投奔馬拉邦社去了。」〔註124〕馬拉邦戰事即於漢族與原住民族的異族結盟下，共同對抗日本外族入侵，而正式揭開序幕。

（二）泰姆山記之日本皇民化壓迫

李喬在〈泰姆山記〉中，以臺灣知識青年的逃亡歷程為主軸，描繪其逃亡過程中的阻絕艱辛，與臺灣人追尋母土聖山的孺慕之情。還描述在日治時期，原住民族在日本殖民壓迫中所受到的衝擊；但日本殖民官方反而認為，此乃施予原住民族的恩典，誠如薩依德所述，「在支配者社會中的經驗，乃是依賴於毫不批判地認定自己必須施予文明之使命（la mission civilisatrice）的土著及其疆域。」〔註125〕原住民部落中，諸多族人被迫改姓，並被迫為日本殖民官方工作，諸如窩興即在改日本名字後，官拜日本陸軍少尉。

> 瓦勇是窩興的老堂兄；是經窩興的介紹，他們才認識。窩興在日據時期改姓「湯川」，「樂野社」人，二十五歲，官拜日本陸軍少尉。終戰後換稱湯守仁。在那場戰亂中，窩興是攻擊嘉義機場的指揮者。他們的認識在動亂之前半年。〔註126〕

純真自然的原住民窩興，即在為日本殖民官方效命後，捲入戰亂的漩渦中，為日本殖民霸權而犧牲。在日治時期，為日本犧牲的臺灣人與原住民族均不在少數，此乃為身為被殖民者的族群悲哀與無奈。

> 天生的歌者，熱情的理想主義者，決心拋卻「少尉亡靈」，想要做一個山地牧者的窩興，竟然鬼使神差下，投入戰亂的漩渦，且成了重要的動力之一！湯川少尉死了，窩興死了！〔註127〕

李喬在〈泰姆山記〉中，描述為日本犧牲的原住民少年窩興，呈現原住民被殖民者在日本殖民下的悲歌；還藉由原住民青年的人物形象塑造，再現原住民族正面的族群形象與性格，並刻畫出漢族對於原住民族的汙名化認同，甚至於諷刺日本殖民帝國對於原住民族的壓迫。因原住民被殖民者與日

〔註124〕李喬，〈馬拉邦戰記〉，《短篇小說全集九》（1999 年 8 月），頁 58～59。

〔註125〕薩依德，《文化與帝國主義》（臺北：立緒出版社，2001 年），頁 13。

〔註126〕李喬，〈泰姆山記〉，《李喬集》（臺北：前衛出版社，1993 年 12 月），頁 238。

〔註127〕李喬，〈泰姆山記〉，《李喬集》（1993 年 12 月），頁 243。

本殖民者，乃存在著彷彿薩依德所述的東、西方宰制架構，「東方是非理性的、墮落的、幼稚的、『不同的』；因而西方是理性的、道德的、成熟的、『正常的』」……而且西方以這種「宰制的架構來圍堵、再現東方。」〔註128〕被殖民政權宰制的原住民被殖民者，僅能絕對服從地爲日本殖民者犧牲性命。

（三）鱒魚之部落日式情境

李喬在〈鱒魚〉中，描述日治時期的原住民族形象。首先，描述原住民部落老人住著日式房屋，「那是一角被櫻花絨包裡的灰瓦綠牆。屋頂是那種島國民族誇大性小斜度的樣式；完全日本式的。紅臉白髮老人拖著棕鬚木屐在門口，用哈哈大笑作最懇切的歡迎詞。」〔註129〕李喬藉此描述原住民部落的日本殖民軌跡，與原住民接受日本殖民的衝擊與變遷。在日治時期的平地與山區部落，均充滿著日本殖民情境，誠如薩依德所述，原住民被殖民者，即如日本殖民霸權的文化再現，「一個人是如何再現其他文化？另一個文化是什麼意思？對於一個不同文化（或種族、宗教、文明）的觀念是有用的嗎？或者它要不是永遠伴隨著沾沾自喜（當一個人對自己品頭論足的時候），要不就是與敵意、侵略性（當一個人「他者」的時候）有關嗎？」〔註130〕原住民被殖民者在日本殖民情境中，彷彿成爲日本殖民文化再現的皇民魁儡。

二、日本的高壓統治

（一）蕃仔林的故事

李喬在〈蕃仔林的故事〉中，描述李喬童年所生活的蕃仔林中，原住民族與臺灣人如何地被日本殖民者迫害與欺壓？再現蕃仔林生活的無奈與悲情，「新來有一次被古屋先生用『柔道』一摔，死了半天；阿業在替戰死的『皇軍』默念時，因爲用腳拇指畫『人公仔』被杉本先生拳打腳踢了好久。」〔註131〕爲日本殖民皇軍效命的蕃仔林原住民，甚至於遭日本殖民官方的拳打腳踢，令原住民族情何以堪？此外，不僅原住民皇軍被欺壓外，連蕃仔林人民，也會被日本殖民官員無情地迫害著。日本殖民官員乃無所不用其極地，

〔註128〕薩依德，〈認識東方〉，《東方主義》（1999 年 9 月），頁 55。

〔註129〕李喬，〈鱒魚〉，《短篇小説全集二》（苗栗：苗栗縣政府國際文化觀光局出版，1999 年 8 月），頁 95。

〔註130〕薩依德，〈晚近發展面面觀〉，《東方主義》（1999 年 9 月），頁 474。

〔註131〕李喬，〈蕃仔林的故事〉，《李喬自選集》（臺北：黎明文化事業公司出版，1975 年 5 月），頁 63。

利用各種手段去任意欺壓臺灣人民，此種景況在日治時期乃時有所聞，諸如薩依德所述，「將西方和非西方世界之間持續的不對稱權力關係納入考量，而在這些文化形式中有大量蘊藏著對此種不對稱性之暗示，或其結構本身就是建立在這種不對稱性之上。」〔註132〕原住民被殖民者即在此不平等的殖民結構下，承受著日本殖民者的無理壓迫。

> 甲長大人帶著巡查大人在庄役場（鄉公所）的官員來檢驗時，媽怕得發抖。媽說實話：那條豬沒什麼理由突然肚子發脹，不吃東西過兩天就死了。那官員喝斥媽說：馬上埋掉！巡查大人要離開時，順便伸手打媽兩下耳光。〔註133〕

原住民被殖民者乃隨時承受著日本殖民者的無理欺壓；因而承受著莫大的悲情與無奈。他們其所象徵的即為廣大臺灣人民，同樣在日治時期，遭遇到日本殖民官方無情的打壓；而身為少數民族的原住民族，更是承受莫大的悲情與苦痛，誠如薩依德所述，「大體上，在後殖民世界中，非常多的新興獨立民族國家之創造，已成功地重建所謂想像的社群之優越性。」〔註134〕原住民被殖民者，即在日本殖民者族群優越性的殖民霸權下，飽受欺壓與迫害。

（二）泰姆山記之日治壓迫

李喬在〈泰姆山記〉中，描述余石基如何在日本殖民鎮壓下被迫結束生命。余石基決定進入山地部落探訪瓦勇時，即引起族人的防備，氣氛乃十分嚴肅。因原住民族長期受到外族的欺壓，導致原住民的防備心很重，尤其對於平地人更加防衛。

> 現在，自己還會再來，而且是窩興已亡，鍾已坐牢，自己又是逃亡而來的！瓦勇不知如何？心頭倏然掠過一抹陰影。他邁開跟蹌腳步，走進村裡，找到一個小學模樣的部落孩子問：「瓦勇，在嗎？瓦勇在嗎？」「……」孩子搖頭。「法路‧瓦勇！瓦勇在嗎？」他不能自抑地昂聲呼喊起來。「伊索，找誰？」一個三十多歲婦人走過來。「不，我……找瓦勇……」〔註135〕

余石基靈機一動，決定要以日語來進行對話；但此時原住民婦女乃更加

〔註132〕薩依德，〈事理之兩面〉，《文化與帝國主義》（2001年），頁365。
〔註133〕李喬，〈蕃仔林的故事〉，《李喬自選集》（1975年5月），頁74。
〔註134〕薩依德，〈串連帝國與世俗的詮釋〉，《文化與帝國主義》（2001年），頁110。
〔註135〕李喬，〈泰姆山記〉，《李喬集》（1993年12月），頁251。

防衛，揮手示意要他趕緊離開，急著要平地人遠離部落，可見得當時原住民部落對於平地人，不論是日本統治者或漢族，均有所隔閡與防備。

> 他靈機一動，改用日語問：「那諾，瓦勇桑，喔里麻斯？」「阿那塔桑，平地來的？」婦人凝視他片刻，那眼神驀地跳動不已，突然揮手說：「依凱！走！平地人！走！」「不！瓦塔西，瓦勇桑好朋友得是！」他大急。〔註136〕

　　余石基明知瓦勇必定在部落中，但卻不明白原住民婦女爲何會對他充滿敵意。當余石基說明其爲瓦勇、窩興的好友後，婦人的反應更加激烈，大吼余石基爲酷因拉（魔鬼），還引起部落其他原住民紛紛走近關切。由此可見原住民因長期受到外族的殖民壓迫，導致對於外來者均無法鬆懈戒心。

> 他知道，瓦勇一定在，就不知爲什麼婦人會對他充滿敵意：「阿諾，是好友，啊！我，瓦勇，窩興，同年得是。」「窩興？你？你……」婦人臉色突然一片煞白。「哈伊！湯川少尉樣，好友呢。同年。」「哇！你！酷因拉！走！走開！」婦人突然向他衝過來。他大驚，趕緊躲開。這時，從四面八方緩緩走過來許多部落的老人、婦人，還有些年輕男子。〔註137〕

　　當余石基終於見到瓦勇後，瓦勇對於余石基的安危乃十分警戒，於是決定要帶他去另一個隱密處躲藏，瓦勇已慌張的語無倫次要趕緊帶余石基離開。因余石基聽說，窩興家人發現在日落前有四、五個平地人進入部落，必定有人監視著他們。在日治時期，原住民族與漢族均受到日本殖民者的嚴格監控，甚至於動輒得咎，而導致人心惶惶。

> 「睡夠了？那好。石頭！你把國民服穿上，外面很冷。」「半夜三更，要出去嗎？」「對。看我，不是打獵模樣？」好，我們打獵去。他說。不，我不讓石頭當獵物，所以帶你出去，去很遠，很隱密的地方。瓦勇說。什麼意思！難道有危險？他說。不錯。你不該一來就大叫大嚷的。石頭你要知道，窩興，那個湯川少尉是我堂弟，你來找我，又大嚷大叫，不好的。瓦勇說。那……你，瓦勇，說清楚一點！我怕我帶給你危險，還是已經……他大驚，比瓦勇更語無倫次。不要慌。是這樣：在日頭還沒落山前，山下，那些人來了四、

〔註136〕李喬，〈泰姆山記〉，《李喬集》（1993年12月），頁251。
〔註137〕李喬，〈泰姆山記〉，《李喬集》（1993年12月），頁251。

五個，窩興家人發現的，娃媞娜看到，睡在派出所，現在一定有人
守在外面……瓦勇說。〔註138〕

當瓦勇帶余石基到達「雪峰」後，出現一個娃媞娜熟悉的小部落，但經
過一番交涉後，部落原住民竟拒絕平地人的留宿，因擔憂平地人會進來做壞
事。當時的山地原住民部落，對於平地人與外族乃充滿防備之意。此乃由於
原住民族與外族接觸時，總遭到外族的欺瞞與壓迫所致。

幾小時後，他們到達「雪峰」。「雪峰」在「水山」西麓。天幕完全
暗下來時刻，前面出現一個小部落。當然這裡是娃媞娜熟悉的部落，
可是非常意外——他留在部落口，由娃媞娜向部落交涉的結果，竟
然拒絕他進入部落留宿。「頭目說，不再歡迎平地人了。」娃媞娜白
他一眼。「平地人進來做壞事？」〔註139〕

在原住民眼中的窩興，誠如娃媞娜所述，當年即被平地人欺騙下山，最
後流落到犧牲性命；再加上近來常有平地人上山來訪，所以余石基的來訪，
才遭到部落原住民的質疑與排拒，誠如法農所述，此即被殖民者的自我防衛
機制，「我感覺到自己體內產生片片刀峰。我決定自我防衛。做為一個好的戰
術家，我要將世界理性化，向白人顯示他們置身錯誤之中。」〔註140〕原住民
族遭到外族欺壓已久，導致對於外族乃嚴加戒備。

「你知道，窩興叔叔，是後來給騙下山的，結果……」「嗯。可是……」
「他們水社山，有幾個青年和窩興叔叔做壞事的……」「難道
也……？」「有的當時就死了，有的和窩興叔叔一樣，有的還……」
「那？……妳是說？……」「這些日子，經常有人上山來找他們——
我們樂野社，不是一樣嗎？所以他們懷疑你……」〔註141〕

當余石基躲藏在泰姆山區部落中，最後並非遭到原住民攻擊，而是遭到
平地人攻擊，「他立刻認定：那不是部落人，是平地來的，是獵他而來的；不
是幻想或夢魘，是活生生事實。來了，真的來了。像吸血蛭，像附骨之疽，
就這樣窮追不捨，直入山的臟腑地區來捕捉自己！」〔註142〕余石基被錯認成

〔註138〕李喬，〈泰姆山記〉，《李喬集》（1993 年 12 月），頁 254～255。
〔註139〕李喬，〈泰姆山記〉，《李喬集》（1993 年 12 月），頁 260～261。
〔註140〕法農，〈黑人的實際經驗〉，《黑皮膚，白面具》（臺北：心靈工坊出版社，2005
年 4 月），頁 203。
〔註141〕李喬，〈泰姆山記〉，《李喬集》（1993 年 12 月），頁 260～261。
〔註142〕李喬，〈泰姆山記〉，《李喬集》（1993 年 12 月），頁 268。

漢族林爽文，故這群人乃對他窮追不捨，拼命地要解決其性命；就在余石基被平地人包圍時，對方不斷地吶喊著要他投降的命令；余石基聽來乃感到可笑，因林爽文乃爲清朝乾隆年間的人，余石基卻在此刻被誤認成林爽文，他只好謊稱自己乃爲林務局的育苗人員。

> 「林爽文！投降吧！被包圍啦！林爽文！」另一人勸降。咦？他們
> 喊誰呀？什麼林爽文？林爽文不是清朝乾隆年間的好漢嗎？這？這
> 算啥？「下山吧！林爽文！那是絕地，你跑不掉的！」「林爽文，聽
> 著！我們配有槍，你不下來，我們衝上去啦！乖乖投降了吧！不會
> 爲難你的！」「喂！你們要捉的是誰呀？」他忍不住發話了。「林爽
> 文！別刁啦！我們就是要抓林爽文！喊話的人，腳步並未停止。」
> 「我不是林爽文！我……我是林務局育苗的！」他也是邊說邊往上
> 攀登。〔註143〕

余石基在聽到對方說明，林爽文價值十萬元的消息，認爲更加可笑，「他不是值十萬元那個什麼林爽文，更不是乾隆年間反清好漢的林爽文。他是聲樂家，小提琴手，一個蒼白的文士，中學教師；總覺得久負妻兒太多又實際不能以行動補償的傢伙──當然，現在是莫名其妙的逃亡者。」〔註144〕余石基並非清朝的林爽文，僅爲平凡的中學老師，卻莫名其妙成爲逃亡者。

> 「汝來！汝來好了，有種，再跟上來！」他咆哮著。「我當然不放棄！
> 你值十萬元呢。十萬元！知道吧？」十萬元？哈哈！原來我身價十
> 萬──和那幾位「大條」的同胞一個價碼！可是，可是我不是什麼
> 林爽文呀！他眞想跑下去說清楚眞相。〔註145〕

最後，不論余石基如何地逃亡與辯解？終究還是被平地人所殺死。最後，拿起身邊的相思樹種籽，「然後以左手拿起裝相思樹種籽的灰色布袋，藉牙齒幫忙解開結頭，然後把種籽一把一把灑在身子周圍；他還灑兩把在那個屍體附近，其中十幾粒還掉在臉上，胸腹上。」〔註146〕余石基就連身體也留下幾顆，象徵著希望將永續生長下去。

> 當雨水來的時候，有些種籽會發芽。當春天來的時候，這裡是一片
> 相思樹苗了。當我呼吸停止，就是我回到大地的時候；我的軀體與

〔註143〕李喬，〈泰姆山記〉，《李喬集》（1993 年 12 月），頁 271。
〔註144〕李喬，〈泰姆山記〉，《李喬集》（1993 年 12 月），頁 272～273。
〔註145〕李喬，〈泰姆山記〉，《李喬集》（1993 年 12 月），頁 272～273。
〔註146〕李喬，〈泰姆山記〉，《李喬集》（1993 年 12 月），頁 285～286。

大地合為一體，我將隨著春天的樹苗，重臨人間。〔註147〕

李喬在〈泰姆山記〉中，藉由余石基最後將相思樹種籽灑落在身邊，象徵希望即將再度降臨，軀體也將與大地合為一體，象徵著希望會繼續在臺灣這塊土地上成長茁壯。由此象徵在日治時期，山地原住民部落的氛圍與景況，誠如法農所述，彷彿原住民被殖民者的心理，「被卑下化的黑人，會從讓人感到羞辱的不安全，走到清楚分明的自我控訴，再一直到絕望。黑人面對白人或面對同種的態度，經常整體複製了一個碰觸到病理學領域的妄想群落（constellation delirante）。」〔註148〕原住民被殖民者，即在日本殖民者的高壓統治下，人心惶惶地人人自危，而充滿著恐懼與辛酸。

（三）鱒魚之日治南洋戰爭

李喬在〈鱒魚〉中，描述原住民部落老人，談起當年在日治時期被徵召去南洋戰爭，與過去貧窮悲慘的生活，「說他悲慘的身世。說他僥倖不似於被征往南洋的開山隊。說他啃地瓜鹽巴和偷種旱稻小米。」〔註149〕如今，部落老人的生活同樣不好過，乃由於「橫斷公路」，「他突然停下日語，指指壁上貼的一張單色簡圖，用生硬的國語說：這個。就是這個。橫、斷、公、路。」〔註150〕原住民部落老人，除了訴說過去歷史外，還展現出豪邁的原住民性格。

> 他被激怒了。來到這裡就要聽我的！晚上不准出去！山大王竟然下達命令了。突然感到「山草」砍人頭的野蠻風味，我不由地摸摸鼻子一笑。他也笑了。我甩脫他的糾纏走到門外。他實在是個可愛的老人。〔註151〕

部落老人除了展現「山草」砍人頭的野蠻口氣外，算是個很特別的部落老人，還在酒酣耳熱之際，談起文學藝術，談論由古至今的文學與文人，推翻外族對於原住民族野蠻的刻板印象。李喬由此描述原住民族正面形象，以推翻外族所賦予的汙名化族群形象。

> 剛才這位山大王竟然和我「扯」起文學藝術來。他知道廚川白村的

〔註147〕李喬，〈泰姆山記〉，《李喬集》（1993 年 12 月），頁 285～286。

〔註148〕法農，〈有色女與白男〉，《黑皮膚，白面具》（2005 年 4 月），頁 137。

〔註149〕李喬，〈鱒魚〉，《短篇小說全集二》（1999 年 8 月），頁 95。

〔註150〕李喬，〈鱒魚〉，《短篇小說全集二》（1999 年 8 月），頁 95。

〔註151〕李喬，〈鱒魚〉，《短篇小說全集二》（1999 年 8 月），頁 96。

苦悶的象徵，芥川龍之介的腦海裡的怪車輪子。哈哈！「天神遺憾
的是不能如同我們一樣去自殺！」瘋子！他說完咕嚕又喝了兩口
酒。而李白、杜甫、陸游，乃至曹霑在我深山裡都迷路了。這是二
十世紀七十年代，你們文人要談些新的。〔註152〕

　　李喬還描述漢族要進入山地部落中，所面臨的情況，「停車——檢查入山
通行證。我正要伸手，卻看到車下一隻手向我們瞭然似的揮動數下：都是外
國人。一句閩南音極重的國語。車子變速進行。」〔註153〕當時原漢族群的生
活範疇，乃存在著被限制居住的隔閡，誠如薩依德所述，「一群人生活在幾畝
地都要畫疆野，疆界以外的地方，就稱蠻夷之地。人對熟悉的就說是『我們
的』，對不熟悉的就是『他們的』」〔註154〕原住民被殖民者，即被隔離於化外
之地般的被邊緣化。

三、日治下的南洋悲情

（一）蕃仔林之皇軍犧牲

　　在〈蕃仔林的故事〉中，描述在蕃仔林中原住民族與臺灣人，如何地為
日本殖民官方犧牲性命？蕃仔林的青壯年輕人，幾乎均被徵召去當兵或軍
伕，剩下的幾乎是老弱婦孺。而青壯人口若有幸回來，卻也諷刺地被裝在白
木箱中送回，而成為為日本犧牲的無辜性命。

> 我們蕃仔林有三個傻瓜，這裡面最傻的是石輝伯的安仔。石輝伯的
> 婆娘，連死掉的算進去有三個。生了七個孩子，現在有四個在海外
> 當兵或當軍伕，在家只剩下三個：最大的已經很老了，最小的就是
> 安仔。另外一個是從南洋回來的——不過像福興叔那樣，裝進白木
> 箱裡，坐在神桌上。〔註155〕

　　蕃仔林原住民還為了南洋與日本回來的家人，所帶回糧食而感到欣喜，
「哈哈！去南洋當海軍的大哥，和在內地（日本本土）坐飛機的二哥回來
啦！他們帶了好大包豬肉回來。」〔註156〕豈知，此均由於他們隨時可能會犧

〔註152〕李喬，〈鱒魚〉，《短篇小說全集二》（1999年8月），頁97。
〔註153〕李喬，〈鱒魚〉，《短篇小說全集二》（1999年8月），頁101。
〔註154〕薩依德，〈想像的地理和其再現：東方化東方〉，《東方主義》（1999年9月），
　　　　頁75。
〔註155〕李喬，〈蕃仔林的故事〉，《李喬自選集》（1975年5月），頁65～66。
〔註156〕李喬，〈蕃仔林的故事〉，《李喬自選集》（1975年5月），頁73。

牲性命，所換來的代價，「唉！蕃仔林人好像越來越少啦！爲什麼年紀不太老，年輕的，都一個個走了呢？走了就沒回來！不，回來的都是裝在白木箱裡……。」〔註157〕此即展現出蕃仔林原住民，甚至於全臺灣人民，均在日本治理下，承受著被殖民的悲情。

四、原住民與日本之戰

（一）馬拉邦戰記之原日戰爭

李喬在〈馬拉邦戰記〉中，描述馬拉邦戰役出戰的年輕原住民酋長，個個均驍勇善戰，在部落中均有傑出亮眼的表現，胸有成竹地有信心戰勝日本人。但此刻原住民，豈知更大的殖民風暴，即將在未來造成原住民部落的重大災難。

> 北都是野心勃勃、精力超人的年輕酋長。他是上一任的獵鹿冠軍，
> 他的「喀布剔密」——常柄戰刀——刀鞘上掛著十二簇茸茸頭髮，
> 這是獵獲十二顆敵首的光榮標幟。〔註158〕

此戰役乃爲前所未有，因原漢族群從未結盟過，更何況是共同抵抗敵人，「這是臺灣三百年歷史中，最奇異的史實，不可解的迷團：臺灣土著，竟然和歷來勢不兩立的後住民結盟，出戰共同敵人——入侵者。」〔註159〕原住民酋長乃共同合作地準備戰爭必需品。

> 由聳立半壁的蘇魯山，到東端千兩山，司馬限山，細道邦山，盡尾
> 山之間，全是先住民泰雅社群的地區。……至於馬拉邦社的同年，
> 由於是戰場主人，該由酋長莫‧拉邦統帥，負責供應飲食和補充攻
> 防器材。〔註160〕

在「馬拉邦戰」中，原漢族群縱然眾志成城地迎向戰爭；但日本卻擁有精銳的先進武器。在日本出動先進武器時，「一陣山砲的震天巨響傳來，山地的強悍武士竟嚇壞了；一些未聽過炮聲的平地義軍也躲了起來。北都和莫‧拉邦連袂巡視各處陣地，並攜鹿肉、糯米酒犒勞一番；另外是分發給大家；要求炮聲響音起，或隔陣對敵時刻，各個口咬薑塊，這樣能夠壯膽，又可阻

〔註157〕李喬，〈蕃仔林的故事〉，《李喬自選集》（1975 年 5 月），頁 79。
〔註158〕李喬，〈馬拉邦戰記〉，《短篇小說全集九》（1999 年 8 月），頁 59。
〔註159〕李喬，〈馬拉邦戰記〉，《短篇小說全集九》（1999 年 8 月），頁 59。
〔註160〕李喬，〈馬拉邦戰記〉，《短篇小說全集九》（1999 年 8 月），頁 60。

止驚慌呼叫……。」〔註161〕原住民酋長即要求大家口咬薑塊以壯膽。在戰爭開始沒多久，原住民酋長莫‧拉邦，即提出原住民族「摸營」的建議。漢族邱梅卻反對此輕率的冒險行動，柯山塘與北都、莫‧拉邦三人則選擇下山行動，結果造成有傷有敗，也有斬獲首級的戰利品。

> 這個晚上，莫‧拉邦提出「摸營」的建議——這是先住民的看家本領，主意一出，北都十分贊成；邱梅反對他們以指揮官身分去輕率冒險。柯山塘不敢異議。於是柯和北都、莫‧拉邦三人，率八、九個先住民下山行動。大約午夜過後不久，北都一人最先返防；北都左腿肚鮮血直流，顯然受了不輕槍傷。大家正在驚慌中，柯和阿莫也都安全回來了；另外還有六個先住民一共帶回四顆敵首……。〔註162〕

縱然原住民酋長們，個個均為菁英盡出，但還是抵抗不過日本的先進武器。因此，就在決戰時刻時，「農曆年二十九，是一個無風而酷寒的日子。最後的時刻到了。前此，馬拉邦的胸膛——『上湖』之役已經結束。蘇魯社的吐魯‧哈魯酋長中傷被俘；麾下三百名戰士傷亡過半，能逃的，從『爽文坡』往千丈下的大安溪溪谷逃命去了。」〔註163〕原住民族終究還是戰敗而傷亡慘重。縱然如此，原住民酋長莫‧拉邦在眾人討論戰略之際，還不忘叮嚀著大家必定要奮勇殺敵；但邱梅乃理性地要大家保命要緊，「留得青山在，不怕沒柴燒」。不過原住民還是堅持以戰死為榮，可見得原漢族群在面對戰爭時的態度，仍有所差異。

> 「同年：要要要！要……」莫‧拉邦睜著血紅雙眼，拼命吁氣。「殺！殺下山去！」北都拐著左腿，直攝胸膛。「我看，我——大家，同年：大家想想。」邱梅說。「貢要出戰，貢不怕死！」「不要戰死。」邱找最簡單的話把道理說明白：「留下命，不要死！下次打！」「不好。同年！馬拉邦完了，莫‧拉邦是大酋長，要戰死！」〔註164〕

在眾說紛紜下，這群原漢族群結盟的抗日隊伍，「這群被目為土匪加上『生番』的抗日義士，便以懼怖參雜興奮的心情，藉著烈酒強辣抗拒酷寒，悲壯而無奈地等待敵人的進襲。」〔註165〕在眾人等待著出戰機會時，突然傳出一

〔註161〕李喬，〈馬拉邦戰記〉，《短篇小說全集九》（1999 年 8 月），頁 61～62。
〔註162〕李喬，〈馬拉邦戰記〉，《短篇小說全集九》（1999 年 8 月），頁 62。
〔註163〕李喬，〈馬拉邦戰記〉，《短篇小說全集九》（1999 年 8 月），頁 65。
〔註164〕李喬，〈馬拉邦戰記〉，《短篇小說全集九》（1999 年 8 月），頁 65。
〔註165〕李喬，〈馬拉邦戰記〉，《短篇小說全集九》（1999 年 8 月），頁 67。

陣驚聲尖叫，原來是原住民將所見到的日本兵當成「酷因拉」（魔鬼），因此頓時殺意全消。

> 「哇呀！」埋伏著先住民那邊，突然傳出驚叫聲。「呀呀！酷因拉！酷因拉！」尤春木是老隘勇，他聽懂了，原來原住民看到裝束一律的黃頭兵，一個砍翻又補上一個；他們以爲「酷因拉」（魔鬼）——殺不死的酷因拉！「唉！天意嗎？」面對鬥志全失，向林爽文坡狂逃的先住民，邱梅不覺仰天長嘆。〔註166〕

在原住民族人驚慌逃走之際，「據說，莫·拉邦沒有逃走。他潛回原來的社落，那是他們族群祭典的地方。這位和北都·巴博齊名的大酋長，先是中槍，然後和黃頭兵肉搏時腰部被劈一刀，腸肚拖地而氣絕的。」〔註167〕其他酋長部分中槍，部分則在肉搏戰中受傷。原住民族人們傷亡慘重，寡不敵眾。除了在馬拉邦戰役中傷亡慘重的原住民外，苟延殘喘的原住民酋長，最後也被日本人處死，「吐魯·哈魯，在傷癒後，被日軍處死。至於北都·巴博，卻因腿部槍傷，傷發而亡。一世英雄如此殞命，一定死不瞑目吧？」〔註168〕原住民乃犧牲諸多部落菁英份子而損失慘重，卻也在原住民族抗日史上，留下悲慘壯烈的扉頁。馬拉邦戰役即在原住民壯烈犧牲的慘況下結束，「慘烈悲壯的馬拉邦之戰結束。加里合彎、馬拉邦、蘇魯社等三社房舍器物，事後被日軍燒得盡淨；居民，尤其年輕壯士死傷過半。」〔註169〕在這場戰役中，原住民族在抗日史上留下悲壯的紀錄，由此記載日治時期的原住民族抗日史實。

第四節　李喬童年下的蕃仔林生活再現

一、蕃仔林的部落生活

（一）山女之蕃仔林

李喬在〈山女〉中，描述蕃仔林窮困貧苦的生活，所造成的生活習慣，諸如，「日頭已經越過屋簷上邊一丈來高；蕃仔林的每戶人家都一樣：一天吃

〔註166〕李喬，〈馬拉邦戰記〉，《短篇小說全集九》（1999 年 8 月），頁 68～69。

〔註167〕李喬，〈馬拉邦戰記〉，《短篇小說全集九》（1999 年 8 月），頁 69。

〔註168〕李喬，〈馬拉邦戰記〉，《短篇小說全集九》（1999 年 8 月），頁 69。

〔註169〕李喬，〈馬拉邦戰記〉，《短篇小說全集九》（1999 年 8 月），頁 69。

兩餐。」〔註170〕蕃仔林的窮困與飢餓，迫使蕃仔林人民僅能縮衣節食。此外，為了避免飢餓，蕃仔林人民還要睡覺以節省體力消耗，「全蕃仔林的人都一樣，這是睡覺的時候——以睡眠來節省體力，彌補少吃一餐飯的不足。」〔註171〕蕃仔林還是個人煙稀少的小山村，「阿春的家在蕃仔林最頂端，『鶬婆嘴』下，再上去只有藍天和白雲。」〔註172〕李喬自小生長的蕃仔林，使其經歷諸多悲情的歲月。

（二）蕃仔林之哭聲

李喬在〈哭聲〉中，描述其自小成長的蕃仔林，經由苗栗到大湖，再往羊腸小徑前進，方可抵達所謂的蕃仔林。蕃仔林可分為所謂的「上蕃仔林」與「下蕃仔林」，再往上爬還可遇到所謂的「閻王崎」與「鶬婆嘴」。

> 從苗栗坐汽車，經一小時後到達大湖，由大湖沿小河走石壁間羊腸
> 道九十分鐘，就到了十幾戶人家的「下蕃仔林」。再往上爬五十分鐘
> 陡坡，在山澗「橫坑」兩旁，座落七八間茅屋或桂竹房子，這裡是
> 「上蕃仔林」。再從這裡爬登一條「閻王崎」大概花上四點半鐘，才
> 能達到「鶬婆嘴」。〔註173〕

在蕃仔林的禁區「鶬婆嘴」，「鶬婆嘴是一塊紫灰斑斕的大巖石，聳立在發黑的森木中，極像一隻展翼下撲的老鶬鷹。蕃仔林的人，把這個地方列為禁區。因為好幾個老一輩人上去以後，就沒有再回來。」〔註174〕關於「鶬婆嘴」禁區的傳言，更詭譎的即在黃昏或月夜時，甚至於會傳來哀悽的哭聲，令人不寒而慄，更增添「鶬婆嘴」的神秘感與悽楚感。

> 這是傳說。但這一樁詭譎神秘的事故，卻是誰都清楚的，那就是：
> 每個晴朗的黃昏，最後一道夕陽盤旋在鶬婆嘴的片刻間，還有月色
> 美好的晚上，從那高山頂巔上，有時會飄下一縷幽忽悽厲而哀切的
> 哭聲……。〔註175〕

在蕃仔林中，最高、最遠的即為林阿槐的房子，此處即為最荒涼之地，「空

〔註170〕李喬，〈山女〉（臺北：黎明文化事業公司出版，1975 年 5 月），頁 43。

〔註171〕李喬，〈山女〉，《李喬自選集》（1975 年 5 月），頁 44。

〔註172〕李喬，〈山女〉，《李喬自選集》（1975 年 5 月），頁 44。

〔註173〕李喬，〈哭聲〉，《李喬自選集》（臺北：黎明文化事業公司出版，1975 年 5 月），頁 13。

〔註174〕李喬，〈哭聲〉，《李喬自選集》（1975 年 5 月），頁 13。

〔註175〕李喬，〈哭聲〉，《李喬自選集》（1975 年 5 月），頁 13～14。

地的上側是一間坐東朝西缺了北面一角屋頂的茅屋；這是林阿槐的房子，是
蕃仔林裡，最遠最高的一家。」〔註176〕在李喬筆下的蕃仔林，乃爲一個充滿
悲情與神秘性的地域；卻也發展出諸多傳說故事，影響李喬的原住民文學創
作甚深。

第五節　原住民族形象描繪與就業處境

一、原住民青年形象

（一）山林戀之阿婭娃與簡青山

　　李喬在〈山之戀〉中，描述三段原漢青年的愛情故事，由漢族青年喬與
原住民少女雪子——阿婭娃、簡青山與客家籍女友、簡青山與瑩瑩的故事，
見證原漢族群的愛情故事。漢族青年喬與原住民少女阿婭娃的愛情得到認
同；簡青山與客家籍女友，因簡青山的原住民身分而結束；簡青山與瑩瑩，
因平地少女瑩瑩不介意其原住民身分，而有情人終成眷屬，瑩瑩還嫁入山地。
首先，瑩瑩因大哥的原住民女友而驚訝不已，但在大哥眼中雪子——阿婭娃
乃明朗、柔美；所幸瑩瑩對於原住民身分，並無反對或輕視之意。

> 「大哥，恕我不敬——您，是怎麼愛上她的？」「妳是說，爲了她是
> 山地人！」「嗯。」她侷促地，連大眼珠都不敢眨動了。「她，美，
> 妙——人類的感情很難說明——我們這份感情，你永遠不懂！」說
> 著，我倏地臉熱起來。幻想豐富的妹子不吭氣。我，唇邊飄過一絲
> 笑意；於是，雪子——阿婭娃——那副明朗、柔美的形象，從眼簾
> 搖曳而來了。〔註177〕

　　當大哥要到山地原住民部落去找雪子——阿婭娃時，瑩瑩也陪同前往；
在此機緣下，瑩瑩乃遇見山地青年簡青山。當屋中原住民族男女學生聚集
時，首先引起矚目的即爲亂髮、憔悴的簡青山，原來大家即是爲了安慰失戀
的簡青山而來。由簡青山的例子，呈現原住民在平地漢族眼中，乃飽受歧視
與輕蔑，甚至於影響到原漢族群間的族群關係。

> 我們兩人下火車，改搭汽車；在下午一點半才找到雪子「隱匿」的
> 地方。「謝謝你，李小姐。」雪子興奮地接待我們。屋裡六七人，都

〔註176〕李喬，〈哭聲〉，《李喬自選集》（1975 年 5 月），頁 24。
〔註177〕李喬，〈山之戀〉，《晚晴》（臺北：臺灣商務印書館，1968 年 10 月），頁 11。

　　是山地籍男女學生。雪子逐一介紹後，指著躲在長沙發角落兒的一
　　位說：「簡青山。我們幾個朋友，是爲他而來的。」「您好！」我緊
　　張地凝視這位亂髮、憔悴的青年。我感到自己臉色變了。〔註178〕

　　原住民青年簡青山，失戀的因素乃由於其原住民族身分，在無意間被客
家籍女友得知，女友隨即與他分手，導致他失魂落魄。李喬由此諷刺當時社
會中，對於原住民族的汙名化歧視與不平等待遇，誠如薩依德所述，「受到殖
民主義內在邏輯的制約，第三世界國族主義繼續複製了種族歧視、族群分化，
也就是殖民主義種族差異的歧視轉變爲種族／國族內部族群差異的歧視，兩
者的理論是一致的。」〔註179〕原住民被殖民者，均承受著諸多族群歧視，而
深受多重結構式的族群壓迫。

（二）泰姆山記之窩興與瓦勇

　　李喬在〈泰姆山記〉中，以臺灣知識青年的逃亡歷程爲主軸，描述逃亡
過程中的阻絕艱辛，與描繪臺灣人追尋母土聖山的孺慕之情。此外，還描述
原住民在日本殖民壓迫中所受到的衝擊；但在日本殖民官方眼中，此即施予
原住民族恩典，誠如薩依德所述，「在支配者社會中的經驗，乃是依賴於毫不
批判地認定自己必須施予文明之使命（Ia mission civilisatrice）的土著及其疆
域。」〔註180〕諸多原住民族人被迫改姓，並被迫爲日本殖民官方工作，諸如
窩興即在改日本名字後，官拜日本陸軍少尉。

　　瓦勇是窩興的老堂兄；是經窩興的介紹，他們才認識。窩興在日據
　　時期改姓「湯川」，「樂野社」人，二十五歲，官拜日本陸軍少尉。
　　終戰後換稱湯守仁。在那場戰亂中，窩興是攻擊嘉義機場的指揮
　　者。他們的認識在動亂之前半年。〔註181〕

　　原住民青年窩興的另一好友鍾天啓，在拜訪窩興時雙方相見甚歡，「窩興
是天生的歌者，又是樂天的理想主義者，也可以說是一個天眞無邪的傻青
年。兩人一見如故，面對美酒，一人高歌，一人拉琴，那是彼此生命上僅有
的純美無憾時光。」〔註182〕李喬在文本中，生動地再現原住民的族群形象與

〔註178〕李喬，〈山之戀〉，《晚晴》（1968 年 10 月），頁 11。
〔註179〕陳光興，〈法農在後／殖民論述中的位置〉，法農，《黑皮膚，白面具》（2005
　　　　年 4 月），頁 52～53。
〔註180〕薩依德，《文化與帝國主義》（2001 年），頁 13。
〔註181〕李喬，〈泰姆山記〉，《李喬集》（1993 年 12 月），頁 238。
〔註182〕李喬，〈泰姆山記〉，《李喬集》（1993 年 12 月），頁 238。

文化性格。

> 那時留日好友鍾天啓兼任「樂野中心國校」校長；他拎著調小提琴
> 去看鍾，在辦公室見到窩興。……那天窩興指著後到的瓦勇說：
> 「他，是眞正屬於大地的人，神秘的人。知道嗎？」〔註183〕

當窩興與鍾天啓——瓦勇，雙方在酒酣耳熱之際，談起當年曾用槍、用
刀殺人的過程，如今已不再殺人。兩人醉言醉語，窩興還抱怨著瓦勇，把他
當成好勇鬥狠的「蕃」族而提出抗議，由此再現漢族對於原住民族的汙名化
刻板形象。

> 「石頭：你不要這樣。窩興我，臭少尉，是殺過人，用大刀，用槍；
> 那是以前。湯川死了，現在，以後，永遠不會在殺，我是窩興啊！」
> 這個人喝得酩醉了，又十分激動，話，說得顛三倒四地。「現在，酒
> 放下，話，也暫停，快休息！」「醉？心，最清楚。知道不知道？」
> 瓦勇說。「石頭哇，你這個石頭！把我窩興看成好殺的『蕃』！哼！」
> 看來窩興眞醉啦。〔註184〕

山地原住民青年瓦勇，對於山林的瞭解非常透徹，且擁有無限的親切
感。原住民族甚至於認爲人類要多親近土地，土地才會照顧你，藉此描述原
住民與山林大自然的親近感，展現出山林原住民族的純眞性格。

> 「瓦勇分不出女人漂亮不漂亮，他只知道哪座山豐富不豐富。」「山
> 豐富不豐富？」他不懂。「有山豬野鹿、花羌、黑熊、飛鼠、果狸，
> 那就是豐富的山。」「喔，是這樣啊。」「瓦勇聽得懂山巔說的話，
> 知道河水的哭訴；瓦勇總是說，大地向他說很多秘密。」「哦？哈哈！
> 敬你！瓦勇！」他大笑。「同年：你，臉白，手腳白。不是泥土色，
> 不好。你，多摸摸土地，才強壯，土地才照顧你！」〔註185〕

如此純眞自然的原住民窩興，即在爲日本殖民官方效命後，捲入戰亂的
漩渦中，爲日本殖民霸權而犧牲。在日治時期，爲日本犧牲的臺灣人、原住
民族與日本人均不在少數，此即爲當時身爲被殖民者的悲哀。

> 天生的歌者，熱情的理想主義者，決心拋卻「少尉亡靈」，想要做一
> 個山地牧者的窩興，竟然鬼使神差下，投入戰亂的漩渦，且成了重

〔註183〕李喬，〈泰姆山記〉，《李喬集》（1993 年 12 月），頁 238。

〔註184〕李喬，〈泰姆山記〉，《李喬集》（1993 年 12 月），頁 242。

〔註185〕李喬，〈泰姆山記〉，《李喬集》（1993 年 12 月），頁 238。

要的動力之一！湯川少尉死了，窩興死了！〔註186〕

李喬在〈泰姆山記〉中，描述為日本犧牲的原住民少年窩興外，還描述原住民少女娃媞娜的純真美好，「娃媞娜凝目看他一陣子，然後點點頭，他這是第一次仔細看眼前這位曹族少女。嗯，真美。那是一種絕塵的，自然的，真正純潔無邪的美啊。」〔註187〕原住民青年男女的形象，均為純真自然又熱情奔放。

二、原住民青年的工作

（一）山林戀之雪子原鄉就業

李喬在〈山之戀〉中，描述漢族青年喬欲協助山地女朋友雪子，動用關係在都市中安插工作，希望她可一同留在平地生活，「我想起一件要緊的任務：動用關係，替雪子在市內安插教職。雪子暫時回她山林的故鄉了。」〔註188〕豈料，原住民女友卻欲留在山地服務，因此自願申請留鄉服務。

> 「您一定要原諒我——我回南庄山地去了。是自願的。」她急步向外走，不敢抬頭看我。「啊！」我的心田被重重地搖撼著。「我用書面向廳裡請求的。我說我是山地人，要回山裡貢獻一份力量。」「你為什麼不早告訴我。」我有種被欺騙的心情。「原諒我，我也是這次回鄉深居山中，幾經考慮才決定的，我沒有勇氣向你告白。我愛山、愛森林、愛那多姿的竹林子；愛叔伯鄰居的那群野孩子。當然也愛您。喬，能原諒我這個作法嗎？」她那平地小姐少見的長睫下，掛滿了銀珠兒。〔註189〕

原住民少女雪子——阿婭娃因身為山地原住民，自願回山裡貢獻一份力量；卻沒有勇氣告知男友喬，並請求他原諒，展現出身為原住民族的自卑感。希望平地男友可原諒她愛山、愛森林、愛竹林子、愛山地部落的心情。此即在諸多原漢愛情中，所會面臨到的族群認同議題。如同他們兩人間的對話，乃深刻反映出此議題。

> 「我要靜靜地工作。不能另有男士投影到心田上，也不會就嫁在山裡。我等著，唉！等什麼呢？」她喃喃自語。「阿婭娃：也許你是對

〔註186〕李喬，〈泰姆山記〉，《李喬集》（1993 年 12 月），頁 243。
〔註187〕李喬，〈泰姆山記〉，《李喬集》（1993 年 12 月），頁 262。
〔註188〕李喬，〈山之戀〉，《晚晴》（1968 年 10 月），頁 14。
〔註189〕李喬，〈山之戀〉，《晚晴》（1968 年 10 月），頁 15。

的。可是，我愛你，而我後年就是一個醫生了。一個醫生……」我
的事業都是在都市裡啊！〔註190〕

原住民少女阿婭娃承諾自己不會嫁在山裡，她會等著平地漢族男友喬。
但聽在平地男友喬耳中，卻思考著自己的事業均在平地，兩人的未來也在平
地規劃著。此即為諸多原漢族群間的愛情，所會面臨的抉擇。在現實生活中，
多數原住民族均會選擇到平地來成家立業，因山地部落資源與就業機會，均
存在著城鄉差距的現實問題。

（二）香茅寮之就業困境

李喬在〈香茅寮〉中，描述著事業有所成的田阿祥，擁有廣大的香茅
園；還描述山地原住民女性阿喜姐與女兒阿粉的不幸。田阿祥所喜愛的阿喜
姐，在山地中乃因婚姻不幸，慘遭丈夫拋棄後，在山中度過孤單寂寞的生
活。而田阿祥也一直孤單中度日，後來在二十年後聽到阿喜姐已不在的消息
而感到不勝唏噓。

> 二十年後，田阿祥在臺灣南部，已經擁有八甲地的香茅園——那是
> 由南洋傳進來的新興事業。他第一個成功了。可是卻一直孤單地生
> 活著。這年秋天，他聽到一個很難過的消息：阿喜姐——那個雲煙
> 往事，卻在青年一直到中年的夢域裡，永遠鮮豔的影子——很早就
> 被丈夫遺棄了；在過著艱困傷心的生活。〔註191〕

正當田阿祥決定要重回到故鄉時，所面對的乃為滄海桑田，人事已非；
當年所喜愛的阿喜姐已不在，僅留下女兒阿粉。可憐的山地少女阿粉，卻因
母親的債務與醫藥費，竟被迫犧牲貞潔。由此可知在山地中，原住民族求職
維生不易，而使諸多原住民為了生計乃不得不低頭的現實無奈。

> 「唉！還是回去吧！那裡總是我的故鄉，雖然……」當他鼓起勇氣
> 重返故鄉時——那塊當年的新墾地，已經成為鄉公所所在地的熱鬧
> 街市的一部份——可憐的阿喜姐已是很久。留下來的女孩子阿粉亭
> 亭玉立了，可是為了母親生前的債務和醫藥費，竟然被迫走上執壺
> 賣笑之途。〔註192〕

李喬在〈香茅寮〉中，描述原住民族求職不易的經濟生活困境；然而，

〔註190〕李喬，〈山之戀〉，《晚晴》（1968 年 10 月），頁 16。
〔註191〕李喬，〈香茅寮〉，《晚晴》（臺北：臺灣商務印書館，1968 年 10 月），頁 92。
〔註192〕李喬，〈香茅寮〉，《晚晴》（1968 年 10 月），頁 93。

阿粉的例子，僅爲原住民山地部落中的冰山一角，不知還有多少原住民少女爲了生活而被迫選擇賣身求榮，以求得溫飽與生存的機會，而充滿著無限的無奈。

（三）何亮之回歸山上

李喬在〈山上〉中，描述原住民青年到平地工作後，選擇重回山地部落的故事，當年「離開這裡，是八歲，今年何亮是二十七歲。二十年來，他從沒來過，所有的時間精力，都投資在喧囂的人海裡，希望在那兒建立自己的幸福。」〔註193〕何亮回想起當初離開故鄉的景象，至今二十七歲才又重回故鄉。歷經近二十年的光陰，青春歲月均投資在茫茫人海的大都市中，把自我的幸福與希望，均寄託在大都市中，卻換來一身的狼狽。像何亮這種出外遊子，再次回到故鄉後乃產生隔閡感；甚至於會讓人產生恍如隔世之感。何亮還自嘲性地說，自己並非殺人犯與強姦犯，僅爲了挪用公款而逃回故鄉而已，「『安心吧！我是逃犯！』何亮像笑對方，也像自嘲。『逃犯？您？』『別怕，不是殺人犯，強姦犯——挪用公款而已！』」〔註194〕李喬藉由何亮這個角色，不僅反映出山地原住民在平地社會發展的困境外，也顯示在山地原住民部落中，人口外移的嚴重性。

在諸多原住民部落中，資源缺乏、維生不易，造成人口大量移往都市去謀求生存的契機與希望。但當原住民在平地受挫時，均興起回歸部落的念頭，而重新投身於山林的懷抱，以尋求一絲溫暖。李喬藉此描述諸多原住民在平地工作受挫後，最終還是選擇重新回歸部落；但有時卻會遭到原住民族人的異樣眼光。當原住民激盪於都市／部落、平地／山地的自我辯證過程，其族群認同意識乃逐漸產生衝擊與變遷。

（四）達瑪倫・尤穆卡那玲之就業困境

李喬在〈達瑪倫・尤穆〉中，描述達瑪倫・尤穆迫於經濟困境，被迫讓卡那玲（妻）下山去工作；讓夫妻雙方承受著拉卡路溫（相思）之苦。而讓尤穆一家人陷入經濟困境的因素，乃因一場大水所造成的走山；再加上果園被一場山洪沖垮，李子園的採收根本就不符合經濟效益。因此，礙於經濟壓力的原住民，只好到平地去尋求一線生機。李喬藉此反映出原住民就業的經

〔註193〕李喬，〈山上〉，《晚晴》（臺北：臺灣商務印書館，1968 年 10 月），頁 144。
〔註194〕李喬，〈山上〉，《晚晴》（1968 年 10 月），頁 156。

濟困境，所引發的家庭問題。

> 這個傢伙！他又不是不知道——去年大水，本地發生「行山」；我的
> 梨子園莫名其妙地移到山谷斷崖上邊，再來一次山洪，果園的三分
> 之二變給溪水沖掉了。另外那塊李子園，可是李子價格太便宜；不
> 要說催工摘採，就是自己挑到平地賣，也比不上空手打零工。所以
> 一園李子只好任它餵鳥獸、腐爛。去年苦撐下來，現在不行啦！
> 〔註 195〕

達瑪倫・尤穆雖迫於無奈，才讓妻子下山去工作，「我盼望著，我努力
使自己相信：妳會受不住陌生異鄉之苦，突然回家——出現在斜坡那端。」
〔註 196〕達瑪倫・尤穆在心中矛盾著，默默期待著卡那玲（妻）承受不住拉卡
路溫（相思）之苦而突然回家。

> 「尤穆……」她幽幽地呼喚我。「……拉卡路溫（相思）很苦的……」
> 我不敢多看她。「放心，我永遠是你的卡那玲（妻）……」「我這個
> 沒用的達瑪倫（丈夫）……」「不要這樣說——巫沙沙利（回家）
> 吧！」〔註 197〕

在達瑪倫・尤穆的卡那玲（妻），下山去工作沒多久後，遠在南投縣「姆
價布布」（翠巒）的好友比金來看他，得知達瑪倫・尤穆讓卡那玲（妻）下
山去工作的消息後，乃極力勸阻；與好友比金相聚，讓尤穆破例地幾杯黃湯
下肚。

> 中午，遠在南投縣「姆價布布」（翠巒）的好友比金來看我。他帶著
> 紹興酒來，我難免又開了戒。「尤穆！你是大傻瓜，大混蛋！」比金
> 三杯下肚就有了酒態。「……？」「你不該讓女人下山！」〔註 198〕

尤穆只好告知比金，卡那玲（妻）僅去當旅館「女中」協助老闆招呼客
人而已。但驚覺不太妙的比金，要尤穆快將卡那玲（妻）接回，不然就下山
去與卡那玲（妻）一起工作。尤穆卻無奈地表示，自己苦無一技之長，而無
法下山工作，表達出原住民族的就業困境。

> 我告訴比金：她是去旅館當「女中」，也就是女茶房，工作是幫助老

〔註 195〕李喬，〈達瑪倫・尤穆〉，《短篇小說全集八》（苗栗：苗栗縣立文化中心，1999
　　　　年 8 月），頁 156。
〔註 196〕李喬，〈達瑪倫・尤穆〉，《短篇小說全集八》（1999 年 8 月），頁 159。
〔註 197〕李喬，〈達瑪倫・尤穆〉，《短篇小說全集八》（1999 年 8 月），頁 154。
〔註 198〕李喬，〈達瑪倫・尤穆〉，《短篇小說全集八》（1999 年 8 月），頁 155。

闊招呼客人。……「好兄弟！」比金的神情怪怪的：「我告訴你，趕
快把女人接回山上來！」「不行！我家大小七口要吃啊！」「那你也
下山去，和女人一起工作！」「我？沒有一技之長嘛！」我猛灌
酒。〔註199〕

　　尤穆在比金神情怪怪的表達後，心中存在著一抹不安；再加上過一陣子
後，村中另一個原住民禾興的妻子，同樣到平地工作後；居然發生逃跑事
件，且此類似事件在山地部落中，乃時有所聞，因此更增加尤穆內心的疑惑
與不安。

　　「我禾興！哈哈……米搭不見了，跑掉了……我……」「米搭？你的
卡那玲？」「跑掉了，不見了，完了，我的米搭，我……」不管我怎
麼搖晃他的肩膀，他就是反覆唸著這幾句話。接著他幽幽地哭了起
來，最後他趴伏在桌上。……禾興的老婆米搭，真的跑掉了！這是
一枝箭矢，一把戰刀，一條毒蛇，傷了禾興；我，三天來心口也一
直隱隱沈痛。但，這不是新奇事。我們鄉裡，第二鄰，第四、五、
七鄰都有這種「故事」。〔註200〕

　　在比金的勸阻與目睹合興的例子後，尤穆對於妻子的工作，也逐漸產生
懷疑；當妻子拿錢回家說明發薪的狀況時，尤穆內心更加不安，擔心妻子的
工作也有問題。尤穆內心的不安果不其然地已有預感，夫妻的未來也將掀起
波瀾。

　　「這些錢，妳信裡說『收到』，怎麼說？」「當女中，老闆只供三餐，
沒有薪水的。」「那？……」「我們的收入是靠客人的小費，客人賞
的。」是這樣嗎？我內心有一絲飄忽的不安……〔註201〕

　　又過一陣子，尤穆聽聞新聞事件中，所揭露的旅社應召案件，甚至於有
原住民女子參與其中；經警方查獲這起販賣人口新聞後，某應召站查出六名
雛妓，均為山地原住民女子，而販賣人口的不法份子，竟為山地原住民青年。
這項新聞使尤穆的內心更加不安，乃於心中暗自臆測著妻子的工作。

　　今天到村辦公處看報，無意中看到一則驚人的消息：「（桃園訊）桃
園某某旅社，二十一日凌晨警察臨檢，發現三件應召陪宿案。該三

〔註199〕李喬，〈達瑪倫‧尤穆〉，《短篇小說全集八》（1999年8月），頁156。
〔註200〕李喬，〈達瑪倫‧尤穆〉，《短篇小說全集八》（1999年8月），頁161。
〔註201〕李喬，〈達瑪倫‧尤穆〉，《短篇小說全集八》（1999年8月），頁163～164。

名應召女郎中有兩名中有兩名是稚齡山花。經警察帶回訊問，結果查出驚人販賣人口案情。據悉：已在某應召站查出六名雛妓，都是山……」這則新聞還有更可恨的：從事人口販賣勾當的幕後人物潘某某和朱某某，都是山地青年！可惡可惡！〔註202〕

又過一陣子，實際聽聞有關娜姬娃也跑掉，甚至於與男人在旅館中做出不堪入目之事的閒話後，尤穆更加惱羞成怒地一拳揮過去。豈料，此傳聞即將席捲尤穆一家原本平靜的生活。

「尤穆：我告訴你，女人都要跑掉了！」他眼眶紅紅的。「不會，不會啦！」我灌他喝冷開水。「告訴你，娜姬娃也跑掉了！」「胡說！她就在苗栗！」我很不高興。「告訴你，將來會跑掉！」他突然壓低聲音，神秘兮兮地：「告訴你，有人看到她，在旅館，和男人……」他做一個不堪入目的手勢。「酷拉因（魔鬼）！」我大吼一聲，揮拳打過去。〔註203〕

在尤穆聽聞有關娜姬娃的閒話後，一大早即趕到苗栗「仙宮旅社」去探問妻子。尤穆迫不及待地詢問有關「謠言」之事，娜姬娃則堅決否認。但夫妻間的信任感，已逐漸消弭於無形間。但此乃為風雨前的平靜，尤穆一家人即將面對家庭破滅的困境。

聽到有關娜姬娃的閒話。我到達苗栗「仙宮旅社」時，她還未起床。我不客氣地坐在廳上等。「德財？這麼早！」她出現了。「出去一下，有話要談！」我說，直直地看著她。她沒吭氣，披上衣件外套就跟我出來。我們到汽車總站前的圓環邊坐下，我迫不及待問她「謠言」的事。「沒有！尤穆，你要相信我！」她堅決否認。〔註204〕

在比金的勸告、加上禾興的例子、再加上新聞事件的衝擊；最後，甚至於直接耳聞有關於娜姬娃的閒話後，尤穆終於忍抑不住心中的疑慮，而經常前往「仙宮旅社」實地監視娜姬娃的動靜，卻又不敢長驅直入地直接探問。

我在「仙宮旅社」前徘徊又徘徊。我不敢進去找她！——請誰也別笑我，多少次，我總是想悄悄來苗栗，躲在這個大旅社附近，「監視」她，看她有無……現在，我就是沒勇氣進去，我這個無能的丈

〔註202〕李喬，〈達瑪倫‧尤穆〉，《短篇小說全集八》（1999年8月），頁168。
〔註203〕李喬，〈達瑪倫‧尤穆〉，《短篇小說全集八》（1999年8月），頁172～173。
〔註204〕李喬，〈達瑪倫‧尤穆〉，《短篇小說全集八》（1999年8月），頁173。

夫啊！唉！〔註205〕

尤穆忍抑不住心中的懷疑，此後經常地前往「仙宮旅社」去監視娜姬娃的狀況。在多次探訪後，尤穆終於發現「仙宮」的秘密；原來仙宮真的在做不法之事，即所謂的「休息」，與洋話所謂的「羞太——姆」。尤穆對於妻子的工作狀況即深感不妙，甚至於當他證實事實真相後，更加痛心疾首。

> 多去幾次「仙宮」之後，我慢慢看出苗頭來了。那家旅館兼做「壞生意」，每天早上十點左右，客人就進進出出的；那花枝招展的姑娘也來「上班」啦。好傢伙！那叫做「休息」——洋話叫什麼「羞太——姆」。〔註206〕

在尤穆經常到「仙宮旅社」去後，連女中均在取笑他為「烏龜」，尤穆何嘗不知此意為何？尤穆雖飽受屈辱卻僅能忍受，再加上近來連娜姬娃存有諸多改變，經常默默地流淚，使夫妻間的關係乃雪上加霜。

> 每次到「仙宮旅社」，女中都要笑我。今天那個死胖子居然罵我「烏龜」！我知道「烏龜」是什麼意思。其實我哪裡不知道「我是什麼」！我是自己騙自己而已。近來，娜姬娃是變了很多。她常常發呆。我還瞥見她兩回偷偷流淚。〔註207〕

當尤穆夫妻雙方的生活態度，均逐漸改變後，娜姬娃突然要求去南部陪老闆娘旅行三天；縱然尤穆反對卻僅能選擇信任娜姬娃而默默接受。因尤穆無法養家活口，娜姬娃僅能代為受苦。娜姬娃還在離開前，把一疊鈔票交給雅雅，再由雅雅轉交給尤穆。豈知，這將是尤穆一家即將破碎的預兆。

> 娜姬娃突然要求去南部三天——是陪老闆娘旅行的。我拒絕。結果吵了一架。「德財！你只有信任我了！是不是？你沒法養家，我是代你受苦啊！你要我怎麼樣？」她說。哦！是的，「你只有信任我了！」我能怎麼樣？她要走以前，交一疊鈔票給雅雅；雅雅交給我。〔註208〕

尤穆面對這種生活困境，卻又無力改變之際，僅能選擇默默地接受這一切。但在萬般痛苦下，他決定做一件事情，「（隔天）中午，我以娜姬娃給的錢，到中賓旅社召妓『羞太——姆』一次。這一招是在『仙宮』學來的。我

〔註205〕李喬，〈達瑪倫・尤穆〉，《短篇小說全集八》（1999年8月），頁170。
〔註206〕李喬，〈達瑪倫・尤穆〉，《短篇小說全集八》（1999年8月），頁178。
〔註207〕李喬，〈達瑪倫・尤穆〉，《短篇小說全集八》（1999年8月），頁183。
〔註208〕李喬，〈達瑪倫・尤穆〉，《短篇小說全集八》（1999年8月），頁181～182。

是酷拉因，我是禽獸。可是我痛苦！」〔註209〕尤穆夫妻間的關係，已瀕臨幾近無法挽回的地步。此後，娜姬娃便不常回家，縱然回家也以賓客的身分，回家巡視一番。

> 黃昏，「她」——貴客居然回來了。稀奇得很！她是觀光客，在房子
> 內內外外來回看，來回走。她又是慈祥的聖誕老人，給老大老二各
> 發一打原子筆，又抱起阿雄親吻他！〔註210〕

又過一陣子，「娜姬娃好幾天沒回來。早上九點半，郵差送來一封掛號信。拆開一看：是一張八萬元存款單！」〔註211〕在尤穆詫異之餘，信件中娜姬娃說明自己留下一大筆錢財，讓尤穆與孩子過生活，也請大家原諒她的失蹤，或許面對這樣的結果，乃為尤穆夫妻始料未及之事。

> 「這是怎麼一回事？」信封裡還有一張細長的紙條，上面密密麻麻
> 地寫著，另外還有一個印章。「我到哪裡去，不要問了。也不用找，
> 那是找不到的，又浪費錢。我求你，不要找我。八萬元定期存在郵
> 局，用阿菊的名字，一個月可以去領七百元利息用：不是不得已不
> 要用那八萬元老本。我娜姬娃，永遠永遠愛你，你們。但請原諒我
> 的失蹤……但願有一天，那一天，你如果還要我這個妻子，孩子們
> 還愛我這媽媽，那，我一定回來的。別了，珍重。娜姬娃留　十二
> 月二十六日」〔註212〕

李喬在〈達瑪倫·尤穆〉中，呈現原住民在山地部落的就業困境，在經濟困窘之餘；不得已地讓妻子到平地去工作，諸多山地原住民女子，迫於生活的無奈，而到平地去從事妓女工作，獨自承受生活壓力下的辛酸與無奈，令人不勝欷噓；甚至於還犧牲家庭完整性，僅為了苦撐家中的經濟困境。

第六節　原住民族的懷鄉意識與困境

一、山地土地開墾

（一）香茅寮之土地開發受限

李喬在〈香茅寮〉中，揭露關於原住民在山地的土地開發議題。原住民

〔註209〕李喬，〈達瑪倫·尤穆〉，《短篇小說全集八》（1999年8月），頁182。
〔註210〕李喬，〈達瑪倫·尤穆〉，《短篇小說全集八》（1999年8月），頁184。
〔註211〕李喬，〈達瑪倫·尤穆〉，《短篇小說全集八》（1999年8月），頁185。
〔註212〕李喬，〈達瑪倫·尤穆〉，《短篇小說全集八》（1999年8月），頁185～186。

認為在異族統治下，喪失土地開發的權力；再加上官官相護，根本無計可施，僅能無奈地接受這一切不合理的待遇。由政府所畫定的界線，限制原住民的土地開發與生活地域，使得原住民充滿著無限的無奈與無能為力。

> 「為了刁難我們，不讓我們開朝南那塊土地？」「連你們山溪那邊最肥沃的全部都是！」「憑甚麼？」「他們的權，好大的！」「州廳長鼓勵大家開墾呀！我告他去！」「沒用的！他們官官相護，說甚麼，我們老百姓就認甚麼！」「無法無天嗎？」「你忘了，現在，甚麼時代？」「如果生活在自己同族人的政府管治下就好了！」「我們同族人裡，已經沒有退路！」「我們就轉向山溪這邊，也一樣！」「太少了。旁邊。上頭，都是劃定了界。別人的！況且，這一塊地，全是石塊兼砂礫，只能種玉蜀黍。」〔註213〕

在〈香茅寮〉中，原住民賴以生存的土地開發受限制，生存所需的資源被剝奪，卻僅能被迫無奈地接受。在山地資源原本即較為缺乏的情況下，再加上政府法令的限制與外族的剝奪，對於原住民而言，無非是更加地雪上加霜。原住民連最基本的土地所有權，即被剝奪的不平等困境，更遑論整個原住民族所面對的生存困境。

二、原住民的經濟困境與酗酒

（一）達瑪倫·尤穆之酗酒

李喬在〈達瑪倫·尤穆〉中，描述原住民的經濟困境，經常造成夫妻失和與諸多問題產生。但反觀老一輩原住民，卻不怎麼需要錢，可見得在原住民部落，金錢定位與需求性乃與日遽變，貨幣經濟儼然已席捲著原住民部落，諸如尤穆的雅爸堅持自己在山上生活，根本就不需要使用錢財。

> 雅爸正在修理打飛鼠的弓箭，雅爸真是不老的好漢，看來健康也安祥。面對他老人家，我真慚愧得不不起頭來。……傍晚下山前，我交三百元給雅爸。他堅決推絕，他說山上根本用不上它。〔註214〕

反之，尤穆夫妻卻為了經濟問題，導致夫妻失和、家庭破裂。從一開始妻子為生活而下山工作，後來夫妻間經常為錢爭吵，到最後妻子默默地離家，均源自於經濟生活困境。在娜姬娃為錢下山工作飽受屈辱後，又要面對尤穆

〔註213〕李喬，〈香茅寮〉，《晚晴》（1968年10月），頁89～90。
〔註214〕李喬，〈達瑪倫·尤穆〉，《短篇小說全集八》（1999年8月），頁179。

的質疑。當尤穆面對夫妻間的困境時，卻選擇以飲酒來暫時逃避，無異對夫妻關係而言，乃更加雪上加霜。

> 「妳！……只知道錢？」「我？」她楞一下：「我不爲錢，幹嘛在外受氣！」……越想越氣，也越悲哀。於是我到「山產供銷社」隔壁的雜貨店要了一瓶米酒，然後回涼亭。我不是酒徒，也反對酗酒，可是今天我很快就喝下一瓶米酒，我醉了。〔註215〕

不僅尤穆面對生活困境，會以酗酒來逃避外，族人酗酒問題乃時有所聞，「下午『彎翼』喝得瘋瘋癲癲地，一進門就嚷著要揍人。快五十歲的人啊，還這樣，眞是。酗酒是最壞的習慣，尤其我們山地人，絕對要戒除才好。」〔註216〕縱然原住民明知酗酒乃爲不良嗜好，卻又爲了逃避生活困境而飲酒，諸如尤穆飲酒後的自我悔恨，「我後悔，我恨我自己；明知不能酗酒，我卻犯了，結果胃穿孔……」〔註217〕原住民面對生活困境，卻又忍抑不住地，以酗酒來逃避。豈料，藉酒澆愁愁更愁，乃使一家人生活更加陷入愁雲慘霧之中。尤穆一家人在面臨的生活困境之餘，所幸令尤穆感到欣慰的即爲孩子們，雖身爲山地孩子所擁有的教育資源有限；但孩子出色的表現，即成爲一家人的希望。至於面對妻子娜姬娃的轉變，尤穆僅能選擇聽從神阿利巫朵的安排，由此象徵著原住民傳統聽天由命的精神信仰。

> 阿菊阿蘭的成績都不錯；她們雖然來自山地，但月考下來，一個是第十二名，一個是第七名！拔力明年就高工畢業了。他是我們家的希望，也是孩子們的榜樣。我，我們家，會有光明的日子的。關於娜姬娃，我感激她，愛她；她的一切，我聽任神阿利巫朵的安排！〔註218〕

李喬藉由尤穆一家人的生活困境，描述原住民的就業問題、經濟困境、生活困境、酗酒議題……等諸多原住民生活困境，乃時有所聞而急待解決。李喬乃由原住民就業困境的現實觀點出發，冀望藉此引起社會對於原住民生活困境的關注與協助。

（二）鱒魚之以酒會友

李喬在〈鱒魚〉中，描述原住民好酒的狀況，原住民常在客人來訪時，

〔註215〕李喬，〈達瑪倫・尤穆〉，《短篇小說全集八》（1999 年 8 月），頁 166。
〔註216〕李喬，〈達瑪倫・尤穆〉，《短篇小說全集八》（1999 年 8 月），頁 172。
〔註217〕李喬，〈達瑪倫・尤穆〉，《短篇小說全集八》（1999 年 8 月），頁 176。
〔註218〕李喬，〈達瑪倫・尤穆〉，《短篇小說全集八》（1999 年 8 月），頁 184。

即以酒熱情地招待客人。以部落老人爲例，展現原住民熱情好客，以酒會友的現象。因飲酒對於原住民而言，乃爲非常重要的生活環節。

> 可是進了玄關，上了榻榻米，那種令人饞蟲蠕動的酒香使我不計較那些了。糯米酒？「瓦來」（很好）我說，老人濃密睫毛裡，大眼珠滾亮著異光。我告訴他我常常訪問山地。就爲了糯米酒？那種醇厚的味覺使我常常願意爬山。〔註219〕

李喬認爲酒可讓人在酒酣耳熱的微醺之際，開懷暢談，「酒眞是神奇的東西，我們一下子既被它統一了。我們醺醺然聽著老酒朋友神奇的敘述。」〔註220〕李喬藉由原住民文本，提及有關於原住民族飲酒的情況與意義。

三、故鄉的呼喚

（一）何亮之回歸山上

李喬在〈山上〉中，描述原住民青年何亮，當年爲求得前途發展而輾轉來到平地，卻在失意與鑄下大錯而走投無路後，彷彿聽到山地故鄉的聲聲呼喚。在意識慌亂中，選擇循著模糊的記憶，回到山裡來尋求溫暖與慰藉，此即倦鳥還巢的本能反應，卻也展現出原住民在平地受挫後，乃選擇回歸部落的景象。

> 何亮憑著模糊的記憶，來到這座山下，還憑著模糊的記憶摸索小徑上山，走向不可知的目的地。……現在他陷入絕境，走投無路下，這童年留痕的山，卻向發出聲聲神秘的呼喊，使他意識慌亂中，不知怎地就逃了回來。〔註221〕

當何亮回到童年的故鄉「香茅寮」時，不禁驚聲呼喚著故鄉的一切，「『香茅寮！』他不覺大聲的說。太高興了。兒時溫馨的山居日子又歷歷湧現眼前。香茅寮，那是捉迷藏，嘔氣躲避大人，或默默幻想的好去處。誰知，現在又見著它！在這種心境這種情形下，重溫舊夢，不覺鼻間發酸。」〔註222〕兒時溫馨的山居日子歷歷在目，前塵往事彷彿昨日。何亮卻在走投無路下，才有機會回到山上來重溫舊夢，令人不勝唏噓。李喬藉此描述原住民在平地都市中，受到委屈挫折或失意犯錯時，選擇回到山中部落去尋求故鄉的回憶。在

〔註219〕李喬，〈鱒魚〉，《短篇小說全集二》（1999 年 8 月），頁 95。
〔註220〕李喬，〈鱒魚〉，《短篇小說全集二》（1999 年 8 月），頁 95。
〔註221〕李喬，〈山上〉，《晚晴》（1968 年 10 月），頁 144。
〔註222〕李喬，〈山上〉，《晚晴》（1968 年 10 月），頁 149。

回歸故鄉後，所面臨的人事變遷、心境轉折與心路歷程變化乃迥然不同。原住民在現代社會中，面臨到諸多社會困境後，或許將選擇重新回歸部落的懷抱，尋求傳統的族群認同意識與溫暖。

第七節　原住民族認群同意識與原漢愛情矛盾

一、認同意識的汙名化

（一）山之戀之認同汙名

　　李喬在〈山之戀〉中，描述原住民青年簡青山，由於臉上還刺有花紋的原住民老父親來找他時，剛好被漢族客籍女友給撞見，無意間透露出自己的原住民身分，女友即一聲不響地離開，留下痛苦失戀且深受打擊的簡青山。由此諷刺當時社會對於原住民族的種族歧視。

> 霍地，他跳起來，瘦削的面頰紅鼓鼓的；周身猛顫著：「芳，芳，芳，你；馬沙依諾，（哪裡去？）……」接著一連串的山地話。一場驚擾過後，雪子告訴我：「簡是某某某大學森林系四年級的學生，他，閩南話講得很好；一位客家籍的女朋友，始終認為他是平地人，他也未說破。誰知三個月前那臉上還刺有花紋的老父親來找他時，剛被女的撞見。從此女朋友一聲不響地走了；結果他痛苦失戀而神經錯亂……」〔註223〕

　　簡青山因原住民身分受到輕視而失戀的故事，反映出當時社會中，對於原住民族的異樣眼光與輕蔑心態。就連阿娃均在感嘆，此族群認同意識的汙名，連原住民本身，均存在著族群認同的自卑感，造成原住民少女，均想嫁給平地漢族青年。山地原住民青年的未婚妻，均較為喜愛平地青年而紛紛嫁到平地來。所幸身為平地漢族青年的男主角，卻毫無存在著此族群意識的汙名化，還自詡為半個山地人。

> 離開病院，我向雪子詳談籌募簡的醫療費問題。雪子顯得很沉鬱。
> 「喂！我將是半個山地人囉！我會盡力。放心！」「謝謝您……」她吁了一口氣。「噫！你怎麼啦？」我心頭連轉。「原諒我。喬！簡的遭遇，使我感觸良深。」「只是為了鄰鄉的情誼嗎？」我脫口說，一

〔註223〕李喬，〈山之戀〉，《晚晴》（1968 年 10 月），頁 12。

絲妒意浮上心頭。「是的，同鄉，同——類……」她幽幽地說。「別這樣說好嗎？今天情緒不太穩了，阿婭娃！」「可憐的男人，女娃兒都給平地人娶光啦！」「什麼意思？」「太明顯嘛！誰不喜歡富有的平地人，繁華的城市生活？山上男孩的情人，未婚妻，一個個下山來嫁人！像我也差不多！」〔註224〕

　　由此表達原住民在族群認同與愛情觀念上的變遷，均已自我否定掉原住民身分；甚至於自認為與平地人結合，方可提升自我的社會地位與改善經濟生活，誠如法農彷彿即為原住民被殖民者的象徵，「對法農來說，被殖民者的情節完全是殖民體制所強加在他們身上，它根本的來源是經濟的掌控與剝削，導致卑下意識的全面性內化。」〔註225〕此種族群認同觀念，在早期臺灣社會中乃時有所聞，原住民在經濟生活上，往往成為相對弱勢的族群，而導致族群自卑感油然而生。

二、原漢愛情

（一）山林戀之原漢愛情

　　李喬在〈山之戀〉中，描述三段原漢青年的愛情故事，由漢族青年喬與原住民少女雪子——阿婭娃、簡青山與客家籍女友、簡青山與瑩瑩的故事，見證原漢族群的愛情故事發展。漢族青年喬與原住民少女阿婭娃、簡青山與瑩瑩的愛情，有情人終成眷屬；簡青山與客家籍女友，卻因簡青山的原住民身分無疾而終。在簡青山因原住民身分，受到客籍女友拋棄而失戀之際；終於病癒出院，「三個月後，簡青山痊癒出院了。他回某大重修第四學年的學分。……這真是一件頗覺意外的發展：瑩瑩居然鍾情於簡青山。」〔註226〕此時漢族青年喬的妹妹瑩瑩，愛上原住民青年簡青山，發展出一段原漢族群的愛情故事。當年因大哥的原漢愛情而驚訝的瑩瑩，自己卻選擇發展這一段原漢愛情，甚至於憧憬著要嫁到山裡去生活。

「大哥：您不是說過人類的感情很難說明嗎？我想我這樣做，如果親友們真的見棄，也不在乎。我決定將來住進山裡去！」「什麼？」我跳起來說：「你說要不惜放棄平地生活？」「簡說明明年畢業後，

〔註224〕李喬，〈山之戀〉，《晚晴》（1968 年 10 月），頁 13。
〔註225〕陳光興，〈法農在後／殖民論述中的位置〉，法農，《黑皮膚，白面具》（2005 年 4 月），頁 45。
〔註226〕李喬，〈山之戀〉，《晚晴》（1968 年 10 月），頁 16。

> 決定要回泰安——山地鄉去當個小職員，找機會貢獻一點所學。我
> 可以開一間裁縫店，一面授徒，一面縫衣。」她無限憧憬地說。
> 〔註227〕

　　山中生活彷彿爲「久在樊籠裡，復得返自然。」當漢族青年喬目睹山中
的一切建設與擺設，「再看看這座灰瓦緣牆的平房，穩固大方，室內陳設，電
器配置，和一般平地人毫無遜色。『山地眞平地化啦！』我心裡想。」〔註228〕
連平地漢族青年也不禁感嘆著山地的平地化，彷彿等同於文明化的進步，但
此想法即展現出漢族對於傳統山地部落的刻板印象。

> 轉眼，又是暑假；瑩瑩終於穿上結婚禮服。……「山路怎麼辦？請
> 好轎子沒有？」我問。……「久在樊籠裡，復得返自然。」我似乎
> 也領略出陶淵明的意趣來。〔註229〕

　　在這場原漢族群聯姻的婚禮中，多數依照平地習俗外，仍免不了部分禮
俗將依照山地傳統的婚禮排場，「婚禮依照平地的風俗，可是他們不願放棄傳
統的幾種排場。在糯米酒香飄拂裡，木鼓、螺角、銅鈸、具鍊以及蕃笛與
瓦斯炮。導出一幕情調古遠，意味深長的場面來。」〔註230〕舉凡糯米酒、木
鼓、螺角、銅鈸、具鍊、蕃笛，與瓦斯炮……等婚禮物品，均深具原住民族
的傳統婚禮特色。當阿婭娃詢問著男友對於山地的印象與感受時，其回覆
使阿婭娃十分敬佩他們一家人，可如此欣然接受山地生活。平地女孩瑩瑩嫁
給山地原住民青年，由此呈現多數漢族對於原住民族，仍爲族群平等而視的
觀點。

> 「很喜歡，我不是把瑩瑩送到山的懷抱裡來了。」我摸摸鼻子，苦
> 笑著。「我佩服瑩瑩，連您全家我都油然起敬。」「當然，可是，平
> 地的男孩子都要當和尚啦！」〔註231〕

　　原本即有自卑感的原住民少女阿婭娃，加上平地青年的來信變少，更令
她感到不安。漢族男友卻回答說，阿婭娃太過於關心山林生活；但阿婭娃認
爲原住民族乃爲專一不變，反而擔心平地人會變心。但在平地青年眼中，山
卻足以阻隔錦繡前程的發展。由此顯示原漢族群間的愛情，所產生的問題與

〔註227〕李喬，〈山之戀〉，《晚晴》（1968 年 10 月），頁 17。
〔註228〕李喬，〈山之戀〉，《晚晴》（1968 年 10 月），頁 20。
〔註229〕李喬，〈山之戀〉，《晚晴》（1968 年 10 月），頁 18～19。
〔註230〕李喬，〈山之戀〉，《晚晴》（1968 年 10 月），頁 20。
〔註231〕李喬，〈山之戀〉，《晚晴》（1968 年 10 月），頁 21。

鴻溝，仍尚待跨越。

> 「您很少給我信。」她軟弱地説。「山，山，山，你給我太多山了⋯⋯」
> 「山中的人，不會變的⋯⋯」「可是阻了我的路。」「喬，您不是來
> 了嗎。我就在您面前。」〔註232〕

在原住民女友阿婭娃的不安下，他即許下承諾，畢業實習後即要當個山地醫生，「『明年畢業實習後也許要當個山地醫生啦？』我想。」〔註233〕此即爲原漢愛情許下承諾，見證原漢愛情的發展，仍可跨越族群界線與鴻溝。

（二）山河路之拔力與阿寶娃愛情

李喬在〈山河路〉中，描述原住民族愛情故事，主角即爲拔力與阿寶娃。美麗動人的阿寶娃，一直是族中美女，「阿寶娃的美，是賽夏族傳統追求的那種美：稍微瘦長的臉蛋上，配著濃濃長長的眉毛，深褐帶黑的大眼珠，高挺而線條柔和的鼻子，豐滿淺紅的嘴唇，頭髮是黑裡帶些褐黃色⋯⋯。」〔註234〕阿寶娃「賽夏之花」的名聲乃逐漸遠播。

> 阿寶娃的名聲，漸漸遠播。平地人稱她「賽夏之花」，大潮、高熊峠，
> 八掛瀝的雅族人，阿里山的曹族人，稱她爲「賽夏族的阿寶娃」，甚
> 至説什麼「阿寶娃那個族的人」！〔註235〕

當阿寶娃十八歲考慮結婚時，拔力自然成爲一個最理想的對象，「阿寶娃十八歲了，在頭上加戴一條額帶，並打掉一對犬齒；刺上額紋，已經是待嫁閨女。賽夏人同族與聯族之間是禁婚的；拔力搭因是另一個大姓趙姓司祭搭因托洛的長子；朱趙兩族雖然歷代有婚姻關係，但目前搭因家已無禁婚範圍內的至親，所以拔力很早就被認定爲唯一有力的候選人。」〔註236〕因拔力在族中各項活動，均表現出色，即被公認爲阿寶娃的最佳丈夫人選。諸如在十五氏族聯合大狩獵中，拔力得到獵鹿冠軍，此即賽夏族青年的最高榮耀，「去年，大東河一帶旱稻大豐收，各族族長決定舉行十五氏族聯合大狩獵；那時成年未婚男子要來一場獵鹿比賽。拔力得到獵鹿冠軍。這是賽夏族青年最高

〔註232〕李喬，〈山之戀〉，《晚晴》（1968年10月），頁21。
〔註233〕李喬，〈山之戀〉，《晚晴》（1968年10月），頁22。
〔註234〕李喬，〈山河路〉，《心酸記》（臺北：三民書局，1980年），頁238。
〔註235〕李喬，〈山河路〉，《心酸記》（1980年），頁238。
〔註236〕李喬，〈山河路〉，《心酸記》（1980年），頁238～239。

的榮耀。」〔註237〕此後，拔力自由地分配榮譽品——鹿，也贈送鹿皮給阿寶娃，阿寶娃則回送自己織成的「娃借」（花紋腰帶）。

> 照規矩，獵到野鹿，皮和角歸獵犬主人所有，鹿鞭歸於射手。但是不用獵犬的獵鹿比賽，所以拔力有權獲得鹿皮、鹿角和鹿鞭，而且可以自由支配這些榮譽品。拔力把鹿鞭獻給「搭瑪」，給弟弟馬育兩隻鹿角；他自己留一張美麗又大幅的鹿皮。……阿寶娃欣然接受了鹿皮，而且掛在自己的床邊。她請哥哥送給拔力一條「娃借」——她自己織成的花紋腰帶。〔註238〕

拔力的英雄事蹟不僅一樁，也曾在角力賽中擊敗黑矮人，「拔力另外一椿英雄事蹟是：在角力上，曾打敗對岸的黑矮人！賽夏族人，是不可以和黑矮人對抗的，而且絕對不是敵手；黑矮人是神聖的，是精靈的化身，無所不能，無所不知；他們力大無窮。黑矮人是喜歡角力；每年收穫祭後，在向黑矮人獻糧獻酒時，黑矮人一高興，就要求賽夏族派人比賽。」〔註239〕拔力乃為唯一勝過黑矮人的賽夏族勇士。但阿寶娃後來卻被黑矮人所欺負，使拔力怒不可遏地想向黑矮人報復。但矮人族乃為神聖不可侵犯；因此，拔力的報復行動自然受到阻礙。

> ——那是賽夏人可怕的夢魘，千古的屈辱，凡是族人從小就聽多了……「是——達矮（男矮人）？」……「拔力！你知道，我是不能！我們賽夏族人不許……」賽夏人不許，也不能向黑矮人尋仇報復！〔註240〕

賽夏族祖先曾叮嚀賽夏族人，絕不可向矮人族報復，方為敬重祖先的表現，「因為，黑矮人體力驚人外，巫術更厲害，沒人能夠抗拒。更重要的是，黑矮人曾給予他們五穀的種子，又一直指導他們農耕和捕獵的技巧。所以祖先定下律令；不許族人和黑矮人對抗，不然就等於侮辱祖先；賽夏族最尊敬祖先，這個禁忌誰也不敢冒犯。」〔註241〕這個禁忌成為賽夏族歷代以來，努力恪守的重要原則之一。縱然賽夏族人不敢、也不能向矮人族報復，不過在族中流傳的賽夏族歌謠中，即吟唱著矮人族的囂張跋扈，好色的矮人族如何

〔註237〕李喬，〈山河路〉，《心酸記》（1980年），頁239。
〔註238〕李喬，〈山河路〉，《心酸記》（1980年），頁239。
〔註239〕李喬，〈山河路〉，《心酸記》（1980年），頁240。
〔註240〕李喬，〈山河路〉，《心酸記》（1980年），頁246～247。
〔註241〕李喬，〈山河路〉，《心酸記》（1980年），頁248。

地侵犯著賽夏族的婦女？此乃成為賽夏族的羞辱，卻被掛在嘴上吟唱著。

> 長長吊橋啊，可怕嘿！達矮啊，好女色喂，女郎啊，要小心嘿！美
> 麗可愛，白兔喂！鷂鷹邪眼，眈眈嘿！歐！一菅草，一點水，大樹
> 不奪草露水！達矮啊，好色女喂，不該啊，戲我妻女嘿！……這是
> 族人的羞恥，大家為什麼要掛在嘴邊呢？他十分惱怒。〔註242〕

拔力很想替阿寶娃報仇，但為恪守祖先所留傳下來的規範，拔力卻不能
向矮人族復仇，使拔力十分地痛苦矛盾，「不！這不是拔力的錯！不是拔力懦
弱無恥！祖先定下的禁忌，我們不能違背的！……矮人法力廣大，他們是
神，神是不許違抗的！矮人給我們種子，教我們農耕捕獵！矮人是賽夏族的
大恩人，拔力不能……。」〔註243〕更何況矮人族為賽夏族的恩人，乃為不容
侵犯。拔力在心中默默暗許與抗議，祖先為何留下這樣的規範與律令，使賽
夏族人如此地痛苦；時代已變遷，但族人還須遵守著這樣不合理的規範與拘
束，已不合時宜。

> 身為賽夏族人，是光榮的，但是祖先留下來的包袱也太重！為什麼
> 定下這些可恨可笑的禁忌呢？……祖先啊！偉大可敬的祖先！您為
> 什麼這樣糊塗！也許，遠古荒涼的年代，您們不懂得怎樣生活下去，
> 為了活命，你們欠人家太多恩情，也太畏懼他們，所以替自己，也
> 替子孫們定下這些禁忌，讓您自己和我們受盡無窮的罪！〔註244〕

李喬在〈山河路〉中，展現矮人的族群特質，乃為體力驚人、愛好角力
競賽，又時常好色地調戲賽夏族女性，令賽夏族人不堪其擾，卻又無計可施
地悲嘆著。尤其連拔力的未婚妻阿寶娃，也遭受到黑矮人的欺負，這口氣叫
拔力如何嚥得下去。

> 可是侮辱我未婚妻，多少我賽夏族女妹子也曾受害！這怎麼可以忍
> 受？拔力不服，不能忍受；他心胸中湧起巨大風暴！他要報復！……
> 因為看見妻妹被辱，是最大的羞恥；在以往，有人為此自殺，也有
> 人憤怒地戳瞎自己的雙眼。這是禁忌。〔註245〕

阿寶娃的受辱，拔力簡直無法忍受，因此決定要向矮人族復仇。首先，
他發洩著心中的怒火，「他又揮動喀布剔密，砍下十幾顆桂竹。他拋掉喀布剔

〔註242〕李喬，〈山河路〉，《心酸記》（1980年），頁251～252。
〔註243〕李喬，〈山河路〉，《心酸記》（1980年），頁252～253。
〔註244〕李喬，〈山河路〉，《心酸記》（1980年），頁261。
〔註245〕李喬，〈山河路〉，《心酸記》（1980年），頁248。

密，撕裂胴衣，胸衣，連同裝飾品，阿寶娃送給他的花紋腰帶——『娃借』，全撕碎拋掉，並用力踐踏。」〔註246〕拔力即進行復仇行動，順利地替阿寶娃復仇。但阿寶娃還是在矮人族的要求下被帶走。拔力望著阿寶娃的裝扮，留下對阿寶娃的最後印象。

> 阿寶娃的穿著，是兩人難忘的訂婚時的衣飾：雪白的胴衣。是用兩
> 幅麻不對折縫成的；背部中央合縫，前面對開，兩邊留七、八寸寬
> 的袖口：腋部以下合縫到底；胸前挑繡著鮮紅的山茶花，斜方菱形
> 的胸衣，是錦黃色的，上面挑繡著雪白的雲卷⋯⋯——這是賽夏族
> 女孩訂婚時的盛裝。〔註247〕

拔力與阿寶娃的愛情，即在矮人族的從中作梗下無疾而終。原本這一段被族人看好且充滿祝福的美好愛情，卻活生生地被拆散；也因這段愛情，引發賽夏族與矮人族間的恩怨情仇，此即為賽夏族矮靈祭由來的重要因素之一。

第八節　原住民族傳說與祭典文化

一、原住民族傳說故事

（一）迷度山之傳說故事

李喬在〈迷度山上〉中，描述關於原住民族在所謂「迷度山」的一樁神秘傳說故事，所謂的「迷度山」，「這座突出群峰的高山，遠望過去像斷裂的黑鐵板，也像超級巨人袒露的胸膛，稜線分明而寬闊雄偉。據彭說，一年中除春夏和秋冬交際，有幾天能看出山的全貌外，其他日子，總是雲霧瀰漫著；而且有一樁神秘的傳說，所以附近的人稱它為迷度山。」〔註248〕部落中一直流傳著關於迷度山的口傳故事。當他們在迷度山腳下的迷度溫泉泡溫泉時，迷度山乃擁有新氣象，「傍晚彭帶些酒菜，用卡車在我到迷度山右山麓下的『迷度溫泉』洗溫泉澡。⋯⋯從這裡看去，是迷度山的側面，氣象又不同了，是陡削聳立光禿禿的巨石。」〔註249〕由此增添迷度山千變萬化的氣勢，

〔註246〕李喬，〈山河路〉，《心酸記》（1980年），頁250。
〔註247〕李喬，〈山河路〉，《心酸記》（1980年），頁280。
〔註248〕李喬，〈迷渡山上〉，《短篇小說全集五》（苗栗：苗栗縣立文化中心，1999年8月），頁319。
〔註249〕李喬，〈迷渡山上〉，《短篇小說全集五》（1999年8月），頁328。

增添此口傳故事的神祕感。

　　根據山地原住民老人的說法,「『山地老人說,迷度山是一個大力天神的化石!』他說:這個大力神,是爲了替人類的祖先偷長生不老的藥,和打聽人類將來的結局,被麥都——天君——吹一口冷風凍在那兒變成化石的。『這很像希臘神話嘛!』『傳說爬上那座山,就能聽到大力神的嘆息呢!』」〔註250〕當眾人談論此傳說故事時,即興致勃勃地實地體驗攀爬迷度山的感覺,「可是,柯聽了有關迷度山的故事後,竟興致勃勃地,硬要拉我們去爬登。……我想起彭說的大力神的故事。但我一直還沒聽到什麼嘆息聲。」〔註251〕眾人卻沒聽到傳說中,大力神的嘆息,此即屬於口傳文學中的想像力。李喬藉此描述原住民族文化傳說故事,與闡揚原住民族口傳文學。

(二) 烏蛇坑之野人傳說

　　李喬在《心酸記》自序中,曾提及其文本特色,「就取材言,一如我其他作品的傾向;大都偏重在社會大眾生活面的描繪,爲無告小民微弱的代言。我不會寫繁華世界的繽紛起彩,因爲我沒有經驗;我寫的,是我熟悉的,雖然不一定躬逢親受過,至少,我的心,和我筆下的人物是生活在一起的。」〔註252〕在李喬文本中,得以眞實地體悟現實主義的創作理念。

　　李喬在〈烏蛇坑野人〉中,描述一個關於「烏蛇坑」的野人傳說故事。在遙遠的年代中,「這是被我遺忘了的時空裡,一群遠離教化文明的人的故事。在迢遠的那個年代,百十個犯人,被放逐在這窮山絕地——烏蛇坑來;每日採擷限量的野生香菇,孝敬『大人』,官員。……可是,幾個身心蒼老的,或其他特出原因的,卻一直留在烏蛇坑裡,過著完全野人的日子。」〔註253〕李喬在烏蛇坑所描述的野人,彷彿即爲被殖民者的象徵,再現其於殖民者的掌控下生活著。此外,關於「烏蛇坑」的命名由來,乃由於在此「谷口兩邊,是千丈陡峭削的石禿壁,像兩扇案灰銅銹斑駁的鐵門——山胞說它是惡蛇鬥。」〔註254〕「烏蛇坑」乃因此而得名。在烏蛇坑中生活的野人,僅於過年前帶著採收的香菇出外買賣,並採購年貨,與外界接觸的日子乃逐漸

〔註250〕李喬,〈迷渡山上〉,《短篇小說全集五》(1999 年 8 月),頁 328。

〔註251〕李喬,〈迷渡山上〉,《短篇小說全集五》(1999 年 8 月),頁 330～332。

〔註252〕李喬,〈自序〉,《心酸記》(臺北:三民書局,1980 年),頁 1。

〔註253〕李喬,〈烏蛇坑野人〉,《心酸記》(臺北:三民書局,1980 年),頁 193。

〔註254〕李喬,〈烏蛇坑野人〉,《心酸記》(1980 年),頁 194。

減少。

> 不過烏蛇坑的野人除外。野人們在每年「冬至」「大寒」之間，要衝
> 過這個「法界」，到兩日腳程的街鎮上販賣一年收成的香菇，然後帶
> 回些年貨，尤其太白酒。就這樣，年復一年過下去；出來的野人越
> 來越少，而再回烏蛇坑的，更是不到半數。〔註255〕

與世隔絕的烏蛇坑男性，卻存在一種特性，「烏蛇坑的男人，都有這麼一
個共同的特點：像吸血鬼飛蛭愛吸血一樣，強烈的需要，這也許是那種與世
隔絕的環境使然吧？」〔註256〕因此，烏蛇坑男人經常一同去尋歡，諸如某日
紅猴和豬精一起去尋歡的景象。

> 「呦！這，這是哪來的生蕃？」「哇！那長頭髮亂鬍鬚……」鶯鶯燕
> 燕，花枝招展的晃動人影，被他們一身穿著長相嚇得吱吱喳喳，相
> 顧失色。「接客呀！籠總好！要你挑婿郎嗎？」老鴇呼喝著：「喂！
> 老貨仔，我好嗎？」〔註257〕

當烏蛇坑野人與外界接觸時，卻引來一陣異樣的眼光與驚呼的反應。因
此，對於已回不去的外在世界，野人們只好選擇繼續留在烏蛇坑中生活，「『外
面是個再也回不去的世界！回烏蛇坑去吧！我是烏蛇坑的野人哪！』他就以
這種心情，匆匆趕回來。」〔註258〕李喬藉此隱喻著原住民族的生活處境，即
如同烏蛇坑的野人般。在平地生活中經常飽受挫折的原住民，只好選擇重新
回到山地部落生活。野人們乃較喜愛與原住民往來互動，「紅猴伯紅潤的臉，
綻開笑痕，然後回頭向蕃女說話──用的是蕃話，沒想到他會說這種怪腔怪
調。」〔註259〕在烏蛇坑乃流傳著諸多神祕詭譎的傳說，諸如風流「流飄仔」
的死，即被解讀為是否被傳說中的蝙蝠精所害？此後，烏蛇坑的人口乃日趨
銳減，僅存在著五家九口人。因此，蝙蝠精，彷彿象徵著殖民者；而烏蛇坑
的人口，彷彿象徵著原住民族人口的逐年遞減。

> 那風流的「流飄仔」直挺挺地躺在那兒。……「在烏蛇坑的人，會
> 不會被烏蛇咬死？笑話嘛！」「他是這裡最強壯的人，怎麼會……？」
> 「會不會傳說中的蝙蝠精又出現了，吸光他的腦汁？」……一夜之

〔註255〕李喬，〈烏蛇坑野人〉，《心酸記》（1980 年），頁 194。
〔註256〕李喬，〈烏蛇坑野人〉，《心酸記》（1980 年），頁 197。
〔註257〕李喬，〈烏蛇坑野人〉，《心酸記》（1980 年），頁 198。
〔註258〕李喬，〈烏蛇坑野人〉，《心酸記》（1980 年），頁 199～200。
〔註259〕李喬，〈烏蛇坑野人〉，《心酸記》（1980 年），頁 205。

間，烏蛇坑裡——現在只剩五家九口人。〔註260〕

李喬藉由烏蛇坑的野人境遇，將悲困苦情的山中歲月表現地淋漓盡致，彷彿即爲描述原住民族，在山地部落中的悲情歲月。李喬除了揭示烏蛇坑野人的傳說故事外，即由此對照原住民族的山地部落，與自我成長的蕃仔林故鄉處境，進而象徵著原住民族被殖民情境的再現。

（三）馬拉邦山之傳說故事

李喬在〈馬拉邦戰記〉中，描述關於馬拉邦戰爭的傳說故事，與原住民族如何力抗日本殖民官方的襲擊。馬拉邦戰爭的事發地點，乃在中央山脈大雪山的支脈——馬拉邦山，「馬拉邦山，是中央山脈大雪山的支脈南北走向，橫跨在大湖關刀山和卓蘭大克山之間，北側是小邦山南側是武榮山；前段又稱大邦山。山頂稱爲『大崠』，標高一千四百零七公尺。」〔註261〕馬拉邦山乃爲原日馬拉邦戰爭的發生地點，即在原住民部落。所謂的「馬拉邦戰」事發期間，乃爲平靜又豐收的時代。豈料，此戰事襲擊這個寧靜安樂的原住民部落。

> 一八九三年，光緒十九年，臺灣全島的水旱稻都告豐收，算是風調
> 雨順，安和美好的歲月。……尤其南湖庄東北海拔一四〇七公尺的
> 「馬拉邦山」山上更是一片皓皓白雪，老人們說，這是豐年的先
> 兆。〔註262〕

在此平靜的原住民部落中，突然在元宵後，即怪事不斷，「可是元宵節之後，各地各庄傳出了許多不祥怪事……。在伯公生日那天夜晚，南湖庄的一隻公雞在午夜之前突然啼叫起來，接著各家的公雞群起應和；全庄陷入驚心動魄的一片喔喔啼聲中……。二月十二日花朝日起，一連五個晚上月亮突呈慘綠；原來月亮旁邊出現了掃把星，每晚掃把星的尾部一直咬住月亮，足有一碗茶功夫以後才消失。算命先生說：這是賊星犯主，臺灣怕有五個月，或五年，甚至五十年的災難……。」〔註263〕此外，還有傳說苗栗街墓地的三腳狗，與望族媳婦產下雙頭怪嬰。此一連串的鄉野傳聞，已使當地原住民部落人心惶惶，恐將有災難發生，臺灣將無寧靜之日。

〔註260〕李喬，〈烏蛇坑野人〉，《心酸記》（1980年），頁210～211。
〔註261〕李喬，〈馬拉邦戰記〉，《短篇小說全集九》（1999年8月），頁59。
〔註262〕李喬，〈馬拉邦戰記〉，《短篇小說全集九》（1999年8月），頁51。
〔註263〕李喬，〈馬拉邦戰記〉，《短篇小說全集九》（1999年8月），頁51。

苗栗街龜山墓地上，出現一群三隻腳的怪狗；這些狗專挖墓中屍
體，撕裂吞食……大湖街望族陳家的媳婦，生了一個雙頭怪嬰，據
說臺灣北部……。「人是兩腳，狗才四腳；是人，多了一腳，是狗卻
少了一腳；三腳狗成群，怕是人被狗欺，狗想吃人的時候到囉！」
老隘勇尤春木說。「天年不對！怕又要改朝換代吧！」南湖隘勇段哨
官柯山塘說。〔註264〕

　　除了一連串的怪事傳聞不斷外，在〈馬拉邦戰記〉中，最主要記載大清
朝和東洋番開戰，而原住民族與漢族，也聯合奮力抵抗日本人，此戰事即發
生於光緒年間的馬拉邦之戰，乃爲早期原住民抗日史上的重要事件之一。

（四）泰姆山之傳說故事

　　李喬在〈泰姆山記〉中，描述關於「泰姆山」的傳說故事。在瓦勇帶余
石基躲藏在山區時，順道告訴他臺灣最隱密的地方——臺員的心肝，即爲「泰
姆山」；還告訴他諸多關於泰姆山的傳說故事，便帶著他逃入泰姆山中。

　　　「老鼠！」部落的人罵老鼠，是很重的一句話：「在這裡，山的胸膛
　　裡，誰說會危險。」「我……」他看瓦勇的樣子，不知說什麼才好。
　　　「瓦勇我，把一些話說完，就帶你到這個島最隱密的地方——臺員
　　的心肝那裏，知道嗎？」「臺員的心肝在哪裡？」「就是泰姆啦。」
　　　「泰姆山」，是以往幾次見面瓦勇一定要提的山名；窩興也告訴他許
　　多有關泰姆山的神奇傳說。今夜，在這鷹犬豺狼環伺下，瓦勇告訴
　　他如何逃往「泰姆山」的詳盡途徑：「泰姆山」，在玉山之東，「霧山」
　　之北，接近東山「一帶」。〔註265〕

　　關於「泰姆山」的傳說，即此山常在雲霧中，不易被人所找到，故成爲
傳說中極爲神秘的一座山。部落僅有少數長老見過泰姆山的眞面貌，原住民
族人也僅爲耳聞而已，一般外人、平地人根本沒有機會見著泰姆山的廬山眞
面目。因此，更增添泰姆山的神秘色彩。

　　　說它在「那一帶」，是很奇怪的說法。意思是：「泰姆山」不是常人
　　容易找到的一座山，或者說，它不是時常讓人看見的，經常被冰
　　雪封鎖而隱沒在雲霧之中。那是一座神秘的山。部落中，一部分
　　長老見過，還有極少數攀登過；一般族人也只是聞名，或偶爾瞥

〔註264〕李喬，〈馬拉邦戰記〉，《短篇小說全集九》（1999 年 8 月），頁 51～52。
〔註265〕李喬，〈泰姆山記〉，《李喬集》（1993 年 12 月），頁 255。

見它的眞面貌於一瞬而已。至於外人、平地人，大概從未有人見

過。〔註266〕

　　實際上，泰姆山果然經常處於雲霧繚繞中，根本很難有機會可親眼目
睹。瓦勇還神秘地述說關於泰姆山的傳說故事，相傳泰姆山乃爲一座會走動
的山，它爲有腳而可移動的山。原住民族經常在傳說故事中，將大自然萬
物均賦予生命般地擬人化；在原住民眼中，萬物均存在有需要被尊重的生命
尊嚴。

大部分人以爲這座山，只是玉山，或「霧山」，不然就是東邊「大水
窟山」的錯覺。「難怪啦！看過去，全是風雪，全是雲霧。」瓦勇眼
中異彩閃閃地：「告訴你一個大秘密：山，是會走動的知道嗎？山有
腳；像玉山，泰姆山、霧山、大水窟，都有腳；幾百隻腳。」〔註267〕

　　在原住民族傳說中，泰姆山乃爲一位老祖母，「不錯。泰姆山，是老祖母；
玉山是大兒子，北部的雪山是第二個孩子，南部的兩座太武山是雙生子，最
小的兒子；那霧山還是玉山的兒子！」〔註268〕臺灣每座山脈似乎都成爲親戚
般地被擬人化。就連太陽均成爲所有山脈、大海的丈夫，甚至於北太武山附
近的大母母山，乃爲小母母山愛上太陽後而成爲母親的山。在原住民觀點中，
萬物均存有生命，乃需要被人類所尊重。

「泰姆山的丈夫呢？」他笑了。「日頭！知道嗎？日頭是所有大
山，所有大海的丈夫！」瓦勇顯得如醉如痴啦：「還有一個大笑話：
那北太武山附近有一座小山，叫做『大母母山』那是騙人的。」「騙
人的？」「大母母山，是小母母山，是偷偷愛上日頭，偷偷做母親的
山，知道嗎？」〔註269〕

　　「玉山口」的部落老人們，對於泰姆山的傳說故事，個個均深信不已；
堅信會移動的山乃存在，甚至於還表明曾經去過。當余石基質疑老人們的話
語，若泰姆山會移動，又如何可讓人輕易找到呢？但老人們表示能找到泰姆
山的話，表示山是歡迎你；若僅單純想去遊玩，泰姆山是不會歡迎；因此，
找不到泰姆山，即表示泰姆山不要你。

　　最興奮的，「玉山口」部落那裏，老人們居然個個言之鑿鑿，堅信玉

〔註266〕李喬，〈泰姆山記〉，《李喬集》（1993年12月），頁256。
〔註267〕李喬，〈泰姆山記〉，《李喬集》（1993年12月），頁256。
〔註268〕李喬，〈泰姆山記〉，《李喬集》（1993年12月），頁256～257。
〔註269〕李喬，〈泰姆山記〉，《李喬集》（1993年12月），頁256～257。

> 山之東北「一帶」，確實有一座「會走動的山」——泰姆山。這些老
> 人不但都表示去過，而且能指出明確的路徑。「同年，不是說，泰姆
> 山會走動嗎？又哪能死死指定怎麼走？」他找到漏洞。「老鼠才這麼
> 說。」老人說不高興了：「你那樣走，找不到，是泰姆山不要你；找
> 到，就是歡迎你。知道嗎？」「不愛山的，不是有大事，單想去玩的，
> 一定找不到。」〔註270〕

余石基聽聞這一席話語後即更深具信心，決定要好好地爬上泰姆山，但
部落老人警告他，部落老人因敬畏泰姆山，所以一直不敢爬上去。相傳若不
尊敬泰姆山，又爬上去的話即有可能會死。因泰姆山的守護醋因，即指山中
毒蛇將會殺死壞人。山地部落原住民均不敢輕易地嘗試，深怕得罪泰姆山醋
因而造成嚴重後果。

> 現在，他開始發覺，自己是真正有信心了。他愛泰姆山，他需要，
> 他必須靠泰姆山來維護。可是，老人另一句話，卻令他心寒：「我們
> 看過山，很恭敬爬上去。爬上去一點點，我們敬畏那山，我們不敢
> 一直爬上去。」「不尊敬，一直爬上去，就得死——泰姆山的守護醋
> 因，會殺死壞人。」另一人提醒他。「泰姆山的守護，蛇，毒蛇，對
> 不對？」瓦勇說過的。「知道就好！」這句話充滿警告意味。〔註271〕

當余石基正攀爬著「泰姆山」時，證實著它的存在，他哽咽著喉嚨傾訴
著，冀望泰姆山可呵護著他，可讓他順利地登頂，「他突然軟弱如稚兒，也像
受盡委屈的孩子，撲進母親懷裡那種感受。」〔註272〕余石基將這陣子逃亡所
受到的委屈，通通投進泰姆山的懷抱中。

> 現在，終於證實：「泰姆山」確實存在，就在眼前。而自己正在攀登。
> 「泰姆山啊！余石基來了！」喉嚨哽著，眼前草木晶亮而晃動：「容
> 納我吧！呵護我啊……」〔註273〕

李喬藉由〈泰姆山記〉將泰姆山的口傳文學傳說故事，有機會得以文字
化呈現外，也可從口傳的傳說故事中，見證原住民族人，對於大自然的想
像與山林的敬重。諸多原住民族神話傳說的口傳文學，均可在原住民文學中
再現。

〔註270〕李喬，〈泰姆山記〉，《李喬集》（1993 年 12 月），頁 263。
〔註271〕李喬，〈泰姆山記〉，《李喬集》（1993 年 12 月），頁 264。
〔註272〕李喬，〈泰姆山記〉，《李喬集》（1993 年 12 月），頁 269。
〔註273〕李喬，〈泰姆山記〉，《李喬集》（1993 年 12 月），頁 269。

二、原住民族祭典

（一）山河路之開墾祭、祖靈祭與矮人祭

1.「開墾祭」與「祖靈祭」

李喬在〈山河路〉中，描述諸多關於賽夏族的祭典，首先登場的即爲賽夏族的「開墾祭」，隨之而來的即爲重要的「祖靈祭」——「巴斯、威琪」，此祭典即由同姓部落團體一起舉行，李喬乃細膩地描述關於祭典舉行的過程與內涵。

> 賽夏族的「開墾祭」，播種祭等農耕儀式過了，接下去，是重要的「祖靈祭」——「巴斯、威琪」。巴斯、威琪，由同姓的團體一起舉行。趙氏是大姓；同姓宗長「搭因托洛」是人人尊敬的威嚴老人，這天的儀式和往常一樣，由他司祭。祭場——「卡，巴斯、威琪，安，」就設在搭因托洛的晒穀場上。〔註274〕

首先，在祭典開始之際，同姓族人均要到場，「天一亮，同姓族人，男女老幼都到了。他們每家帶有一束糯米稻穗，準備開祭時之用。搭因的長子拔力搭因幫助準備祭祀用品，幼子馬育搭因負責招待族人。」〔註275〕搭因托洛父子均穿上禮服，祭典即準備開始。在拔力心中，搭瑪永遠如山一般地雄壯威武矗立著。

> 搭因托洛父子都穿上禮服：胴衣、背心、腰帶、頭巾，都加上挑繡的，其他骨板的耳飾，貝珠的頭飾，豬牙的胸飾，帶有流蘇的臂飾等一應俱全。「拔力，好好學，過兩年，你司祭了！」「搭瑪（爸爸），你，還像山，雄壯！」搭因笑了。拔力也笑了。拔力心目中，搭瑪是大山，是巨木，是一尊神；永遠不倒，永遠不老。〔註276〕

拔力努力又完善地準備著祭典工作，「他，規規矩矩地由正屋的東壁上，拿下小竹籠——『撒蘭』，撒蘭下邊掛著一些藤蔓，鹿、山豬的顎骨；裡面藏有一個一個古舊的黑蜂巢和一枚祭匙——『卡巴祭謀士』。搭因站在一旁，看見拔力的每一動作完全正確，滿意地點點頭。他想：今年『收穫祖靈祭』時，該讓拔力和阿寶娃成親了。」〔註277〕即在一切準備就緒後，祭典即將要

〔註274〕李喬，〈山河路〉，《心酸記》（1980年），頁235。
〔註275〕李喬，〈山河路〉，《心酸記》（1980年），頁235。
〔註276〕李喬，〈山河路〉，《心酸記》（1980年），頁236。
〔註277〕李喬，〈山河路〉，《心酸記》（1980年），頁236。

正式開始。

> 父子倆走出正屋大門，拔力雙手高舉，把「撒蘭」交給父親。搭因
> 以同樣的動作接過「撒蘭」，然後拉長嗓音，以近乎唱歌的調子說：
> 「威琪啊！出來！子孫請您！」〔註278〕

在搭因登高一呼下，族人們即緩緩跪下，虔誠地參與祭典，「廣場上，群集的人們，緩緩跪下，仰起脖子，盯住搭因手上的『撒蘭』，嘴唇微張，一片虔誠。搭因用左手從『卡巴祭謀士』，高舉空中，左右比劃一下。拔力跪著奉上一瓢清水。搭因把『卡巴祭謀士』浸在清水中。這時參與祭儀的人，依序走過來，站在搭因前面，搭因以『卡巴祭謀士』酌清水給他們喝下……。」〔註279〕在祭典開始之際，祈求祖靈降臨的話語大聲呼喚，吟誦著禱詞，共同進行著祭典的重要儀式。

> 「威琪啊！有靈，威琪啊，大力！子孫啊，播種，打獵！請保佑啊！
> 收穫多多！威琪啊！請莫使子孫生病，和威琪一般，壯壯」搭因一
> 面圍繞著族人緩緩走動，一面吟誦禱詞。一些老人做完儀式，坐在
> 地上也跟著朗聲吟誦起來。「威琪啊！來！子孫奉上啊！糯米！請保
> 佑啊！」大家把糯米穗交給司祭；司祭先親自脫下一些稻穀，然後
> 請婦女們脫殼。於是一起唱歌。配著舞步杵穀，汲水，洗米，蒸米
> 等等。〔註280〕

李喬即十分詳盡地描述賽夏族的「開墾祭」與「祖靈祭」，諸如祭典過程、意義與內涵，均詳細陳述著。由此細膩分析原住民族祭典文化特色與細節，將原住民族祭典文化，再現於文本中。諸多原住民文學中，均可見到原住民族祭典文化特色。

2.「矮人祭」

李喬在〈山河路〉中，描述賽夏族「巴斯達矮」──「矮人祭」祭典。首先，要進行「迎靈」與「延靈」部分；接著，進行「克西脫姆洛」──「娛靈」部分。在「卡、巴斯達矮、安」過程中乃布滿火把，還有諸多細節均為賽夏族祭典過程的重要儀式。

> 農曆十月十六晚上，冷冷圓圓大大的月亮，掛在墨藍深空上。兩年

〔註278〕李喬，〈山河路〉，《心酸記》（1980 年），頁 236。
〔註279〕李喬，〈山河路〉，《心酸記》（1980 年），頁 236～237。
〔註280〕李喬，〈山河路〉，《心酸記》（1980 年），頁 237。

一度的「巴斯達矮」──矮人祭，做完「迎靈」，「延靈」兩部分祭
獻歌舞了。今晚是「克西脫姆洛」──娛靈，南祭司團的祭司，還
是由五十一歲的朱姓商人「比金尤穆」主持。「卡、巴斯達矮、安」
──娛靈廣場上，四周全是火把，火舌向悠谷的惡龍，不斷向夜空
深吐出紅毒毒怪舌；月亮顯得更迢遙了。遠山近林的月光被逼成闇
闇的灰色。〔註281〕

當矮人祭典進行時，充滿著一股神祕的力量，「他覺得這樣眾人狂歡我獨
靜的做法，是一種『甫里哥』──巫術的方式，或者是一種神秘力量的展示。」
〔註282〕隨著祭歌的頌揚，神祕力量即在祭典中瀰漫著，矮人族必定要在眾人
歌舞聲中才會降臨。

他崇拜巫術，也恐懼巫術。他隱隱體會出些許滿足；那就是抗拒的
滿足，抗拒中清醒地感到自己是頑強的活著。「嗬喔阿給，啦嘿索！
東方之河來柯可，達矮託矮成群到！並矮跋矮也來坐！歐！喔給啦
嘿索嗬！」〔註283〕

在祭典中，司祭乃領導著族人共同傳唱著「迎靈歌」，必定要以莊重禮儀
與熱情歌舞，恭敬地迎接小矮人的來臨，「小矮人已經居東方日出那邊，不可
想像的河上。」〔註284〕賽夏族莊嚴的祭典儀式，即在族人參與下，順利地進
行著。

矮靈必須用莊重的禮儀，一定的歌舞才能請來的：「柯可啊！老祖母
您來！達矮呦，託矮，您來！賽夏同年級敬您祭您！可敬可愛可恨
可怨的矮人啊！來！」這是司祭領導眾人唱「迎靈歌」。〔註285〕

大祭司比金歌頌著矮人的神通廣大，與巫術的厲害驚人，「大祭司比金，
又開始領導吟唱祭歌。」〔註286〕祭歌中也將矮人頑皮、好欺負人、愛捉弄人
的特色也逐一傳唱著，祭典即在歌舞聲中，即將正式展開。

這是第三章歌詞：嗬喔阿給，啦嘿索！矮人賽夏同年喔，指點出獵
種穀喔，矮人通神力大哪，巫術驚人「甫里哥」！日出好日頭壞喔，

〔註281〕李喬，〈山河路〉，《心酸記》（1980年），頁290～291。
〔註282〕李喬，〈山河路〉，《心酸記》（1980年），頁291。
〔註283〕李喬，〈山河路〉，《心酸記》（1980年），頁291。
〔註284〕李喬，〈山河路〉，《心酸記》（1980年），頁291～292。
〔註285〕李喬，〈山河路〉，《心酸記》（1980年），頁291～292。
〔註286〕李喬，〈山河路〉，《心酸記》（1980年），頁292。

> 雨水好雨水壞喔，矮人好欺負人哪！矮人愛捉弄人哪！日頭日頭奈
> 日頭？〔註287〕

　　整個祭典即在大祭司比金，領導吟唱祭歌的悠揚歌聲中緩緩展開，「比金領頭的歌聲，又悠悠升起：歐！拉嘿拉嘿喔索！柯可回東方之河，達矮託矮回東方之河，矮鬼矮靈回東方之河，你回你唐，我回我所，千年萬載淒淒涼涼喔！東河東河奈河何？東河賽夏，賽夏東河呦！……『克西達姆洛』結束，巴斯達告一段落。」〔註288〕矮人祭對於賽夏族而言，乃極爲重要的祭典。李喬乃將賽夏族的重要祭典逐一陳述著，諸如耕種祭、祖靈祭與矮人祭的祭典過程、特色與意義均詳盡再現於〈山河路〉中。

3. 矮人活動

　　李喬在〈山河路〉中，描述賽夏族與矮人族間，乃有諸多往來互動，諸如角力賽、矮人祭……等重要活動。首先，提及即爲賽夏族與矮人族的角力賽，「這件事，歷年來沒有人趕出場相抗，因爲，聽說以往出賽的族人，都給摔得頭破血流，非死即傷。後來，改成黑矮人自己比賽，賽夏族人鼓掌吶喊；如果黑矮人強迫他們出場，他們就匍匐地上，卑躬屈膝，不敢抬頭。這樣黑矮人就哈哈狂笑，飲酒跳舞……。」〔註289〕歷年來角力賽出賽的賽夏族人，均被打得落花流水；後來，即改爲由矮人族自行出賽。黑矮人們在角力賽中，不斷地叫囂著，對於賽夏族而言，黑矮人乃令人感到敬畏又可恨。

> 黑矮人又叫陣了。矮人，圓圓的小臉，圓圓的小眼睛，尖尖的耳
> 朵，尖尖的鼻子，尖尖的小嘴；這些，都黑得發亮，膩膩的，充滿
> 了逼人的威力。身架子也是小小的，向外微微彎曲的雙腿和那特長
> 的雙臂，卻粗壯得不成比例……。這就是可敬、可畏，又可恨的黑
> 矮人。〔註290〕

　　在傳統觀念中，黑矮人即爲神聖的精靈化身，還力大無窮，喜愛參加角力賽，「拔力另外一樁英雄事蹟是：在角力上，曾打敗對岸的黑矮人！賽夏族人，是不可以和黑矮人對抗的，而且絕對不是敵手；黑矮人士神聖的，是精靈的化身，無所不能，無所不知；他們力大無窮。黑矮人是喜歡角力；每年

〔註287〕李喬，〈山河路〉，《心酸記》（1980 年），頁 292。
〔註288〕李喬，〈山河路〉，《心酸記》（1980 年），頁 295～296。
〔註289〕李喬，〈山河路〉，《心酸記》（1980 年），頁 240。
〔註290〕李喬，〈山河路〉，《心酸記》（1980 年），頁 241。

收穫祭後，在向黑矮人獻糧獻酒時，黑矮人一高興，就要求賽夏族派人比賽。」
〔註291〕歷年來在角力賽中均落敗的賽夏族，多年來卻僅有拔力一人能戰勝黑
矮人，拔力儼然成為賽夏族青年男女心目中的英雄人物。

> 最後，他把對手抱起，再補一腿之力，終於把對手摔到地上，不能
> 動彈了。而他，也暈了過去。這件事，搭瑪心裡惶恐的很，族裡的
> 長老們也十分憤怒，並且有人還主張治他「不敬矮人」之罪。不過，
> 在聯族會議上，並未通過。相反地，在十五氏族的男女青少年心目
> 中，他，已經成為巨大的，沒人能及的英雄偶像。賽夏族的英雄，
> 自然要配賽夏族的美女才行。〔註292〕

在祭典中戰勝黑矮人，也順利地完成祭典儀式的拔力，決定去找阿寶娃，
「脫下祭禮時的裝飾，解下短配刀，換上長柄的『喀布剔密』——戰刀，他
決定要去找阿寶娃。」〔註293〕因英雄美女、才子佳人的拔力與阿寶娃乃兩情
相悅，族人均對於他們倆的婚事樂觀其成。

4.「矮人祭」的由來

賽夏族最為知名的祭典，即為所謂的「矮靈祭」，接著即描述矮靈祭的由
來。在月夜之際，矮人族將會到吊橋上去跳月，以獲取強大法力。拔力在今
晚親眼目睹矮人族的法力，不僅體力、巫術驚人，連天文地理知識均懂，還
曾以法術協助賽夏族人解決事情，乃令人佩服。

> 以往也聽族人說，矮人每到月夜，大大小小都到吊橋上「跳月」；據
> 說他們的神通法力，就從「跳月」裡得來的。他從來不相信，也不
> 屑一看，沒想到今晚竟碰上啦。……實在難以相信，這些黑黑小小，
> 尖鼻尖嘴，尖耳朵下頷的鬼東西，會體力巫術都那麼驚人，還懂得
> 天上的星星月亮太陽，地下的風雨火土等。但是，他看過他們施展
> 法術制伏耕牛，捉到小偷……小矮人總共六十個人不到，賽夏族有
> 六百多人。這是很羞恥的，但是有什麼辦法呢？〔註294〕

在祭典暫時結束之際，矮人族總會到橋上暫時歇息，「糯米酒早已喝光
了，唱累了，舞倦了；各家老少相攜一批批回家。拔力躲開人家的耳目，悄

〔註291〕李喬，〈山河路〉，《心酸記》（1980年），頁240。
〔註292〕李喬，〈山河路〉，《心酸記》（1980年），頁242。
〔註293〕李喬，〈山河路〉，《心酸記》（1980年），頁243。
〔註294〕李喬，〈山河路〉，《心酸記》（1980年），頁265。

悄來到吊橋邊。嘿嘿！兩個手臂闊在吊橋上，在橋中央的地方坐滿了——所有的小矮人！」〔註295〕此時即為矮人族，所謂的「跳月」儀式，此儀式中矮人族的動作看似極為可笑，但此乃為增強法力的重要方式之一。

> 他們，搖頭晃腦，擺動身子，嘴裡發出好像山猴的聲音。可笑得很，
> 他們的「跳月」動作，就像山猴尾巴著火時的樣子哩。他們這樣「跳
> 月」，一直要到雄雞啼晨時分才離開。〔註296〕

當拔力決定要替阿寶娃復仇時，乃利用矮人族跳月之際偷偷動手腳，「第一步工作是拆下一排橋板，用帶齒小刀，把支撐橋板的一條衍樑上邊鋸下一半多深的缺口；缺口約兩節手指長。第二步是把和缺口同樣大小的木塊嵌進缺口；木塊是事先準備的。木塊中心部位穿過粗鐵絲；粗鐵絲扭成還狀？第三步是以黃藤結成的長繩，由橋墩這邊拉過來，結牢鐵環。粗粗的黃藤長繩藏進橋板下面，不留一點痕跡。」〔註297〕拔力將橋不留痕跡地加以破壞，以達到報復矮人族的目的，拔力逐步地偷偷行動著。當拔力決心要向矮人族復仇時，心中喃喃地對著祖先低語，期盼祖先不要害怕矮人族，還要保佑子孫以避免賽夏族滅亡。當拔力在復仇時，心中還掛念著祖先的規範。

> 「祖先啊，不要怕小矮人！子孫尊敬您，因為您能保佑子孫；子孫
> 弱小了、滅亡了，您也沒有了！」……所以去年的稻收割祭，實際
> 上是南祭司團全體各姓在一起舉行的，大家還決定：「明年雖占吉
> 夢，都一起在搭因家舉行，同時喝他們家的喜酒。」〔註298〕

在矮人族集體墜橋後，乃死傷慘重，「比金說：可惡的小矮人死光了，族人都高興來不及呢！他喘著氣說：犯冒了祖先的大禁忌，活不了的。比金說：把矮人殺光，禁忌就能解除也不一定。……小矮人集體墜橋的消息，第二天就傳開了。」〔註299〕賽夏族應當高興才對，但另一方面又擔憂冒犯祖先禁忌，將會使族人帶來災難。縱然沒有矮人族，賽夏族也未必可好好地生活。在矮人族集體墜橋後沒多久，賽夏族的生活區域，即逐漸地有諸多災難發生。族中老人即認為必定是祖先發怒來懲罰族人；不然即為矮人族要毀滅

〔註295〕李喬，〈山河路〉，《心酸記》（1980 年），頁 269。

〔註296〕李喬，〈山河路〉，《心酸記》（1980 年），頁 269。

〔註297〕李喬，〈山河路〉，《心酸記》（1980 年），頁 266。

〔註298〕李喬，〈山河路〉，《心酸記》（1980 年），頁 267。

〔註299〕李喬，〈山河路〉，《心酸記》（1980 年），頁 271～272。

賽夏族。

> 這時，大壩尖山、向天湖、大東河、南庄這一帶，突然來一場前所
> 未見的狂風暴雨，山搖地動，濁洪滾滾……。拔力的小叔父，老「油
> 必」，還有子女眾多的「窩興」家，一夜之間，房屋、牲口全失了蹤
> 跡。山洪爆發，大東河一片汪洋，哪裡去尋找呢？老年人說：是祖
> 先發怒，要懲罰祭祀不虔誠的族人！祭司說：一定是矮人施展巫
> 術，他們要毀盡賽夏族人！〔註300〕

為了要平息這場浩劫，矮人族乃提出要求，「老柯可要求兩個條件：一、
今後每兩年，要賽夏族人舉行一次盛大的歌舞，祭矮人之靈。那時，如果大
家誠心誠意的話，她會率領矮人來參加。時間是稻收穫祭之後或同時——月
圓之夜？第二件：把阿寶娃帶走。因為阿寶娃是慘禍的根源；阿寶娃破壞了
她的法力，她必須收留在身邊，不然她的矮人就真的要滅亡了。……『嘎，
不答應。我，嘎，會用洪水、風災、用大火，嘎，用可怕惡病，賽夏族嘎，
死光光！』」〔註301〕矮人族即威脅要將賽夏族毀滅。在矮人族眼中，賽夏族彷
彿為矮人族的僕人般，矮人族乃教導賽夏族種稻、打獵、用火……等諸多技
能，還幫賽夏族人治病、驅邪……等。在矮人族眼中，彷彿自詡為賽夏族的
大恩人般。

> 「賽夏人！嘎！是偉大矮人的僕人！」「是……」「偉大的矮人教你
> 們種稻，打獵。嘎！」「是！」「教你們存糧，教你們用火。」「是！」
> 「偉大的矮人替你們趕走魔鬼。」「是……」「替你們治病，驅邪。」
> 「是！」「替你們接出生的小賽夏人！」「是！」「嘿嘿，矮人偉大
> 嗎？」「偉大，矮人是偉大的！」「有恩於賽夏人嗎？嘎！」「有！」
> 「大不大！嘎？」「大恩！是天大的恩情」「不要忘記這個大恩！」
> 「不忘，賽夏族不忘大恩的。」〔註302〕

在賽夏族歷史中，與矮人族的因緣較為深厚；但矮人族卻將賽夏族視為
僕奴般地對待。賽夏族乃對於矮人族積怨已深，卻又礙於過去矮人族對賽夏
族有恩，而敢怒不敢言地隱忍著。李喬即由此文本，再現賽夏族原住民矮靈
祭的由來。

〔註300〕李喬，〈山河路〉，《心酸記》（1980 年），頁 272。
〔註301〕李喬，〈山河路〉，《心酸記》（1980 年），頁 277～278。
〔註302〕李喬，〈山河路〉，《心酸記》（1980 年），頁 286～287。

三、原住民文化

（一）山河路之賽夏習俗

李喬在〈山河路〉中，乃以賽夏族原住民故事爲主軸，描述賽夏族文化特色，諸如子連父名習俗，賽夏族即爲父子連名，次子則任選先祖之名，「賽夏族人命名原則上是父子連名，長子襲其直系名，次子以下任選一先祖之名。」〔註303〕諸多賽夏族文化習俗，均再現於文本中。

> 在賽夏族裡，趙姓和朱姓是最大的兩個「姓」，朱姓宗長尤穆卡利，除了是本姓司祭外，又是十五氏族共推的首長——「喀枯巴答按」。尤穆只有比金尤穆和阿寶娃兩個子女。阿寶娃，事實上應該叫「阿寶娃尤穆」的，只是近年來大東河的氏族只限男人連父名了。〔註304〕

賽夏族爲樂觀進取的族群，「賽夏是個快樂而愛笑的宗族。」〔註305〕且極爲愛好和平，「——他們是和平的宗族，除非是洗雪冤枉，或替族人復仇，平時是不舉行「麻拉坎姆」（出草），獵取敵首的。」〔註306〕賽夏族還充滿著諸多傳說故事。李喬的原住民文學，乃努力地再現原住民族文化習俗與神話傳說故事。

小　結

李喬的原住民族文學創作，在創作質量上均有豐碩的成果，諸如李喬於1968 年的《晚晴》中，收錄〈山之戀〉、〈香茅寮〉、〈山上〉；1970 年的〈迷度山上〉；1975 年《李喬自選集》中，收錄〈蕃仔林的故事〉、〈山女〉、〈哭聲〉；1978 年〈達瑪倫・尤穆〉；1980 年《心酸記》中，收錄〈烏蛇坑野人〉、〈山河路〉；1982 年〈馬拉邦戰記〉；1986 年《告密者》；1993 年《李喬集》中，收錄〈泰姆山記〉；1999 年〈鱒魚〉……等諸多原住民族文學作品，均爲李喬歷年來所撰寫的原住民文學。接著即歸納分析李喬原住民文學中的諸多重要議題。

李喬文學以短篇小說、散文居多，見證著原住民族由日治時期、戰後時

〔註303〕李喬，〈山河路〉，《心酸記》（1980 年），頁 235。
〔註304〕李喬，〈山河路〉，《心酸記》（1980 年），頁 238。
〔註305〕李喬，〈山河路〉，《心酸記》（1980 年），頁 238。
〔註306〕李喬，〈山河路〉，《心酸記》（1980 年），頁 239。

期、現代社會的發展變遷過程。此外，還將諸多原住民族傳說故事、習俗、禁忌、祭典……等重要文化穿插在文本中。將日治時期的日本殖民壓迫，戰後原住民族的經濟困境，所造成的社會適應議題，甚至於原漢族群間，由於族群接觸後所產生的族群議題，均逐一再現於文本中。

在日治時期加里合彎社的年輕酋長「接卡‧久因」、馬拉邦社的「莫‧拉邦」，蘇魯社的「吐魯‧哈魯」、北都與莫‧拉邦、柯山塘、邱梅……等人物，乃象徵著原漢族群奮勇抗日的形象；至於新來、阿業、李喬母親、窩興、瓦勇、娃媞娜、余石基……等人物，象徵著原住民族被殖民壓迫下的犧牲者；而古屋先生、杉本先生、甲長大人、巡查大人……等人物，乃代表日本殖民統治者形象。

在現代原住民族經濟生活困境中，田阿祥、達瑪倫‧尤穆、何亮……等人物，乃代表工作困境與受挫形象；至於阿喜姐、阿粉、卡那玲、禾興妻子……等人物，則成為原住民族經濟困境下的犧牲者。此外，漢族青年喬、阿婭娃、簡青山、瑩瑩……等人物，則見證原住民族的原漢愛情發展。最後，在原住民族諸多傳說故事中，烏蛇坑野人即為原住民被殖民者的象徵、「大人」（官員）即為殖民統治者的象徵。至於拔力搭因即為勇士象徵，阿寶娃則成為弱勢族群犧牲者的形象。

李喬原住民文學創作，在創作質量上均有豐碩的成果，諸如李喬於 1968年《晚晴》中，收錄〈山之戀〉，還分析諸多原住民族議題分析，諸如原住民青年形象、原住民青年工作、認同意識的汙名化、原漢愛情……等諸多層面。漢族青年喬與原住民少女阿婭娃的愛情得到認同；簡青山與客家籍女友，因簡青山原住民身分而結束；簡青山與瑩瑩，因平地漢族少女瑩瑩不介意簡青山原住民族身分，而有情人終成眷屬，瑩瑩甚至於還欣喜地嫁入山地。男主角的山地原住民女友雪子——阿婭娃明朗、柔美的美好形象，還自願申請留鄉服務；原住民青年簡青山，乃因臉上還刺有花紋的原住民老父親來訪，而被漢族客家籍女友撞見後而造成失戀。此外，原住民少女均想嫁給平地漢族青年，彷彿得以提升社會地位般。最後，乃藉由簡青山與瑩瑩的原住民族傳統婚禮，再現諸多原住民文化意象，諸如糯米酒香飄揚、木鼓、螺角、銅鈸、貝鍊、蕃笛與瓦斯炮……等部落文化意象。

在 1968 年〈香茅寮〉中，乃描述現今事業有所成的原住民田阿祥重回山地部落，但多年來所喜愛的山地原住民女性阿喜姐，乃婚姻不幸而慘遭丈夫

拋棄，甚至於已不在；其女兒阿粉由於母親龐大債務與醫藥費，即迫於經濟現實而賣身的不幸。最後，田阿祥甚至於因照顧阿粉而產生移情作用。還呈現政府所畫定的界線，限制原住民族土地開發與生活地域，造成原住民經濟生活困境。此外，還分析諸多原住民族議題，諸如山地土地開墾、原住民青年工作……等諸多層面。

在 1968 年〈山上〉中，描述原住民青年何亮八歲時離開部落，到平地工作後，在平地受挫即因挪用公款，而選擇重回山地部落的故事，重新回憶童年故鄉「香茅寮」兒時溫馨的山居日子。此外，還分析諸多原住民族議題，諸如故鄉的呼喚、原住民青年工作……等諸多層面。

在 1970 年〈迷度山上〉中，描述一樁原住民族「迷度山」的神秘傳說故事。所謂的「迷度山」傳說，即為大力天神的化石，彷彿斷裂的黑鐵板，與超級巨人袒露的胸膛。相傳當年大力天神替人類的祖先，偷取長生不老的藥，與打聽人類將來的結局；因此，被麥都（天君）吹一口冷風，凍在迷度山而變成化石。因此，在迷度山中，彷彿可聽見大力神的嘆息。

在 1975 年《李喬自選集》中，收錄的〈蕃仔林的故事〉，乃描述李喬童年所生活的蕃仔林，由於日本殖民者迫害與欺壓，而充滿著無奈與悲情；甚至於針對諸多原住民族議題，諸如日本高壓統治、日治下南洋悲情……等諸多層面進行分析。首先，原住民新來被古屋先生用「柔道」摔跤；阿業在替戰死的「皇軍」默念之際，用腳拇指畫「人公仔」，而被杉本先生拳打腳踢；甚至於連李喬母親也遭到霸凌，當庄役場（鄉公所）的甲長大人，帶著巡查大人來檢驗時，乃順手打母親兩下耳光。還有諸多原住民青年，均被徵召去當兵或軍伕，最後卻諷刺地被裝在白木箱中被送回。

在 1975 年〈山女〉中，描述蕃仔林貧苦窮困的部落生活，所造成諸多生活習慣，諸如一天僅吃兩餐；甚至於以睡眠來節省體力，呈現蕃仔林的貧苦窮困。在 1975 年〈哭聲〉中，乃描述李喬童年所生活的蕃仔林部落，可分為「上蕃仔林」與「下蕃仔林」、「閻王崎」與「鷂婆嘴」。至於鷂婆嘴乃極像老鷂鷹，方為原住民族禁區；甚至於會在黃昏或月夜，傳來哀淒哭聲。最後，蕃仔林最高、最遠、最為荒涼的地域，則為林阿槐的房子。

在 1978 年〈達瑪倫‧尤穆〉中，乃描述達瑪倫‧尤穆由於大水所造成的走山，導致果園被一場山洪沖垮。因此，尤穆迫於經濟生活困境，被迫讓卡那玲（妻）下山去工作；讓夫妻雙方承受著拉卡路溫（相思）之苦。李喬還

分析諸多原住民族議題，諸如原住民青年的就業問題、原住民經濟困境、生活困境與酗酒議題……等諸多層面。當達瑪倫‧尤穆遠在南投縣「姆價布布」（翠巒）的好友比金來訪之際，乃極力地勸阻其妻的工作；甚至於以原住民禾興的妻子逃跑、旅社應召案件的新聞事件為例，加以勸阻；甚至於連苗栗「仙宮旅社」的女中均在取笑尤穆為「烏龜」。最後，在瑪倫‧尤穆的疑心病下，娜姬娃選擇陪老闆旅行時，把一疊鈔票交雅雅；尤穆卻去中賓旅社召妓，亦即「休息」與洋話所謂「羞太──姆」。最後，娜姬娃所寄來的掛號信中，乃為八萬元存款單。山地原住民的經濟生活困境，最後甚至於導致夫妻失和；呈現漢族貨幣經濟圈入侵後，所造成的原住民家庭破裂，達瑪倫‧尤穆甚至於因酗酒而胃穿孔。但達瑪倫‧尤穆面對妻子娜姬娃的轉變，僅能聽從神阿利巫朵的安排。

　　在 1980 年《心酸記》中，收錄〈烏蛇坑野人〉，乃描述「烏蛇坑」山地野人的傳說故事。關於「烏蛇坑」的命名，像兩扇案灰銅銹斑駁的鐵門，彷彿原住民族口中稱之惡蛇鬥。此地域乃曾有百十個犯人，被放逐於此窮山絕地採擷限量的野生香菇，孝敬所謂的「大人」（官員）；甚至於較喜愛與原住民族往來互動，用蕃話與蕃女聊天。此外，還流傳著蝙蝠精即為造成風流「流飄仔」的死因。

　　在 1980 年〈山河路〉，描述著賽夏族原住民的愛情故事，主角即為族中大姓趙姓司祭搭因托洛的長子勇士拔力搭因，與「賽夏之花」美女阿寶娃。李喬還分析諸多原住民族議題，諸如原漢愛情、原住民族祭典、原住民文化……等諸多層面。當「賽夏之花」阿寶娃十八歲之際，額帶乃刺上額紋，還打掉一對犬齒，成為待嫁閨女；至於拔力搭因乃為獵鹿冠軍，甚至於成為唯一擊敗黑矮人的勇士，但阿寶娃後來還是被黑矮人帶走。關於賽夏族原住民祭典，諸如「矮靈祭」、「開墾祭」、「播種祭」、「祖靈祭」──祭祀「巴斯、威琪」與「卡，巴斯，威琪，安」。搭因托洛在晒穀場上，父子均穿上禮服，小竹籠──「撒蘭」乃掛著藤蔓、鹿、山豬頸骨、藏有古舊黑蜂巢與一枚祭匙──「卡巴祭謀士」，進而將「卡巴祭謀士」浸在清水中，供族人飲用。最後，呈現賽夏族乃為和平、快樂而愛笑的族群，除非為了洗雪冤枉，或替族人復仇，否則絕對不會「麻拉坎姆」（出草）。

　　在 1982 年〈馬拉邦戰記〉中，描述日治時期，大清朝與東洋番開戰之際，原漢族群在馬拉邦之戰的異族結盟；還分析諸多原住民族議題，諸如日治下

原住民、原日之戰、原住民族傳說故事……等諸多層面。此外，在漢族與原住民族眼中的東洋番，乃爲生番，甚至於赤身裸體，僅用枝葉遮蔽下體，披頭散髮，矮小而粗壯，善用長刀；且生性好殺，據說甚至有生啖人心的習慣。在馬拉邦戰中，加里合彎社的年輕酋長「接卡·久因」、馬拉邦社的「莫·拉邦」，蘇魯社的「吐魯·哈魯」，即與柯山塘「結同年」，共同在「淋漓坪」部署抵抗。北都和莫·拉邦連袂巡視，原住民酋長莫·拉邦主張「摸營」，柯山塘與北都、莫·拉邦三人則選擇下山行動，但漢族邱梅卻加以反對。最後，乃造成莫·拉邦在與黃頭兵肉博中氣絕；吐魯·哈魯在傷癒後被日軍處死；北都·巴博乃因腿部槍傷導致傷發而亡。此外，流傳著諸多傳說故事，諸如馬拉邦山在元宵節後的伯公生日，南湖庄的一隻公雞在午夜前突然啼叫起來，接著各家公雞群起應和。二月十二日花朝日起，一連五個晚上月亮突呈慘綠與出現掃把星；算命者認爲此乃賊星犯主。還有，苗栗街墓地出現三腳狗，望族媳婦產下雙頭怪嬰……等諸多奇異現象產生。此外，原住民居耕範圍即被限制住居，稱之爲「番地」而設置「隘寮」。

在 1986 年《告密者》中，收錄〈泰姆山記〉，乃以臺灣知識青年余石基的逃亡歷程爲主軸，描述逃亡過程中阻絕艱辛，與描繪臺灣人追尋母土聖山的孺慕之情；進而描述日治時期，原住民族同樣在日本殖民壓迫中受到衝擊。李喬乃分析諸多原住民族議題，諸如日治下原住民、日本高壓統治、原住民族傳說故事、原住民青年形象……等諸多層面。在臺灣知識青年余石基的逃亡歷程中，呈現諸多日本殖民壓迫現象，原住民即被強迫改名換姓，參與勞役工作。

關於日治時期原住民形象描述，諸如窩興即爲「樂野社」族人，改日本名字「湯川」，官拜日本陸軍少尉，日本戰敗後改稱爲湯守仁；瓦勇即爲窩興老堂兄。窩興即爲熱情的理想主義者，曾與瓦勇飲酒時說道，「窩興我，臭少尉，是殺過人，用大刀，用槍；那是以前把我窩興看成好殺的『蕃』。」瓦勇則爲優秀的獵人，熟悉山豬野鹿、花羌、黑熊、飛鼠、果狸……等獵物，甚至於聽得懂山巔說的話、知道河水的哭訴。至於曹族少女娃媞娜，則擁有絕塵、自然、且眞正純潔無邪的美。

余石基即爲平凡的漢族中學老師，卻無故成爲逃亡者。當余石基進入山地後，原住民婦女乃充滿防衛心地，大吼余石基爲酷因拉（魔鬼）。後來，瓦勇帶余石基到達「雪峰」之際，余石基卻被錯認成價值十萬元的漢族林爽文，

縱然謊稱自己爲林務局的育苗人員，還是慘遭攻擊而亡。最後，關於泰姆山的原住民族傳說故事，流傳著泰姆山乃爲有腳而會走動的山，臺灣諸多山脈，諸如玉山、泰姆山、霧山、大水窟，均擁有幾百隻腳。但泰姆山乃爲一位老祖母、玉山則爲大兒子，北部雪山則爲第二個孩子，南部兩座太武山乃爲雙胞胎，而爲最小的兒子，因此霧山方爲玉山的兒子。至於太陽則成爲所有山脈、大海的丈夫，北太武山附近的大母母山、小母母山愛上太陽後而成爲母親的山。此外，若可找到泰姆山的話，即表示山是歡迎你；若不尊敬泰姆山而執意爬上去的話，將可能會死。

在 1999 年〈鱒魚〉，乃藉由與山地原住民部落老人的飲酒對話，再現日治時期原住民族所承受的被殖民困境。李喬還分析諸多原住民族議題，諸如日治下原住民、日本高壓統治、原住民經濟困境與酗酒……等諸多層面。原住民部落即到處呈現著日式風格的生活方式，灰瓦綠牆的日式房屋映著櫻花，原住民老人乃拖著棕鬃木屐；甚至於曾被徵召去參與南洋戰爭，過著啃地瓜、鹽巴與偷種旱稻小米的生活，與提及橫斷公路的影響。原住民老人還在酒酣耳熱之際，除了「山草」砍人頭的野蠻口氣外，甚至於談起文學藝術、古今文學與文人。

當李喬入山時，原住民老人乃以酒熱情地款待，展現出原住民族的熱情好酒。李喬曾表示經常訪問山地的因素，即爲了糯米酒；甚至於認爲酒乃爲神奇的東西，原漢族群均被酒給統一。但現實生活中，原漢族群仍被政策性地阻隔著，當漢族入山時，還要申請入山通行證。上述諸多文本，均爲李喬文學的重要篇章與原住民族書寫。

第五章　關曉榮、張深切、張大春等文學中的原住民族書寫

第一節　關曉榮報導文學中的原住民族

一、關曉榮文學

　　關曉榮在諸多報導文學中，細膩地描述原住民族的生活實況，眞實地記載下原住民族的辛酸血淚，諸如 1985 年 11 月〈百分之二的希望與奮鬥〉、〈記錄一個大規模的‧靜默的‧持續的民族大遷徙〉、〈范澤開——關曉榮「八尺門」報導攝影連作〉；1985 年 1 月〈船東‧海蟑螂和八尺門打漁的漢子們〉；1986 年 1 月〈老邱想哭的時候〉；1986 年 2 月〈失去了中指的阿春〉；1986 年 3 月〈都是人間的面貌〉；與 1987 年 12 月〈一個蘭嶼能掩埋多少「國家機密」〉……等報導文學，均爲關曉榮文學的重要篇章。接著，即歸納分析關曉榮文學的原住民族書寫。

（一）關曉榮報導文學的創作動機

1. 原住民族之遷村實錄

　　關曉榮在〈記錄一個大規模的‧靜默的‧持續的民族大遷徙——訪問關曉榮談「八尺門」連作和報導攝影〉中，觀察記錄到在八尺門，「漁船回港，男人們賦閒的日子，全家上基隆採買逛街，回到八尺門社區裡來。和我們一樣，家庭是八尺門阿美族人生活的核心。」〔註1〕不論任何族群，家庭均爲族

〔註1〕陳映眞、關曉榮，〈記錄一個大規模的‧靜默的‧持續的民族大遷徙——訪問

人的生活重心。

> 關曉榮説：少數民族面臨全民族的淪落與解體，離開山地，向平地
> 進行大規模的、持續的、靜默的民族大遷徙。這值得重視。不是有
> 人要保護「瀕臨絕滅的動物嗎？」臺灣少數民族是人，是我們美麗
> 的兄弟和同胞啊！〔註2〕

原住民族受到殖民帝國霸權壓迫，被迫遷徙至平地求生存，誠如薩依德所述，「帝國主義的主要戰鬥乃是爭取土地，但當涉及誰擁有土地、誰有權力定居其上、工作於其上、誰繼續保有它、誰將之爭取回來、誰現在可以計劃其未來——這些議題在敘事中被反省、被爭論，甚至有時在其中被決定了。正如某一位批評家所提到的，民族自己本身就是敘事。」〔註3〕此即彷彿原住民被殖民者土地被壓迫的生活困境。此外，關曉榮曾表示之所以會觀察原住民族，乃由於「小時候，我曾經和山地小朋友玩過，對山地少數民族有基本情感。有一次，和攝影的好朋友一塊去過八尺門拍電視，當時爲了拍平地山胞的題材，訪問過臺北近郊的平地山胞社區。每個社區有不同的特點和問題。」〔註4〕上述諸多因素，均使原住民族成爲關曉榮報導文學中關懷的對象。關曉榮曾表示當時會以八尺門原住民聚落爲報導對象，乃由於阿美族原住民遷徙時，聚落的違章建築不斷地在被拆與重建中循環，也磨練出原住民族獨特相互依存的族群情感。

> 但我決定拍八尺門，主要是因爲八尺門是阿美族山胞大規模向平地
> 遷徙時自己選擇的地點。由於社區是違章建築，他們建了被拆，拆
> 了又建，自然形成一個聚落，也因此保留了山地聚落那種家與家之
> 間、人與人之間原來同族間親密的關係。〔註5〕

關曉榮縱然自身並非原住民族研究者，但基於諸多原住民族議題尚未受到關注，而以報導文學的方式關注於原住民族議題，「我一向對人有特殊的關

關曉榮談「八尺門」連作和報導攝影〉，《人間》（臺北：人間雜誌社，1985
年 11 月），頁 26。

〔註2〕 陳映真、關曉榮，〈記錄一個大規模的・靜默的・持續的民族大遷徙〉，《人
間》（1985 年 11 月），頁 27。

〔註3〕 薩依德，〈導論〉，《文化與帝國主義》（2001 年），頁 3。

〔註4〕 陳映真、關曉榮，〈記錄一個大規模的・靜默的・持續的民族大遷徙〉，《人
間》（1985 年 11 月），頁 28。

〔註5〕 陳映真、關曉榮，〈記錄一個大規模的・靜默的・持續的民族大遷徙〉，《人
間》（1985 年 11 月），頁 28。

心。對人的關心，其實是我決心報導八尺門的一個基本的動因吧。」〔註6〕關曉榮乃認為再不重視原住民族的話，對於原漢族群均將產生諸多傷害，故由報導文學中揭露原漢族群的重要議題。

> 我不是研究臺灣山地少數民族的人。但是，我強烈地感受到臺灣少數民族正面臨到極大的問題。這些問題，……沒有受到社會和政策上充分的注意。但今天少數民族問題再不加以正視，有一天問題爆發，對於少數民族和漢族都會產生很大的傷害。〔註7〕

根據關曉榮的觀察，八尺門原住民族聚落，象徵著原住民山地部落的淪落與崩解；故僅能藉由族群遷徙的進行，方可求得族群生存的一席之地，誠如後殖民理論所述，「雖然他們也會觸及被殖民的處境，如都會的遷徙、身分的離散，以及社會底層的觀察，基本上仍然還是殖民論述的思考為重心。」〔註8〕縱然身為少數民族的原住民族，仍需要被尊重與擁有人性的尊嚴。

> 從少數民族來看，他們是全民的淪落與崩解，在自給自足的社會解體後，離開原居的山地，像平地進行大規模的、持續的、靜默的遷徙。全民族的大遷徙。這值得重視。不是有人要保護「瀕臨絕滅的動物」嗎？而我們的少數民族是人，是我們的同胞和兄弟啊。〔註9〕

關曉榮為了要記錄原住民族的真實生活，乃深入其境地住進八尺門中，「只要你們真正同他們住，一塊生活，任何人都會為他們基本的、驚人的善良和無可如何的頹廢與沉淪，心中絞痛。我在八尺門，到了無法忍受的地步，我深入理解人間苦難，又無能為力時，心中的沉重，使我必須暫時回到臺北來（激動）……舒緩一下嘛……（苦笑）。」〔註10〕關曉榮真切地感受到原住

〔註6〕 陳映真、關曉榮，〈記錄一個大規模的·靜默的·持續的民族大遷徙〉，《人間》（1985年11月），頁29。
〔註7〕 陳映真、關曉榮，〈記錄一個大規模的·靜默的·持續的民族大遷徙〉，《人間》（1985年11月），頁29。
〔註8〕 陳芳明，〈膚色可以漂白嗎？〉，法農，《黑皮膚，白面具》（2005年4月），頁13。
〔註9〕 陳映真、關曉榮，〈記錄一個大規模的·靜默的·持續的民族大遷徙〉，《人間》（1985年11月），頁29。
〔註10〕 陳映真、關曉榮，〈記錄一個大規模的·靜默的·持續的民族大遷徙〉，《人間》（1985年11月），頁29。

民族的善良與沉淪，真實地見識到人間的苦難，卻又無能為力地為原住民族解決。根據關曉榮的觀點，要實際地住進八尺門中，方可消弭原漢間的族群隔閡，方可跨越原漢間的族群鴻溝，使原住民族真正地接納漢族成為朋友，方可卸下心房地讓關曉榮進行記錄與報導。

> 住八尺門，你會成為這聚落裡的一份子。住進去，才能消除你這個
> 侵入者與他們之間的隔漠，建立人與人之間真實的關係。逐漸地，
> 你覺得你被接受成為他們的鄰人，他們的朋友，重要的是你也覺得
> 自己是他們的鄰人和朋友。〔註11〕

關曉榮曾在一次赴霧臺拍照的機會中，觀察到漢族如何以異樣眼光，去拍攝原住民族。在漢族充滿攻擊性的眼神中，關注於原住民族的傳統服飾、舞蹈、刺青。此種強烈的漢族中心意識，將如何對原住民族產生傷害呢？誠如法農所述，「隨著白人將歧視強於自我，把我變成殖民者，奪走我所有的價值、所有的獨特性，說我讓這個世界癱瘓，說我必須盡快讓自己位於白人腳下。」〔註12〕漢族與諸多外族對於原住民族，甚至於還存在著諸多種族歧視與誤解，「我個人以為，沒有這些，或者更深刻的理解，就妄斷山地少數民族『自甘墮落』、『愚昧』，是很不負責任的說法。不幸的是，這樣的說法，很普遍。」〔註13〕關曉榮觀察到漢族對於原住民族少見多怪的異樣眼光，將造成原住民族遭遇種族歧視的族群迫害。

> 早些年，我到過霧臺鄉拍照，正好碰見一群大約是攝影協會的人
> 吧，也在那兒拍。他們只注意到少數民族特異的服飾和舞蹈、刺青
> 等，態度上旁若無人，攻擊性很強。我看了，感到悲傷。這樣的態
> 度，沒有理解，漢人中心意識很強，又怎麼能了解和尊重一個儼然
> 獨立的文化，儼然自有尊嚴的兄弟民族呢？〔註14〕

關曉榮在深思原住民族處境後，深知「平地山胞的問題和困境，也許要我們以好幾個世代的時間才能解決。但理解、正視這問題的嚴重性和複雜性，

〔註11〕陳映真、關曉榮，〈記錄一個大規模的‧靜默的‧持續的民族大遷徙〉，《人間》（1985 年 11 月），頁 30。

〔註12〕法農，〈所謂被殖民者的依賴情節〉，《黑皮膚，白面具》（臺北：心靈工坊文化事業股份有限公司，2005 年 4 月），頁 180。

〔註13〕陳映真、關曉榮，〈記錄一個大規模的‧靜默的‧持續的民族大遷徙〉，《人間》（1985 年 11 月），頁 29。

〔註14〕陳映真、關曉榮，〈記錄一個大規模的‧靜默的‧持續的民族大遷徙〉，《人間》（1985 年 11 月），頁 29。

怕是最初的一步吧。」〔註15〕關曉榮冀望以報導文學，跨越原漢族群間的鴻溝，「我還是希望我的作品能引起漢人和少數民族相互的關心、理解和關懷。」〔註16〕反觀漢族崇洋媚外的心態，「我們對西洋的人和西洋的文明，不也充滿著這樣一種自卑、自大、迎媚又怒拒的複雜的情結嗎？」〔註17〕此與原漢族群間的族群關係，彷彿有幾分相似之處。

（二）原住民族族群困境

1.百分之二之族群困境

關曉榮在諸多報導文學中，再現原住民族的族群困境，誠如在〈百分之二的希望與奮鬥——關曉榮「八尺門」報導攝影連作〉中，描述原住民部落社會，因臺灣經濟社會的快速變遷而逐漸解體，「隨著近三十年來臺灣經濟與社會的急速發展，臺灣山地自給自足的原住民部落社會開始解體。山地經濟和生計日趨艱難，使大量的臺灣山地各族向漢人的平地城市遷徙，以勞力換取生活的資料。這種在靜默中發生的民族遷徙運動，實際上正隨著臺灣經濟的發展而擴大其規模。」〔註18〕原住民族群集體遷徙的部落現象乃時有所聞，此即造成大量的原漢族群接觸，而產生諸多族群議題。

> 由於臺灣山地原住民部落共同體的文化、習俗和價值系統，和工商
> 社會的漢族文化、習俗和價值系統不一樣，而且顯然地處於劣勢的
> 地位，流落在現代城市的擴大「平地山胞」，立刻面臨了複雜的困難
> 和挫折。加上漢族人民對臺灣原住民有意無意的偏見、誤解和忽視，
> 使得這些「平地山胞」在辛酸的求生過程中，受到許多不正當、不
> 合理、不公平的待遇。〔註19〕

原漢族群人口的懸殊比例，乃使原住民族長期處於少數族群的弱勢處境。再加上族群隔閡所產生的誤解與汙名化，更使原住民感到無奈、辛酸

〔註15〕陳映真、關曉榮，〈記錄一個大規模的・靜默的・持續的民族大遷徙〉，《人間》（1985 年 11 月），頁 31。
〔註16〕陳映真、關曉榮，〈記錄一個大規模的・靜默的・持續的民族大遷徙〉，《人間》（1985 年 11 月），頁 31。
〔註17〕陳映真、關曉榮，〈記錄一個大規模的・靜默的・持續的民族大遷徙〉，《人間》（1985 年 11 月），頁 29。
〔註18〕關曉榮，〈百分之二的希望與奮鬥——關曉榮「八尺門」報導攝影連作〉，《人間》（臺北：人間雜誌社，1985 年 11 月），頁 17。
〔註19〕關曉榮，〈百分之二的希望與奮鬥〉，《人間》（1985 年 11 月），頁 17。

與苦不堪言。當關曉榮反思諸多漢族對於原住民文化的好奇眼光，乃爲觀光客式的少見多怪。然而，「臺灣原住民，早在漢人移住之前，老早就以臺灣爲自己的故鄉。如果說今天臺灣漢人文物精華之地，無不是漢人早年從原住民手中『巧奪豪取』得來，也不爲過。」〔註 20〕漢族對於共存於這塊土地上數百年的原住民族，並沒存在著族群尊重與包容的心態，乃爲極爲可議。

> 我們當中有很大的一部份人，對於臺灣原住民特殊的民俗、祭體、
> 儀式和工藝美術原始文物，抱著好奇和欣賞的態度。但這充其量只
> 是一種觀光客的、對於異族風土文化的好奇心罷了，對於和漢人共
> 同在這婆娑之島生活了三百餘年的臺灣原住民儼然完好的文化，沒
> 有進一步的認識和眞誠的尊重。〔註 21〕

在臺灣社會數十年來，均以漢族文化爲主流文化；對於原漢族群因人口結構懸殊所產生的諸多現象，「很少人進一步客觀、深刻地研究這些片面現象背後複雜的制度上、社會上、經濟上的原因，從而找到漢人的『發展』和山地原住民『落後』之間的結構性的關係。」〔註 22〕根據關曉榮的觀察，當時很少有研究者思考此結構性問題。

> 漢人應該早就具有良心和物質的力量，去正視和反省我們漢族人民
> 和原住民各族同胞間的現況，從而著手改善臺灣原住民族的境遇，
> 致力於協助原住民尋求民主、發展和繁榮之道。〔註 23〕

縱然原漢族群在人口結構上，存在著無法改變的懸殊比例，「臺灣原住民總人口雖佔臺灣總人口的百分之二，但他們的人權和尊嚴，和其餘的百分之九十八之間，是應該找出完全的等號的。」〔註 24〕在臺灣社會數十年來，確實存在著諸多尚待解決的族群議題；但首要之務，亟待努力的即爲族群平等目標的追求。在基隆八尺門原住民族，如同平地原住民族的縮影般，得以窺見原住民的際遇，「因此八尺門的原住民所面臨的困境與難題，固然有普遍意義，卻也有它獨特的、片面的性質。」〔註 25〕關曉榮在八尺門的半年生活中，

〔註 20〕關曉榮，〈百分之二的希望與奮鬥〉，《人間》（1985 年 11 月），頁 19。

〔註 21〕關曉榮，〈百分之二的希望與奮鬥〉，《人間》（1985 年 11 月），頁 17。

〔註 22〕關曉榮，〈百分之二的希望與奮鬥〉，《人間》（1985 年 11 月），頁 17～19。

〔註 23〕關曉榮，〈百分之二的希望與奮鬥〉，《人間》（1985 年 11 月），頁 19。

〔註 24〕關曉榮，〈百分之二的希望與奮鬥〉，《人間》（1985 年 11 月），頁 19～21。

〔註 25〕關曉榮，〈百分之二的希望與奮鬥〉，《人間》（1985 年 11 月），頁 24。

以攝影角度，「雖然我在八尺門生活了將近半年，拍下數千張照片，但這只是我長年平地原住民的關懷初步付諸實踐的一個嘗試，一個開端而已。」〔註26〕關曉榮即努力地為平地原住民族付出關懷，其藉由攝影的方式，紀錄八尺門原住民的生活處境，「我們回頭去正視、關心和反省我們和善良、健美的臺灣原住民的關係的時機，已經迫在眉睫了。」〔註27〕對於八尺門的原住民困境，均可藉此深入省思。

2. 原住民族之刻板印象

　　關曉榮在〈都是人間的面貌——關曉榮「八尺門」報導攝影連作〉中，重新省思原住民族的稱謂議題。關曉榮認為原住民族，在社會強勢力量下，「雖然我們一直以『山地同胞』來稱呼原住於這塊土地上的少數民族，但是他們的文化、習俗與尊嚴，卻不斷地在誤解和偏見底下，經由多數的強勢力量，使他們蒙受深刻的挫傷。」〔註28〕關曉榮冀望以鏡頭真實地呈現原住民族生活現況，以反映出原住民的生活困境，此即成為關曉榮報導文學的重要目標。

> 多年來，我們習慣以「山地同胞」來稱呼原住於這塊土地上的人民。
> 但是，他們的文化，習俗與尊嚴，都不斷的在偏見和誤解下，深受
> 挫傷。他們再一度的被險惡的現實刺青了面孔，成為我們這個文明
> 社會裡的新的「黥徒」。關曉榮用愛、用關心，用鋒利的鏡頭切入這
> 個問題，為我們開啟了一個珍貴的起點。〔註29〕

　　關曉榮反思社會對於原住民族的刻板印象，常流於不公道的片段印象，「提起阿美族，一般人容易聯想到他們的豐年祭；雅美族，則是丁字褲；排灣族，自然就會想到木刻。這些駁雜、片段的印象，常常流於刻刻板、公式化。」〔註30〕；「然而，豐年祭並不等於阿美族的『人』；丁字褲並不等於雅美族『人』……，正如唐裝並不等於中國『人』一樣。」〔註31〕誠如法農彷彿即為原住民族象徵，「因為他面對的是一個優越的文明，黑人只是野蠻、兇

〔註26〕關曉榮，〈百分之二的希望與奮鬥〉，《人間》（1985年11月），頁24。
〔註27〕關曉榮，〈百分之二的希望與奮鬥〉，《人間》（1985年11月），頁24。
〔註28〕關曉榮，〈都是人間的面貌——關曉榮「八尺門」報導攝影連作〉，《人間》（臺北：人間雜誌社，1986年3月），頁111。
〔註29〕關曉榮，〈都是人間的面貌〉，《人間》（1986年3月），頁108。
〔註30〕關曉榮，〈都是人間的面貌〉，《人間》（1986年3月），頁111。
〔註31〕關曉榮，〈都是人間的面貌〉，《人間》（1986年3月），頁111。

悍的一種生物。」〔註 32〕原住民族長期以來，即要面對其他族群種族歧視之汙名化。關曉榮認為要真實地關懷原住民，即要直接住在八尺門進行最真實的貼身報導，「八尺門村人值得關懷，因為他們是活生生的人。『人像』的特質或許能提供一些關於認識人的真實素材，但是，也可能變成另一種刻板印象。」〔註 33〕關曉榮希望藉由八尺門居民，以社會真實案例去反應原住民生活困境，「做為八尺門居民的一份子，五個月的時間，使我與村人自然地建立了休戚與共的手足之情。」〔註 34〕關曉榮真實地居住於八尺門數月，真實體會原住民生活議題。

> 正如八尺門聚落所代表的一樣，它暴露了類近「貧窮文化」的種種徵候，例如：低收入、低職業保障、低教育程度、低社會參與、敵視政府或社會制度、順從權威、缺乏歸屬感等等傾向。〔註 35〕

關曉榮在報導中，「經由這許多受苦事實的發掘，以及手足之情的建立，我找到了人之所以為人的確切基礎。」〔註 36〕他真實地接觸原住民族，真實地體會到原住民的現代社會困境，「語言習俗不受尊重、民族自尊與自信心瓦解、基本權益在複雜的社會網絡中受損……。」〔註 37〕諸多原住民到平地求生存時，備感艱辛，「當他們離鄉背井，流落至城市謀生的時候，往往也只能在險惡的現實邊緣，艱辛地形成自救的小群落。」〔註 38〕關曉榮以八尺門為例，深入地探討原住民族議題。

> 八尺門社區的規劃，大至阿美族人傳統文化、社會組織與運作方式、生活習慣，小至未來住屋的產權問題等等，實在是一個錯綜複雜的社會工程，必須投入極大的智慧與溝通、協調的實務耐力，才能竟功。〔註 39〕

在八尺門中，彷彿是個小型原住民族社會，「八尺門的所有村人，以其不撓的意志與生命的活力相濡以沫，在日復一日的風雨侵蝕中，維持那不堪的

〔註 32〕陳芳明；法農，〈皮膚可以漂白嗎？〉，《黑皮膚，白面具》（2005 年 4 月），頁 15。
〔註 33〕關曉榮，〈都是人間的面貌〉，《人間》（1986 年 3 月），頁 111。
〔註 34〕關曉榮，〈都是人間的面貌〉，《人間》（1986 年 3 月），頁 111。
〔註 35〕關曉榮，〈都是人間的面貌〉，《人間》（1986 年 3 月），頁 112。
〔註 36〕關曉榮，〈都是人間的面貌〉，《人間》（1986 年 3 月），頁 111。
〔註 37〕關曉榮，〈都是人間的面貌〉，《人間》（1986 年 3 月），頁 111。
〔註 38〕關曉榮，〈都是人間的面貌〉，《人間》（1986 年 3 月），頁 112。
〔註 39〕關曉榮，〈都是人間的面貌〉，《人間》（1986 年 3 月），頁 114。

公廁，免於傾斜。」〔註40〕八尺門原住民，均刻苦難勞地在生活與飲酒間拔
河著，「以老邱爲代表的村人，深陷海員生活與縱酒的泥沼，有什麼理由去爲
他們辯護？」〔註41〕原住民在現代社會中，爲生活而遭受挫折，即以飲酒來
忘卻生活辛酸，關曉榮即舉數個社會眞實案例報導，來加以闡述。

> 老邱；在謀生與家庭責任交織的困境中掙扎，常依賴酒精做爲短暫
> 逃避的途徑。然而酒精的雙面利刃，一面劃開冷硬艱辛的現實，讓
> 人徜徉於短暫歡樂的懷抱，另一面卻毫不留情地刺戳人心深處無解
> 的苦痛與哀傷。〔註42〕

老邱爲生活奮鬥，也爲困頓而買醉；阿春同樣爲未來而奮鬥，就算斷指
也在所不惜；帶著斷指的傷痛未癒，即要爲生計而代理船長出海去。儘管出
海的日子乃危機四伏，但爲了生活與生命保障，漁人還是甘願冒險出海。

> 阿春；憑著對險惡生活的認識，他節制自我，爲明天的希望而奮鬥。
> 斷指未癒即代理船長，生疏、笨拙地領船出港。生命與生活兩者的保
> 障，都在海上的風險中，緊捏在還滯留著傷殘痛楚的手裡。〔註43〕

在八尺門生活的原住民族，儘管生活窮困辛勞，求生不易；這股沈重的
生活壓力，似乎也籠罩著原住民孩童們，「八尺門的孩童，雖然在貧困的生活
裡仍保有他們天眞活潑的一面，成人世界的陰影，卻已經廣泛地籠罩這年幼
的一代。」〔註44〕原住民孩童同樣承受著生活中，因族群不同所產生的衝擊
與影響。

> 他們與其他社群的孩子應無二致的天賦人權。免於因民族、文化與
> 習俗的不同，而被迫承受人格扭曲的權力，是他們的人權中最基
> 本、最重要的一項。〔註45〕

關曉榮進而思考原住民族議題，不僅限於原住民的貧窮困境，「以漢人爲
主體的社會發展，和原住民少數民族社會解體與落後之間，這一個整體的結
構性關係，必須研究、反省和調整。」〔註46〕在原漢族群人口的懸殊差距下，

〔註40〕關曉榮，〈都是人間的面貌〉，《人間》（1986年3月），頁112。
〔註41〕關曉榮，〈都是人間的面貌〉，《人間》（1986年3月），頁112。
〔註42〕關曉榮，〈都是人間的面貌〉，《人間》（1986年3月），頁112。
〔註43〕關曉榮，〈都是人間的面貌〉，《人間》（1986年3月），頁112。
〔註44〕關曉榮，〈都是人間的面貌〉，《人間》（1986年3月），頁112。
〔註45〕關曉榮，〈都是人間的面貌〉，《人間》（1986年3月），頁112。
〔註46〕關曉榮，〈都是人間的面貌〉，《人間》（1986年3月），頁112。

「約佔臺灣總人口百分之二的民族，其少數的弱勢應不是漠視他們承受不公與損害的藉口，反而是我們付出關愛的重要依憑。」〔註47〕原住民族所需要的即爲社會的尊重與平等的對待。

> 少數民族的社會問題並不單純地由於貧窮而起，它更複雜深刻地涉
> 及人類社群中，強勢對弱勢文化、多數對少數的價值，是否認識、
> 尊重，以及是否肯定並開展著多元化相生共存的意義。〔註48〕

關曉榮在無意間所聽到的一句話，乃值得深刻地反思，「他們說：『啊！這個是老番婆的第幾個女兒……。』聽到『老番婆』雖使我難堪，但是我相信他們並無惡意。」〔註49〕但此類似語言，均喚醒著社會對於族群平等的思考。因原住民族社會，「他們的傳統社會與文化解體，形成了許多特殊性質的問題。」〔註50〕原住民族議題，均需以平等宏觀的角度去加以關切。

> 如果從尊重一個人、尊重一種生活方式、尊重一個曾經獨立自主，
> 而如今在崩解調適中的文化群體的角度去看待他們，才能衍生新的
> 胸襟與認識。〔註51〕

關曉榮藉由八尺門一連串的攝影報導中，眞實體悟到此報導與記錄，乃爲「一個觀照民族奮鬥史生命的廣闊視野，將含蘊著珍貴而深刻的感動。」〔註52〕在關曉榮記錄下，原住民社會眞實案例的觀察後，進而省思原住民所面臨的社會眞實現況，冀望追求原漢族群間的相互尊重。

> 民族與民族之間，強勢與弱勢之間，多數與少數之間，不僅在這塊
> 土地上，同時也在世界的其他地區，相互摸索著，努力尋找一個適
> 當而正確的共存之道。〔註53〕

關曉榮在「八尺門」報導攝影連作中，對於原住民族生活眞實處境，進行深刻的訪談、相處與省思；除了喚醒強勢社會對於弱勢族群的關懷外，進而思考如何去提供相關協助，以改善原住民社會困境，乃爲刻不容緩的當務之急。

〔註47〕 關曉榮，〈都是人間的面貌〉，《人間》（1986 年 3 月），頁 112。
〔註48〕 關曉榮，〈都是人間的面貌〉，《人間》（1986 年 3 月），頁 112。
〔註49〕 關曉榮，〈都是人間的面貌〉，《人間》（1986 年 3 月），頁 114。
〔註50〕 關曉榮，〈都是人間的面貌〉，《人間》（1986 年 3 月），頁 112。
〔註51〕 關曉榮，〈都是人間的面貌〉，《人間》（1986 年 3 月），頁 114。
〔註52〕 關曉榮，〈都是人間的面貌〉，《人間》（1986 年 3 月），頁 115。
〔註53〕 關曉榮，〈都是人間的面貌〉，《人間》（1986 年 3 月），頁 114。

二、原住民族的家庭生活與壓力

（一）原住民族家庭生活

1.范澤開之原漢家庭

關曉榮在諸多報導文學中，描述原住民家庭生活與壓力，誠如在〈范澤開——關曉榮「八尺門」報導攝影連作〉中，描述排灣族原住民傅玉鳳，為了生活嫁給外省老兵范澤開的故事。范澤開乃來自於貴州鄉下小山村「陽水」，卻在臺灣落地生根。婚後卻要面對原住民妻子玉鳳的數度離家，經由范澤開多次尋妻後團圓；但最終范澤開還是放棄南下高雄尋妻。

> 范澤開，貴州省開陽縣人。民國十一年出生貴州鄉下在一百多戶的小山村「陽水」。十八歲在大陸結婚，十九歲應召入伍。……民國三十九年隨國軍來臺，曾在水上無水無糧迷航六天六夜。五十七年娶屏東縣獅子鄉楓林村排灣族山胞傅玉鳳為妻。〔註54〕

范澤開回想起當初，排灣族原住民傅玉鳳嫁給他的情景；儘管二人年紀相差甚大，「玉鳳嫁來時沒半點嫁妝，這和本省人不一樣。那時候我抱定一個念頭。傅玉鳳，妳要嫁給我，我就當妳的好哥哥、當妳的老師、當妳的長輩。我把她當小妹妹看待，我認真、誠心待她。她從來都很好的囉。」〔註55〕縱然傅玉鳳沒有半點嫁妝，但范澤開乃絲毫不以為意，抱持著好好照顧她的念頭與她共組家庭。當范澤開與傅玉鳳二人婚後，這個由外省老兵與排灣族原住民女子所組成的家庭，剛開始生活尚屬不錯；縱然玉鳳經常在家飲酒，卻也等著范澤開回家共飲，范澤開回想著過去，「她每天都等我回家吃飯，我沒回來，她就在那兒喝酒等我。她都買好酒，脖子一仰。這麼樣就一杯下去，咕嚕！」〔註56〕但平靜的生活卻在後來產生變化，婚後經常無故離家的玉鳳，竟帶著小男嬰回家，「幾個月前傅玉鳳帶著一個她同不知道什麼人生下來的小男嬰回來，而老岳母又帶著在林班跌斷腿的老岳父來投靠。」〔註57〕連老岳父、老岳母均帶回來讓范澤開扶養，范澤開均照單全收，卻逐漸無法忍受妻子所帶來的羞辱。

〔註54〕關曉榮，〈范澤開——關曉榮「八尺門」報導攝影連作〉，《人間》（臺北：人間雜誌社，1985年11月），頁97。

〔註55〕關曉榮，〈范澤開——關曉榮〉，《人間》（1985年11月），頁103。

〔註56〕關曉榮，〈范澤開——關曉榮〉，《人間》（1985年11月），頁103。

〔註57〕關曉榮，〈范澤開——關曉榮〉，《人間》（1985年11月），頁107。

> 現在老范已經爲老岳父付了十五萬左右的醫藥費，而老人到目前爲
> 止還不能下床走動。……老范打心裡疼這半歲大的小子。他説：「我
> 不收下這孩子，難道讓他變成沒戶籍的黑戶不成？傅玉鳳幾天又到
> 高雄去了，説是交代些雜事，我給她最後一次團聚的機會，如果三
> 個月內她再胡來出走，我就正式跟她離婚。」〔註58〕

范澤開回想起妻子的數次離家，甚至於將在外生的孩子帶回，已逐漸無法忍受，「六十七年范妻傅玉鳳首次離家出走，嗣後范澤開前後六度將她尋回。七十一年起，范澤開將傅玉鳳五吋黑白的大頭照片擺上神案，從此不再南下高雄尋妻。」〔註59〕最終，范澤開還是選擇放棄尋妻而獨自照顧家庭，即使家中經濟乃家徒四壁且十分困苦，「簡陋的房子、便捷的大鍋菜，掩不住一家子的溫馨、和樂。」〔註60〕儘管如此，由范澤開父代母職地照顧著家庭，一家人和樂融融的家庭氣氛，卻絲毫不受影響。這個家庭窮困的生活，孩子儘管缺少母親玉鳳的照料，甚至於還因種族歧視與單親家庭的雙重因素下，范復興「遭到同學、鄰人的白眼，范復興痛快地打一架，然後回家洗澡。」〔註61〕儘管受到族群歧視與同儕傷害，原住民族樂天知命的性格，卻絲毫不受到影響。這個外省老兵范澤開與原住民女子傅玉鳳的婚姻與家庭；最終，乃因玉鳳的數度離家，而不明不白地無疾而終。關曉榮由此揭露原漢族群聯婚所產生的諸多議題，乃爲時有所聞而尚待解決。

2. 老邱之家徒四壁

關曉榮在報導文學中，描述著老邱家家徒四壁的景象，「邱家與我隔著薄薄的三夾板牆，生活在同一個屋頂底下。……由於年久失修，房東又不肯爲這些阿美族房客修繕，地面滿佈坑洞，經常潮濕且積著汙水。」〔註62〕老邱家庭生活環境乃極爲不好，卻被迫接受現實的無奈。關曉榮描述著邱家克難的生活環境外，也經常耳聞邱家的一舉一動，「薄薄的板牆。隔不住日常生活的聲音。邱家的一舉一動與我生氣相通，彷彿另一個心臟在我的胸膛裡搏動。」〔註63〕

〔註58〕關曉榮，〈范澤開——關曉榮〉，《人間》（1985 年 11 月），頁 107。
〔註59〕關曉榮，〈范澤開——關曉榮〉，《人間》（1985 年 11 月），頁 97。
〔註60〕關曉榮，〈范澤開——關曉榮〉，《人間》（1985 年 11 月），頁 97。
〔註61〕關曉榮，〈范澤開——關曉榮〉，《人間》（1985 年 11 月），頁 99。
〔註62〕關曉榮，〈老邱想哭的時候——關曉榮「八尺門」報導攝影連作〉，《人間》（臺北：人間雜誌社，1986 年 1 月），頁 72。
〔註63〕關曉榮，〈老邱想哭的時候〉，《人間》（1986 年 1 月），頁 73。

老邱一家人縱然經濟生活環境不佳，感情卻十分和樂，尤其當老邱進港時的歡聚景象，更令關曉榮印象深刻。

關曉榮經常耳聞邱家孩子，細數著老邱歸家的日子，「有時夜深時，我也隱隱聽見孩子的話語：邱家小孩總在計數著父親進港的正確日子，漸至因意見不一而高聲爭辯起來。」〔註64〕邱家乃期待老邱返航的日子早日到來，每當老邱進港時的景象，「老邱進港了。體弱的幼子跟在他身邊，在冷風中，孩子流著清水似鼻涕。我常看見他飲用一種感冒的成藥糖漿，好像貪吃那甜甜的零食。」〔註65〕或許由於老邱家經濟生活不佳，導致老邱的幼子似乎經常生病。當老邱進港後，即為一家團聚的歡樂時刻，使老邱暫時忘卻漁人的辛勞；此刻飲「酒」助興，即成為原住民族重要的慶祝與抒壓方式。

> 老邱進港後，住在附近的阿姨、妹妹，以及來自臺東的母親，都到邱家來相聚。喝酒，是眾人相聚取樂的方式，它使漁人勞苦的心靈和肉體獲得暫時的解脫與補償。〔註66〕

在漁村中，漁人進港後，彷彿整個漁村頓時生氣蓬勃，「男人出海回來後，八尺門聚落家庭平靜的生活頓時沸騰起來。不但全家興奮，散佈在和平島、八斗子乃至基隆市其他地區的親友、村中的鄰人，甚至遠自花東家鄉的長輩都會趕來齊聚一堂。」〔註67〕不論遠親近鄰均會前來相聚，此即漁人們與八尺門家庭們，最期待也最歡樂的時光。最後，關曉榮描述老邱返家飲酒的景象，大人歡聚暢飲，孩子卻僅能吃著剩菜剩飯，「大人們聚飲散去後，孩子們開始吃殘羹剩菜的晚飯。」〔註68〕當老邱酒醉後，孩子則自行在一旁玩耍，「聚飲散去後，老邱已不勝酒力。孩子們在一旁戲耍。」〔註69〕此即諸多原住民家庭真實的生活面貌之一。

（二）原住民族生活壓力

1.船東、海蟑螂之生活壓力

關曉榮在〈船東·海蟑螂和八尺門打漁的漢子們——關曉榮「八尺門」報導攝影連作〉中，難得捕捉到原住民婦女的傳統舞蹈，「老婦人一時興起，

〔註64〕關曉榮，〈老邱想哭的時候〉，《人間》（1986年1月），頁73。
〔註65〕關曉榮，〈老邱想哭的時候〉，《人間》（1986年1月），頁71。
〔註66〕關曉榮，〈老邱想哭的時候〉，《人間》（1986年1月），頁72。
〔註67〕關曉榮，〈老邱想哭的時候〉，《人間》（1986年1月），頁72。
〔註68〕關曉榮，〈老邱想哭的時候〉，《人間》（1986年1月），頁73。
〔註69〕關曉榮，〈老邱想哭的時候〉，《人間》（1986年1月），頁75。

在家門口踩著簡單的阿美族傳統舞步。她雙手平伸彎腰踩步，然後身體高擺。每當她抬頭直視的時刻，雙眼煥發著莊嚴、肅穆宛若祈禱的神情。」〔註 70〕在原住民婦女的眼神中，彷彿在爲原住民族的未來祈禱著。在八尺門的兒童，「接受義務教育的學齡兒童，在學校的制服底下，在童眞世界的快樂中，八尺門的兒童至少在校中有表面的『平等』。」〔註 71〕天眞活潑的兒童，彷彿爲八尺門注入一股活力，「孩子們從學校回來，披掛起阿美族人的傳統服飾，聚集在活動中心的門口，演練著他們行將表演的舞蹈。指揮的人守望著村道的另一頭，期盼著參觀者的到來。」〔註 72〕原住民孩童共同承擔著原住民經濟生活的困頓，縱然以身著傳統服飾表演爲榮，卻也同樣要面對原漢族群間的族群隔閡。

> 八尺門聚落的日常生活，雖與聚落外漢人的社會、經濟保持頻繁的
> 往來，卻因阿美族傳統文化與生活方式的不同，使他們和漢人社會
> 之間隔著一重遙遠的心理距離。〔註 73〕

在八尺門原住民聚落中，始終與漢族保持著一道無法跨越的族群鴻溝，或許爲族群隔閡的關係，造成原住民在現實生活中，將面臨諸多生活困境。在八尺門的原住民，彷彿在孤島中求生存，「窄小簡陋的空間哩，有時十分骯髒，殘糞、煙蒂、檳榔渣、以及夜間使用燭火的臘痕，在在顯示八尺門物質生活低落的水平。平地山胞社區，在臺灣各地像是佈散在富裕湖泊中的貧困孤島。」〔註 74〕在八尺門原住民，不僅生活環境惡劣外，在心靈層面上也面臨著諸多壓力。根據關曉榮的觀察，逐一披露原住民聚落的重要議題，也反映出平地原住民在現實社會中的艱困處境。

2. 老邱之生活壓力

關曉榮眞切地描述老邱在進港，與家人歡聚飲酒後，酒後景象乃令人五

〔註 70〕關曉榮，〈船東・海蟑螂和八尺門打漁的漢子們──關曉榮「八尺門」報導攝影連作〉，《人間》（臺北：人間雜誌社，1985 年 12 月），頁 91。
〔註 71〕關曉榮，〈船東・海蟑螂和八尺門打漁的漢子們〉，《人間》（1985 年 12 月），頁 89。
〔註 72〕關曉榮，〈船東・海蟑螂和八尺門打漁的漢子們〉，《人間》（1985 年 12 月），頁 89。
〔註 73〕關曉榮，〈船東・海蟑螂和八尺門打漁的漢子們〉，《人間》（1985 年 12 月），頁 93。
〔註 74〕關曉榮，〈船東・海蟑螂和八尺門打漁的漢子們〉，《人間》（1985 年 12 月），頁 93。

味雜陳；在老邱酒醉後，酒後吐真言地訴說著身為父親的思念與愧疚。但老邱卻在此時打擾著，好不容易可提筆做功課的孩子們。老邱此刻「酒後吐真言」，乃流露出身為父親的愛以外，還吐露出對生活的壓力與無奈。

> 直至夜深歡宴散去的時刻，孩子才能安靜下來，提筆做功課。這時，醉酒的邱，滿溢父親的情愛與離家出走的愧疚，摸著孩子的頭，反覆述說著父親在海上對他們的思念，致使孩子的專注備受干擾。〔註75〕

老邱的工作型態辛勞卻收入微薄，僅能辛酸而無奈地生活著，諸多平地原住民均面臨到類似的經濟困境。老邱面對這樣的窘境，有種欲哭無淚之感，「在沈重的勞動、細密的家庭父子之愛、貧困的生活中，老邱奮力的生活，在力竭的時候縱飲忘憂，喃喃地說：『我不是不會流淚，但是現在還不是時候……。』」〔註76〕老邱面對經濟生活與族群困境時，僅能藉酒澆愁，卻反而感到愁更愁的深層無力感。諸多原住民與老邱有著類似的生活困境，即以高勞力工作換取微薄收入來養活一家人，還要堅強地去面對諸多經濟生活壓力，甚至於諸多不合理待遇，而感到辛酸無奈卻僅能藉酒澆愁。

三、原住民族的工作困境

（一）原住民族工作

1.百分之二族群之工作奮鬥

關曉榮在〈百分之二的希望與奮鬥〉中，描述二十多年前原住於花蓮東部海岸的阿美族，流徙到基隆「八尺門」丘陵地，形成一個原住民聚落，「大約距今二十多年前，有一部份原住花蓮東部海岸的阿眉族人，流徙到基隆，從事漁撈的勞動。」〔註77〕此種因經濟生活困頓，導致原住民部落集體遷村的現象乃時有所聞。

> 爾後，其中的一群，為了出港作業上的方便和其他經濟上的原因，選擇了基隆和平島附近的「八尺門」丘陵地，以廢棄的船板做材料，在族人自力互助下，依山墾荒，搭建小屋，以圖遮風避雨，而逐漸形成一個聚落。〔註78〕

〔註75〕關曉榮，〈老邱想哭的時候〉，《人間》（1986年1月），頁76。
〔註76〕關曉榮，〈老邱想哭的時候〉，《人間》（1986年1月），頁70。
〔註77〕關曉榮，〈百分之二的希望與奮鬥〉，《人間》（1985年11月），頁21。
〔註78〕關曉榮，〈百分之二的希望與奮鬥〉，《人間》（1985年11月），頁21。

居住於基隆八尺門阿美族原住民，房屋乃爲違章建築，故經常面臨被拆除的命運，僅能無奈地重建。但爲了生活居所，原住民僅能頑強地形成一個小聚落，努力地在此求生存。此即象徵原住民在現實生活的經濟困境與族群弱勢下，僅能自立自強地形成原住民聚落。

> 由於在法律上，這些小屋是違章建築，行政上常被拆除。但他們長年來爲了生活的迫切要求，在屢建屢拆，屢拆屢建之下，終於頑強地形成一個今日三百戶的小社區。〔註79〕

居住於八尺門的原住民，除了要面臨住所經常被拆除的命運外，乃胼手胝足地努力生活著，「二十多年前開始，流徙到八尺門的阿美族，就是這樣用自己的胳臂，相互幫助，蓋起自己的新家園。」〔註80〕阿美族人還要努力維持生計，「屋裡屋外，阿美族婦女正專心地縫著成衣廠帶回的服飾。二至三小時的工資是五十元左右。」〔註81〕原住民以高勞力低工資的待遇，艱辛地求生存外；還要面臨漢族的生活剝削，此即平地原住民所面對的普遍現象。

> 早年，因爲違章建築依法不能申請水電設施，迫使他們接受附近漢人條件苛刻的水電接駁供應。少數不良漢人，以切斷水電供應爲要脅，逼使這些平地原住民以不合理的高價，向漢人開設的雜貨店買日用品。這種情形，雖不是極端殘酷、重大的民族壓迫，卻典型地反映了今日臺灣平地原住民長久以來普遍的處境。〔註82〕

平地原住民長期以來，普遍受到漢族在生活上所造成的族群壓迫處境。尤其爲少數不良漢人，對於原住民進行族群壓迫，使原住民彷彿在多重殖民結構下，努力地求生存，「將『帝國主義』的威權及其餘緒加以鋪陳，顯出帝國主義作爲普遍的文化領域充斥著特殊的政治、意識型態、經濟、社會力道。」〔註83〕早期原住民由於缺乏教育與專業技能，僅能以勞力辛勤地工作，卻無法獲得合理的待遇，此即原住民面臨經濟困境的重要因素之一。

> 由於教育水平一般地低下，專業技能一般地缺乏，平地男性原住民的大多數都從事低收入、重勞動的行業。但流徙在全省各大小城鎮

〔註79〕 關曉榮，〈百分之二的希望與奮鬥〉，《人間》（1985 年 11 月），頁 21～24。
〔註80〕 關曉榮，〈百分之二的希望與奮鬥〉，《人間》（1985 年 11 月），頁 22。
〔註81〕 關曉榮，〈百分之二的希望與奮鬥〉，《人間》（1985 年 11 月），頁 24。
〔註82〕 關曉榮，〈百分之二的希望與奮鬥〉，《人間》（1985 年 11 月），頁 24。
〔註83〕 廖炳惠，〈對抗西方霸權〉。薩依德，《文化與帝國主義》（2001 年），頁 12～13。

的平地原住民的境遇，因職業、地區、漢種族的習性而有所不同。
〔註84〕

在平地的原住民均從事高勞力低收入工作，乃由於教育程度，與專業技能較爲缺乏之故，此工作困境乃使原住民族經濟生活一直無法獲得大幅改善，也使原住民就業議題，成爲亟待解決的重要議題。隨著城鄉差距逐漸擴大，原住民的經濟困境，乃日趨嚴重而尚待改善。

2. 范澤開妻之求生不易

關曉榮在〈范澤開——關曉榮「八尺門」報導攝影連作〉中，描述排灣族原住民傅玉鳳，乃來自於屏東縣獅子村楓林村。在嫁給范澤開前，即以極爲廉價的工資到高雄幫傭。基於山地部落經濟困難而求生不易，故原住民女子玉鳳從九歲即外出工作，直至十幾歲爲止。由此反映出原住民爲了經濟困境，不得不成爲童工，甚至於還要遭受到工作剝削的族群不平等待遇。

> 她叫傅玉鳳，是屏東縣獅子村楓林村排灣族山胞。沒嫁給我以前，
> 我丈母娘一年拿了人家一天九百塊的工錢（二十多年前的幣值），讓
> 她到高雄給人家當不支薪的傭人，每天抹桌子洗菜什麼的。她九歲
> 就外出，到十幾歲都在外幹活。〔註85〕

諸多原住民乃由於山地部落謀生不易，只好以微薄工資到平地來出賣勞力；甚於要犧牲就學的機會，自小即從事諸多勞動工作。由此反映出原住民就業謀生的困境與無奈，甚至於被迫接受諸多不合理工作待遇與族群歧視，此即現代都市原住民的工作困境，再現於報導文學中。

3. 船東、海蟑螂之工作剝削

關曉榮在〈船東・海蟑螂和八尺門打漁的漢子們〉中，描述在基隆八尺門原住民，由於山地社會崩解，只好往平地遷徙。遷徙到平地的原住民，僅能以高勞力工作去求生存，同時還要面臨船東與海蟑螂的剝削，而喪失基本的生存尊嚴。原住民在面臨經濟困境外，同時還承受著族群歧視的心理衝擊。

> 阿眉族自古是優秀的航海民族。山地社會解體後，他們流徙到平
> 地，依然是從大海中討糧食。只不過自立的航海者變成了雇傭的漁
> 撈勞動者。從省內一切漁撈勞動一樣，他們在船東・海蟑螂的剝削

〔註84〕關曉榮，〈百分之二的希望與奮鬥〉，《人間》（1985 年 11 月），頁 24。
〔註85〕關曉榮，〈范澤開——關曉榮〉，《人間》（1985 年 11 月），頁 101。

中、艱難地討生活，卻絕不是沒有了人的尊嚴……。〔註86〕

在八尺門原住民，除了要面對工作剝削外，還要處於惡劣的工作環境，誠如廢船殘骸、銹蝕鋼板、斑駁船身、小舢板、汙水、垃圾、工人、氫氧吹管、船隻的濃煙與引擎聲……等均為八尺門的常見景象。由此象徵原住民的族群弱勢處境，與在夾縫中求生存的經濟困境。

> 八尺門周遭習見的景象，大抵包括了：半淹在水裡的廢船殘骸、銹蝕的鋼板、油漆斑駁的鐵殼船身、往來於港區海面的小舢板、隨著潮汐在水道流進流出的汙水、垃圾、穿著抹布般油汙的工作服的工人、氫氧吹管的刺目閃光、船隻試車時陣陣的濃煙與引擎聲……。〔註87〕

縱然八尺門的環境惡劣，原住民處境堪慮，但「在掙扎謀生的人們心中，激起了絕處逢生的希望，人們在海洋的誘惑與侵蝕的鐵銹之間，從事勤奮與放縱、歡樂與痛苦的永無休止的生之搏鬥。」〔註88〕原住民還是被迫在八尺門中奮力地求生存。倘若遇上「海蟑螂」的無理剝削，無異為「屋漏偏逢連夜雨」的雪上加霜。

> 船公司、海員、魚販、碼頭工人、修造船業等角色，組成了一個取得海洋資源供應市場需求的操作團體。其中還夾纏著少數遊手好閒的人，鎮日麇集在魚市場碼頭，以威逼利誘的手段，從船員身上詐取利益。〔註89〕

在八尺門漁港中，另有所謂的「海蟑螂」，「這些寄生在漁港的遊民，有個盡人唾棄的稱號——『海蟑螂』。船員用這種海岸生物形容這些人的骯髒、卑下而又揮之不去的厭惡之感，至為生動。」〔註90〕在基隆討海的原住民，在此環境中求生存，經常辛勤的工作卻換來「血本無歸」，使原住民的經濟困

〔註86〕關曉榮，〈船東・海蟑螂和八尺門打漁的漢子們〉，《人間》（1985 年 12 月），頁 86。

〔註87〕關曉榮，〈船東・海蟑螂和八尺門打漁的漢子們〉，《人間》（1985 年 12 月），頁 89。

〔註88〕關曉榮，〈船東・海蟑螂和八尺門打漁的漢子們〉，《人間》（1985 年 12 月），頁 89。

〔註89〕關曉榮，〈船東・海蟑螂和八尺門打漁的漢子們〉，《人間》（1985 年 12 月），頁 89。

〔註90〕關曉榮，〈船東・海蟑螂和八尺門打漁的漢子們〉，《人間》（1985 年 12 月），頁 89。

境更陷入谷底而無以復加。

> 據說，有時出一趟海回來，「結算」之下，扣除安全費，船員不但沒
> 有收入，還要倒欠公司。此外，出海期間，船長扣剋伙食費中飽私
> 囊；進港下船後，船員分得一點「菜魚」，也被寄生在港口的流氓
> 「海蟑螂」強制「收購」。凡此，幾乎是臺灣漁港山的漁撈工人共同
> 處境的縮影。〔註91〕

由關曉榮筆下所描述的原住民，在生活壓迫與抑鬱的經濟困境中，長期
累積諸多生活壓力，「在鐵殼船工作的船員，應該稱之為漁撈業的海上勞工。
他們長期時間背負著艱辛的生活和不公平的分配制度所造成的積悒、苦悶、
無助、焦慮和自卑的情緒，有如惡劣的氣候一般終年壟罩在他們脆弱易感的
心靈上。」〔註92〕原住民船員的心靈乃脆弱敏感，而辛勞所得的血汗錢，卻
也輕易地被揮霍著。原住民的自卑感，誠如法農所述，「這是自卑感？不，這
是不存在感。罪是黑人的，就如同善是白人的。」〔註93〕原住民在工作困境
中，彷彿難以尋覓到適切的立足之地。

> 缺乏自制力的年輕人，往往進港後兩三天之內，將數十日血汗辛勞
> 賺來的錢，揮霍在燈紅酒綠之中。山地漁業勞動所得，便這樣在船
> 東和港邊聲色營業的雙重盤剝下，被搾取殆盡了。〔註94〕

在八尺門原住民船員，面臨工作剝削、族群壓迫、再加上諸多生活不快，
使原住民為抒解壓力，甚至於縱情於聲色中。再加上時運不濟，有時還會淪
落到打零工的困境，無益使原住民的經濟生活更陷入谷底。

> 有的船員離港前支領了安家費，因抵擋不住以現金購買酒色放縱的
> 誘惑，躲在銷金窟中，避不上工，最後被船公司請來的打手、流氓
> 找到，有如奴工一般押送出港。有的船員因不善理財，有時運不濟，
> 好幾趟的魚貨都不及出港成本，欠公司的債務累積到十幾萬，再也
> 沒有雇用，只好流落到蘇澳或高雄等地區的漁港打零工。〔註95〕

〔註91〕關曉榮，〈船東‧海蟑螂和八尺門打漁的漢子們〉，《人間》（1985 年 12 月），
　　　　頁 90。
〔註92〕關曉榮，〈船東‧海蟑螂和八尺門打漁的漢子們〉，《人間》（1985 年 12 月），
　　　　頁 90。
〔註93〕法農，〈黑人的實際經驗〉，《黑皮膚，白面具》（2005 年 4 月），頁 231。
〔註94〕關曉榮，〈船東‧海蟑螂和八尺門打漁的漢子們〉，《人間》（1985 年 12 月），
　　　　頁 90。
〔註95〕關曉榮，〈船東‧海蟑螂和八尺門打漁的漢子們〉，《人間》（1985 年 12 月），

對於八尺門漁港的原住民船員而言，討海生活乃處處危機四伏，對於討海人而言，「早年曾聽一位家計工作人員感慨的說道：『漁村的人要多生孩子，尤其是男孩！因為對討海生活的風險而言，人命是一種消耗品！』」〔註 96〕當八尺門漁港的男人們出港後，此乃如同諸多原住民部落般，「男人出港未歸時，八尺門是一個婦女、小孩與貓狗的世界。村裡最少見的是年輕女性。或許因為職業的關係，他們的出現多半是回八尺門探親或是訪友，在村中僅做短暫的居留。」〔註 97〕此即造成原住民族人力資源缺乏的議題產生。原住民婦女的生活，乃同樣苦不堪言，「家計中心的人員，為村中的婦女舉辦節育講習。活動結束之後，婦人們領取了香皂和圍裙，有說有笑地各自散去。」〔註 98〕在八尺門除了原住民男性以高勞力換取微薄工資外，原住民女性同樣以低廉工資來貼補家用，連原住民婦女也必須想盡各種方式去改善生活。原住民婦女的雙手，可窺見其堅定的求生意志，與勤儉持家地於困境中求生存。

> 八尺門的主婦除去操持家務外，以極為低廉的工資從事剝蝦、做人造花以及裁縫成衣組件等來貼補家用。……仔細觀察了她們千篇一律的機械手工勞動，從那專注的神情裡找不到絲毫怨尤，反而從她們篤實的雙手……隱約感受到求生毅力強而有力的脈動。瑣碎簡單的勞動，將她們持家的耐心，研磨出一種尊嚴寬容的光采。〔註 99〕

在八尺門的原住民婦女，勤奮地以低微工資努力地為家中生計而努力著，「閒暇時，婦人們聚在一起製作酬勞低微的手工。一束束艷麗盛開的假花，在一成不變的裝配順序中誕生。她們的勤奮，使得樸素的家宅擁有一種奇異的華美景象。直到完成的花束被送回工廠，家裡才恢復一貫的簡單與拮据的氣氛。」〔註 100〕原住民族不論男女，均努力地為生活而工作著，此即反

頁 90。

〔註 96〕關曉榮，〈船東·海蟑螂和八尺門打漁的漢子們〉，《人間》（1985 年 12 月），頁 90。

〔註 97〕關曉榮，〈船東·海蟑螂和八尺門打漁的漢子們〉，《人間》（1985 年 12 月），頁 93。

〔註 98〕關曉榮，〈船東·海蟑螂和八尺門打漁的漢子們〉，《人間》（1985 年 12 月），頁 90。

〔註 99〕關曉榮，〈船東·海蟑螂和八尺門打漁的漢子們〉，《人間》（1985 年 12 月），頁 93。

〔註 100〕關曉榮，〈船東·海蟑螂和八尺門打漁的漢子們〉，《人間》（1985 年 12 月），

映著原住民的經濟生活困境。

4.老邱之工作奮鬥

關曉榮在〈老邱想哭的時候——關曉榮「八尺門」報導攝影連作〉中，描述布農族原住民老邱的生活與工作困境。老邱曾經歷過諸多不同的工作，「老邱，是布農族人，在國小代過課，當過郵佐、貨車司機，後來住到八尺門，幹討海捕魚的漁人。」〔註101〕老邱總以勞力與血汗，賣力又辛酸地工作著，僅為了在夾縫中求生存。

> 邱先生，臺東鹿野布農族人，三十四歲，前頂微禿。早年在家鄉一
> 所國小代過課，同時在郵局做過基層郵佐的工作，後來也曾幹過貨
> 車司機，五十七年來到基隆討海至今。〔註102〕

老邱望著因工作而遭受職業傷害的手，「他時而握緊拳頭，牙齒咬得咯咯作響，凝視自己包著紗布的手，宛如逼視命運的惡魔，聲言將毀去這隻手。老邱的長子似乎看慣這一切。」〔註103〕老邱的職業傷害，彷彿訴說著生活的無奈與困頓，而經常惱羞成怒地怨天尤人。此種景象看在老邱長子眼中，彷彿司空見慣般地習以為常。布農族原住民老邱的妻子，同為原住民族，且有嚼檳榔的習慣，「我的鄰居邱太太是個壯碩的婦人，平常檳榔不絕於口。」〔註104〕不僅老邱工作收入不佳，連老邱妻子同樣辛勞地賺取微薄薪資，經常「趁著三個小孩上學時，每天清晨五點多帶著位及學齡的老么阿賢，到和平島剝蝦，工作到下午四時。每剝一公斤蝦肉的工資是十塊錢。」〔註105〕原住民工作常有被剝削的狀況出現，經濟生活環境也就自然不佳。原住民在平地求生存的工作狀況，如同老邱般經濟困頓與辛酸者不在少數，由此反映出原住民在工作上，不僅就業困難，還經常從事高勞力低收入的工作，對於經濟生活改善，更是裨益不大。因此，原住民就業與經濟困境的改善，乃為刻不容緩之事。

5.阿春之職業傷害

關曉榮在〈失去了中指的阿春——關曉榮「八尺門」報導攝影連作〉

頁91。

〔註101〕關曉榮，〈老邱想哭的時候〉，《人間》（1986年1月），頁70。
〔註102〕關曉榮，〈老邱想哭的時候〉，《人間》（1986年1月），頁73。
〔註103〕關曉榮，〈老邱想哭的時候〉，《人間》（1986年1月），頁79。
〔註104〕關曉榮，〈老邱想哭的時候〉，《人間》（1986年1月），頁72。
〔註105〕關曉榮，〈老邱想哭的時候〉，《人間》（1986年1月），頁72。

中，描述因職業傷害所造成斷指的原住民阿春，「阿春寬肩、厚胸、方臉、粗臂，二十八歲。五歲隨父母自臺東遷來基隆，現在擔任小單拖漁船的大副。」〔註106〕阿春後來乃因工作傷害而斷指。

> 我喜出望外地想到阿春進港了，歡天喜地買了酒食請他們到房裡聊天。酒過三巡之後，二人神色黯然地告訴我，阿春在海上出了事，被繩索絞斷了左手中指。這消息使我心頭發痛，如受重擊。〔註107〕

關曉榮所認識的阿春，工作一向敬業認真地值得尊敬，「阿春斷指以前我們已經認識，他的敬業精神與自制力贏得我的尊敬。」〔註108〕關曉榮本來認為阿春的斷指乃為偶發事件，「本以為斷指只是運氣不好的偶發事件，事實上，卻是經常發生的職業傷害。」〔註109〕豈料，此乃漁人常見的職業傷害。阿春的斷指即象徵著漁人勞動工作下的重大風險性，與原住民為了生計而與大海搏鬥的印記。

> 在這勞動的印記上，阿春的殘指給我一種無言地承擔與沉默地抵抗的悲傷印象。回到自己的小屋，先前喝的酒發了出來，寂寞中阿春傷殘的印象鮮明而逼人地浮上心頭。〔註110〕

阿春與其他漁人經常在進港後飲酒歡聚，此次阿春因斷指只好滴酒未沾，「阿春以新創傷未癒而滴酒未沾，在幾分酒意當中，我鼓起勇氣請求他拍照。出我意料之外地他竟接受了我的解釋，平靜地隨我到屋外，任我指點拍下他傷殘的記錄。」〔註111〕阿春縱然斷指，還是坦然且認命地任由關曉榮拍攝。

> 八尺門的船員們都有著一雙粗大的手掌。海上作業的大事小事，如起網、漁貨分類、分級、包裝、冷凍和冷藏等，全憑他們的雙手去完成。長時間的海水浸泡，以及鮮活的水族鰭刺的戮傷，久而久之，漁人們的雙手皮膚變得粗糙、浮腫、指關節也異於尋常地腫大。〔註112〕

〔註106〕關曉榮，〈失去了中指的阿春——關曉榮「八尺門」報導攝影連作〉，《人間》（臺北：人間雜誌社，1986 年 2 月），頁 54。

〔註107〕關曉榮，〈失去了中指的阿春〉，《人間》（1986 年 2 月），頁 55。

〔註108〕關曉榮，〈失去了中指的阿春〉，《人間》（1986 年 2 月），頁 53。

〔註109〕關曉榮，〈失去了中指的阿春〉，《人間》（1986 年 2 月），頁 55。

〔註110〕關曉榮，〈失去了中指的阿春〉，《人間》（1986 年 2 月），頁 55～57。

〔註111〕關曉榮，〈失去了中指的阿春〉，《人間》（1986 年 2 月），頁 57。

〔註112〕關曉榮，〈失去了中指的阿春〉，《人間》（1986 年 2 月），頁 55。

阿春以斷指鮮明地傳達原住民討海人，低調又沈默的生活無奈。在關曉榮眼中危險的捕魚工作，漁人們卻習以爲常，「在我眼裡的危險事務，是他們司空見慣，習以爲常的事情。這股面對險境的力量，供應著我們所需的魚貨。」〔註113〕阿春與諸多諸多漁人，均憑著雙手工作而傷痕累累。關曉榮對於自己的手指，被拿來稱之爲「好命的手」，來對照阿春的斷指，令他感到尷尬，「在那陰冷的日子哩，有一次與七、八位年輕餘人飲酒聊天中，在一個話題結束後的短暫沉默當中，我左邊的友人，突然抓起我的左手高舉示眾，他說：你們看！這是一個好命人的手！」〔註114〕關曉榮觀察到阿春與漁人們的手，均爲十分粗獷，而留下諸多勞動痕跡。

> 漁夫的手掌粗獷、獷健。阿春去漁船上作業時失去了他的中指。我們
> 和另一些年輕的八尺門漁夫一塊喝酒。突然，有一個抓起我的手高舉
> 示眾。「你們看！一隻好命人的手！」一個小伙子說。我感到難堪、
> 痛苦，雖然我至今還說不清，這痛苦與羞恥之所以……。〔註115〕

關曉榮除了描述阿春的斷指外，阿春因斷指而自卑地將左手插口袋，以右手拿著檳榔往嘴中送，「阿春以右手從小茶几上的塑膠袋裡拿檳榔，吐出檳榔蒂之後，嘴裡發出清脆的咀嚼聲，接著取了一片了荖葉沾上石灰往嘴裡送。自始至終左手插在黑絨夾克的口袋裡。」〔註116〕此乃呈現阿春與部分原住民均有嚼檳榔的習慣。多數船員在進港的日子中，還擁有飲酒作樂的休閒習慣。

> 像其他的船員一樣，阿春進港後不免喝酒作樂，以調劑數十日海上
> 作業的身心操勞與枯寂。但是他是少數意志堅強、關心前途而自我
> 節制的人。對他而言，縱酒過度而誤事乃是一件嚴重的個人過失。
>
> 〔註117〕

根據關曉榮的觀察，阿春即爲少數意志堅強、爲前途而努力，且懂得自我節制的人。阿春縱然也會飲酒作樂，但不至於會喝酒誤事，此乃其對於阿春存有幾分敬意之故。在等待阿春歸港的日子，關曉榮也會去關懷阿春的母親；而船員的家人總能清楚細數著船員歸港的日子。

〔註113〕關曉榮，〈失去了中指的阿春〉，《人間》（1986年2月），頁58。
〔註114〕關曉榮，〈失去了中指的阿春〉，《人間》（1986年2月），頁59。
〔註115〕關曉榮，〈失去了中指的阿春〉，《人間》（1986年2月），頁52。
〔註116〕關曉榮，〈失去了中指的阿春〉，《人間》（1986年2月），頁55。
〔註117〕關曉榮，〈失去了中指的阿春〉，《人間》（1986年2月），頁54。

> 我對阿春懷幾分敬意，在他出港以後的日子裡，我對於他的歸期有
> 著特別的期待，偶爾去看他的母親，問及阿春何時進港，她總像其
> 他漁人的至親一樣，對於漁人已經出港的天數記憶清晰而準確，隨
> 時脫口而出。〔註118〕

對於船員的家人而言，等待家人歸港的日子總是難熬。因險峻的海上情勢，總令人不安，「船隻就出港了，阿春與船上的工作人員將在海上與險惡的風浪搏鬥，四十五至五十天後才能重踏陸地。」〔註119〕在等待的日子中，船員家人僅能默默地等待，靜默地祈禱著漁人的平安歸來。

> 他們等待歸人的心情，隨著四十五天的船期的迫近而興奮不寧。若
> 是遇到海上天候惡劣，船隻逾時未歸，等待的不安遂與時俱增。他
> 們很少暴露內心的猶疑與憂焚，只有默默地過著如常的日子，彼此
> 之間或許會交換一些安撫心靈的言詞，卻絕少直接觸及心中的不
> 安，彷彿謹守著一種沉默的禱告。〔註120〕

此次阿春進港後，又即將要出海捕魚，不同的為阿春這次出航，有更加重要的任務，即為代理副船長。倘若表現良好的話，甚至於會增加日後晉升船長的機會。因此，帶著斷指新傷的阿春，便戰戰兢兢地出航去。因此，面對經濟生活困頓的阿春，縱然帶著職業傷害，還是不得不地繼續工作著。

> 船隻要離港了，我與老船長站在鄰船的船橋上目送，看見阿春由於
> 新創未癒，加上心情的緊張，船隻在擁擠不堪的船位裡進退碰
> 撞。……阿春曾告訴我，他已領有船長執照，但是一直沒有機會。
> 我想，這趟海如果能有很好的漁獲，對船公司是否起用他擔任船長，
> 多少有直接的影響。〔註121〕

在漁人出航之際，家人總是滿口祝福，祈禱平安歸來外；最重要的即期待船隻可滿載而歸。因捕漁業愈來愈艱困的困境，使船隻上充滿著期待豐收的字眼，諸如「春滿發」、「漁豐」、「海豐」……等文字。縱然如此，美好的期待總敵不過現實的無奈，港區滿為滯留著船隻、浮油與穢物漂浮著，乃象徵漁人的求生不易。

出港前掛在嘴邊的「滿載」變成空洞的祝福。愈來愈多的船之礙於

〔註118〕關曉榮，〈失去了中指的阿春〉，《人間》（1986年2月），頁54。
〔註119〕關曉榮，〈失去了中指的阿春〉，《人間》（1986年2月），頁56。
〔註120〕關曉榮，〈失去了中指的阿春〉，《人間》（1986年2月），頁54～55。
〔註121〕關曉榮，〈失去了中指的阿春〉，《人間》（1986年2月），頁57。

成本與賺頭的算計，停止作業滯留港區，漆著「春滿發」、「漁豐」、「海豐」等的船隻，在港區與浮油、穢物漂浮著。〔註122〕

當關曉榮回想起，「曾有一位年輕的漁人要我別用異樣的眼光看他們縱情喝酒。我想：他的意思是在我親嚐他們的眞實生活以前，不要妄下評斷。」〔註123〕然而，關曉榮實地居住於八尺門的眞誠對待，使得漁人們卸下心房與之共飲，「在座的與我都認識有一段時間了，雖不是心靈知交，但已沒有人把我當成過客或入侵者看待。」〔註124〕然而，進港飲酒的歡樂日子，卻隨著漁業不景氣，而逐漸成爲一種等待工作的煎熬。

> 漁人頓失收入，三五成群地擠在狹隘陰暗的木屋裡，躲著基隆冬季的淒風苦雨，陪伴著桌上的米酒與零落的花生米。進港上岸的生活本是逃避海上勞苦的甜汁，如今變成難熬的痛苦。〔註125〕

因漁業不景氣，諸多船員更是雪上加霜地求生不易；僅能躲在狹隘陰暗的木屋中，躲避著淒涼海風，僅有米酒與花生米的陪伴，乃無限地淒楚。原本期待進港的日子，竟也逐漸成爲難熬的等待，等待著任何可出海工作賺錢的機會。根據關曉榮的觀察，原住民漁人的辛酸血淚，均在字裡行間展露無疑，同時象徵著原住民生活的無奈與就業困境。

（二）原住民族飲酒議題

1.記錄一個大規模的・靜默的・持續的民族大遷徙

關曉榮在〈記錄一個大規模的・靜默的・持續的民族大遷徙〉中，藉由攝影角度報導記錄八尺門的生活環境、漁業辛勞與職業傷害，使原住民的生活苦痛、經濟困境與就業困難，有機會被理解與關懷，而擁有被解決的契機。

> 我想增進我們和人對這些典型化了的平地山胞的深入理解。理解是關懷甚至改革的基礎。我記錄八尺門的生活環境，記錄了他們從事漁業勞動的辛苦，紀錄他們下船後令人心痛的酗酒和勞動中極易遭受的勞動傷害。〔註126〕

〔註122〕關曉榮，〈失去了中指的阿春〉，《人間》（1986年2月），頁58～59。
〔註123〕關曉榮，〈失去了中指的阿春〉，《人間》（1986年2月），頁59。
〔註124〕關曉榮，〈失去了中指的阿春〉，《人間》（1986年2月），頁59。
〔註125〕關曉榮，〈失去了中指的阿春〉，《人間》（1986年2月），頁59。
〔註126〕陳映眞、關曉榮，〈記錄一個大規模的・靜默的・持續的民族大遷徙〉，《人

　　除了八尺門的觀察外，關曉榮曾在一次偶然機會下，觀察到原住民熱情卻充滿防備之意，「還有一次，在路上碰見一群返鄉的山地青年。他們已有幾分醉意，相談之下，立刻成為熱情的朋友。他們堅持我退掉原訂的住處，立刻搬到山地的家中。當晚，大夥兒痛快的喝酒，盡情歌唱。」〔註127〕當關曉榮感受過原住民的熱情後，卻馬上面對到原住民的防備心。

> 第二天早上我心中充滿著昨夜熱烈的友情，歡樂的同他們打招呼，
> 不料回答我的卻是冷淡、陌生、自制的臉孔。我受到很大的傷害，
> 卻百思不解。後來我終於懂得，昨夜的友情，是因為酒精使他們越
> 過漢人與山地人之間平常積累的不信和挫折，才以他們本然的豪爽
> 和熱情接納了我。〔註128〕

　　此次體驗乃使關曉榮徹底地感受到原漢族群間的巨大鴻溝，僅有在酒精的催化下方得以化解。在酒醒後，原漢族群間的不信任感與緊張感又油然而生，使關曉榮產生身為漢族的原罪。此即長期以來，原漢族群間所存在著族群隔閡與族群壓迫，而使原住民族對外族，均具備著防備之心。

> 酒醒之後，我們又回復原有的不信和緊張。這叫我心痛和深思。這
> 痛苦雖不是由我造成，但做為漢人的一份子，我對他們的挫折和痛
> 苦，有一份責任。我感到羞愧……。〔註129〕

　　酗酒乃為漢族對於原住民族長期以來，族群偏見與誤解的汙名化刻板印象。關曉榮乃為原住民族發聲，描述原住民的經濟困境，造成其藉酒澆愁以尋求慰藉的狀況產生；否則在過去的原住民部落中，飲酒乃為神聖之事，在祭典或建立值得慶祝功勳時，方可與族人飲酒同歡。

> 說到酗酒，很多人以為山地人好酒是天生的劣性，好吃、懶做、貪
> 酒，當然會淪亡。這不正確。我知道的是，原來山地人只在祭典節
> 慶婚嫁時，喝一點自釀的酒，但絕不像現在這樣全面的酗酒。來平
> 地以後受騙、挫敗、受辱、無法適應，無法保護自己。這深刻而難

　　間》（1985 年 11 月），頁 29。

〔註127〕陳映真、關曉榮，〈記錄一個大規模的·靜默的·持續的民族大遷徙〉，《人
　　　　間》（1985 年 11 月），頁 29。

〔註128〕陳映真、關曉榮，〈記錄一個大規模的·靜默的·持續的民族大遷徙〉，《人
　　　　間》（1985 年 11 月），頁 29。

〔註129〕陳映真、關曉榮，〈記錄一個大規模的·靜默的·持續的民族大遷徙〉，《人
　　　　間》（1985 年 11 月），頁 29。

言的全民族的困辱，使他們藉酗酒求得片刻的逃遁，從而造成嚴重
的惡性循環。〔註130〕

　　漢族對於原住民族，因族群隔閡所產生的偏見、誤解，與汙名化認知，
乃令人無法苟同，「相反的，我們心目中對於臺灣原住民族的看法，過去往往
充滿著歪扭的，訛傳的，相當片面的：例如謂他們不懂得居住政府替他們蓋
好現代化房子；好吃懶做；天性上的酗酒，甚至誣稱天性上的不貞……等
等。」〔註131〕諸如常見的好吃懶做、酗酒、野蠻、落後……等諸多不實指
控，均為極度偏頗的誤解與偏見。因此，關曉榮即藉由報導文學，為原住民
族平反諸多漢族對於原住民，所存在的汙名化刻板印象，誠如薩依德所述的
東方，彷彿即為原住民族代名詞般，「東方被誇張的批評成：普遍泛神信仰、
尊靈性、穩定、長壽、原始等等特質。……高估東方之後，另一個極端的反
感就接踵而來：不夠人性、反民主、落後、野蠻等等。這就像鐘擺反應：擺
到一個平衡點，總會往相反方向擺回來，東方因此被低估。東方研究是由兩
極反應中發展開來，築基於不平等關係的補償與糾正，從廣泛東方文化中滋
長其理念，並以類似之理念去滋長此一文化。」〔註132〕關曉榮冀望為原住民
族洗刷，長期以來被外族汙名化的族群歧視。

2. 范澤開妻之飲酒習慣

　　關曉榮在〈范澤開——關曉榮「八尺門」報導攝影連作〉中，描述原住
民妻子的飲酒習慣。在外省老兵與排灣族原住民女子婚後，家庭一切尚佳，
即使玉鳳經常在家飲酒，卻也等著范澤開回家共飲，「她每天都等我回家吃
飯，我沒回來，她就在那兒喝酒等我。她都買好酒，脖子一仰。這麼樣就
一杯下去，咕嚕！」〔註133〕但夫妻倆的平靜生活，後來卻產生出人意表的
變化。

3. 漁民之飲酒抒壓

　　關曉榮在〈船東・海蟑螂和八尺門打漁的漢子們〉中，描述原住民漁人進
港後，經常以飲酒來調劑身心壓力。此歡聚飲酒的畫面，即成為八尺門聚落與

〔註130〕陳映真、關曉榮，〈記錄一個大規模的・靜默的・持續的民族大遷徙〉，《人
　　　　間》（1985年11月），頁29。
〔註131〕關曉榮，〈百分之二的希望與奮鬥〉，《人間》（1985年11月），頁17。
〔註132〕薩依德，〈東方住所和東方主義學術：辭語學與想像力兩大要點〉，《東方主
　　　　義》（臺北：立緒出版社，1999年），頁220～221。
〔註133〕關曉榮，〈范澤開——關曉榮〉，《人間》（1985年11月），頁103。

原住民部落常見的景象。但飲酒在傳統原住民部落，往往具有獨特的意義。

> 父執進港後，聚眾飲酒、歌唱以調劑身心。酒宴結束後，空瓶子的
> 押金，正是小孩的糖果錢。手執空瓶謹慎而艱難地拾級而下，盡力
> 不使自己跌倒——為了避免跌跤的疼痛，還是為了不摔破瓶子？
> 〔註134〕

根據關曉榮的觀察，「八尺門聚落的生活，是以男人進出港為中心，以山地家鄉與親友的聯繫為經緯交織而成。」〔註135〕平地原住民男性，「滯留陸地，在豐富的酒食到米酒花生米的過程裡，消磨愁慘的青春歲月，無人問聞。」〔註136〕在八尺門原住民聚落中，族人懷才不遇而有志難伸的窘境，乃時有所聞。原住民經常藉酒澆愁地消弭生活與工作壓力。

4. 老邱想哭的時候

關曉榮在〈老邱想哭的時候〉中，描述在漁村中的漁人進港後，頓時整個漁村生氣蓬勃；不論遠親近鄰，均會前來相聚。原住民歡聚共飲為漁人們最期待與最歡樂的時光。此刻，酒成為相聚時重要的取樂方式，方可借酒澆愁，以抒解生活與工作壓力。

> 老邱進港後，住在附近的阿姨、妹妹，以及來自臺東的母親，都到
> 邱家來相聚。喝酒，是眾人相聚取樂的方式，它使漁人勞苦的心靈
> 和肉體獲得暫時的解脫與補償。〔註137〕

關曉榮以諸多篇幅描述著老邱飲酒景象，當老邱返家後，最愛的休閒娛樂即為飲酒；甚至於經常邀請關曉榮共同飲酒同歡，「有次邱先生回來，……要我在廳裡等一下，說完轉身走出屋外，一會兒帶著兩瓶紹興酒回來，斟了兩個滿杯要我乾下，我有些為難卻不敢拂逆他的興頭一飲而盡。」〔註138〕歡聚共飲乃為老邱生活中最放鬆的時刻。在漁人進港後的飲酒歡聚時刻，除了可使人忘卻捕魚的辛勞外；在酒精的催化與盡情暢飲後，卻藉酒澆愁愁更愁。原住民酒後吐真言的心聲，更透露出生活的無奈與困頓。

〔註134〕關曉榮，〈船東‧海蟑螂和八尺門打漁的漢子們〉，《人間》（1985 年 12 月），頁 93。
〔註135〕關曉榮，〈船東‧海蟑螂和八尺門打漁的漢子們〉，《人間》（1985 年 12 月），頁 93。
〔註136〕關曉榮，〈船東‧海蟑螂和八尺門打漁的漢子們〉，《人間》（1985 年 12 月），頁 93。
〔註137〕關曉榮，〈老邱想哭的時候〉，《人間》（1986 年 1 月），頁 72。
〔註138〕關曉榮，〈老邱想哭的時候〉，《人間》（1986 年 1 月），頁 73。

相聚的溫情，因喝酒助興，更添了歡樂。這時人們暫時忘卻長期打
漁的辛苦。然而，酒精固然可以迷醉一時，卻又往往在縱飲後的騷
亂與嘔吐中，無情地劃破那喜樂的面紗，露出現實困頓的猙獰面
目。〔註139〕

酒後嘔吐的老邱，「歡樂過去後，過量的酒精終於使邱劇烈地嘔吐，妻子
則在一旁照顧。邱生理上嘔吐，好像也吐出精神上辛辣的重荷。」〔註140〕老
邱彷彿吐出滿腹的辛酸委屈與生活困頓；儘管身無分文的老邱，借錢也要買
酒暢飲，乃爲了一醉解千愁。

傍晚時分，邱家人聲嘈雜，有如沸騰的水鍋，因爲剛剛進港身無分
文，邱向我借了兩百塊去買酒，並且要我過去同聚。……一盞小日
光燈下米酒、「維士比液」隨著談興與歌聲滲進血液，跟著量的增加
把興奮推向頂峰。〔註141〕

在老邱酒醒後經常嘔吐，「酒醒的老邱，常有安靜默想的時刻。認識了這
樣的邱，每見他醉酒的嘔吐，常使我心痛而無可如何。」〔註142〕此景象看在
關曉榮眼中，感同身受地體會到老邱的生活辛酸。但酒後清醒的老邱，即成
爲一個溫和善感之人。

老邱酒醒的時候，是一個十分安靜的人。過量的酒精在暴亂之後，
往往讓他痛苦的嘔吐，不僅吐出胃中的穢物，彷彿也吐出精神上的
重負。他變成一個溫和善感的人，坐在寢室的玄關發呆。〔註143〕

老邱藉酒澆愁愁更愁，但酒醒後一切重新回歸現實，又再度面對生活無
奈與困頓，於是老邱又選擇重新回到酒精國度，重新以酒買醉，即不願面對
生活的辛酸與壓力，在老邱進港返家的日子，即如此地消磨度日。

酒醒時的神采逐漸暗淡又開始了煩膩的不安，好像人生的困厄重據
心頭，混亂中又一度以千鈞之力，再次勾引他身體中的酒精欲求。
於是，重投那絕望娛樂的懷抱。〔註144〕

事隔一陣子，又到了老邱再度進港返家的日子。老邱同樣飲酒買醉，不

〔註139〕關曉榮，〈老邱想哭的時候〉，《人間》（1986年1月），頁72。
〔註140〕關曉榮，〈老邱想哭的時候〉，《人間》（1986年1月），頁76。
〔註141〕關曉榮，〈老邱想哭的時候〉，《人間》（1986年1月），頁76。
〔註142〕關曉榮，〈老邱想哭的時候〉，《人間》（1986年1月），頁78。
〔註143〕關曉榮，〈老邱想哭的時候〉，《人間》（1986年1月），頁76。
〔註144〕關曉榮，〈老邱想哭的時候〉，《人間》（1986年1月），頁78。

同的為此次老邱手上還包著紗布。老邱在半夢半醒的酒醉間，訴說著生活挫
折與家庭羈絆，將一切對生活的不滿逐一訴說著。老邱在酒醉後將滿腹委屈
與苦水一吐而盡，冀望暫時逃避現實生活的無可奈何。

> 隔著一趟出海的時間，邱再度進港了。下午，他從外面喝酒歸來，
> 左手包著紗布，透出點點黃藥水的色澤，他偶爾朝喉嚨裡灌進保力
> 達液，語無倫次地說著自己的挫折與痛苦，恨家庭責任的羈絆、恨
> 自己夾在母親與妻子不合的爭吵中……。〔註145〕

關曉榮描述老邱返家飲酒的景象，「大人們聚飲散去後，孩子們開始吃殘
羹剩菜的晚飯。」〔註146〕在老邱酒醉後，「聚飲散去後，老邱已不勝酒力。孩
子們在一旁戲耍。」〔註147〕上述種種景象，均時常在八尺門聚落中上演。此
即反映出原住民在工作困頓、經濟壓力、職業傷害、環境惡劣下，努力在夾
縫中求生存的弱勢處境，尚待社會的關注與改善。

5. 阿春之飲酒同歡與抒壓

關曉榮在〈失去了中指的阿春〉中，以斷指鮮明地傳達原住民討海人低
調又沈默的生活無奈。同時，也描述原住民阿春與族人們飲酒的景象，均為
原住民聚落中時有所見的畫面，象徵著原住民族在現實社會中的艱困處境。

> 在這勞動的印記上，阿春的殘指給我一種無言地承擔與沉默地抵抗
> 的悲傷印象。回到自己的小屋，先前喝的酒發了出來，寂寞中阿春
> 傷殘的印象鮮明而逼人地浮上心頭。〔註148〕

阿春與其他漁人經常在進港後飲酒歡聚；此次阿春因斷指只好滴酒未
沾，「阿春以新創未癒而滴酒未沾，在幾分酒意當中，我鼓起勇氣請求他拍照。
出我意料之外地他竟接受了我的解釋，平靜地隨我到屋外，任我指點拍下他
傷殘的記錄。」〔註149〕關曉榮由紀錄原住民職業傷害的斷指，見證原住民職
業災害的議題，尚待相關單位的關注與改善。在關曉榮的期待與等待下，阿
春又再度進港，「在期待中，阿春再次進港了。……他帶著幾分酒意，興奮地
從座椅裡站起來，趨前一把將我抱起，久久不放。我一直期待著見到他，卻
沒想到他是如此熱情並自然地流露出這溫熱的友情來，使我有些吃驚並感到

〔註145〕關曉榮，〈老邱想哭的時候〉，《人間》（1986 年 1 月），頁 78～79。
〔註146〕關曉榮，〈老邱想哭的時候〉，《人間》（1986 年 1 月），頁 73。
〔註147〕關曉榮，〈老邱想哭的時候〉，《人間》（1986 年 1 月），頁 75。
〔註148〕關曉榮，〈失去了中指的阿春〉，《人間》（1986 年 2 月），頁 55～57。
〔註149〕關曉榮，〈失去了中指的阿春〉，《人間》（1986 年 2 月），頁 57。

溫暖。他坐下之後，立刻拿了瓶紹興酒倒了兩滿杯，與我一乾而盡。」〔註150〕阿春給予關曉榮的擁抱，象徵著原漢族群隔閡的跨越；阿春甚至於經常熱情地邀約關曉榮共飲，消弭原漢族群間的鴻溝，共享歸港後的歡樂時光。

　　原住民進港後歡聚飲酒的日子，隨著漁業不景氣，逐漸成為一種等待工作的煎熬，「漁人頓失收入，三五成群地擠在狹隘陰暗的木屋裡，躲著基隆冬季的凄風苦雨，陪伴著桌上的米酒與零落的花生米。進港上岸的生活本是逃避海上勞苦的甜汁，如今變成難熬的痛苦。」〔註151〕漁業的不景氣，使船員的謀生更為雪上加霜；僅能躲在陰暗的角落，無限凄楚地面對現實的殘酷。漁人本來期待進港的日子，竟成為難熬的等待，等待著可出海工作賺錢的機會，竟成為一種奢望，而反映出原住民族的就業困境。

四、蘭嶼達悟族原住民的部落議題

（一）邊緣化之蘭嶼原住民族

　　關曉榮在〈一個蘭嶼能掩埋多少「國家機密」——關曉榮蘭嶼紀事系列〉中，描述在蘭嶼島民心中，蘭嶼彷彿為垃圾場般，只要臺灣本島所捨棄的廢棄物，諸如犯人、核廢料，即理所當然地被運往蘭嶼，令蘭嶼人情何以堪？誠如薩依德所述，原住民族彷彿被殖民者般，逆來順受地承受著諸多無理的對待，「歷史是由男男女女所塑造，正如同它可以被塗抹與重寫，總是帶有各式各樣的沈默與省略，強加的形態與逆來順受的扭曲，因此『我們的』東方也會讓『我們』佔有與指使。」〔註152〕蘭嶼人的生存困境，即在此不合理的政策下日漸嚴重。

> 在中心與邊陲的決定力量下，走了一群「犯人」，核能廢料接踵而至。在「地球是人類的家園，我們只有一個地球」的認識下，蘭嶼核廢料儲存場，不僅貯存了世紀的惡魔，更埋葬了人類的良知與智慧。〔註153〕

　　在中心與邊陲的懸殊力量下，蘭嶼島民被迫承受這一切不合理對待。彷彿諸多先進國家般，同樣宰制著邊陲地帶與落後國家，誠如薩依德所述，「大

〔註150〕關曉榮，〈失去了中指的阿春〉，《人間》（1986年2月），頁58。

〔註151〕關曉榮，〈失去了中指的阿春〉，《人間》（1986年2月），頁59。

〔註152〕薩依德，《東方主義》（1999年），頁5。

〔註153〕關曉榮，〈一個蘭嶼能掩埋多少「國家機密」——關曉榮蘭嶼紀事系列〉，《人間》（臺北：人間雜誌社，1987年12月），頁111。

組織的勢力（從政府到集團）以及相對的弱勢（不只是個人，而且包括了
從屬階級，弱勢者，少數民族與國家，地位較低或勢力較弱的文化和種族），
兩者之間天生就有落差。在我心目中，知識分子無疑屬於弱者、無人代表
的同一邊。」〔註 154〕多數強勢族群如此現實的對待，令少數弱勢族群將情何
以堪？

> 先進的中心國家把有毒化學品、汙染工業、戰爭、民族矛盾、核子
> 輻射廢料，一股腦而往落後、貧窮的第三世界邊陲地區或境內少數
> 民族區堆棄，是今天全球性的現實。〔註 155〕

在蘭嶼島民心中，乃不斷地吶喊著，「以雅美文明全面崩解的血淚作為滋
養的臺灣漢人觀光資本開始肥大。」〔註 156〕將蘭嶼島民放置在哪裡？被漢族
所佔用的土地，諸如「佔用土地的退輔會農場要荒蕪殘敗到幾時？」〔註 157〕
在此困境下，蘭嶼青年成立反核組織，努力地進行著反核運動。

> 蘭嶼雅美族青年已經憤然崛起，成立了一個關心蘭嶼核能廢料的組
> 織，誠懇地邀請臺灣原住民和良心的漢族青年和市民參加我們的討
> 論會。（雅美青年聯誼會——臺北耕莘文教院 4 樓——1987.12.8）
> 〔註 158〕

由蘭嶼青年自發性所成立的雅美青年聯誼會，成立於臺北耕莘文教院 4
樓，冀望藉此喚醒更多民眾對於反核運動的重視。因核災的嚴重性，不僅在
蘭嶼、臺灣，甚至於全世界均為重要議題。

> 長期以來臺電把高度危險的核能發電所產生的輻射廢料，以欺瞞、
> 利誘和威脅的手段，在蘭嶼掩埋棄置。在少數民族所居住的地帶傾
> 銷、堆積、貯存有害垃圾，高度輻射的物質、廢棄物和武器的暴行
> 和歧視，不只在蘭嶼，而是在全世界範圍中發生著。（雅美青年聯誼

〔註 154〕薩依德，〈知識分子的代表〉，《知識分子論》（臺北：麥田人文出版社，1994
　　　　年），頁 59。
〔註 155〕關曉榮，〈一個蘭嶼能掩埋多少「國家機密」〉，《人間》（1987 年 12 月），頁
　　　　110。
〔註 156〕關曉榮，〈一個蘭嶼能掩埋多少「國家機密」〉，《人間》（1987 年 12 月），頁
　　　　111。
〔註 157〕關曉榮，〈一個蘭嶼能掩埋多少「國家機密」〉，《人間》（1987 年 12 月），頁
　　　　110。
〔註 158〕關曉榮，〈一個蘭嶼能掩埋多少「國家機密」〉，《人間》（1987 年 12 月），頁
　　　　111。

會──臺北耕莘文教院 4 樓──1987.12.8〕〔註159〕

蘭嶼島民在關曉榮的訪談、攝影與報導下，還原蘭嶼居民內心真切又沈痛的衝擊與傷害，努力地走在反核的這條道路上，誠如薩依德所述，「反對一種宰制性結構，源自於置身此一結構之外或之內的個人或團體出現一種可察覺的、甚至是戰鬥式的體認。」〔註160〕反核團體不斷地進行反核運動，反對漢族殖民式強勢宰制著身為弱勢族群的原住民族。在報導文學中所記錄的真實議題，即為蘭嶼人內心深處長期以來的痛苦記憶與傷害，如何協助蘭嶼居民解決此生活困境，乃為刻不容緩之事。

（二）核廢料之原住民族反抗意識

關曉榮在〈一個蘭嶼能掩埋多少「國家機密」〉中，描述蘭嶼核廢料如何地被置入這塊島嶼中。蘭嶼儼然成為垃圾掩埋場般、毒害邊陲地帶，也引發出原住民族的反抗精神，誠如薩依德，「既然反抗文學有許多是在濃郁氣氛中寫出來的，可以理解地，有某種集中在其戰鬥性的、經常是尖銳高亢的肯定性傾向。」〔註161〕原住民族不斷地面對漢族的族群壓迫，進而發出深切的族群怒吼。

> 「核能安全論」，一則破產的神話；「永久陸埋終極處理」，一個被展
> 開的蘭嶼計劃。於是，從 1979 年不知情的「罐頭工廠」開始，從更
> 早的「重刑犯須隔離」開始，以臺灣為中心，是蘭嶼為各種遺棄、
> 隔離、掩埋、毒害的邊陲之地，對雅美人的土地、資源和生命，進
> 行肆無忌憚的欺騙、歧視與迫害……。〔註162〕

蘭嶼核廢料議題，乃源自於當初臺電建造第一座核能電廠後，蘭嶼即成為放射核電廢料垃圾場的命運。達悟族的傳統文明還被塑造成觀光資源。蘭嶼均被動地被決定這一切的命運。漢族即在擁有蘭嶼土地支配權的主權下，漠視原住民族的困境，誠如薩依德所述，「當某人屬於在帝國與殖民遭遇中較強勢的一邊時，他相當可能會忽略、遺忘，或無視於在那裡所發生之事的令

〔註159〕關曉榮，〈一個蘭嶼能掩埋多少「國家機密」〉，《人間》（1987 年 12 月），頁
　　　111。

〔註160〕薩依德，〈心路歷程與反對勢力的出現〉，《文化與帝國主義》（2001 年），頁
　　　443。

〔註161〕薩依德，〈勾結、獨立與解放〉，《文化與帝國主義》（2001 年），頁 498。

〔註162〕關曉榮，〈一個蘭嶼能掩埋多少「國家機密」〉，《人間》（1987 年 12 月），頁
　　　90。

人不快之層面。文化機制——觀賞用的。」〔註 163〕蘭嶼原住民的被殖民處境，即真實地再現於從小賴以生存的家園。

> 當雅美傳統文明被歪曲成爲今日蘭嶼觀光資本的工具的同時，臺灣本島在追求依賴性經濟成長能源政策下，臺電於 1970 年建造了第一座核能電廠。爲了處理和電工業產生的放射性廢料，行政院原子能委員會於 1974 年 5 月 11 日展開的「蘭嶼計劃」，決定了雅美人世居的家園，成爲今日放射核電廢料垃圾場的命運。〔註 164〕

當年蘭嶼島民即在未知的狀況下，默默地接收核廢料，「距離第一貯存場較近的紅頭和野銀村民表示：當年貯存場地施工的時候，鄉民根本不知道是在建核廢料貯存場。當時的鄉長江瓦斯甚至不懂中文！少數鄉民聽施工的人說是正在蓋『罐頭工廠』，今天運送廢料的專用碼頭被說成某種軍事用途的港口……。」〔註 165〕當蘭嶼島民逐漸明瞭核廢料的傷害後，即知被漢族官員所矇騙。當年漢族官員乃以蘭嶼人少、成本低又安全……等諸多因素，來敷衍回覆島民們的諸多質疑；卻無法取信於蘭嶼島民，既然核廢料十分安全，何不擺放在臺灣即可？

> 漁人村的董森永說：「……他們以離島人口少、交通成本低、離村莊遠、安全性高、有良好屏障等各種理由答覆我們的疑問。現在我們更了解核廢料的危險了；當初政府完全沒有徵詢民意，就把這麼危險的東西放在蘭嶼，我們覺得被欺騙，被出賣了！現在全鄉除了林杉樹、施馬高等少數吃公家飯的人以外，都堅決反對把核廢料堆放在蘭嶼！」〔註 166〕

在蘭嶼島民深知核廢料的危害後，乃產生抗議聲浪，「如果不危險，我們一人分一桶放在家裡吧！」〔註 167〕蘭嶼原住民的抗議聲音乃隨之而起，「老一

〔註 163〕薩依德，〈運作中的帝國：威爾第的《阿伊達》〉，《文化與帝國主義》（臺北：立緒出版社，2001 年），頁 242。

〔註 164〕關曉榮，〈一個蘭嶼能掩埋多少「國家機密」〉，《人間》（1987 年 12 月），頁 92。

〔註 165〕關曉榮，〈一個蘭嶼能掩埋多少「國家機密」〉，《人間》（1987 年 12 月），頁 94。

〔註 166〕關曉榮，〈一個蘭嶼能掩埋多少「國家機密」〉，《人間》（1987 年 12 月），頁 95。

〔註 167〕關曉榮，〈一個蘭嶼能掩埋多少「國家機密」〉，《人間》（1987 年 12 月），頁 93。

代的雅美人怎麼說？蘭嶼島上流傳著一則深具代表性的說法：『如果核廢料真的無害，他們何不就堆放在臺灣？卻要花那麼多錢和功夫運來這裡？如果那些核廢料真的不危險，讓我們一個人分一桶放在家裡好了！』〔註168〕在蘭嶼老人的想法中，由年輕人口中得知核廢料的危險性後，乃堅決地反對核廢料的進駐。即使蘭嶼島民奮力抗議，卻無法阻擋核廢料的傾倒，而反核聲浪卻不斷地升溫。

> 朗島村深具族中影響力的一位老人說：「我們從年輕的一代那裡知道這東西（核能廢料）的危險，一直都表示反對他們把那些鬼東西放在蘭嶼。我們全村人都反對，他們不聽。若他一定要來，要硬幹，他們摸不清我們的心情，到時就會有不可收拾的場面！」〔註169〕

漢族官員完全不顧蘭嶼島民的顧慮，「所有滿腦子、滿嘴巴『核能廢料安全論』而滔滔不絕的官員，在安撫雅美人的宣導場合裡，碰到這純粹而充滿智慧的質問，只有瞠目結合，啞口無言的份。」〔註170〕核廢料仍堆積在蘭嶼島上，蘭嶼居民不斷地發出抗議，卻無能為力地改變族群弱勢處境。

> 「一定要把核廢料擺在這兒的話，就先把我們殺死好了！」「如果政府愛我們，為什麼偏要把那麼危險的東西放在這兒，如果不愛、不關心我們，乾脆毀滅我們算了！」〔註171〕

縱然蘭嶼居民對於堆放核廢料的存放發出反抗聲浪，漢族官員卻一派輕鬆地面對，「而吳慶陸先生卻笑著說道：『我們沒有疏散島民的計畫，因為沒有這個必要。蘭嶼保證沒有問題，就算一點點輻射外洩，也很容易被海洋稀釋……。』」〔註172〕此番言論展現出強勢族群的壓迫，使蘭嶼原住民深感無奈卻無可奈何。

雅美族人已經從不知核廢料到知道其危險性而採取排拒、對抗的態

〔註168〕關曉榮，〈一個蘭嶼能掩埋多少「國家機密」〉，《人間》（1987 年 12 月），頁95。

〔註169〕關曉榮，〈一個蘭嶼能掩埋多少「國家機密」〉，《人間》（1987 年 12 月），頁95。

〔註170〕關曉榮，〈一個蘭嶼能掩埋多少「國家機密」〉，《人間》（1987 年 12 月），頁95。

〔註171〕關曉榮，〈一個蘭嶼能掩埋多少「國家機密」〉，《人間》（1987 年 12 月），頁95。

〔註172〕關曉榮，〈一個蘭嶼能掩埋多少「國家機密」〉，《人間》（1987 年 12 月），頁93。

度，立場明確、堅定、義無反顧。然而，那麼多年的努力，只使雅
美人掙扎到一個對抗的起點，前面還擺著一條漫長而艱辛的坎坷
路。〔註173〕

　　政府完全無視於蘭嶼居民的反對聲浪，致使蘭嶼居民發出怒吼，「政府到
底在幹什麼！我們堅決反對的意見已經一再的講清楚了，還是要把那鬼東西
擺在我們這裡！忍耐是有限度的，再不聽，最後只有戰鬥！」〔註174〕在蘭嶼
反核儼然成為全民運動，「一股不可輕侮的力量——雅美人民為了民族自救，
反對故鄉成為核廢料垃圾場的運動——正在蘭嶼全島形成。」〔註175〕蘭嶼居
民乃不被尊重地被迫接受核廢料的堆放，反核力量自然不斷地升溫。

　　郭建平說，當他知道傳聞中的「軍港」竟是一座裝載毒物的港口，
他感到無奈與憤怒。「我感到蘭嶼人不被尊重，被視同畜生的心
痛，不如被欺騙的憤怒。」〔註176〕

　　在蘭嶼島民眼中，政府乃以金錢收買島民，「撥款三千萬給蘭嶼，根本就
是一種收買，我們以面臨族群存亡的關頭，地方建設有個什麼用？我們真的
要把這些錢丟還給原委會！」〔註177〕核廢料的危害乃令人無法控制，「暫存廢
料的墳場慢慢地永不停止地放出輻射汙染。」〔註178〕連達悟族作家也提出抗
議，「雅美人周宗經大喊道：『我附議，堅決反對核廢料放在蘭嶼！』」〔註179〕
反核力量在蘭嶼島上不斷地凝聚。

　　核廢料非法侵入蘭嶼少數民族保留地，除了這個嚴重威脅蘭嶼土地
與雅美族人安全與權益的「核廢料」之外，「漢人」還搶走了他們那

〔註173〕關曉榮，〈一個蘭嶼能掩埋多少「國家機密」〉，《人間》（1987 年 12 月），頁
　　　　102。
〔註174〕關曉榮，〈一個蘭嶼能掩埋多少「國家機密」〉，《人間》（1987 年 12 月），頁
　　　　97。
〔註175〕關曉榮，〈一個蘭嶼能掩埋多少「國家機密」〉，《人間》（1987 年 12 月），頁
　　　　97。
〔註176〕關曉榮，〈一個蘭嶼能掩埋多少「國家機密」〉，《人間》（1987 年 12 月），頁
　　　　98。
〔註177〕關曉榮，〈一個蘭嶼能掩埋多少「國家機密」〉，《人間》（1987 年 12 月），頁
　　　　95～97。
〔註178〕關曉榮，〈一個蘭嶼能掩埋多少「國家機密」〉，《人間》（1987 年 12 月），頁
　　　　101。
〔註179〕關曉榮，〈一個蘭嶼能掩埋多少「國家機密」〉，《人間》（1987 年 12 月），頁
　　　　101。

些土地呢？這些土地做什麼用呢？〔註180〕

　　除了核廢料的堆積，漢族乃強搶原住民族土地，誠如薩依德所述，「就某種相當基本的程度而言，帝國主義旨意去思想、佔領並控制不屬於你所有的、偏遠的，並由別人居住和擁有的土地。」〔註181〕蘭嶼成為漢族強佔土地的目標，與堆積核廢料的垃圾場，造成蘭嶼的土地深受汙染，「蘭嶼雅美人的家園變成了臺灣傾倒需要隔離的高危險垃圾的場所，它不僅奪去了族人的土地。」〔註182〕在堆積核廢料的土地，已被漢族的核廢料所汙染。

　　　　真正能生產收穫的土地，對維持著傳統農業的雅美族人生存的供
　　　　養，已然捉襟見肘，難怪雅美人憤恨不平地說：「漢人搶走我們的土
　　　　地！」，並與日治下的「奴隸」地位並列。〔註183〕

　　在核廢料的堆積乃汙染蘭嶼的土地，造成蘭嶼原住民無法好好地耕作，縱然「今天，蘭嶼島上雅美族人依舊維持著游耕、燒墾的傳統農業以謀生存。」〔註184〕對於蘭嶼居民十分重要的土地，「地瓜、旱芋以及祭祀用的小米，至今由在這塊傳統的沃土上滋生不息，維繫著村人的生存，也維繫著祖源的精神命脈！」〔註185〕原住民族的生存命脈，竟然無奈地被核廢料汙染。因此，對於蘭嶼原住民賴以生存的土地，被核廢料所汙染，而遭到蘭嶼居民嚴重的反對，因「26 號地在紅頭村 753 位雅美族人心目中，是傳說裡的祖先發源聖地，也是代代相傳的公有地，早由全體村民協力開墾、栽植，共享收穫。」〔註186〕對此反對者眾，「紅頭村長老周澤東站了起來，以雅美族語發言（由鄉長翻譯）：『那塊地是祖先傳下來的沃土，別的地方再也找不到，我們

〔註180〕關曉榮，〈一個蘭嶼能掩埋多少「國家機密」〉，《人間》（1987 年 12 月），頁
　　　　104。
〔註181〕薩依德，〈帝國、地理與文化〉，《文化與帝國主義》（臺北：立緒出版社，2001
　　　　年），頁 38。
〔註182〕關曉榮，〈一個蘭嶼能掩埋多少「國家機密」〉，《人間》（1987 年 12 月），頁
　　　　104。
〔註183〕關曉榮，〈一個蘭嶼能掩埋多少「國家機密」〉，《人間》（1987 年 12 月），頁
　　　　105。
〔註184〕關曉榮，〈一個蘭嶼能掩埋多少「國家機密」〉，《人間》（1987 年 12 月），頁
　　　　104。
〔註185〕關曉榮，〈一個蘭嶼能掩埋多少「國家機密」〉，《人間》（1987 年 12 月），頁
　　　　98。
〔註186〕關曉榮，〈一個蘭嶼能掩埋多少「國家機密」〉，《人間》（1987 年 12 月），頁
　　　　98。

堅持不換！』」〔註187〕除了村長外，諸多達悟族人均提出反對意見，「身穿藤肩身揹軀除惡靈之禮刀的江勝啻說：『我支持他的意見！我們堅持不讓！』。」〔註188〕原住民族冀望以反核力量去捍衛自我賴以生存的土地。

在蘭嶼原住民族眼中，長期以來均承受著漢族與日本殖民霸權的多重族群壓迫，「67 歲的雅美人林昧就曾悲憤地說：『日本人把我們當奴隸，漢人搶走我們的土地。』」〔註189〕但這些意見卻因漢族法律而被忽視，諸如「當前臺灣省山地保留地管理辦法的宗旨，在於保障臺灣原住少數民族的基本權益，兼及『發展總體經濟』。」〔註190〕這一系列反核運動，即在蘭嶼這塊土地上發展至今，卻無法真正地捍衛原住民族的土地保衛戰。

（三）蘭嶼犯人之生活危害

關曉榮在〈一個蘭嶼能掩埋多少「國家機密」〉中，描述在蘭嶼除了核廢料議題，在數十年來尚未獲得妥善的處理與解決外；甚至於早在 1989 年，蘭嶼即被臺灣政府成立所謂的農場，將「在臺表現不良的榮民」與一般重刑犯遷移至此，將蘭嶼當成監獄般，造成蘭嶼島上諸多社會問題。

> 早在 1985 年農場成立，由退輔會直接管理，對象為「在臺表現不良的榮民」，1959 年委交警備總部職訓總隊代管，農場場長由軍方蘭嶼指揮部指揮官兼任。……除了管訓榮民外「農場」開始兼收一般重刑犯，於是榮民稱為「場員」，重刑犯稱為「隊員」。〔註191〕

對於在蘭嶼農場的老榮民，舉喬全有為例，「民國 51 年生，現年 61 歲的喬全有，1959 年中尉退伍時年 34 歲，1961 年被警總逮捕後，以『輔導就業』的名義押至蘭嶼，一年半後期滿，留在蘭嶼，後與漁人村婦女結婚，現有三子一女，安分守己地在開元港賣小吃，成為落籍蘭嶼的居民。」〔註192〕喬全

〔註187〕關曉榮，〈一個蘭嶼能掩埋多少「國家機密」〉，《人間》（1987 年 12 月），頁 101。

〔註188〕關曉榮，〈一個蘭嶼能掩埋多少「國家機密」〉，《人間》（1987 年 12 月），頁 101。

〔註189〕關曉榮，〈一個蘭嶼能掩埋多少「國家機密」〉，《人間》（1987 年 12 月），頁 104。

〔註190〕關曉榮，〈一個蘭嶼能掩埋多少「國家機密」〉，《人間》（1987 年 12 月），頁 104。

〔註191〕關曉榮，〈一個蘭嶼能掩埋多少「國家機密」〉，《人間》（1987 年 12 月），頁 106。

〔註192〕關曉榮，〈一個蘭嶼能掩埋多少「國家機密」〉，《人間》（1987 年 12 月），頁

有定居於蘭嶼，落地生根至今，以回憶還原著當時的社會亂象與問題，蘭嶼原住民乃敢怒不敢言地默默承受著，令蘭嶼居民苦不堪言。

> 喬全有抽著香菸，望著窗外，「……那時候在島上可不像現在，隊員
> 逃脫啦、偷東西、搶劫都有，也有人犯強暴婦女的，雅美人善良啊！
> 出了事多半覺得丟人，不敢張揚……。」〔註193〕

在喬全有忙碌告一段落，老喬夫婦即與「客人」、「朋友」共飲閒談。在閒談間，也聊到諸多當時社會亂象，眾多蘭嶼婦女均深受威脅，十分擔心受怕地生活著，「現年二十歲的蘭嶼小姐謝小玲回憶說，那個時候她還小，有時上山撿田螺，隊員威脅我們一定要賣給他們，否則要打！有時他們做工累了，在芋田裡脫光了洗澡，鬼吼鬼叫調戲女孩，看到他們總是很害怕。」〔註194〕蘭嶼原住民謝小玲回憶著童年的驚恐記憶，當時若聽說有人犯逃脫，整個蘭嶼即陷入人心惶惶的警戒狀態，而承受著莫大的精神壓力。對於蘭嶼族人而言，此即為一種族群精神壓迫。

> 現年二十歲的蘭嶼小姐謝小玲回憶說，……碰到聽說有犯人逃跑，老
> 人家都叫我們待在家裡，關好門窗，因為到了晚上犯人會進村裡，
> 偷地瓜、芋頭、鍋子、火柴這些東西，根本沒人敢出門。〔註195〕

蘭嶼族人除了面對人犯逃脫的危機外，遇到過年過節人犯放假時，同樣陷入警戒狀態，諸如謝小玲所述，「有些從事種菜、種瓜果荣農業勞動的犯人，偶爾可以出來賣瓜果。」〔註196〕與「有時遇到過節，犯人『放假』，我還記得那時候我們家開了一家小店，他們來買過滷荣……。」〔註197〕當人犯現身，乃帶給蘭嶼人莫大的精神壓力，諸如年長蘭嶼族人林眛和周石秋所述。

106。

〔註193〕關曉榮，〈一個蘭嶼能掩埋多少「國家機密」〉，《人間》（1987 年 12 月），頁107。

〔註194〕關曉榮，〈一個蘭嶼能掩埋多少「國家機密」〉，《人間》（1987 年 12 月），頁107。

〔註195〕關曉榮，〈一個蘭嶼能掩埋多少「國家機密」〉，《人間》（1987 年 12 月），頁107。

〔註196〕關曉榮，〈一個蘭嶼能掩埋多少「國家機密」〉，《人間》（1987 年 12 月），頁107。

〔註197〕關曉榮，〈一個蘭嶼能掩埋多少「國家機密」〉，《人間》（1987 年 12 月），頁107。

> 年長的蘭嶼人林昧和周石秋，對於漢人把充滿威脅性的強制勞動犯
> 送到他們的故鄉蘭嶼，極為不平。據他們說，那時候，隊員為了養
> 豬，常偷蘭嶼人的地瓜藤，破壞了地瓜田。犯人為了煮東西，任意
> 砍伐龍眼樹，因為那是很好的柴火。「但那也是我們的果樹，也是我
> 們蓋房子、造舟的重要材料。」〔註198〕

　　在蘭嶼老人林昧的回憶中，可知蘭嶼島上的人犯簡直為無法無天，連人
犯被蘭嶼族人抓到送去派出所也沒用，依舊逍遙自在地在蘭嶼生活著，如同
觀光般地肆無忌憚，卻給蘭嶼島上原住民族帶來莫大的威脅與危機。

> 林昧說，「他們偷椰子的甚至懶得爬上樹去摘，把椰子樹砍倒，連椰
> 子心一起偷去吃。有時被我們抓到送去派出所也沒用，這些犯人簡
> 直是來這裡觀光的，根本沒有關好。」〔註199〕

　　在蘭嶼老人林昧的回憶中，可知逃脫的人犯不但偷竊狀況時有所聞，還
經常地騷擾著蘭嶼婦女。當蘭嶼人忍無可忍之際，就算報警也無濟於事，警
察多半也無法解決此種無可奈何的社會議題。

> 周石秋說，逃脫的犯人有時記村裡偷瑪瑙等貴重的東西，騷擾上山工
> 作的婦女，使婦女們每天擔驚受怕。「到了忍無可忍的時候，碰到我
> 們人多，一旦抓到他們，乾脆打一頓。因為你去報警，偶爾也會叫犯
> 人賠點煙、米。但有時後警察反而向我們要人證物證！」〔註200〕

　　蘭嶼島民江仁義說明，當時諸多人犯進行勞動工作之際，侵犯諸多蘭嶼
女性，管理日漸鬆散後，甚至於造成諸多國中女生因被性侵而懷孕，留下不
可磨滅傷害。諸多蘭嶼原住民的無奈處境，與所面臨的社會亂象，均在蘭嶼
島不斷的上演著。

> 蘭嶼島民江仁義說，「拓寬紅頭段公路的隊員，當工作進行差不多的
> 時候，管理愈來愈鬆，最後根本就可以到處亂跑，當年紅頭村裡的
> 國中女生就有很多懷孕的！」〔註201〕

〔註198〕關曉榮，〈一個蘭嶼能掩埋多少「國家機密」〉，《人間》（1987 年 12 月），頁
　　　　107～108。
〔註199〕關曉榮，〈一個蘭嶼能掩埋多少「國家機密」〉，《人間》（1987 年 12 月），頁
　　　　108。
〔註200〕關曉榮，〈一個蘭嶼能掩埋多少「國家機密」〉，《人間》（1987 年 12 月），頁
　　　　108～109。
〔註201〕關曉榮，〈一個蘭嶼能掩埋多少「國家機密」〉，《人間》（1987 年 12 月），頁
　　　　109。

連當時曾任管訓隊隊長索聚元，同樣在蘭嶼落葉生根，經營雜貨店，乃親身見證當時蘭嶼的社會現象，諸如隊員、場員在強制勞動之餘，最大社會問題即爲人犯逃脫，漢族政府卻絲毫不理會蘭嶼原住民族的生存安危，而罔顧人權。

> 曾任管訓隊隊長的索聚元，退伍後娶雅美人爲妻，生男育女，現在
> 在蘭嶼經營雜貨店。他說，當時的隊員、場員，從事強制勞動，開
> 環島公路的路基，開機場、建開元港、以及班哨房舍和一部份國宅。
> 人犯逃脫的問題最叫人頭痛。〔註202〕

當索聚元受訪時，達悟妻子與族人，同樣回憶著當年情境。縱然索聚元對於蘭嶼女性遭到性侵事件乃三緘其口；但在達悟族女性口中卻如實地坦承，人犯性侵事件乃時有所聞，造成蘭嶼島上原住民女性，即人人自危地生活於恐懼中。

> 訪問當年的隊長索聚元的時候，他的雅美妻子與曾秀妹、周朝妹兩
> 位年輕的雅美婦女，在一旁聊天。當問及當年是否發生過人犯強暴
> 雅美婦女的事時，索聚元說，「不知道，沒聽說過……。」話聲甫落，
> 周朝妹與曾秀妹卻異口同聲地衝口說道：「有！不但有，多著呢！」
> 在一旁的索太太也說：「怎麼說沒有！」〔註203〕

除了犯人所造成諸多社會亂象外，家徒四壁的蘭嶼島民呂步眼也曾述說著，被「犯人」打斷三根肋骨的往事。此類不公不義、忍無可忍，卻無可奈何的現象，在蘭嶼島上乃不斷頻傳著，犯人在蘭嶼島上，彷彿即爲原住民族的天敵與公害。

> 椰油村人呂步眼，民國 17 年出生：「有一回我曾與另外兩個朋友到洞
> 口那個地方去網魚，看到有阿兵哥帶了隊員在炸魚，我過去撈魚，還
> 沒有撈到，就被他們在岸上的人拿石頭砸，後來發生衝突，他們又
> 找了人來，最後我被打斷了三根肋骨，在紅頭衛生所住了三天，一個
> 月沒辦法做事。他們當時賠了 500 元，兩瓶米酒、三瓶保力達、兩包
> 糖果、兩包花生……這就算私了，斷了三根肋骨，活該。」〔註204〕

〔註202〕關曉榮，〈一個蘭嶼能掩埋多少「國家機密」〉，《人間》（1987 年 12 月），頁 107。
〔註203〕關曉榮，〈一個蘭嶼能掩埋多少「國家機密」〉，《人間》（1987 年 12 月），頁 109。
〔註204〕關曉榮，〈一個蘭嶼能掩埋多少「國家機密」〉，《人間》（1987 年 12 月），頁 109。

　　蘭嶼青年知識份子郭建平曾言，蘭嶼青年深受著臺灣文化影響；甚至於回想到當年蘭嶼逃脫犯人名盜高金鐘，還成為青少年眼中的英雄；如今感嘆著蘭嶼青年，當初受到這些勞動人犯的負面影響。漢族政府將核廢料與犯人一同送到蘭嶼島上，乃為其心可議地族群壓迫，達悟族原住民即成為被帝國主義所犧牲的被殖民者。

> 　　當時還在玉山神學院讀書的郭建平說，⋯⋯「臺灣的黑報義理和行
> 為模式，都影響著雅美青少年。我手臂上的刺青就是這種影響下的
> 產物。」他笑著說，「那時我還小，不懂事。名盜高金鐘在蘭嶼逃脫
> 無蹤的案子傳遍全島，被年幼無知的我們青少年視為英雄⋯⋯。蘭
> 嶼青少年從小看著這些強制勞動犯暴戾逞凶、好鬥，能說沒影響
> 嗎？」〔註205〕

　　在漢族政府將所謂的人犯監禁於蘭嶼島上，對於島民而言，即為一種精神生活壓迫與族群歷史傷害，留下諸多無法抹滅的衝擊與創傷；再加上核廢料傾倒，汙染著達悟族人賴以維生的土地。達悟族人即在此種不合理的政策下成為無辜的受害者，漢族政府乃罔顧原住民族的身心安危與基本人權。

> 　　「任你插翅也逃不出蘭嶼」的構想，使「監禁」的範圍從營舍擴大
> 為整個蘭嶼島，人犯在這大監獄裡擁有某種程度的「自由」，而雅美
> 人則變成這監獄裡被剝奪了「人權」的自由人。〔註206〕

　　當漢族將核廢料與犯人置於蘭嶼，臺灣島將安全無虞地一勞永逸；卻罔顧蘭嶼原住民族的人身安全，如此自私不公的作法，無非引發蘭嶼島民一連串的抗議、辛酸與無奈，甚至於造成諸多無法磨滅的族群傷害，誠如薩依德所述，「當帝國主義的範圍和深度增加時，在殖民地本身的反抗也隨之提升。」〔註207〕在蘭嶼島上的原住民族，成為殖民地國主義下的被宰制犧牲著，隨之而來的即為反抗精神力量的昂揚。

〔註205〕關曉榮，〈一個蘭嶼能掩埋多少「國家機密」〉，《人間》（1987 年 12 月），頁
　　　　109～110。
〔註206〕關曉榮，〈一個蘭嶼能掩埋多少「國家機密」〉，《人間》（1987 年 12 月），頁
　　　　110～111。
〔註207〕薩依德，〈葉慈和去殖民化〉，《文化與帝國主義》（臺北：立緒出版社，2001
　　　　年），頁 415。

第二節　張深切霧社劇本中的原住民族

一、張深切原住民文學的創作背景

　　關於漢族作家張深切在 1951 年，所創作原住民族劇本《遍地紅》，乃針對霧社事件為題材創作，「《遍地紅》原題『霧社櫻花遍地紅』，是在大陸淪陷前為西北影片公司寫的電影劇本，曾在《旁觀雜誌》連載過。」〔註208〕此即漢族作家描述原住民族霧社事件的早期代表性文本之一。

> 　　臺灣知識份子在殖民地社會型塑本土精神之際，拒絕接受外來的價值觀念，必然會從民眾生活中找到抵抗的據點。張深切對本土精神的追尋，始於知識菁英式的政治運動，繼之以聯合陣線式的文學運動，終而投入大眾式的演劇運動。〔註209〕

　　漢族作家張深切所創作的《遍地紅》，乃象徵著當時漢族作家對於原住民族創作題材的關注，深具有指標性意義，也展現出霧社事件爆發時，將原住民族壯烈抗日史中的族群抗日精神，再現於文本中；進而將日治時期，原住民的被殖民處境加以再現。

二、日治時期的原住民族殖民

（一）日治時期之殖民壓迫

　　漢族作家張深切《遍地紅》中，乃深刻地描述日本殖民官方，對於原住民族的殖民壓迫，原住民族進而產生集體凝聚的抗日精神。此即由於長期以來，日本殖民壓迫官逼民反所致，誠如薩依德所述，「土著所譴責的，假如土著決心要終止殖民化的歷史——掠奪的歷史，這是停滯狀態才可能被質疑，並將民族的歷史——去殖民化的歷史締造出來。」〔註210〕原住民族的反抗精神，即展現出去殖民化的族群集體意識追求。

> 　　我們得知道，我們要打倒的並不是只在這裡的日本警察，而是這裡全體的日本人，不，不止這裡全體的日本人，該是臺灣全體的日本人，我們非把在臺灣的日本人全部趕出去不可！要不然，請你們想

〔註208〕張深切著，陳芳明等編，《張深切全集‧卷八‧遍地紅──霧社事件》（臺北：文經出版社有限公司，1998 年 1 月 1 日），頁 60。

〔註209〕張深切著，陳芳明等編，《張深切全集‧卷八‧遍地紅──霧社事件》（1998 年 1 月 1 日），頁 12。

〔註210〕Fanon, Wretched of the Earth, p.51。薩依德，〈勾結、獨立與解放〉，《文化與帝國主義》（2001 年），頁 492～493。

一想，我們殺了幾個警察，他們會派更多的警察來，又假如我們把平地的日本人都殺光了，他們還要從日本派更多的軍隊和警察來，他們人多，武器強，甚麼飛機大砲機關槍都有，都很厲害，我們打不過他們，反要被他們殺光⋯⋯〔註211〕

根據原住民族的觀點而言，可知原住民族自從日本殖民後，不僅失去原有的土地資產、強制性勞役活動、一連串皇民化運動限制，已使原住民怨聲載道、民怨四起；甚至於連原住民族賴以維生的土地，均被日本殖民帝國所剝奪，誠如薩依德所述，「所有這些均因為土地而發生，既發生在土地之上，也為爭奪土地而起。實際取得對土地在地理上之佔有詮釋帝國終極追求之目標。」〔註212〕爾後原住民族的還我土地運動，即為追求原住民族的土地所有權與詮釋權。

伍千町視松柏火，擬思什麼似地，忿然說：「你看我們的土地都被日本人占領了，房屋也被他們限制，不許隨便居住，又要負擔什麼義務勞役，絕無了期，好像鸕鷀被環子嵌著，吃不飽，餓不死，最近連穿的衣服也要管束，這樣叫我們怎麼活下去？我們是活不了的！」〔註213〕

在日本殖民壓迫下的原住民族，不僅要承受身體上的勞役，還要承受精神上的殖民壓迫；原住民婦女甚至於還要承受日本殖民官員擄掠姦淫的羞辱，諸多日本殖民壓迫已壓得原住民族喘不過氣來，誠如薩依德所述，「民族主義——社群的復興、認同之肯定、新興文化實踐的出現——乃是遍及非歐洲世界、激發出來以進行反抗西方支配之鬥爭的一個動員起來的政治力量，這是歷史事實。」〔註214〕原住民被殖民者的反動力量乃極為龐大。

巴瑟搶過來說：「不但這樣，尤其教我們最難堪的是他們在這裡擄掠姦淫，無惡不作，把我們的婦女稍有姿色的都搶過去做玩意兒，你說我們這裡有多少女人可以供給他們？叫我們怎麼辦呢？」〔註215〕

〔註211〕張深切著，陳芳明等編，《張深切全集・卷八・遍地紅——霧社事件》（1998年1月1日），頁88。

〔註212〕薩依德，〈敘事與社會空間〉，《文化與帝國主義》（2001年），頁156～157。

〔註213〕張深切著，陳芳明等編，《張深切全集・卷八・遍地紅——霧社事件》（1998年1月1日），頁91。

〔註214〕薩依德，〈反抗文化的主題〉，《文化與帝國主義》（2001年），頁408。

〔註215〕張深切著，陳芳明等編，《張深切全集・卷八・遍地紅——霧社事件》（1998年1月1日），頁91。

因殖民壓迫積怨已久的原住民族，所展現的抗日精神，誠如薩依德所述，「若思考帝國的支配和對它加以反抗仍然是一個雙重的過程，邁向去殖民化，然後獨立，也就是大致上將自己和此一過程聯合起來，然後不只是詮釋學式地、也是政治式地去詮釋競賽的雙方。」〔註216〕原住民族的反抗精神，均象徵著去殖民化歷程。

（二）原住民族的抗日事件

反觀日本殖民官員，對於原住民族的態度，乃為幸災樂禍地將其視為奴隸般羞辱，將殖民者的優越感展露無遺，諸如日本殖民官員的對話，「艷福艷福！嗨，我們大家都到霧社來當警察吧，可把全霧社的美人都拉來做老婆，哈哈哈哈！」〔註217〕根據日本殖民者的觀點可知，原住民族彷彿任其予取予求地盡情奴役與壓迫，誠如薩依德所述，「法農的作品乃是由晚期西方資本主義文化所產生、由第三世界土著知識份子所接受為一種壓制和殖民奴隸的文化之理論思考所做的回應。」〔註218〕原住民被殖民者，乃成為日本殖民帝國主義下殖民奴隸般的犧牲者。

> 佐塚裝做生氣的面孔說：「那不行，有福同享，有飯大家吃，啦啦，收起來。……你想我們到這蠻荒深山裡來幹甚麼？人家都會享福——看電影，吃大菜，嫖女人——我們呢，來這裡吃苦，一點兒安慰都沒有，誰能受得了？」〔註219〕

除了日本殖民官員恣意的姦淫擄掠原住民女子外，還有政策性通婚制度，均對於原住民女性造成傷害。但反觀日本殖民官員口中，此種政策婚姻在日本男性眼中，卻充滿著輕蔑態度，誠如薩依德所述，「它已從帝國主義之正當化白人統治的自戀性個人主義、區隔性和殖民主義式自我中心論解放出來了。」〔註220〕日本殖民者彷彿薩依德所論，白人統治的自戀性個人主義與自我中心論，而產生對於原住民被殖民者的族群歧視。

〔註216〕薩依德，〈心路歷程與反對勢力的出現〉，《文化與帝國主義》（2001 年），頁475。
〔註217〕張深切著，陳芳明等編，《張深切全集·卷八·遍地紅——霧社事件》（1998年 1 月 1 日），頁 68～69。
〔註218〕薩依德，〈勾結、獨立與解放〉，《文化與帝國主義》（臺北：立緒出版社，2001 年），頁 489。
〔註219〕張深切著，陳芳明等編，《張深切全集·卷八·遍地紅——霧社事件》（1998年 1 月 1 日），頁 110。
〔註220〕薩依德，〈勾結、獨立與解放〉，《文化與帝國主義》（2001 年），頁 490。

> 佐塚露出一抹寂寞的神情說：「我羨慕你，你的太太那麼漂亮，那麼
> 年輕，你還捨得她，像我這個呢，又醜又老，還得和她敷衍，我真
> 是好像支那的王昭君在這裡『和蕃』……你是自由結婚的，所以也
> 可以自由離婚，我是奉上峰的命令──所謂政策結婚的，所以沒有
> 辦法脫離她……」〔註221〕

張深切在《遍地紅》中，乃將日本殖民官員鄙視、輕蔑原住民族的態度加以諷刺，「岡田昂然答道：『唪，什麼酋長？這是他們自稱三齊王，由咱們看起來，他們的皇帝也不過就是咱們的奴隸，你說不是嗎？』」〔註222〕原住民族酋長，被日本人視為奴隸般地看待，且極盡所能地羞辱，誠如學者阿蘭·伯恩爵士所述，「強大富有的民族對於那些被他們認為低於自己的民族之蔑視，接著是那些被迫處於從屬位置者的苦澀怨恨，以及在從屬位置上經常受到的侮辱。」〔註223〕原住民被殖民者，所承受的族群歧視，乃充滿著精神壓迫。

> 巴瑟怫然變色，自言自語說：「髒東西！」他把那隻雞腿往自己的嘴
> 裡送，又拿出來看一看。燒黑的雞腿（特寫）。他邊吃邊說：「誰說
> 這是髒東西！」吉村勃然叱喝：「馬鹿野狼（八迦亞羅）！都滾出去！
> 我不是生蕃，不吃你們的臭東西！」吉村撥手指罵時，偶爾把案上
> 的鋼筆弄掉地下，他彎腰正要撿的當兒，巴瑟驀地拔刀砍去，斬為
> 兩斷。此一舉動，如迅雷不及掩耳，不但嚇壞了跟巴瑟一塊來的人，
> 就是巴瑟本身也愕然半晌，不知所措。他們看著鮮紅的血，人的血！
> 他們的眼睛由驚愕變為猙獰凶煞地轉動著。〔註224〕

張深切在《遍地紅》中，乃將日本殖民官員如何地羞辱原住民族，進而引發原住民怒不可遏地砍殺日本官員首級，真實地再現於劇本中，日本殖民

〔註221〕張深切著，陳芳明等編，《張深切全集·卷八·遍地紅──霧社事件》（1998年1月1日），頁112。

〔註222〕張深切著，陳芳明等編，《張深切全集·卷八·遍地紅──霧社事件》（1998年1月1日），頁115。

〔註223〕阿蘭·伯恩爵士，《種族和膚色的偏見》，頁14。（Sir Alan Burns, Le prejudge de race et de couleur, Payot, p.14。英譯按：Colour Prejudice, Allen and Unwin, 1948, p.16）。法農，〈黑人的實際經驗〉，《黑皮膚，白面具》（臺北：心靈工坊出版社，2005年4月），頁203。

〔註224〕張深切著，陳芳明等編，《張深切全集·卷八·遍地紅──霧社事件》（1998年1月1日），頁132。

者之於原住民被殖民者，彷彿爲白人之於黑人，「接觸白人世界時黑人的心理
就會產生敏感反應，戰慄、發抖、痙攣，最後導致自我崩潰。」〔註225〕原住
民被殖民者的抗日精神，即在飽受殖民壓迫後的霧社事件中爆發。

（三）日治時期的霧社事件

張深切對於原住民霧社事件的觀點，乃描述日本殖民官員的族群歧視，
認爲原住民族即爲文明未開化的野人，誠如法農所述，「白人依循著一種權威
情節、領袖情節，而馬爾加什人依循的是依賴情節。」〔註226〕原住民族深知
無法勝過日本殖民官方的先進武器，仍選擇要以卵擊石地對抗日本殖民壓
迫，乃爲不自量力。

> 霧社的山胞，固然是未啓發的野人，但他們因爲未受文明狡詐的渲
> 染，所以他們異常純眞而且富有人性；他們明知抵不過文明利器，
> 必須玉碎，然而爲爭取人性的尊嚴，不計成敗利鈍，不自由毋寧死
> ——這種精神，文明人雖言之鑿鑿，行之維艱——霧社的山胞卻以
> 實際行動表現了。〔註227〕

張深切在《遍地紅》中，乃如實地再現霧社事件爆發時的景象，此種抗
日力量，誠如薩依德所述，「正如在殖民地的民族主義或反帝國主義的反抗，
逐漸變的更引人注目，一群激烈地互相矛盾的反帝國主義力量亦然。」〔註228〕
原住民族抗日精神再現，以原住民孩童爲例，曾舉刀追殺日本孩童的景象，
令人不勝唏噓。在霧社事件中令人矚目的對象，即爲花岡一郎、花岡二郎與
莫那・魯道。

> 運動場發生全面的亂鬥，也有山地兒童舉刀追殺日本兒童，又遠見
> 佐塚被山地人砍倒。巴瑟英勇出眾，連斬數人，於亂軍中跑來跑去，
> 所向無敵，他似乎積極地在找岡田，看見岡田的他變追上去。花岡
> 二郎無可如何的在場上徬徨徘徊。在另一角落，伍干碰著岡田，岡

〔註225〕陳芳明：法農，〈皮膚可以漂白嗎？〉，《黑皮膚，白面具》（2005 年 4 月），
　　　　頁 15。

〔註226〕法農，〈所謂被殖民者的依賴情節〉，《黑皮膚，白面具》（2005 年 4 月），頁
　　　　181。

〔註227〕張深切著，陳芳明等編，《張深切全集・卷八・遍地紅──霧社事件》（1998
　　　　年 1 月 1 日），頁 59。

〔註228〕薩依德，〈心路歷程與反對勢力的出現〉，《文化與帝國主義》（臺北：立緒出
　　　　版社，2001 年），頁 445。

> 田拔刀抵抗，伍干抵敵不住，漸受壓迫後退，一郎無意識地走到他
> 們的旁邊來，伍干碰著一郎，一郎不覺順手一推，伍干變摔倒於地
> 上，岡田乘勝追擊，正臨千鈞一髮的當兒。一郎看見岡田擬刀猛刺
> 伍干，勃然拔刀殺掉了岡田，斬後，他茫然自失，舉刀注視刀上的
> 鮮血（特寫），渾身抖擻。〔註 229〕

在《遍地紅》中，描述花岡一郎與花岡二郎的對話，原住民族雖受到日本皇民化教育薰陶，但面臨到族群對抗的抉擇時刻，仍會激起原住民族本有的族群意識與民族情感，誠如法農所述，「我要對我的身體負責，同時也要對我的種族、我的祖先負責。」〔註 230〕原住民被殖民者的族群集體意識與民族情感，在此刻徹底地被激發，而導致霧社事件的爆發。

> 「我也受不了一時的衝動，無意識地拔出刀殺了日本人……我到現
> 在還不能了解那個時候的感情……」二郎思索一會說：「這大概就是
> 受了所謂民族感情的衝動吧。」一郎露出苦笑答道：「對了，就是民
> 族感情！我不忍看一個懦弱的同胞被那兇糾糾的日本人殺死……這
> 種感情怎麼會發生？那個時候我怎麼沒有理智能抑壓我的感情？鑄
> 成這大錯！」〔註 231〕

在霧社事件中，立場最為尷尬的即為花岡一郎與花岡二郎，一則無法阻止莫那‧魯道的抗日起義行動，一則又無法違背本能具備的族群精神。花岡一郎與花岡二郎，即不斷地在原住民族群情感的呼喚，與日本皇民目標的追求間，進行著內心深處的自我辯證。縱然明瞭原住民族乃無法抗日成功，卻又義無反顧地勇往直前，令花岡一郎與花岡二郎極為擔憂。

> 二郎悲憤地說：「我想……我們不如投降吧，一來可以保全生命，二
> 來可以對莫那道洩點氣。你看他們都瞧我們不起，不聽我們的話，
> 一直橫幹蠻幹，難道我們的智力還不如他們麼？我們受過日本的新
> 教育，而且明瞭世界的大勢，他們目不識丁，不懂得新式武器的厲
> 害，只會胡鬧瞎鬧，不久總會失敗的……」〔註 232〕

〔註 229〕張深切著，陳芳明等編，《張深切全集‧卷八‧遍地紅——霧社事件》（1998
　　　　年 1 月 1 日），頁 139～140。
〔註 230〕法農，〈黑人的實際經驗〉，《黑皮膚，白面具》（2005 年 4 月），頁 196。
〔註 231〕張深切著，陳芳明等編，《張深切全集‧卷八‧遍地紅——霧社事件》（1998
　　　　年 1 月 1 日），頁 157～158。
〔註 232〕張深切著，陳芳明等編，《張深切全集‧卷八‧遍地紅——霧社事件》（1998

　　花岡一郎與花岡二郎無法認同莫那・魯道毫無勝算的抗日行動，卻又被日本殖民官方視為叛徒，使二人深陷矛盾與為難處境之際，又要擔憂原住民族將會被日本先進武力全體殲滅。因日本殖民者與原住民被殖民者間，乃武力懸殊，而原住民又居於以寡敵眾的不利處境。

　　　你沒有聽見日本的報紙和日本人都誤信我們兩個人是叛亂的首
　　　魁？……我們和莫那道一派是沒有法子合作的，他們絕無妥協的餘
　　　地，日本軍要招安他，他不但不理，而且叫囂抗戰到底，強幹硬幹，
　　　死而無悔的。他們雖然智識不夠，魄力卻比我們強，他們並不是不
　　　知道會失敗的，然而他們對於成敗利鈍在所不計，只有幹到底；但
　　　是我們的見解和他們不同，我們認為能夠使他們反省就算達到目
　　　的，不必多出犧牲，再多的犧牲也沒有意思，看這樣子，我們會被
　　　日本軍消滅的……〔註233〕

　　花岡一郎與花岡二郎面臨著，日本殖民官方質疑與族人屢勸不聽下，深知原住民族將深陷更困窘的族群危機下，僅能選擇一死明志，為自我清高節操而犧牲性命；甚至於準備身著日本和服來以死明志，以保護原住民族人。

　　　「罷了，到這地步，只有一死來表白咱們的心志，你看，我帶日本
　　　和服來了……」一郎從包袱裡拿出和服給二郎看，二郎也打開包裹
　　　給他看，一郎接說：「咱們的想法完全一致，我們以死來做無言的抗
　　　議，我雖然痛恨日本，但也討厭莫那道，我們是被莫那一批人害死
　　　的！」〔註234〕

　　在花岡一郎與花岡二郎選擇自刎犧牲，以死明志來告慰族人，認為與其做日本刀下鬼，不如做高山守護神。原住民為了避免日本殖民者的羞辱，寧願以死保護族群節操的精神乃極為堅定；即展現出原住民勇士的堅定情操，「鞠躬盡瘁，死而後已」，令人欽佩不已。

　　　他懍烈地向婦女們呼籲：「我們不要哭了，是的，不要哭，我們與其
　　　做日本人的刀下鬼，不如都來做高山的守護神，我們不可再受日本

　　　年1月1日），頁158。
〔註233〕張深切著，陳芳明等編，《張深切全集・卷八・遍地紅——霧社事件》（1998
　　　年1月1日），頁158。
〔註234〕張深切著，陳芳明等編，《張深切全集・卷八・遍地紅——霧社事件》（1998
　　　年1月1日），頁163。

> 鬼子的侮辱，我們現在只有死，死能避免日本鬼子的侮辱，能激勵
> 我們的戰鬥員，使他們沒有後顧之憂，死能做神保護我們的山地，
> 死能隨時轉生再和日本鬼子拚命到底！所以我說我們現在只有死才
> 能解決一切！」〔註235〕

莫那·魯道在深知大勢已去而無力回天之際，同樣選擇以死明志地自刎。但在犧牲性命前，乃告知原住民族人此役雖敗，卻也使日本殖民下慘無人道的暴行為國際周知。將日本殖民帝國的殘酷霸權揭露於世，展現出原住民被殖民者的堅定反抗力量，努力追求去殖民化的族群目標。

> 莫那和朱辰同及其他數位頭目都現出疲乏不堪的狀態，朱嘆了一口
> 氣，抖擻精神說：「好了，我們算是達到了預期以上的目的了，我們
> 這次抗戰，不但對我高砂族有很大的貢獻，就是對臺灣、對全世界
> 也有了相當的貢獻。第一，能使他們不敢在藐視弱小民族無力。第
> 二，使他們明瞭暴政的結果會激起民眾的反抗，今後他們對臺灣的
> 政治也許會客氣一點，尤其對高砂族更不敢採取以前那麼暴虐的政
> 治。第三，使全世界知道日本的實力不過如此，他們打不過我們，
> 竟使用慘無人道的毒瓦斯、燒夷彈等等，這些事實全世界都已經知
> 道了⋯⋯」〔註236〕

張深切在《遍地紅》中，乃將莫那·魯道如何與族人一同以死明志的景象，慘烈如實地再現。首先，莫那·魯道先解決自己妻子後，再將族人們逐一犧牲。在原住民長期因殖民壓迫積壓已久所產生的怨氣，或許在自縊後乃得以重獲解脫，回到屬於原住民族的祖靈之地。

> 莫那看完後，向坐在地面的妻說：「你起來看一看，前面風景多好！」
> 他的妻薩瑪無力站起，只呆望著他。他用手拉妻起來說：「你看，那
> 邊風景多麼好⋯⋯」他指河上給妻看了一會，又溫存地說：「你到那
> 邊去，去見咱們的祖先⋯⋯」妻不解其意，只呆望前面。溪上的樹
> 梢好像在召喚她，向上下搖動。莫那輕輕的推他一下，說：「去吧，
> 快去。」薩瑪向前顛去幾步，莫那隨後舉槍射殺了她。眾人看這情
> 景都大吃一驚。莫那看見妻俯伏下去，向眾人說：「你們都來，去坐

〔註235〕張深切著，陳芳明等編，《張深切全集·卷八·遍地紅——霧社事件》（1998
　　　　年1月1日），頁170。

〔註236〕張深切著，陳芳明等編，《張深切全集·卷八·遍地紅——霧社事件》（1998
　　　　年1月1日），頁181。

在河邊，我叫你們看一個新的世界，都來吧！」〔註237〕

在霧社事件中，原住民族即以集體自刎的方式收場，展現堅定的族群節操與抗日精神，彰顯出自我族群認同的集體意識，誠如薩依德所述，「所有民族主義文化沈重地依賴民族認同的概念，民族主義政治是一種認同政治。」〔註238〕原住民族因民族認同而選擇犧牲性命，共同維護原住民族最後的一絲尊嚴與族群精神。

> 他走近他們的旁邊說：「你們都看河流的上面吧，我要帶你們到永遠
> 幸福的地方去，我們的祖宗都住在那裡，不許回頭，只許向前面看，
> 聽我打槍，打三十二發，就算完畢，打完了才許回頭，好了，看那
> 邊吧！」〔註239〕

在原住民族抗日史上最慘烈的一頁即為霧社事件，此事件即在原住民族選擇集體犧牲性命之際畫下句點，存活下來的原住民族，面臨日本殖民官方更加嚴厲與暴虐的殖民統治，誠如薩依德所述，「瑪諾尼先生親身經歷過殖民情境必然具有的極端曖昧狀態，他掌握了對『土著──殖民者』關係產生支配作用的心理現象，不幸地是太過窮盡。」〔註240〕原住民被殖民者，即將面對日本殖民者絕對服從式的支配性統治，令原住民族乃苦不堪言。

（四）皇民化運動之同化壓迫

在《遍地紅》中，乃描述原住民族在日治時期，遭遇到皇民化運動同化，日本殖民官方在原住民部落，普遍宣導與強制進行著皇民化運動；甚至於鼓舞原住民青年成為皇軍，為日本天皇陛下效命，展現出日本殖民霸權的族群優越感。

> 三輪退回到背後的司令臺上，演講：「這次臺灣同胞協助皇軍作戰，
> 建立功勞，本人覺得非常欣慰，你們得要知道皇恩浩大，允許你們從
> 軍，可見我大日本帝國的天皇陛下至仁至慈一視同仁……」〔註241〕

〔註237〕張深切著，陳芳明等編，《張深切全集·卷八·遍地紅──霧社事件》（1998年1月1日），頁186。

〔註238〕薩依德，〈勾結、獨立與解放〉，《文化與帝國主義》（2001年），頁487。

〔註239〕張深切著，陳芳明等編，《張深切全集·卷八·遍地紅──霧社事件》（1998年1月1日），頁187。

〔註240〕法農，〈所謂被殖民者的依賴情節〉，《黑皮膚，白面具》（2005年4月），頁165。

〔註241〕張深切著，陳芳明等編，《張深切全集·卷八·遍地紅──霧社事件》（1998

在日本殖民官員的大力宣傳下，將原住民洗腦能成爲皇軍，乃爲值得驕傲的榮耀。原住民青年在不斷地被洗腦下，進而逐漸忘卻當初日本殖民帝國，如何地荼毒與壓迫原住民族的景象，誠如薩依德所述，「法農所重新體認到的帝國主義，就其積極的面向而言，是一個集體行動，重新賦予一大群遲滯的沈默土著其活力，並重新將他導入一個對歷史新而包容性的概念。」〔註242〕這段永難磨滅的原住民族群歷史傷痛逐漸被忘懷。

> 軍夫們聽見這可惱的話，氣得發生不自然的緊張——三輪以爲他說的話，已使軍夫們發生感動，加強語氣說：「所以你們獲得這盡忠報國的機會，可謂十二萬分的榮幸，本官爲要使你們更潤皇恩，特別設一個盡忠報國的絕好機會，允許你們明天承擔先鋒任務，執神聖的槍桿殺敵，這種光榮大概會使你們感激流涕的……」果然有人因憤恨而流涕，有人低聲附耳向流涕的人說：「不要發愁，我們拿著槍桿再想辦法……」〔註243〕

在日本殖民官員三輪口中，將原住民視爲兇頑蕃奴；甚至於努力地煽動所謂的友蕃去攻擊所謂的敵蕃，由以蕃制蕃的方式去對抗原住民族，還要原住民感謝浩瀚皇恩，誠如薩依德所述，「約定俗成的敘事對帝國主義的強取式和支配性的特質至關重大。敘事本身是權力的再現。」〔註244〕日本殖民者的皇民化運動本身，即爲殖民霸權的展現。

> 三輪繼續說：「你們前進吧，努力吧，無論多麼兇頑的蕃奴，在我皇軍之前，便如秋風落葉，不值一掃，自會消滅的，你們務須在最短期間，把那胡塵掃除乾淨，限明日必須突破人止關直撞霧社，救出善良蕃人於水深火熱之中，如果不達目的誓死不歸，你們生爲大日本帝國天皇陛下的赤子，死爲忠君愛國之神，沒有比這更光榮的事，諸君務須感激皇恩，以一死報國，本人亦有餘幸，願諸子勉之！完了。」〔註245〕

　　　年1月1日），頁 144～145。

〔註242〕薩依德，〈勾結、獨立與解放〉，《文化與帝國主義》（2001 年），頁 490。

〔註243〕張深切著，陳芳明等編，《張深切全集・卷八・遍地紅——霧社事件》（1998 年1月1日），頁 145。

〔註244〕薩依德，〈勾結、獨立與解放〉，《文化與帝國主義》（2001 年），頁 497。

〔註245〕張深切著，陳芳明等編，《張深切全集・卷八・遍地紅——霧社事件》（1998 年1月1日），頁 145。

關於霧社事件的爆發，日本殖民官方認爲在日本文明社會中，原住民族野蠻人的計謀，實屬可笑之事，諸如劇本中所述，「參謀長不讓他說完，大聲叱道：『笑話，文明人上了野蠻人的當，還說甚麼鬼計多端？我說不是對方有甚麼鬼計，只是證明你們儒弱無能！』」〔註246〕日本殖民官方即決定大舉入境地殲滅原住民山地部落。

> 鐮田司令和幕僚們正在開緊急會議，服部參謀長咆哮暴跳，揮拳擊桌
> 喊道：「蕃奴暴虐至甚！非把他們殺光，殺到寸草不留，不能消這一
> 肚子恨氣！出動飛機，先把人止關炸平，進佔霧社再說。」〔註247〕

在霧社事件爆發後，原住民花岡一郎與花岡二郎所留下的遺書，看在日本殖民官員眼中，根本不屑一顧。在日本殖民官方認知裡，花岡一郎與花岡二郎即爲叛徒。花岡一郎與花岡二郎在承受日本殖民官員的輕蔑外，再加上原住民族人的誤解，在此雙重壓力下，僅能爲了保有原住民族氣節，而選擇以死明志地自縊。

> 辦公廳幾個日本將校站在花岡貼遺書的牆壁前看，甲向遺書啐一口
> 說：「眞可惡，叛賊還敢向我皇軍開玩笑，你看，這是十月二十七日
> 寫的筆跡麼？說什麼他們也被囚禁！無端殺戮了我們日本人，還敢
> 故弄玄虛！好，這次抓著了，非把他萬刀宰割，凌遲處死不可！」
> 乙激昂地說：「他們無疑是罪魁，還想嫁禍他人，誰上他的當！我們
> 最好活捉他們來給被害人的遺族每一個人砍一刀才痛快！」他擬著
> 手勢要撕破那張遺書。〔註248〕

日本殖民官員包圍著原住民花岡一郎與花岡二郎的遺體，眾人發洩著對於原住民族的怨恨，恨不得將原住民族碎屍萬段，誠如法農所述，白人與黑人的膚色偏見，彷彿即爲日本殖民者與原住民被殖民者的處境，「膚色偏見不是別的，就是一個種族對另一個種族不理智的恨意，……由於膚色是一種種族最容易被看見的外在記號，因此變成眾人用以判斷他人的指標，而不考慮他人的教育和社會成就如何。膚色明亮的種族輕視膚色深暗的種族，現在膚

〔註246〕張深切著，陳芳明等編，《張深切全集・卷八・遍地紅——霧社事件》（1998
　　　　年1月1日），頁151。
〔註247〕張深切著，陳芳明等編，《張深切全集・卷八・遍地紅——霧社事件》（1998
　　　　年1月1日），頁154～155。
〔註248〕張深切著，陳芳明等編，《張深切全集・卷八・遍地紅——霧社事件》（1998
　　　　年1月1日），頁163。

色深暗的種族拒絕讓眾人將劣勢條件繼續強加在自己身上。」〔註 249〕由日本殖民官員口中可知，對於原住民族還是充滿著歧視與輕蔑。

> 他們包圍著一郎的屍體，都表現痛恨的眼光，看了一會，幾個兵用
> 腳踢他，有的竟動手撕破他的衣服，罵到：「他媽的，殺了日本人，
> 還要假裝日本人，誰讓你穿這個！」班長也啐他一口說：「恨不能活
> 剝他的皮碎屍萬段！」罵後，又踢他一腳，命士兵們：「喂，把這裡
> 給他圍起來，做一個標幟，等待報告後再說。」士兵們開始準備圍
> 柵，有的仍罵不絕口，有的臨走時又踢他幾下說：「畜生，你想做日
> 本人就算賠了罪麼，我們日本人沒有像你這個！」〔註 250〕

日本殖民官方的參謀長激動地表示，絕對要使用先進武器去大舉殲滅原住民族，將其好好地教訓一番，否則難消日本人心頭之恨，「參謀長握住拳頭激烈地主張：『這些兇匪頑蕃非用文明利器教訓他們不可，請司令官閣下不要躊躇，如果再躊躇了，恐怕還要多出犧牲，損失一些忠勇將士！況且這裡也沒有外國記者，事後知道了，他們那有什麼辦法呢？』」〔註 251〕日本殖民官員甚至於還要趁著國際記者不在場的時機，好好地對付手無寸鐵的原住民族人。在霧社事件後，原住民族在日本先進武器攻擊下已慘不忍睹；日本殖民者甚至於慘無人道地利用毒瓦斯攻擊，引發國際間的一陣撻伐聲浪，也使原住民族的慘況雪上加霜。爾後原住民被殖民者的處境更加苦不堪言，此即原住民抗日史上最慘烈的扉頁。

三、原住民族群認同

（一）原住民族之被殖民認同意識

關於原住民族皇民化運動的成果，可知原住民已逐漸地被日本殖民官方同化，誠如薩依德所述，殖民者乃努力地同化著被殖民者，「白人和東方主義起源環境的第一點相似之處，就是二者掌控的『領域』，以及那種身處這類領

〔註 249〕阿蘭・伯恩爵士，《種族和膚色的偏見》，頁 14。（Sir Alan Burns, Le prejudge de race et de couleur, Payot, p.14。英譯按：Colour Prejudice, Allen and Unwin, 1948, p.16）。法農，〈黑人的實際經驗〉，《黑皮膚，白面具》（2005 年 4 月），頁 203。

〔註 250〕張深切著，陳芳明等編，《張深切全集・卷八・遍地紅——霧社事件》（1998 年 1 月 1 日），頁 166～167。

〔註 251〕張深切著，陳芳明等編，《張深切全集・卷八・遍地紅——霧社事件》（1998 年 1 月 1 日），頁 174。

域，就一定要有某種行為、學習、佔有模式（甚至儀式）的感覺。」〔註252〕因此，原住民認為改成日本姓氏，即可成為真正日本人；甚至於對自我族群的認同意識，也逐漸消弭中。

> 隆夫：「我姓林干你屁事？我已經改姓名了，我現在就是純粹的日本人，你們以後把我的林要念「哈雅喜」，隆夫要念塔卡歐，知道了麼？好了，滾，滾出去！」〔註253〕

在日治時期後期，原住民已逐漸地被日本皇民化，且以身為日本皇民為榮，完全忘卻當年原住民族所受到的屈辱和傷痛，誠如薩依德所述，「凡是由民族所界定的文化，我相信，對主權、操縱或支配者都有一種野心。」〔註254〕日本殖民者對於原住民被殖民者，殖民霸權的族群支配野心，造成原住民在日治時期，承受著族群意識的混淆。

（二）殖民意識下之原住民婦女

根據張深切在《遍地紅》中，描述當時在日本殖民官員眼中的原住民女性，被視為蕃女，且為了鼓舞士氣而跳舞，完全展現日本殖民者的霸權心態，對於原住民被殖民者的殖民霸權支配性，誠如薩依德所述，「文化作品，輻射出或介入許多建立在文體、時段化、民族性或風格之上的表面上穩定且難以穿透的範疇，它們先設西方及其文化全然自主於其他文化，也自主世俗的權益、權威、特權與支配的追求。」〔註255〕日本殖民官員完全忽略原住民族歌舞祭典中，重要的族群精神與文化意義。

> 夕陽斜照霧社高臺。高臺上有一大群山地婦女正在跳舞。山地戰鬥員都環繞在周圍觀舞。在高臺對面山麓，安達觀望好久，像桑木部隊長說：「怪哉，那不是蕃女們在那裡跳舞麼？」部隊長感慨地答道：「是的，是蕃人在跳舞，大概是要鼓舞士氣吧！」〔註256〕

〔註252〕薩依德，〈類型、專業和看法：東方主義的世俗性〉，《東方主義》（1999年9月），頁334。

〔註253〕張深切著，陳芳明等編，《張深切全集・卷八・遍地紅——霧社事件》（1998年1月1日），頁77。

〔註254〕薩依德，〈過去之純淨與不純淨的形象〉，《文化與帝國主義》（臺北：立緒出版社，2001年），頁50。

〔註255〕薩依德，〈運作中的帝國：威爾第的《阿伊達》〉，《文化與帝國主義》（2001年），頁242。

〔註256〕張深切著，陳芳明等編，《張深切全集・卷八・遍地紅——霧社事件》（1998年1月1日），頁155。

　　原住民女性在日治時期，簡直爲日本官員姦淫擄掠下的犧牲品，呈現當時原住民所承受的煎熬與苦難，誠如法農所述，「黑人問題不會化約成黑人在白人當中生活，而是黑人被資本主義、殖民主義社會所剝削、所奴役、所蔑視的問題，這個社會是白色乃是意外。」〔註257〕黑人所承受的問題，彷彿即爲原住民族所面臨的殖民困境。不僅原住民女性，整個原住民族均承受著，被殖民者所面臨的殖民處境，乃如此地慘烈。

（三）原日孩童之殖民再現

　　張深切在《遍地紅》中，描述當時原住民孩童的生活景象。在原住民部落中，原住民孩童看見日本孩童，拔腿就跑的進屋內躲藏，誠如薩依德所述，「當黑人皆接觸到白人世界時，會發生某種敏感化作用。如果心理結構脆弱的話，就會出現自我坍塌。」〔註258〕連原住民孩童均承受著被殖民者的自卑處境，而自覺地避開日本孩童。

> 蕃屋附近。幾個蕃童在院前遊戲跑來跑去，很快樂。裡頭有一個發現了日本兒童，大吃一驚，呆住不動。大家看見了日本兒童逼近這邊來了，大起恐慌，撒腿便跑，有的就地藏入蕃屋裡去。〔註259〕

　　在原住民孩童與日本孩童的相處過程中，同樣可見到殖民者與被殖民者的階級差異，使原住民孩童乃十分畏懼日本孩童的欺侮與壓迫。日本殖民者的族群壓迫，不僅限於大人的世界，也同樣發生在日本孩童與原住民孩童身上，彷彿爲日本殖民情境的縮影。

> 躲在蕃屋後面的蕃童，只伸出頭窺探日本兒童的動靜。蕃童表現恐懼駭怕（特寫其閃現恐怖的大眼睛）。恰巧落葉掉落下蕃童的頭上，使他怕上加怕，緊急龜縮了他的頭。日本兒童們無意識地走到蕃屋這邊來。有一個頑皮的孩子忽然異想天開，提議說：「喂，我們老打鳥兒沒有意思，不如打生蕃做遊戲好不好？」大家贊成喊道：「好好，打生蕃才有意思！」執指揮刀的舉刀發令説：「那麼自現在起，我們要開始討伐生蕃，前進！」〔註260〕

〔註257〕法農，〈黑人與精神病理學〉，《黑皮膚，白面具》（臺北：心靈工坊出版社，2005年4月），頁300。

〔註258〕法農，〈黑人的實際經驗〉，《黑皮膚，白面具》（2005年4月），頁250。

〔註259〕張深切著，陳芳明等編，《張深切全集‧卷八‧遍地紅——霧社事件》（1998年1月1日），頁66。

〔註260〕張深切著，陳芳明等編，《張深切全集‧卷八‧遍地紅——霧社事件》（1998

張深切將原住民被殖民處境，縮影至原住民孩童與日本孩童的世界中。此種被殖民的畏懼，乃存在於天真無邪的原住民孩童內心深處，使原住民孩童自覺地矮人一截，誠如薩依德所述，「五十年後的現在，令我不安的是，那件事留在我心上經久不去，當時方寸之間作痛，於今思之猶然，我父親和我卻似乎認了命，共同承認我們身分必然矮人一等。」〔註261〕此種殖民陰影乃深植於被殖民者心中，久久無法釋懷。

第三節　張大春超現實主義下的原住民族

一、漢族刻板印象之原住民族

張大春在《公寓導遊》中，收錄〈走路人〉，此文本乃為 1986 年一月五日刊登於聯合報副刊；在《四喜憂國》中，收錄〈四喜憂國〉、〈最後的先知〉、〈饑餓〉……等文本，均擅長以超現實主義創作手法，展現原住民族諸多重要的族群議題，諸如漢族刻板印象的住民族、原住民族歷史、種族歧視、族群壓迫、部落景象、祭典……等諸多層面，探討原住民族的族群困境與特色。

（一）走路人之野人形象

張大春在〈走路人〉中，描述原住民族傳說中的「走路人」，由漢族軍人的記憶中，呈現原住民走路人的形象，展現漢族對於原住民族，乃充滿著因族群隔閡所產生的諸多疑慮與想像。在漢族傳說中所謂的「走路人」，「聽說臺灣山地有一種『走路人』，擁有神秘的力量，走一條不讓外人知道的稜現線通道，在各族之間傳遞訊息，沒有思想也沒有立場，是不是有這回事？」〔註262〕漢族軍人即使去跟蹤調查原住民「走路人」後，對於原住民族仍為一知半解。

> 如果你們要問我：聽說臺灣山地有一種「走路工」，是不是有這回事？我可以這麼說：我們永遠也不可能真正瞭解任何聽說來的事、或者人是什麼，或不是什麼。我只能跟你們談談記憶。〔註263〕

年 1 月 1 日），頁 66。

〔註261〕薩依德，〈殖民學校：人地不宜〉，《鄉關何處》（2000 年 10 月），頁 60。

〔註262〕張大春，〈走路人〉，《公寓導遊》（臺北：時報文化出版社，1986 年 6 月 30 日），頁 71。

〔註263〕張大春，〈走路人〉，《公寓導遊》（1986 年 6 月 30 日），頁 48。

　　漢族軍人僅憑記憶陳述，彷彿漢族與其他族群對於原住民族，均存在著因族群隔閡所產生的刻板印象。「走路人」在漢族傳說中所拼湊出來的記憶，即爲漢族對於原住民族普遍存在的刻板印象，「黑人的存在，來自白人所編織的千絲萬縷的瑣事、軼聞、謠言、掌故、傳說、敘述，這些最後都要收編到整個帝國文本之中。」〔註264〕漢族對於原住民族的族群刻板印象，諸如具求生意志與善獵，與山林共存，熟知大自然奧秘……等諸多特色，但對於原住民文化習俗與族群精神，卻無法深入探究與理解。

> 是的，「他們」就是傳說裡山地的「走路人」。擁有超乎尋常的求生意志，精於狩獵，對山區有特殊而親切的瞭解，知道大自然賦予本島的每一個奧秘。〔註265〕

　　根據漢族觀點，原住民族乃具有靈敏的感官知覺，大自然變化，均可輕易地被原住民所察覺。不論是風向、水源、花開、游魚……等自然界的細微變化，均爲原住民所熟悉。原住民與山林海洋密切的依存關係，乃爲漢族對於原住民族的族群觀點之一

> 他們用鼻子辨別風向和水源，生就一副可以在睡夢中聽見花兒開落的耳朵，在最深的黑夜裡也看得到水底的游魚。你們會覺得這是神話。當時我也這樣想。〔註266〕

　　據漢族觀點可知，甚至於懷疑原住民族會不會飛？如此異想天開的認知，展現漢族對於原住民觀點的陌生，與原漢族群隔閡的嚴重性。在漢族傳說中的「走路人」乃不可結婚，必須遊走於山地各族間去傳遞訊息，工作性質類似於平地郵差般；但在漢族眼中，即彷彿成爲可飛天遁地的特異功能之士。

> 「他們會飛不會？」我說：「那眞該派他們到敵後去，起碼打聽打聽我爹的下落。」「噢，對了。」喬奇繼續保持著他和善寬容的微笑：「『走路人』不能結婚生小孩，他們得一輩子打光桿兒，成天到晚在臺灣山區裡走來走去，替各族傳遞消息。臨老還得在所有的部落裡挑選一個徒弟，訓練個幾年，然後──」「然後退伍？」〔註267〕

　　在漢族軍人眼中，原住民「走路人」乃爲無思想觀念、無文化教育、無

〔註264〕陳芳明，〈膚色可以漂白嗎？〉，法農，《黑皮膚，白面具》（2005 年 4 月），頁 14～15。

〔註265〕張大春，〈走路人〉，《公寓導遊》（1986 年 6 月 30 日），頁 50。

〔註266〕張大春，〈走路人〉，《公寓導遊》（1986 年 6 月 30 日），頁 50。

〔註267〕張大春，〈走路人〉，《公寓導遊》（1986 年 6 月 30 日），頁 50。

任何立場，此即代表著當時漢族對於原住民族的刻板印象。在後殖民理論中，白人對於黑人的諸多想像，彷彿漢族對於原住民族的諸多刻板印象，誠如法農所述，「黑人沒有文化、沒有文明、沒有『悠遠的歷史』。我們或許能在這裡重新找到當代黑人努力的源頭，那就是要不惜代價像白人世界證明黑人文明的存在。」〔註268〕在漢族觀點中，「走路人」乃身分特殊，具有中立身分而遊走於各個原住民族群間；但由漢族軍人的調查中，所呈現「走路人」樣貌，未必可如實呈現原住民族特質。

> 他們沒有中心思想，沒有國家觀念，沒有文化教育，甚至沒有任何
> 立場——他們竟然不介入族與族之間的糾紛或戰爭，卻能夠享受各
> 族的盛大款待——宴會、美酒和女人。〔註269〕

在漢族軍人眼中，「走路人」彷彿為野蠻的浪人，原住民族即成為所謂的野人、浪人，呈現漢族對於原住民族所存在的族群歧視。漢族軍人在任務進行過程中，甚至於開始將原住民當成真正敵人，此即象徵著漢族對於原住民族間的敵對族群意識存在，再現原漢族群間的族群議題。

> 在初抵部落的那一個夜晚，這些一代一代漂泊的野蠻浪人會如何暢
> 快地周旋在肥羊鮮果以及充滿仰慕與愛憐的姣美女子之間呢？我想
> 喬奇也一定會因此立刻而聯想起他身陷故鄉的妻子——我妻子的姊
> 姊。而他們周圍又有多少野蠻的浪人呢？唉！我不能再想下去了。
> 至少我牙關咬緊打戰，一路上吉普車上顛簸，以致無意間磨破了舌
> 頭，開始把「走路人」當作真正的敵人了。〔註270〕

在漢族軍人進行調查「走路人」任務後，終於真正發現「走路人」的蹤跡。如同漢族對於原住民族的刻板印象般，「我們的野人同胞終於在三天之後出現在現在雞籠山東北角的稜線上。不錯，正如你們所想的，『走路人』臉上刺了青，身材不高，可是健壯厚實有如山石。」〔註271〕在漢族軍人跟蹤「走路人」的過程中，輕易地得知「走路人」的行走路線，因「『走路人』留下清楚的腳印，腳印裡蓄積的雨水使我們能夠輕而舉地判斷他們超前了多久、多遠。」〔註272〕此趟漢族軍人的跟蹤任務，彷彿漢族對於原住民族的好奇探訪

〔註268〕法農，〈黑人與語言〉，《黑皮膚，白面具》（2005年4月），頁105～106。
〔註269〕張大春，〈走路人〉，《公寓導遊》（1986年6月30日），頁51。
〔註270〕張大春，〈走路人〉，《公寓導遊》（1986年6月30日），頁51。
〔註271〕張大春，〈走路人〉，《公寓導遊》（1986年6月30日），頁52。
〔註272〕張大春，〈走路人〉，《公寓導遊》（1986年6月30日），頁52。

與嚴密監控著。當漢族軍人在跟蹤時，乃假想著有關於原住民族的一切。

> 那麼，「走路人」師徒倆是不是也會如此呢？老的在對小的傳授經
> 驗的時候，會不會也掛著令人寬心的笑容，好讓對方泯滅心底處最
> 不可捉摸的恐懼？（刺著青的一張老皺皮臉笑起來一定更假些。）
> 〔註 273〕

在漢族軍人眼中，老的「走路人」大概是比較野蠻，而那個少的「走路
人」雖較不野蠻，但日後也將朝向野蠻路線去奔馳，而成為更加野蠻的原住
民，誠如法農所述，原住民即彷彿黑人般地被原始化，而成為野蠻落後的汙
名化觀點，「人們正是以這種不經意、自然、隨便、輕率，而將黑人固定，將
黑人禁錮，將黑人原始化、反文明化，正是這種不經意讓人惱火。」〔註 274〕
此即當時漢族對於原住民族野蠻、落後的刻板印象所致。

> 我和那個年輕的「走路人」應該是非常相近的人物吧？他臉上淡淡
> 的刺青也許顯示他是一個初成年、資歷不深的角色。那麼，他也許
> 不像老的那樣野蠻，不過他也一定朝著更加野蠻的道路上奔馳而
> 去。他也會逐漸生成一張老皺皮臉，刺青和襯底的臉膛轉成一色的
> 黑。〔註 275〕

漢族軍人甚至於假想著，有朝一日少的「走路人」也將被訓練成原住民
勇士，「他也要享受許多英雄式的歡呼和盛宴，擁有一個又一個的女人。他
也將訓練一個徒弟，在風雨中奔走。」〔註 276〕此即為漢族軍人對於「走路
人」的初步想像。然而，為了進行任務，他們仍要繼續跟蹤著「走路人」的
蹤跡。

> 喬奇看看我，看看獵道：「奇怪，我越來越沒把握，如果『走路人』
> 是順著山路走，我們現在就站在他們旁邊了。如果他們下獵道，就
> 不會在稜線上，而且人是在我們後頭！」〔註 277〕

在漢族軍人眼中，原住民「走路人」乃十分地難纏。當他們逐步逼近「走
路人」時，還要擔憂隨時有可能會被「走路人」給摘掉腦袋而被出草掉。此
即展現漢族對於原住民族還抱持著，其為文明未開化的野蠻人刻板印象，故

〔註 273〕張大春，〈走路人〉，《公寓導遊》（1986 年 6 月 30 日），頁 53。
〔註 274〕法農，〈黑人和語言〉，《黑皮膚，白面具》（2005 年 4 月），頁 104。
〔註 275〕張大春，〈走路人〉，《公寓導遊》（1986 年 6 月 30 日），頁 54。
〔註 276〕張大春，〈走路人〉，《公寓導遊》（1986 年 6 月 30 日），頁 54。
〔註 277〕張大春，〈走路人〉，《公寓導遊》（1986 年 6 月 30 日），頁 55。

此次任務乃危機四伏。

> 你們說，喬奇怎麼可能在六小時裡忘掉這些，而把那兩個隨時可
> 能摘掉他腦袋的「走路人」，還有一步步逼近他以及超越他的我當
> 成同胞？「你可別病倒了！」他掏出羅盤來端詳一陣，對著包圍我
> 們的山說：「這兩個山胞還真難纏，我一個人可對付不了他們。」
> 〔註278〕

在漢族軍人的對話中可知，過去漢族對於原住民族的觀念，認為其乃為會吃人的野蠻族群；縱然現今原住民族已不會吃人，但仍存在著野蠻的汙名化印象。漢族軍人乃隨時隨地擔憂著自身安危，此即為漢族對於原住民族的野蠻落後之刻板印象所致。

> 「聽說他們現在已經不吃人了。」喬奇說。「很難講，」我比他還要
> 狠些：「我們對這個島知道不多，荒山野地的，天曉得天亮以後我們
> 會不會變成一堆野人屎！」〔註279〕

在漢族軍人的想像中，原住民「走路人」乃為神乎其技般地厲害；但在經過數日的跟蹤，對於「走路人」有初步認識後，逐漸不再如此認為。此外，也明瞭他們如何作記號。漢族對於原住民族，乃存在著諸多因族群隔閡所造成的誤解與偏見。

> 喬奇拱拱我的肩窩，示意我看對面「走路人」方才棲身的所在：「他
> 們也像我們一樣，沿路做記號。」接著，我們同時發出「嘿嘿」的
> 笑聲，忽然間又覺得「走路人」不怎麼神乎其技了。而所謂記號，
> 是兩節截埋在土裡的竹筒，既沒有偽裝，也顯然不能代表方位，看
> 起來惹眼又無趣。〔註280〕

在原住民「走路人」登頂時，則循著傳統方式，「不過他們登頂的方式倒蠻有意思；不借助什麼工具，輪流對方身體做踏板，手矯結實又俐落，兩人還不時發出咿咿唷唷有如調笑或鼓勵的怪叫聲。不多會兒便上了山脊。」〔註281〕令漢族軍人們看得津津有味。當漢族軍人跟蹤到原住民「走路人」所做的記號後，好奇地伸手一探，「喬奇比我先到達『走路人』留註記號的位置。他得意的笑了笑，一面探手到竹筒裡去，……然後臉色起了變化，他緩

〔註278〕張大春，〈走路人〉，《公寓導遊》（1986年6月30日），頁57。
〔註279〕張大春，〈走路人〉，《公寓導遊》（1986年6月30日），頁57。
〔註280〕張大春，〈走路人〉，《公寓導遊》（1986年6月30日），頁58～59。
〔註281〕張大春，〈走路人〉，《公寓導遊》（1986年6月30日），頁59。

緩地抽出手來，上頭沾滿一片野人屎。」〔註282〕原來在「走路人」作記號的竹筒中，藏有排泄物。此後，還不斷地聽到「走路人」的高歌。

> 「走路人」則在三公里之外一路高聲歌唱，歌聲撞擊山石，迴音鑽
> 入我們的耳鼓，彷彿在指引著什麼。……倒是「走路人」那種沒腔沒
> 調沒內容的歌聲有如一片浩浩蕩蕩的山嵐把我們給圍住。〔註283〕

漢族軍人還觀察到「走路人」的飲食方式，「『走路人』仍只靜靜地併坐著，烤那隻山禽；又從一個皮布囊中倒出白色的漿液，淋在油光光的食物上，以及輪流灌飲著。」〔註284〕在飲食之際，「走路人」還會繼續高歌著；故漢族軍人猜想著或許「走路人」乃故意視若無睹，亦或許其歌聲即為一種暗號。

> 可是天一亮，我們卻再度聽到「走路人」嘹亮的歌聲；一樣的腔調，
> 一樣的隨性所至。……合理的結論有兩個：一、他們刻意裝作沒有
> 發現我們的模樣，以便鬆弛我們的警覺，後出奇不意地在任何一個
> 隘口或密林中設下陷阱、捕獸器，要不就造一次人為的坍方，把我
> 們一網打盡。二、他們的歌聲其實是一種警報，用以通藏匿在附近
> 的同謀可疑分子（比方說：匪諜）。〔註285〕

當漢族軍人棲身於洞穴中，突然覺得腹絞痛，乃認為被「走路人」下毒；而不久正面迎擊「走路人」時，則被「走路人」射了一箭，同時也飛一刀給「走路人」反擊，再現原漢族群間的正面衝突景況。

> 洞裡只剩下我一個人了。我愈來愈清醒，也愈來愈感到腹腔抽絞著
> 痛著。……我第一個想到的是給我下毒的「走路人」。頓時爆喝一聲，
> 撇了水壺，抽出刺刀，對準那雙眸子的中央射出，在下一秒裡，我
> 站起來，再度昏倒，覺得腹部被對方的利劍射穿了一個巴掌大的窟
> 窿。……當時的情況是喬奇回來了，我想和他說話，要水喝，告訴
> 他「走路人」射了我一箭，我也飛給他一刀。〔註286〕

正當另一位漢族軍人回來時，也想探知關於原住民聚落的情況。當「走路人」到達部落後，是否如傳說中所言，受到熱烈歡迎？是否有匪諜的蹤跡？

〔註282〕張大春，〈走路人〉，《公寓導遊》（1986 年 6 月 30 日），頁 59。
〔註283〕張大春，〈走路人〉，《公寓導遊》（1986 年 6 月 30 日），頁 60～61。
〔註284〕張大春，〈走路人〉，《公寓導遊》（1986 年 6 月 30 日），頁 62。
〔註285〕張大春，〈走路人〉，《公寓導遊》（1986 年 6 月 30 日），頁 64。
〔註286〕張大春，〈走路人〉，《公寓導遊》（1986 年 6 月 30 日），頁 66～67。

是否有發生衝突事件？漢族對於戰民族存在著諸多猜測與聯想，一連串的疑慮均代表著原漢族群間的族群鴻溝存在。

> 我還想問他：聚落那邊的情形如何？另一個「走路人」是不是像傳說裡那樣，受到隆重的歡迎？歡迎會是不是在團團圓圓的月光下舉行？有沒有肥酒瘦牛？有沒有歌舞？有沒有美麗、害羞、嬌怯的少女？或者，有沒有出現匪諜的蹤跡？發生狀況了嗎？開槍了嗎？有砲擊嗎？看見我們的老婆了嗎？還有我爹，我爹也披掛上陣了嗎？他殺了多土共？還是陷入敵人口袋戰術的重圍裡去？〔註287〕

當漢族軍人再度與「走路人」正面迎擊時，「三分鐘後，『走路人』在一眨眼繃起身子，各自撐開兩扇由山芋葉編成的大帆塊，向我們藏身的雲母石下方奔來。我們趕緊縮下脖子。他們卻發出土郎的嘩聲，聽那聲音的方向，根本是衝著我們的！」〔註288〕走路人突如其來的樣子，朝漢族軍人們衝刺而來，漢族軍人簡直將要嚇壞。再過一會兒，「走路人」即在一瞬間迅速地衝向懸崖，展現原住民的矯健身手。

> 「走路人」對我們揮舞雙手，帶動腋下的芋葉帆。露出兩口白牙，笑著。那個老的，竟然生了一臉相互糾結的亂鬍子。他們在下一瞬間衝向懸崖，然後像兩隻鷂鷹一樣地在兩山之間的迴旋氣流中盤旋片刻，最後降落到對面低崖的平頂岩上。於是他們看起來小了許多，而且讓人分不清楚誰是師父，誰是徒弟了。〔註289〕

在漢族軍人接下任務後，即以數日時間對於「走路人」進行一連串的調查與觀察，「喬奇在『走路人』飛掉之後對天發誓，要再派一連人跟蹤他們，要查明『走路人』的一切，要瞭解其中所有的祕密；他甚至要在那兩個懸崖之間搭一座橋。」〔註290〕漢族軍人對於原住民走路人的調查，彷彿即象徵著漢族對於原住民族的族群隔閡，尚待跨越那道原漢族群間所存在的族群鴻溝。

張大春即以〈走路人〉，展現出漢族觀點中的原住民族，將原漢間的族群議題再現於文本中。若可以薩依德所述的「對位式閱讀」，「重新結合經驗與文化，當然是對位式地同時從宗主國中心和邊陲地區研讀本文，既不必去訴

〔註287〕張大春，〈走路人〉，《公寓導遊》（1986年6月30日），頁67～68。
〔註288〕張大春，〈走路人〉，《公寓導遊》（1986年6月30日），頁70。
〔註289〕張大春，〈走路人〉，《公寓導遊》（1986年6月30日），頁70。
〔註290〕張大春，〈走路人〉，《公寓導遊》（1986年6月30日），頁71。

求於『客觀性』是『在我們這邊』的特權，也不必去說『主觀性』是『他們那邊』的障礙。」〔註 291〕以「對位式閱讀」方式去解讀原漢族群間的族群議題，或許方可更完整地再現原漢族群觀點差異。

（二）四喜憂國之古蘭花

張大春在〈四喜憂國〉中，乃描述原住民女性古蘭花，嫁給漢族先生的故事，進而描述夫妻雙方的互動相處，彷彿原漢族群間的族群接觸。原住民女性古蘭花，若要回到山地部落故鄉，必定要經由漢族先生同意。

> 古蘭花則喃喃唸著：「我要回花蓮。」通常，只有在夫妻倆好合之後，
> 朱四喜才會答應她回娘家的事；這一次他卻沒作聲，只吐了一個煙
> 圈兒而已。〔註 292〕

當原住民女性古蘭花回到花蓮原住民部落後，總是光鮮亮麗般；此乃由於回到花蓮部落的古蘭花，總經常以山地原住民族舞蹈表演賺錢，而獲得觀光客所給的小費，方有錢可好好地打扮一番。

> 古蘭花從花蓮回來的時候換了一身裝束：鵝黃色的粗線厚毛衣，黑
> 得發亮的原子褲，兩吋來高的白膠高跟鞋和一頭雞窩也似的鬘髮。
> 這模樣惹來一院子議論，人人誇說好看——不過，大抵得斜著眼看
> 彷彿才是滋味，她還塞給朱四兩百塊錢，說是回家表演了幾場山地
> 歌舞，從日本觀光客那裡得來的小賞。〔註 293〕

原住民族乃深受外來宗教信仰的影響，導致宗教文化痕跡在山地部落乃隨處可見，「聚會所門前寫著『神愛世人』的一方牌匾讓今年頭一陣秋風給吹落了。」〔註 294〕不僅在山地部落可見到宗教文化痕跡，在原住民族人身上，同樣深受影響，「古蘭花也幫了不小的忙——她每天洗一輛車，就交給車主一份，並且祝福對方：『上帝與你同在。』」〔註 295〕當原住民在現代社會中，仍不免深受漢族文化、原住民族文化與外來宗教文化之多元文化衝擊與影響。

〔註 291〕參見 S. p. Mohanty, "Us the Philosophical Bases of Political Criticism," Yale Journal of Criticism 2, No.2 (1989), p.1~31。薩依德，〈心路歷程與反對勢力的出現〉，《文化與帝國主義》（2001 年），頁 474。

〔註 292〕張大春，〈四喜憂國〉，《四喜憂國》（臺北：遠流出版社，1988 年），頁 132。

〔註 293〕張大春，〈四喜憂國〉，《四喜憂國》（1988 年），頁 132。

〔註 294〕張大春，〈四喜憂國〉，《四喜憂國》（1988 年），頁 136。

〔註 295〕張大春，〈四喜憂國〉，《四喜憂國》（1988 年），頁 145。

（三）最後的先知之宋古浪

張大春在〈最後的先知〉中，描述原住民族喜好飲酒的形象，「他們像過去十八年來的每個夜晚一樣，在豬鼻岩下聚集；每個人都已經喝下足夠淹死一隻母羊的米酒。」〔註296〕除了飲酒之外，檳榔方爲原住民族重要的食物。

> 伊拉泰就一直那樣坐著，敲碎六粒檳榔，等人群再度回到豬鼻岩下並紛紛散去，才又重新躺回那經年混合著海腥、酒酸和菸草辛辣氣味的木板上，重重地鬆了一口氣，揮手揮掉原先壓在屁股底下的一根飛魚骨。〔註297〕

當外來記者想要訪談原住民文化時，直接指名道姓地要找酋長，「『我能不能找兩個大人談談；呃，比方說酋長什麼的？』『酋長？』馬老芋仔拿鼻孔笑了兩聲：『又不是紅番，那裡的酋長？你要找人談談的話，去找宋古浪。』」〔註298〕在原住民族中，乃無酋長的存在。因此，即由漢化最深刻的原住民族人宋古浪與漢族女記者接觸，雙方乃相談甚歡。

> 然而小伊拉泰卻不這樣想，他深怕伊拉泰拙劣的國語會讓訪客不耐煩，那他就可能失去一次重要的談話機會：「記者？太好了，我有事要找他呢。」而女記者也覺得這個適時從海中升起的英挺島民會爲她帶來好題材，便愉快地笑了。〔註299〕

宋古浪想起過去原住民族名字，被迫改成漢族名字，「腦中同時浮現了五十年前他剛出生時父親所說的一番話：『你的名字叫宋古浪，從現在起，我也是宋古浪，不再是高努來了。』」〔註300〕宋古浪在現代文明進入部落後，成爲最早接受外來文化者。

> 巨人伊拉泰嘆息著說：「你看到海了嗎？」伊拉泰說：「嗯。」「好。記住！不要讓你的兒子學習太多海上來的語言，不然他會被海裡的霸枯砍抓走。」其實學習新語言似乎是這個家族不可避免的命運，伊拉泰的父親老宋古浪就是此一命運的導航者。在村子裡建造第一所教堂的湯瑪斯神父說過：「老宋古浪有強烈的求知慾和學習能

〔註296〕張大春，〈最後的先知〉，《四喜憂國》（臺北：遠流出版社，1988年），頁147。
〔註297〕張大春，〈最後的先知〉，《四喜憂國》（1988年），頁147。
〔註298〕張大春，〈最後的先知〉，《四喜憂國》（1988年），頁150。
〔註299〕張大春，〈最後的先知〉，《四喜憂國》（1988年），頁152。
〔註300〕張大春，〈最後的先知〉，《四喜憂國》（1988年），頁150。

力，他將爲全村甚至全島帶來文明。」〔註301〕

宋古浪乃爲過去最早也最認眞接受現代文明的原住民族人，甚至於努力
地接受外來文化與宗教的薰陶與洗禮，進而成爲最能與外族溝通對話的原住
民。原住民族與外來族群接觸，乃產生諸多的族群激盪與影響。

> 老宋古浪可以連續花上七天七夜的時間翻閱湯瑪斯神父送給他的一
> 本書，神父稱那樣一疊畫滿了一排排乏味圖案的東西做「一本神的
> 書」、「福音」以及「聖經」。老宋古浪不分晝夜地翻看，終於在第八
> 天清晨向他的父親、母親、妻子和兒女們宣稱：他找到聖經裏每個
> 字之間的關係。〔註302〕

張大春在〈最後的先知〉中，乃描述原住民眼中的外族，首先在幼年曾
遇見外族粗暴的對待，強灌酒外還強逼他抽煙。此即描述外族對於原住民族
的族群壓迫般，產生諸多不愉快經驗與記憶，令原住民苦不堪言。

> 霎時間一些關於外地訪客的混亂記憶開始在體內湧動。記憶中最
> 早的一次發生在她的幼年時代，一個唇上留著鬍鬚、身穿土色衣
> 服、腰間配掛長刀的外地人強迫她抽一口菸，那人粗暴地捏住她
> 的鼻子，滿口酒氣猛然侵入她渾身上下的毛孔，對方把半截燒紅
> 得紙捲塞到她嘴哩，同時高聲狂喊著：「他巴枯，他巴枯！」多年
> 後她從溫柔的訪客手中接過香菸來的時候，依然記得初次看見一
> 陣白茫霧氣自口中噴出的形狀，那樣的驚恐以及暈眩爾後不再發
> 生。〔註303〕

對於漢族官員的巡視與考察，同樣令蘭嶼原住民印象深刻。因他們總是
努力地與原住民打成一片，甚至於自詡與原住民彷彿一家人般的親切，此即
爲漢族一昧認爲，此爲族群融合的表象；反之，對於原住民族而言，此原漢
族群接觸經驗，均令人感到新奇而印象深刻。

> 一個後來被稱做「黨部委員」的禿頭訪客在小伊拉泰出生後不久來
> 到島上，親切地和每一個村民打招呼，隨身總帶著足夠分享眾人的
> 他巴枯，只是每當有另一群禿頭訪客從天上掉下來的時候，這人往
> 往當著他們的面突然搶走家庭中正在進行的晚餐食物，塞進自己的

〔註301〕張大春，〈最後的先知〉，《四喜憂國》（1988年），頁151。
〔註302〕張大春，〈最後的先知〉，《四喜憂國》（1988年），頁151。
〔註303〕張大春，〈最後的先知〉，《四喜憂國》（1988年），頁153。

嘴巴，馬老芋仔會在事後告訴她：「『黨部委員』說：你們很喜歡他，他和你們好像一家人，打成一片，他最喜歡吃你們的煎飛魚和煮芋頭。」〔註304〕

原住民不僅對於漢族官員感到疑惑，更令原住民疑惑的則為原住民研究的漢族考古學家。研究學者對於原住民遺骨的採集，看在原住民眼中，彷彿病人般的奇特，張大春以「病人」形容原住民族眼中的漢族，充滿著諷刺意味。

更叫人困惑的是那禿頭的朋友，一個看來又白又瘦的「病人」，他竟然每年都到霸枯砍居住的山上去，把死人祖先的頭骨裝進一個隨心攜帶的箱子裡。起初人們以為他是霸枯砍的敵人以及征服主；可是湯瑪斯神父卻說：「他蒐集頭骨並不是向霸枯砍挑戰，他只是喜歡古老的東西。」這時大家才肯相信：「病人」害的是瘋狂。

考古學與原住民文化研究學者，近年來對於原住民文物乃充滿興趣；甚至於連觀光訪客也對於原住民文物充滿興趣。但外族對於原住民族的丁字褲穿法，乃認為極為可笑。原漢族群間的文化差異，乃呈現出原漢族群間的觀點差異。

近年來的訪客不蒐集死人頭骨，卻用大批紙張製成的錢幣來交換貝殼和瑪瑙項鍊、銀質頭盔、藤甲、長矛、短刀、蝴蝶和狐狸的屍體甚至男人的褲子——外地人從不正式穿它，卻喜歡指指點點的褲子；事實上巴蘇蘭也不敢確信：外地人真的不穿島上男人的褲子，他們偶爾也穿，只是穿的位置並不適當，通常像那些禿頭就喜歡把褲子穿在脖子上，並且塗著或紅或黑或各種花紋的顏色，惹人好笑。〔註305〕

原住民對於不同魚類的吃法乃有所差異，「伊拉泰總是漫不經心地說：『年輕人吃灰色的魚，女人和小孩吃白色、紅色的魚，老人就只好吃黑色的魚，可是吃飽的感覺都是一樣的，沒什麼差別。』」〔註306〕部分原住民對於外來訪客乃不甚習慣，卻又找不出應對之道。此乃呈現原住民於原漢族群接觸過程中，所產生適應不良的現象。

〔註304〕張大春，〈最後的先知〉，《四喜憂國》（1988年），頁153。
〔註305〕張大春，〈最後的先知〉，《四喜憂國》（1988年），頁154。
〔註306〕張大春，〈最後的先知〉，《四喜憂國》（1988年），頁154。

> 無論是偉大的巨人伊拉泰、博學的老宋古浪或她最親愛的丈夫，這
> 個家族裡所有的領導者都無法提出應付外地人的有效方法，而她在
> 憂急交迫之下唯一能做的就是沉默。她決定整個下午不再和丈夫說
> 一句話。〔註307〕

關於原住民文化研究學者，對原住民伊拉泰進行訪談，伊拉泰即可換到
幾包香菸。此田野調查看在原住民眼中，彷彿為病人要求他講述原住民族故
事，又進行拍照。但照相機看在原住民眼中，彷彿為吃人的怪物，甚至於有
被時間吞噬的感覺。此即以超現實的創作技巧，去刻畫原住民形象。

> 近些年來村裡的死亡逐漸跟不上他的蒐集癖，於是這架會吃人的聲
> 音又吐出來、吃人聲音又吐出來的怪物就成為每年夏天伊拉泰的寵
> 物。「病人」要他講這個島的故事，伊拉泰欣然接受，偶爾換幾包香
> 菸，但是他最樂於講故事的原因是「病人」總會在他要求的時候讓
> 怪物吐出自己曾經發出的聲音，他感覺那是個唯一能夠抗衡時間得
> 東西──他被時間吞噬，同時也吞噬著時間。〔註308〕

張大春還描述湯瑪斯神父，從巫婆狄薇懷裡搶走羅姬，僅為了要以現代
醫學去拯救這個小嬰兒；甚至於對於巫婆的神智不清揭發真相。但當羅姬最
後還是死亡後，神父僅能選擇禱告；但此時原住民，均認為神父發瘋而紛紛
走避，由此呈現原住民對於現代醫療的畏懼與不解。

> 「……湯瑪斯神父從巫婆狄薇懷裡搶走羅姬的屍體，向所有的人宣
> 布：『小嬰兒沒有死！我們要趕快把她送到醫院去，誰有船？誰有
> 船？』我從來沒見過他這麼粗暴的樣子，竟然把巫婆狄薇推倒在地
> 上，殘酷地告訴她：『她不是你的女兒，只是一個棄嬰。』人們在這
> 時發現一向慈愛和氣的湯瑪斯神父在死亡氣味下也發瘋了，沒有人
> 敢多停留，就立刻跑回家去。然後湯瑪斯神父跪在地上，捧著羅姬
> 的屍體開始禱告，我在那個時候就知道：他不想再拒絕霸枯砍的邀
> 請了。」〔註309〕

張大春在〈最後的先知〉中，乃以超現實手法，描述原漢群接觸時，原
住民是如何看待漢族與外族。從不同的觀察視角，思考漢族在原住民族眼中

〔註307〕張大春，〈最後的先知〉，《四喜憂國》（1988 年），頁 154。
〔註308〕張大春，〈最後的先知〉，《四喜憂國》（1988 年），頁 155。
〔註309〕張大春，〈最後的先知〉，《四喜憂國》（1988 年），頁 159。

的定位，此即為一種獨特的族群詮釋方式；還藉此由原住民的角度，去思考原漢族群的接觸經歷，所象徵的族群意涵。

（四）饑餓之巴庫

張大春在〈饑餓〉中，乃描述巴庫的原住民形象，「巴庫每天表演吃掉三十公斤釋迦的消息很快地傳揚開來，一個月之內，遊覽車增加了兩倍，人人都爭著來看這位釋迦大王——幾乎所有的訪客對巴庫的長相表示訝異。」〔註310〕張大春還以超現實創作技巧，誇張地描述原住民形象，諷刺原住民族所承受的種族歧視。巴庫即象徵著原住民自卑地自認為貧窮、無知；甚至於漂泊不定的族群命運，彷彿即象徵著原住民族的集體族群困境。

> 巴庫說了很多的話，包括他的故鄉小島上混合著原始、奇幻、疏離
> 和封閉色彩的風情，他的祖父巨人伊拉泰以及父親老宋古浪所發展
> 出來的龐大家族，他的十五個兄弟姊妹之間零星瑣屑的故事，還有
> 自己的童年、少年時代在島上各村落之間遊乞漂泊的記憶。每說完
> 一段，他都會猛灌一口啤酒，說：「我們就是窮，又沒有自由、沒有
> 學問，不像你們。呃——先生，您貴姓？」經理最關切的是巴庫究
> 竟能吃下多少東西？他一再表示對這位年輕山地同胞食量的驚訝和
> 讚佩。〔註311〕

巴庫的妹妹馬塔妮，「巴庫隨時不忘向所有的人保證：年輕漂亮嗓子好的馬塔妮將來會變成紅歌星。」〔註312〕馬塔妮乃為家中最早接觸現代文明者，「馬塔妮在這個比自己早離家幾年，卻在最近才來臺灣的哥哥面前逐漸顯露出自信而老練的神氣，好像是姊姊一樣。她也的確認為自己是家族中第一個深入文明的分子，有必要為巴庫很快地介紹新世界的一切。」〔註313〕當馬塔妮為了面子，騙哥哥自己的工作不錯，而隱瞞真實的工作，甚至於經常會遭到漢族老闆性騷擾，「老闆順手在馬塔妮圓滾滾的屁股拍拍，捏了一把，馬塔妮忍住笑，瞪一眼正在專心看場面的巴庫。」〔註314〕此即顯示出諸多原住民仍存在著就業困境，卻經常敢怒不敢言地默默承受，僅能以善意的謊言冀望

〔註310〕張大春，〈饑餓〉，《四喜憂國》（臺北：遠流出版社，1988年），頁174。
〔註311〕張大春，〈饑餓〉，《四喜憂國》（1988年），頁175。
〔註312〕張大春，〈饑餓〉，《四喜憂國》（1988年），頁189。
〔註313〕張大春，〈饑餓〉，《四喜憂國》（1988年），頁181。
〔註314〕張大春，〈饑餓〉，《四喜憂國》（1988年），頁188。

讓家人放心。

> 巴庫第一次和瑪塔妮一起去蛇藥攤子的那天晚上，瑪塔妮事先已經
> 和老闆說好，她不能在多年不見的哥哥面前沒面子，所以她必須以
> 投資老闆之一的身分露臉，正牌老闆慷慨地「可以算請假一天」的
> 條件答應她。〔註 315〕

當馬塔妮在平地社會生活許久後，乃逐漸淡忘山地部落景象，「她已經很
久沒有想起他們，以至每個影子都是那麼地模糊，只有隱隱約約的、瘦肢凸
腹的輪廓、以及一雙雙睜大的眼睛、一張張撐大的嘴。」〔註 316〕巴庫乃由於
其大胃王的突出表現，甚至於成為家喻戶曉的大明星般，過著彷彿搖錢樹般
的尊榮待遇，「巴庫真是一個優秀的廣告人物。經理、廚子還有他們經常掛在
嘴邊的『全公司上上下下』都知道這一點。」〔註 317〕看在漢族老闆眼中，巴
庫僅為充滿商業利益考量的商品化形象。

> 經理送給他一臺不算太舊的大同牌黑白電視機。於是巴庫每天會睡
> 得比較遲一些；廚子也經常在晚飯後來到他的屋裡，抽菸、喝開水、
> 塞給他一、兩粒檳榔、盤距在他的床上看連續劇。〔註 318〕

在巴庫彷彿置身天堂般的生活，在廚子的慈惠下，有著莫大的改變，「經
理的一舉一動都成為廚子勸說巴庫離職的藉口──妨礙巴庫自由的藉口。經
理替巴庫整理鬆掉或歪掉的領帶，廚子說那是經理想把他像狗一樣地鍊起
來。」〔註 319〕此言論即為巴庫帶來更多生活的變化與影響。巴庫逐漸為現代
文明所衝擊而產生諸多改變，逐漸置身於現代文明的資本主義中，置身於汲
汲營營的功利主義社會。

> 「像我們這種有志氣的男兒應該到臺北去打拼。」廚子告訴他許多
> 關於臺北的知識，強調臺北是個有錢、有女人以及有自由的地方。
> 對於錢和女人，巴庫不太熟悉，也自覺沒有什麼應付的能力，可是
> 最後這一點打動了他一下。〔註 320〕

張大春還描述日治時期、外來宗教與國民政府時期的漢化政策，對於原

〔註 315〕張大春，〈饑餓〉，《四喜憂國》（1988 年），頁 187。
〔註 316〕張大春，〈饑餓〉，《四喜憂國》（1988 年），頁 195。
〔註 317〕張大春，〈饑餓〉，《四喜憂國》（1988 年），頁 189。
〔註 318〕張大春，〈饑餓〉，《四喜憂國》（1988 年），頁 186。
〔註 319〕張大春，〈饑餓〉，《四喜憂國》（1988 年），頁 191。
〔註 320〕張大春，〈饑餓〉，《四喜憂國》（1988 年），頁 186。

住民宋古浪所產生的影響，「他們的父親老宋古浪——一個只會念聖經、學日文、說國語而不會養活任何人的瘋子。」〔註321〕宋古浪彷彿即為原住民族歷經不同政權遞移，而產生諸多衝擊與影響的原住民象徵；張大春甚至於以宋古浪的瘋子形象，諷刺多元外來文化對於原住民族的遺毒。由於宋古浪接受諸多外來文化，較能與外界溝通，甚至於吸收諸多外來文化，彷彿象徵著原住民族的漢化現象。

> 「船上坐著兩排老人，其中有他的父親老宋古浪。老宋古浪已經五天沒吃東西了，但是精神似乎比其他十五個長者都要好得多，他更是長者知中唯一會說國語的。」〔註322〕

張大春在〈饑餓〉中，描述諸多原住民在現代文明社會中，所受到諸多衝擊所產生的原住民形象；甚至於以誇張與超現實創作技巧，諷刺原住民族現代處境，進而產生諸多值得深入思考的原住民族議題。

二、原住民族之歷史

（一）日治蘭嶼之最後先知

張大春乃以超現實手法，描述日治時期的原住民族歷史。當日本殖民主來到原住民部落時，即粗暴地將原住民馘首；甚至於命令原住民不得反抗，強勢地鎮壓原住民。由此再現原住民在日治時期，所遭受到日本殖民者，強勢武力鎮壓的被殖民處境。

> 讓記憶中的故事在體內繼續流動——巨人伊拉泰釀成大禍之後不久，四十一名穿土黃色衣服，腰間配戴長刀的「日本人」來了。他們逐次包圍各個村落，燒掉一部份棚屋、涼亭和船隻，挑選年輕力壯的男子到火光前砍掉腦袋，然後鄭重地宣布：「你們不應該和『美國人』為敵，『美國人』是『日本人』的朋友，你們殺害『美國人』就要付出相等的代價。」結果沒有人敢收拾火炭中那三十顆青年的頭顱。〔註323〕

在日本殖民者眼中的蘭嶼，乃無任何經濟價值，僅可提供原住民文化研究之用途。日本殖民官方僅在蘭嶼設置巡警，但蘭嶼原住民島民，也因此得

〔註321〕張大春，〈饑餓〉，《四喜憂國》（1988年），頁180。
〔註322〕張大春，〈饑餓〉，《四喜憂國》（1988年），頁184。
〔註323〕張大春，〈最後的先知〉，《四喜憂國》（1988年），頁161。

以保存原住民族文化；但仍必須學習日文與日本文化，而逐漸遭受被日本殖民者同化的族群命運。

> 他告訴伊拉泰說：「那一次巨人伊拉泰確實改變了歷史，『日本人』
> 完成屠殺後決定在這個原先列爲『無開發價值、供作研究原始社會
> 學』的地區設置巡警，這就是爲什麼後來老宋古浪能學習日文的原
> 因。」〔註324〕

隨著日治時期的結束，外來宗教逐漸進入原住民部落，教堂、教會與神父逐漸對原住民部落產生影響。湯瑪斯神父彷彿使原住民宋古浪重新找到新文化洗禮，而開始學習外來文化。原住民族文化，乃遭遇諸多外來文化的衝擊與影響，而逐漸面臨原住民文化保存危機。

> 他首次感受檳榔醉人的喜悅時，老宋古浪已經放棄對日本語言和文
> 字的迷戀，因爲湯瑪斯神父讓他發現了另一個新世界。他依舊不常
> 出海捕魚，卻經常提醒家人在用餐前要合掌「禱告」，感謝「天父」
> 賞賜的食物。有一次巨人伊拉泰終於發作了：「魚是你兒子捕的！芋
> 頭是你父親挖的！田螺是你妻子捉來的！你去『禱告』罷，你會餓
> 死。」〔註325〕

原住民伊拉泰對著原住民父母轉述著女記者的話，根據原住民研究學者所述，關於原住民族歷史事件始末；聽在原住民耳裡，彷彿即爲天方夜譚般地，令人無法理解。由此諷刺原住民對於諸多外來文化歷史，乃彷彿置身事外般地淡然處之；卻由於同化政策的入侵，使原住民文化逐漸產生質變。

> 小伊拉泰曾經斬釘截鐵地說：「女記者說『病人』告訴她：巨人伊拉
> 泰不是被星子打死的，他死在太平洋戰爭末期，『美國人』轟炸我們
> 的島嶼，因爲他們把海灘外面的岬地錯當成『日本人』的潛水艇；
> 巨人伊拉泰就是被『美國人』用炸彈炸死的。『病人』還說老宋古浪
> 不吃東西餓死是得了『厭食症』的緣故，因爲他用腦過度，精神耗
> 弱……」伊拉泰將會永遠記得兒子解釋那些奇怪語言時費盡力氣的
> 表情。〔註326〕

當外來族群與漢族對著原住民族書寫歷史事件時，彷彿在談論另一個世

〔註324〕張大春，〈最後的先知〉，《四喜憂國》（1988 年），頁 162。
〔註325〕張大春，〈最後的先知〉，《四喜憂國》（1988 年），頁 162。
〔註326〕張大春，〈最後的先知〉，《四喜憂國》（1988 年），頁 169。

界的故事般，令人無法理解。張大春利用此種超現實創作技巧，描述原住民對於現代文明世界與外來族群觀點的疑惑。此即在原漢族群與外族文化入侵原住民部落時，原住民內心深處，即充滿著諸多疑惑與不解。

三、原住民族之種族歧視

（一）走路人之神秘面紗

張大春在〈走路人〉中，描述漢族軍方派人調查山地原住民，所謂「走路人」的祕密。此即以漢族軍人的旁觀者角度，描述漢族眼中的原住民形象，彷彿薩依德所述，東方學者以族群優越感，彷彿所謂的「土著報導人」般地，足以駕馭原住民族的自我觀點，「東方學者利用他的美式訓練，以此自覺他比自己的同胞更優越，因為它可以『駕馭』東方學體系。」〔註327〕漢族軍人乃將原住民視為野人般看待；接下這個任務的漢族軍人，就算百般的不願意，也得要進入山地去完成任務。

> 那是民國四十一年十一月二十三號上午六點半，我剛從基地回臺北
> 總部向單位主管報到，……老實說，我從那時候起，一直到發現那
> 兩個山地人為止，簡直的打心眼裡不樂意。〔註328〕

在漢族軍人遇到原住民「走路人」後，乃保持著軍方所交代的原則，不可傷害原住民，僅可悄悄地跟蹤，只要調查出所謂山地「走路人」的祕密，任務即告完成。根據漢族族群觀點，表面上雖把原住民視為同胞，實際上卻將原住民視為野人般看待，再現種族歧視與族群階級觀念。

> 「我們無論如何不能傷害這些山地同胞，」喬奇在抵達雞籠山腳的
> 時候再度告訴我：「他們不會有惡意，我們只要悄悄地跟出那條稜線
> 通路，任務就算完成了，哥們兒。」……於是我這樣回答喬奇：「你
> 跟這些野人是同胞，我還差一截。」……他盯著我，好一會兒才說：
> 「咱們都是同胞，不管是不是野人。」〔註329〕

在漢族軍人的跟蹤過程中，看到「走路人」躲躲藏藏後，卻猜測他們是否與匪諜有關，甚至於將原住民聯想成與匪諜勾結。原住民族即在漢族無限聯想的猜忌與懷疑，不斷地被監視偵測著，誠如薩依德所述，「正是在其顛峰

〔註327〕薩依德，〈晚近發展面面觀〉，《東方主義》（1999年9月），頁471。
〔註328〕張大春，〈走路人〉，《公寓導遊》（1986年6月30日），頁49。
〔註329〕張大春，〈走路人〉，《公寓導遊》（1986年6月30日），頁51～52。

時期，帝國主義傾向於只許可一種文化論述從其內部規劃出來，今日後帝國
主義，主要也只允許一種對先前被殖民的民族採取懷疑態度的文化論述，就
宗主國的知識份子而言，這是最好在理論上加以避免的文化論述。」〔註 330〕
殖民者總是對於被殖民者採取懷疑態度，甚至於展現在文化、社會、經
濟……等諸多層面上。

> 喬奇說：「這裡頭有文章，有文章！打從一開始，上面說要暗中跟
> 隨，我還以為是語言不通、不好打商量的緣故。不過我看他們這樣
> 躲躲藏藏的──」……「依你看，『走路人』這條祕密通道和潛伏的
> 匪諜有沒有關係？」……喬奇的眼睛閃出兩道金光：「說不定『走路
> 人』是在替『他們』傳消息──欸，這不是不可能喔！上面一定有
> 這方面的顧慮──」「所以才不許帶火器，不許傷人，要留活口，放
> 長線、釣大魚！」我不甘示弱地搶著說：這樣一串起來就合理了。
> 「對，就合理了。」我們竟然握起手來。〔註 331〕

漢族軍人在執行任務，跟蹤山地原住民「走路人」的期間，同樣猜測原
住民族是如何看待漢族？是敵是友？不斷地猜測原住民心態。此書寫觀點乃
描述諸多漢族或許從未思考過，在原住民眼中是如何看待漢族？此種觀點的
反思，或許可較為平衡原漢族群間的族群觀點。根據薩依德提出所謂的「對
位式閱讀」，「重新結合經驗與文化。當然是對位式同時從宗主國中心和從邊
陲地區研讀本文。」〔註 332〕由對位式閱讀與思考，方可平衡不同族群間的觀
點差異。

> 他們會用什麼的心情來看待我們？──敵人？不對。他們在各族之
> 間，根本無所謂政治立場，哪裡有什麼敵情觀念？獵人？也不對，
> 他們一定知道：沒有一個獵人甘心承受跟蹤另一個同行以獲取獵物
> 的羞辱。友人？更不對了；他們何必閃友人呢？除非──「除非他
> 們不願意別人瞭解他們行走的路線。」〔註 333〕

當漢族軍人完成任務後，留下這段特殊的原漢族群接觸記憶，誠如漢族
軍人所述，「我們順利地走完了個人的軍旅生涯，期間再也沒有一同出過任

〔註 330〕薩依德，〈事理之兩面〉，《文化與帝國主義》（2001 年），頁 369。
〔註 331〕張大春，〈走路人〉，《公寓導遊》（1986 年 6 月 30 日），頁 63～64。
〔註 332〕薩依德，〈心路歷程與反對勢力的出現〉，《文化與帝國主義》（2001 年），頁 474。
〔註 333〕張大春，〈走路人〉，《公寓導遊》（1986 年 6 月 30 日），頁 63。

務，所以爾後在談起往事來，便要像兒時一般親近了。」〔註334〕由漢族跟蹤理解原住民「走路人」的祕密，去描述漢族眼中的原住民；卻也透露出漢族對於原住民族的種族歧視觀點。

（二）最後先知之野蠻形象

當女記者訪談蘭嶼原住民時，在原住民研究學者面前，告知原住民對於整個環境的破壞，仍無法阻擋現代文明浪潮。女記者彷彿薩依德所謂的「土著報導人」般，以漢族中心主義去看待原住民族，「不過，就他對優於他的那些前輩（即歐洲或美國的東方學者）之間的關係來說，他仍只是一個『土著報導人』罷了。」〔註335〕女記者甚至於對原住民說出野蠻二字，顯示漢族對於原住民族所存在的汙名化刻板印象。

> 女記者已經走到涼亭下，看了「病人」一眼，繼續對伊拉泰說：「你們這種破壞性的行爲並不能改變整個大環境，並不能阻擋文明的趨勢；也不能爲島上帶來什麼幫助。相反地，別人更會認爲你們——對不起，我必須說這兩個字——野蠻。」〔註336〕

對於蘭嶼核廢料議題，看在原住民眼中，認爲將核廢料傾倒於蘭嶼島上，簡直即將原住民族視爲野蠻民族，乃充滿著歧視之意。此項舉動對於原住民族而言，簡直即爲一種族群侮辱。近數十年來，蘭嶼原住民即努力地進行反核行動。

> 「那麼我們該怎麼辦呢？所有的年輕人都知道蓋那種絕子絕孫的倉庫是對我們這裡的一種侮辱——」小伊拉泰有些激動，但是他不想變得更野蠻：「難道你們不是因爲島上都是野蠻人才決定把核能廢料倒在這裡的嗎？〔註337〕

當漢族女記者與原住民島民的對話中，已使原住民感受到族群歧視之意。漢族對於原住民族野蠻、落後的觀點，對於原住民而言，簡直即爲一種族群精神壓迫；諸多原住民，均承受著種族歧視的族群壓迫處境。

> 女記者仍舊維持著一貫平靜穩重的聲調：「首先，你說『你們』就犯了主觀的錯誤，我只是個記者，並不代表官方或島方，我只希望能

〔註334〕張大春，〈走路人〉，《公寓導遊》（1986年6月30日），頁71。
〔註335〕薩依德，〈晚近發展面面觀〉，《東方主義》（1999年9月），頁471。
〔註336〕張大春，〈最後的先知〉，《四喜憂國》（1988年），頁159。
〔註337〕張大春，〈最後的先知〉，《四喜憂國》（1988年），頁159。

> 瞭解雙方的問題，我不能做價值判斷。」「可是你已經說我們破壞、
> 野蠻——」。〔註338〕

當漢族女記者來到蘭嶼島上，要採訪原住民族之際，乃頻頻遭到原住民的拒絕，即起因於漢族對於原住民的質疑與歧視眼光，乃造成原住民產生戒慎恐懼之心，進而造成原漢族群間的族群隔閡。此即基於長期以來，原住民族所承受的族群壓迫與種族歧視處境所致。

> 他正撐開兩眼的上下眼皮，對她說：「你們是不是認為島上都是野蠻
> 人？」女記者彷彿看見自己就像那些懷持著種種理由拒絕接受採訪
> 的人一樣，對島上每一個投來懷疑、卑微和探詢眼光的土著說：「無
> 可奉告。」〔註339〕

張大春乃由漢族女記者與蘭嶼原住民的對話，展現出原住民所受到的族群壓迫與種族歧視，對於原住民而言，簡直即為汙名化的族群恥辱，再現原住民族所承受的族群壓迫。張大春即以女記者象徵著諸多漢族般，充滿著漢族中心主義的優越感，於無形中對於原住民產生莫大的族群壓迫。

四、原住民族之族群壓迫

（一）饑餓之工作壓迫

張大春乃描述原住民所承受的族群壓迫與工作壓力，當巴庫努力地為老闆工作賺錢，卻經常遭遇到老闆的無情剝削，「說到人類經常受騙也需要受騙否則真實的世界會使人瘋狂。經理在巴庫搖頭拒絕續約的那一刻證實了半年多以來心底受騙的感覺。他叫巴庫滾出去，又求他回來坐下慢慢談，達三次之多。」〔註340〕漢族老闆對於巴庫，甚至於存有歧視與無理的對待。

> 當天下午他就因為違約而被扣了一千塊錢。原因是金寶園的園主和
> 領班來捧場，巴庫忘記不准說話的規定，擅自問他們說：「你們好
> 嗎？」園主親眼看見經理糾正巴庫，也細心地偷聽到「罰薪一千塊」
> 的話，當下十分生氣，發誓一輩子不吃香腸了。他對領班表示：「這
> 種公司最坑人了，我永遠不會這樣對待我的部下。」〔註341〕

巴庫告訴妹妹，當他不小心說錯話，即會換來老闆無情的咒罵，「巴庫滾

〔註338〕張大春，〈最後的先知〉，《四喜憂國》（1988 年），頁 160。
〔註339〕張大春，〈最後的先知〉，《四喜憂國》（1988 年），頁 164。
〔註340〕張大春，〈饑餓〉，《四喜憂國》（1988 年），頁 194。
〔註341〕張大春，〈饑餓〉，《四喜憂國》（1988 年），頁 179。

出辦公室之後，經理開始打電話說給久未連絡的同業，除了寒暄天氣轉熱之外，更大嘆人情漸冷，並且透露身邊兩個離職的混帳王八蛋手腳不乾淨，偷吃又拐錢。他再也不錄用山地人。」〔註342〕漢族老闆對於巴庫，乃充滿著歧視與輕蔑眼光，彷彿象徵著原住民族所承受的種族歧視與族群壓迫。

> 巴庫坦白告訴她，最辛苦的是他經常脫口而出地把經理喚做「領班」，對方就會狠狠罵他一頓：「不知長進的東西！」「我覺得你應該有個性一點。」瑪塔妮說。〔註343〕

諸多原住民在現代多元族群社會中，努力地在夾縫中求生存，就算原住民擁有獨特的傑出表現，但仍免不了遭遇到族群壓迫與種族歧視的族群困境，對於原住民將產生無形的精神壓迫；甚至於部分原住民，即因此選擇重新回歸原住民部落生活。

> 女中趁著廣告時間開始有一搭、沒一搭地和巴庫扯兩句：「你是山地人罷？」「是。」「那一族的？」「雅美。」「就是阿美噢，我知道。」「雅美，牧師說的。」「雅美就是阿美你懂不懂？去！怪腔怪調的。來，我教你——ㄚ美，ㄚ，ㄚ，ㄚ美。」「ㄚ美。」〔註344〕

張大春由此描述，展現原住民族在漢族與外族眼中，彷彿即為無知、落後、較無文明的族群。對於原住民族而言，此即為汙名化的族群刻板印象，乃有失公允。但此種現象確有經常在原住民真實生活情境中再現，令原住民無奈卻又無可奈何。

五、原住民族之部落景象

（一）最後先知之漢化衝擊

在蘭嶼原住民部落中，原住民青年乃在飲酒，「棚屋裡的小伊拉泰每天只是喝米酒，把飛魚乾留給從前被曾祖父憂傷皺紋夾死的蒼蠅後代，喃喃念著：『絕子絕孫的廢料場！』」〔註345〕原住民青年對於核廢料傾倒於蘭嶼，感到無奈與絕望地面對原住民族的未來。原住民部落已逐漸被現代文明所衝擊與影響；甚至於造成原住民族文化的逐漸凋零。

> 兩年後伊拉泰穿戴起小伊拉泰留在國宅裡的藤盔、藤甲，把匕首斜

〔註342〕張大春，〈饑餓〉，《四喜憂國》（1988年），頁194。
〔註343〕張大春，〈饑餓〉，《四喜憂國》（1988年），頁182。
〔註344〕張大春，〈饑餓〉，《四喜憂國》（1988年），頁198。
〔註345〕張大春，〈最後的先知〉，《四喜憂國》（1988年），頁167。

> 掛在肩頭，參加馬老芋仔的葬禮。葬禮比往常草率而冷清，但是仍
> 願爲著驅逐霸枯砍的緣故破例對這個曾經使他們傷感的異鄉人聊表
> 心意。巫婆狄薇照例參加，抱著黑狗叫喊咒語，痛罵惡靈又帶去一
> 個她的兒子。伊拉泰被窄小的盔甲擠促得很不舒服，隨眾人在屍體
> 旁竄逛衝殺一陣，偶一抬頭，瞥見島嶼東端那所高大的水泥國宅已
> 經矗立在蔚藍天穹之中，刹那間被巨人般的記憶沖回小伊拉泰讀報
> 紙的那幾個清晨。〔註346〕

原住民傳統文化習俗與精神，彷彿逐漸被現代文明意象所取代，「感覺所
有不再出現的人物和事物全都聚集到那個巨大的國宅裏去了。他緩緩地除去
盔甲和匕首，從大海看見巨人伊拉泰死後胸洞中湧出的青苔顏色，無比新
鮮。」〔註347〕張大春乃以巨人伊拉泰的死亡，超現實地象徵著原住民族傳統
文化的逐漸消逝。

（二）饑餓之觀光文化

原住民部落中，常見的觀光文化乃爲，「觀光客從不耽誤行程，也決不會
忘記要趕在臨行前買一些金寶特級釋迦回去。」〔註348〕諸多觀光客來到原住
民部落，總以走馬看花的方式參訪；對於原住民族而言，觀光文化產業將對
於原住民平靜的生活造成困擾。

> 她望著一批批臺東縣的商人、臺北市的大學生和日本國的旗子團旅
> 行家光臨此地，卸貨、購物、遊走以及拍照，然後匆匆離開。這些
> 活動最後都變成一個單純的解釋：欺騙來了，背叛去了。〔註349〕

對於原住民族而言，觀光文化帶來諸多衝擊與危害，「馬塔妮在返回故鄉
的交通輪上遇見金寶園的領班，對方向這個面容哀戚的女子表示好感，盛讚
島上淳樸的民風，同時一再聲稱外來的人——尤其是觀光客——爲這個島帶
來很不好的影響。」〔註350〕原住民部落的觀光文化，對於原住民文化的衝擊
與影響，乃尚待改善。

> 她抱著滿懷的悲傷和幾分隱約的懺悔回來，卻發現所有的事物並沒
> 有改變，宋古浪一點也沒老，渾身仍散發出海鹽、醃魚和檳榔混合

〔註346〕張大春，〈最後的先知〉，《四喜憂國》（1988 年），頁 168。

〔註347〕張大春，〈最後的先知〉，《四喜憂國》（1988 年），頁 169。

〔註348〕張大春，〈饑餓〉，《四喜憂國》（1988 年），頁 173。

〔註349〕張大春，〈饑餓〉，《四喜憂國》（1988 年），頁 198。

〔註350〕張大春，〈饑餓〉，《四喜憂國》（1988 年），頁 195。

的氣味；他身後涼亭的橫樑上依舊懸掛著他兒時唯一的玩具——繩
索鞦韆；遠處石穴門口的巫婆狄薇也和多年前一樣，把弄著粗糙灰
暗的髮辮，對身邊嬉戲的孩子們露出慈愛的笑容。〔註351〕

當馬塔妮回到部落，重新見到部落景象時，「這時她模糊的眼睛已看不清
西方海天一線處臺灣的幻影，四周的人事和景物則忽然使她覺得恐怖——
她彷彿從未離開過這個荒僻的島嶼，時間也從未流逝。有如一尊小教堂裡
釘死的、悲哀的聖像。」〔註352〕對於原住民部落，乃存在著既熟悉卻又陌生
之感。

六、原住民族之祭典

（一）饑餓之大船下水祭

巴庫縱然在平地現代社會中工作求生存，但仍無法忘懷故鄉的部落景
象。巴庫回想起蘭嶼原住民族的大船下水祭，還有祭典中的驅鬼儀式，與新
船英勇的姿態，均值得原住民感到驕傲。在現代社會中，原住民對於傳統文
化祭典，仍抱持著尊嚴審慎又緬懷的態度看待。

巴庫坐在長桌的東端，面對尚未成形的夕陽，想著那回村長家新船
下水典禮的情景。當時他還不夠資格和村裡年長又健壯的年輕人一
同參加驅鬼，只能和伊木路他們幾個小傢伙爬在一棵大樹上看熱
鬧。從他伏身的角度看下去，新船靳白的、修長的軀體有如海面下
一隻蓄勢待發的飛魚。〔註353〕

巴庫還描述蘭嶼原住民大船下水祭的重要儀式，乃需要族中男丁共同進
行驅逐惡靈儀式，此乃爲傳統祭典儀式的重要精神象徵，方爲原住民在傳統
文化祭典中，最能夠展現出文化精神所在。

巴庫還看見他的大哥和幾個村長的兄弟在船尾唸誦驅鬼咒、揮舞拳
頭、踩踏腳步時臉上扭曲的表情，他們的眼睛、嘴巴都張到最大，
好像大笑或大哭，或者兩者具備；透露著驚訝、沮喪、憤怒以及恐
懼的意思。〔註354〕

蘭嶼達悟族原住民還有諸多祭典活動的獨特儀式，諸如飛魚祭典。諸多

〔註351〕張大春，〈饑餓〉，《四喜憂國》（1988 年），頁 196。
〔註352〕張大春，〈饑餓〉，《四喜憂國》（1988 年），頁 197。
〔註353〕張大春，〈饑餓〉，《四喜憂國》（1988 年），頁 184。
〔註354〕張大春，〈饑餓〉，《四喜憂國》（1988 年），頁 184。

原住民族乃同樣具有諸多獨特原住民祭典，各具獨特的族群文化精神意義。因此，諸多作家即在文本中，再現原住民文化習俗與祭典，藉此展現原住民文化精神。

第四節　洪田浚報導文學中的原住民族

　　漢族作家洪田浚在《臺灣原住民籲天錄》中，乃收錄諸多原住民文學創作，諸如〈原點的悸動〉、〈矮小人種與鳥鬼番〉、〈巴斯達矮傳奇〉、〈深山裡的婚禮〉、〈山地桃源的陸沈〉、〈大自然的遺民〉、〈失落的蓮花〉、〈從青山綠水到燈紅酒綠〉、〈行船人的沉船曲〉、〈時代的畸零人〉、〈原住民籲天錄〉、〈原住民運動的新潮〉、〈原住民痛苦的根源〉……等諸多文本，均深刻記錄下現代原住民的生活困境。

　　洪田浚即以原住民的社會真實案例，與原住民實際的族群處境，以報導文學方式，真實地再現諸多原住民族重要族群議題，諸如原住民族歷史、日治時期之殖民壓迫、原住民集體遷村、經濟、工作壓迫、雛妓議題、神話傳說故事、文化習俗……等諸多原住民族群議題。洪田浚對於原住民族的研究與關注乃持續多年，親身經歷與原住民共同生活的經驗，使其更能真實地貼近原住民的生活與情感，「由於他對原住民深厚的情感，十多年來，他從未間斷過每月進入原住民部落和他們一起生活的習慣，他結交的原住民朋友比平地朋友還多；他有錢，對自己的生活很刻薄，但對臺灣原住民運動的經濟援助卻從不吝嗇。」〔註355〕洪田浚對於原住民族社會運動同樣不遺餘力。

一、原住民族歷史之文獻記載

　　關於原住民族形象與事蹟，洪田浚乃提及諸多歷史文獻，諸如《臨海水土志》、《隋唐書》的〈琉球國傳〉、明朝陳第的《東番記》、康熙年間郁永河《裨海記遊》……等諸多文獻研究，均成為重要的研究參考文獻。

　　　東吳沈瑩的《臨海水土志》，《隋唐書》的〈琉球國傳〉，明朝陳第的《東番記》。這三本書都記載了臺灣西部平原的原住民事蹟，留下了珍貴的人類學資料。清朝康熙年間到臺灣採硫的文人郁永河，把他

〔註355〕吳錦發；洪田浚，〈歷史的伏流〉，《臺灣原住民籲天錄》（臺北：臺原出版社，1994 年 8 月 15 日），頁 8。

親身歷險事蹟，寫成《裨海記遊》，爲當時不可多得的臺灣遊記。
〔註356〕

　　關於外來族群對於原住民族的研究文獻紀載，諸如，「又如日人中村孝志根據荷蘭人、西班牙人的文獻，寫成多篇論文，對十七世紀的臺鬥史有深刻的分析，包括〈一七世紀荷人勘查臺灣金礦記實〉、〈荷蘭人對臺灣原住民的教化〉、〈十七世紀西班牙人在臺灣的佈教〉等等。」〔註357〕上述文獻即由殖民者角度進行分析「他們置身在這個世界中，並對之發表其作品，他們立足於其文化基礎上論辯事情，並以戲劇性、爭議性、親近性的方式表達對其文化的替代性詮釋。」〔註358〕縱然諸多族群由不同角度，去思考原住民族文化特色，仍有諸多尚待商榷之處。

二、日治時期之殖民壓迫

　　洪田浚在《臺灣原住民籲天錄》中，收錄諸多原住民族文化研究篇章，描述諸多原住民族傳統生活型態與文化變遷過程。洪田浚乃感嘆於日治時期，原住民被殖民的陰影，直至戰後仍有原住民文化消弭的危機存在。此即爲去殖民化過程中，仍有諸多尚待努力之處，「去殖民化」是有關不同的政治使命、不同的歷史和地理的方略之一場非常複雜的戰爭，充滿著想像、學術和反學術的工作。」〔註359〕此即象徵著原住民族，仍無法擺脫被殖民遺毒的存在。

> 在回到山地，讓我不敢置信的是，由於電視進入山區，使得原住民
> 族的文化幾近完全流失，少數保存下來的，卻是日治時期的文化遺
> 產。這是多麼可怕的文化侵略啊！難道連日本人走了，都還能予取
> 予求地用區區的金錢，換取我們最珍貴的傳統文化？〔註360〕

　　洪田浚乃以人道關懷角度去探討原住民文化，彷彿薩依德所述的「人

〔註356〕洪田浚，〈矮小人種與烏鬼番〉，《臺灣原住民籲天錄》（臺北：臺原出版社，1994年8月15日），頁19。

〔註357〕洪田浚，〈矮小人種與烏鬼番〉，《臺灣原住民籲天錄》（1994年8月15日），頁19～20。

〔註358〕薩依德，〈心路歷程與反對勢力的出現〉，《文化與帝國主義》（2001年），頁457。

〔註359〕薩依德，〈反抗文化的主題〉，《文化與帝國主義》（2001年），頁411。

〔註360〕林經甫；洪田浚，〈讓傳統文化立足世界舞臺〉，《臺灣原住民籲天錄》（臺北：臺原出版社，1994年8月15日），頁4。

文主義」,「我的『人文主義』首先意謂著嘗試解開從布萊克（Blake）筆下由心靈打造的枷鎖,如此一來,人才能夠讓心靈爲了反省的理解與眞誠的告白,進行歷史與理性的思考。進而言之,人文主意識一種社群意識維繫,與其他的詮釋者、社會以及年代聲氣相通：因此嚴格而論,不存在所謂的孤立的人文主義者。」〔註361〕洪田俊乃將原住民族諸多重要族群與文化議題,再現於文本中。因此,在洪田浚的原住民文學中,得以窺見多元化的原住民族。

三、原住民族之集體遷村

（一）山地桃源的遷村衝擊

洪田浚觀察到日治時期與戰後時期,原住民族均面臨過政府官方政策性的集體遷村行動,彷彿建立殖民地中的集中營般,「建立殖民地,以追求土著的利益,或是追求殖民母國的尊嚴。這就是文明化使命（la missoncivilisatrice）的修辭法。」〔註362〕在日治時期,日本殖民當局所進行的「五年討番」末期,原住民族即非自願性地被日本殖民統治者,集體遷村於指定地域,以便於集中管理。

> 臺灣原住民的遷村,第一次是在西元一九一九年,當時是日本當局「五年討番」的末期,凡是已經征服的部落,爲了便於控制,辦理「集體移居計劃」,使蟠踞深山密林的原住民部落,大批遷移到靠近平地的山麓地帶,到一九三四年,在日本刀槍威脅下,共遷移五十五個部落,一萬八千五百零四人,占原住民總人口的百分之十七（當時總人口約十萬八千餘人）。〔註363〕

在戰後時期,原住民族同樣面臨到國民政府所實施的集體遷村行動。縱然政府在進行遷村時,乃積極輔導原住民適應新的生活場域；但原住民族在集體遷村後,不論自願性或非自願性的遷村行動,仍會造成原住民生活適應的問題產生。

> 臺灣戰後,爲了改善「原住民」生活環境,自一九四六年起,陸續輔導遷村,至一九七○年,共遷移五十二村,一萬八千一百零六人

〔註361〕薩依德,《東方主義》（1999 年）,頁 9。

〔註362〕薩依德,〈帝國的文化嚴整性〉,《文化與帝國主義》（2001 年）,頁 206。

〔註363〕洪田浚,〈山地桃源的陸沈〉,《臺灣原住民籲天錄》（臺北：臺原出版社,1994 年 8 月 15 日）,頁 108。

（是時總數是十四萬三千餘人）。山地原住民遷村，大體上是無可奈何的趨勢，但第一次遷村，動輒數百人，如果政府沒有周密的規劃，會產生很多後遺症。〔註364〕

對於原住民族而言，遷村所造成的影響乃為深遠，因賴以生存且充滿感情的土地，被迫遷徙離開父祖之地；甚至於還要面對全新的生活與謀生環境，對於原住民族而言，均為莫大的身心衝擊。

山地桃源的陸沉——好茶又要遷村：他們的血液中充滿了山的基因，山是他們情感的泉源，失去了山，就像逾淮的枳，一切都走了樣。在大都市裡，新的工作，新的社會結構，新的人際關係，在在都是艱難的挑戰，適應十分困難，往往在都市邊緣謀取立足之地，社會邊際的壓力，讓他們喘不過氣了，只有宗教稍稍撫慰了他們受創的心靈。〔註365〕

對於原住民族而言，乃成為遷村政策下的犧牲者，諸如泰雅族原住民的真實案例，「遷村是不簡單的事，桃園觀音鄉大潭村的泰雅族原住民，是因一九六四年石門水庫興建，也是經兩次遷村才安定下來，但新環境是在海埔地，風沙大，又有化學工廠排放鎘毒，弄得家家貧困，戶戶流亡，更有甚者村人自己形容為『家家妓女，前途毫無希望』，因此大潭村和好茶村，都是政府遷村不當下的犧牲者，政府應當趕快解決，不可再把村人逼入絕境。」〔註366〕遷村所造成的最大問題，即為原住民族的土地權遭受剝奪，謀生技能被迫改變。對於原住民部落的土地面貌也產生莫大的衝擊；但仍有山地部落冀望推動山地觀光，得以改善山地經濟發展。

一九八四年五月二十七日，長治鄉調解委員吳癸英在報上公開要求政府迅速興建瑪家水庫，以調解乾旱期農田灌溉、飲用水源和工業用水。他又說，瑪家水庫地點在三地、瑪家、高樹、內埔等鄉交界處，屬於水門風景區，興建完成後，可容納四億立方公尺水量，除上述功能外，又可配合沿山公路、新南橫公路的開闢和三地門風景

〔註364〕洪田浚，〈山地桃源的陸沉〉，《臺灣原住民籲天錄》（1994年8月15日），頁108。

〔註365〕洪田浚，〈山地桃源的陸沉〉，《臺灣原住民籲天錄》（1994年8月15日），頁111。

〔註366〕洪田浚，〈山地桃源的陸沉〉，《臺灣原住民籲天錄》（1994年8月15日），頁119。

區的開發，發展爲觀光勝地。〔註367〕

山地觀光發展對於山地原住民部落而言，有利弊得失諸多因素存在。但均將對於其土地所有權、經濟生活與部落傳統文化，產生莫大的衝擊與影響，彷彿薩依德所述的「文明化使命」，「土著和他們的土地不被視爲可轉變成爲法國式的實體，而是有待隔離和臣服的佔領地，有其不可轉變的特質，儘管這並未排除了文明化使命的可能性。」〔註368〕遷村對於原住民生活所產生的衝擊與相對的因應之道，均爲重要的原住民族議題。

（二）大自然的遺民遷徙

日本殖民帝國的原住民族遷村行動，即劃定蕃人所要地，限制住居，「日本帝國主義的魔掌向南伸入了臺灣，他們爲了榨取山地利益，把山地人用鐵絲網通電侷限在高山上，並劃編二十五萬公頃的『蕃人所要地』。」〔註369〕日本殖民即藉此進行理蕃政策的推行，進而達到殖民壓迫與利益剝削之政治目的。

> 「蕃人所要地」就是今天沿用的「山地保留地」，目前的面積經林務
> 局、國有財產局和平地財團的侵占，約只剩十八萬公頃以內，而且
> 急遽在縮減中。山地原住民土地的喪失，經常伴隨著遷村的後續行
> 動，他們的遷村，往往是被迫的，縱有少數是出自各別部落的主動，
> 也都下場悲慘，得不償失。〔註370〕

日本殖民統治者，甚至於劃定蕃界，將原住民限制住居，進行大規模的遷村行動，將原住民被殖民者的生活疆域進行支配，「當我們接受文學經驗的各種實際情勢彼此交疊在一起、互存互賴，無視於民族疆界和強制釐定的民族自主，歷史與地理便被轉型而出現新的地圖，形成新的、更不穩定的實體、以種全新類型的串聯。」〔註371〕日本殖民者甚至於用鐵絲網圍起，簡直即將

〔註367〕洪田浚，〈山地桃源的陸沈〉，《臺灣原住民籲天錄》（1994 年 8 月 15 日），頁118。

〔註368〕薩依德，〈卡繆和法國的帝國經驗〉，《文化與帝國主義》（臺北：立緒出版社，2001 年），頁 307。

〔註369〕洪田浚，〈大自然的遺民〉，《臺灣原住民籲天錄》（臺北：臺原出版社，1994 年 8 月 15 日），頁 135。

〔註370〕洪田浚，〈大自然的遺民〉，《臺灣原住民籲天錄》（1994 年 8 月 15 日），頁 135。

〔註371〕薩依德，〈挑戰正統與權威〉，《文化與帝國主義》（臺北：立緒出版社，2001 年），頁 586。

原住民當成被殖民統治下的奴隸般看待。此後，戰後原住民族乃同樣面臨著被遷村的命運。

> 日治時代，原住民各族在日本人的飛機大砲威脅下，遷移了五十五個部落，結果每個新「蕃社」都被帶著電流的鐵網圍起來，過著與世隔絕的生活。戰後，自一九四六年迄今，又遷徙了將近一百個部落，卻落得不是像阿姆坪，就是像新好茶。〔註372〕

多數原住民族，大多聞遷村色變，諸如現今諸多居民同樣聞省地徵收而色變。因遷村後的未知數與生活不穩定性，均將造成原住民維生困境的產生，「大自然的遺民——談遷村色變的多納村民：山地資源被掠奪的模式：部落被迫遷往無地可耕、無山可墾的新居，喪失原有的山林資源而無以維生，侵略者卻又乘隙而入，女的被販賣爲妓，男的被騙上船或做童工，在大都會的下層人肉市場裏輾轉流離。」〔註373〕遷村後隨之而來的土地資源遭受掠奪，導致經濟困境與工作壓迫……等原住民議題，均隨之層出不窮的產生。

> 根據過去山地資源被掠奪的模式，通常是某一部落被迫遷村，然後整個族群被遷往一處無地可耕、無山可墾的新居。原有的山林保留地及其資源不再屬於族人所有，而被一些官商或民意代表奪去。等到村民發覺新地方無以維生，侵略者又乘隙而入，把他們當做最後的資源，女的被販賣爲妓、男的被騙上漁船或做童工。〔註374〕

諸多原住民族傳統山地部落，即成爲重要的觀光資源，諸如以多納村爲例，「多納村海拔五百公尺左右，約一百多戶，五百餘人，自十七世紀荷蘭時代以來的古老石板屋，存有泰半。」〔註375〕政府乃以此發展山地觀光，卻也造成諸多山地觀光問題的產生。

> 高雄縣政府在一九八四年底發布新聞説，多納村是保留魯凱族原住民原有居住型態最完整的村落，大約還有四十餘棟石板屋，縣政府

〔註372〕洪田浚，〈大自然的遺民〉，《臺灣原住民籲天錄》（1994 年 8 月 15 日），頁135。

〔註373〕洪田浚，〈大自然的遺民〉，《臺灣原住民籲天錄》（1994 年 8 月 15 日），頁134。

〔註374〕洪田浚，〈大自然的遺民〉，《臺灣原住民籲天錄》（1994 年 8 月 15 日），頁137。

〔註375〕洪田浚，〈大自然的遺民〉，《臺灣原住民籲天錄》（1994 年 8 月 15 日），頁138。

> 決定將這些石板屋列為原住民文物保護區，而將現有居民遷離現
> 址，以防原住民或外來民眾破壞，維護原住民固有傳統文化，發展
> 觀光事業。〔註376〕

原住民族除了要面臨遷村所帶來的衝擊外，在山地部落中的文化資源，也成了最佳觀光資源而飽受衝擊，「茂林因為具有觀光發展的雄厚潛力，尤其是唯一保留原始石板屋的多納村，很快成為有心人覬覦的肥肉。」〔註377〕不論山地政策對原住民族的生活產生何種衝擊，原住民始終為文化衝擊下的犧牲者。

（三）時代衝擊下的畸零人

在不當山地觀光資源開發之際，原住民傳統部落型態，乃面臨莫大的衝擊與挑戰，「前立法委員表示，由於利益團體的介入和操縱，左右了山地政策的計劃和執行，到處進行『分贓式』的胡亂開發，使得山地和離島的景觀，受到嚴重的破壞。」〔註378〕在觀光文化發展之際，犧牲掉的即為原住民族傳統文化面貌。

（四）原住民族之遷村籲天錄

縱然山地觀光得以為山地經濟帶來利益，但入不敷出的山地經濟困境，乃源自於山地保留地政策，與土地所有權的被剝奪，導致原住民僅能進入平地社會與漢族競爭，卻往往成為社會中下階層，以高勞力換取低報酬的社會邊緣人。

> 四十餘年來，臺灣卅萬原住民在政府的種族政策下，成為無根的族
> 群，目前大約有三分之二的原住民人口，為了生存，不得不離鄉背
> 井，流落到都市，成為資本社會中最卑賤的奴工。另一方面，停留
> 在部落中的老人，對於祖先傳續下來的土地，卻只有使用權，沒有
> 所有權。〔註379〕

〔註376〕洪田浚，〈大自然的遺民〉，《臺灣原住民籲天錄》（1994 年 8 月 15 日），頁 138。

〔註377〕洪田浚，〈大自然的遺民〉，《臺灣原住民籲天錄》（1994 年 8 月 15 日），頁 137。

〔註378〕洪田浚，〈時代的畸零人〉，《臺灣原住民籲天錄》（臺北：臺原出版社，1994 年 8 月 15 日），頁 193。

〔註379〕洪田浚，〈原住民籲天錄〉，《臺灣原住民籲天錄》（臺北：臺原出版社，1994 年 8 月 15 日），頁 197。

關於原住民族遷村議題，所帶來最大的衝擊與影響，即為經濟層面與土地資源的所有權被掠奪，「由於原住民喪失土地所有權，四十餘年來也就喪失了憲法所賦予中華民國國民應享有的許多權力，例如，戒嚴時期，原住民自外地返鄉時，依政府規定，必須辦理入山證。換句話說，原住民外出工作謀生，假日回家，必須先行取得政府的同意，否則不准回到山上的家。卅餘萬原住民簡直都被政府列入了『黑名單』。」〔註380〕此種現象對於原住民而言，將情何以堪。當年原住民族運動的「還我土地」運動，乃應運而生。

> 從這些實例可知，政府的山地保留地政策，變成了對原住民各族群
> 得滅族政策，原住民「還我土地」運動，其實也是原住民亡族滅種
> 前的掙扎、籲天，天應憐之。〔註381〕

原住民在原住民族社會運動中，「在沒有其他選擇的條件下，防衛性的國族主義於是成為對抗殖民者唯一的統合性力量。」〔註382〕原住民所要爭取的即為原住民族土地所有權與文化保存權，以追求原住民族群生存的契機，冀望藉由各種管道的發聲，得以為原住民族的未來尋求一絲希望。

（五）原住民運動的力爭土地新潮

原住民族遷村政策與山地保留政策，衍生的即為原住民族還我土地運動，「原住民運動的新潮──原住民的自救運動：到了質變的階段，他們看不到敵人在哪裏，徹底的從經濟文化上被繳械，精神意志完全癱瘓，人為刀俎，我為魚肉，面臨族群解體的危機。」〔註383〕原住民在早期原住民族社會運動中，即努力爭取原住民族權利義務的被重視與改善，方有改善原住民族生活的契機。

（六）原住民族之被殖民痛苦根源

在日治時期，日本殖民者乃以剛柔並濟的方式，劃定番界集中管理，「他

〔註380〕洪田浚，〈原住民籲天錄〉，《臺灣原住民籲天錄》（1994 年 8 月 15 日），頁199。

〔註381〕洪田浚，〈原住民籲天錄〉，《臺灣原住民籲天錄》（1994 年 8 月 15 日），頁199。

〔註382〕陳光興；法農，〈法農在後／殖民論述中的位置〉，《黑皮膚，白面具》（2005年 4 月），頁 52。

〔註383〕洪田浚，〈原住民運動的新潮〉，《臺灣原住民籲天錄》（臺北：臺原出版社，1994 年 8 月 15 日），頁 206。

們不但從肥沃的平原被趕入山地，在日本人統治時代，更被用鐵絲網通電，集體禁足，囚禁在深山內與外界隔絕。」〔註 384〕現代原住民族同樣由於土地資源的喪失，導致原住民被迫進入平地謀生，方為面臨族群壓迫而產生族群困境。

> 原住民痛苦的根源──檢視山地保留地政策：原住民重新又被趕下
> 山來，進入都市社會的最底層，受到最極致榨取，使生命本身就是罪
> 孽的煎熬，只有宗教與酒精，才能使他們獲得現實的解脫。〔註 385〕

原住民在諸多山地政策的推行下，逐漸喪失土地所有權；甚至於面臨莫大的經濟困境，「臺灣戰後，由於經濟社會的變遷，山地保留地聽任控制著資本與市場的平地優勢經濟，自由放任地剝削腐蝕，那些類似新石器時代末期的原始山地農業，使山地社會經濟自生自滅，瀕臨毀滅的邊緣。」〔註 386〕相繼而來的即為原住民文化的崩解與衝擊。

> 原住民各族群都有屬於自己的一套完整且優美的部落文化和社會組
> 織原理，可惜現在這些族群文化的體制在迅速的瓦解滅亡途中，可
> 以預見的是，山地保留地的開放與開發，將加速此一趨勢，使山地
> 原住民部落社會的精神生命，完全終止與結束，徹底剝奪了他們的
> 再生的機會。〔註 387〕

在原住民山地社會中，傳統部落社會飽受現代文化的衝擊後，導致山地社會原住民老人，與在平地受教育的原住民青年，儼然形成迥異的生活思維。原住民在山地保留地政策的衝擊下，所面臨的衝擊更是與日遽增而無遠弗屆，進而成為社會邊緣人，原住民族儼然即成為邊緣族群。

> 老一輩原住民無不認為，他們所生活的傳統社會，與山地原住民青
> 年所受教育的平地社會，是兩個世界，山地原住民社會是個慣性社
> 會，他們求新、求變的能力很弱，願望也不強，可是山地保留地的
> 喪失，逼得他們非變不可，因此山地原住民社會無不成為所謂現代

〔註 384〕洪田浚，〈原住民痛苦的根源〉，《臺灣原住民籲天錄》（臺北：臺原出版社，1994 年 8 月 15 日），頁 215。

〔註 385〕洪田浚，〈原住民痛苦的根源〉，《臺灣原住民籲天錄》（1994 年 8 月 15 日），頁 214。

〔註 386〕洪田浚，〈原住民痛苦的根源〉，《臺灣原住民籲天錄》（1994 年 8 月 15 日），頁 215。

〔註 387〕洪田浚，〈原住民痛苦的根源〉，《臺灣原住民籲天錄》（1994 年 8 月 15 日），頁 220。

化衝擊下的「邊際社會」，成為邊際人、畸零人。〔註388〕

洪田浚乃由社會真實境況，探討分析原住民族因集體遷村行動所產生的社會適應議題，此即原住民族研究者所關注的重要議題。集體遷村平地的原住民，彷彿為漢族主流社會中的外來者，誠如黑人在歐洲世界的處境般，「對許多有色人種的知識分子而言，歐洲文化呈現出一種外在性。而且，在人與人之間關係中，黑人可能會覺得自己在西方世界是外來者。」〔註389〕尤其在原住民族集體遷村後，所產生的原漢族群接觸，方衍生出更多族群議題。

四、原住民族之經濟議題

（一）山地桃源之經濟壓迫

在山地原住民迫於經濟困境，不得不到平地來與平地人競爭時，將面臨諸多生活上的挑戰與經濟壓迫。諸多原住民的經濟與族群困境，將隨著種族歧視與族群壓迫而應運而生。

> 跟占盡一切優勢的平地人競爭，非常吃力，生活步調大受影響，成人的工作也好，兒童的功課也好，必須拼命趕上平地人，不能脫節，因此內心的緊張，莫可言宣。不像在山裡，打打獵、牧些羊，也就可以生活，人人欲望較低，生活非常閒適。山上的生活條件差，卻比較快樂，要不是新好茶無地可耕種，決不願到平地來工作。〔註390〕

對於諸多原住民而言，平地都市中競爭激烈、緊張繁忙的生活步調；與在山上的生活氛圍迥然不同。諸多都市原住民將面臨著社會適應問題產生，進而造成身心承受莫大的壓迫。

（二）大自然遺民之生活壓迫

關於原住民族如今已有十六族族人的生存權，與族群認同意識的萌發，甚至於所面臨的種族歧視議題，均尚待重視與改善，即如洪田浚所述，「臺灣原住民問題，涉及十個族群，約三十五萬人的基本生存權，這和現今美國的

〔註388〕洪田浚，〈原住民痛苦的根源〉，《臺灣原住民籲天錄》（1994年8月15日），頁220。

〔註389〕法農，〈代結論〉，《黑皮膚，白面具》（臺北：心靈工坊文化事業股份有限公司，2005年4月），頁336。

〔註390〕洪田浚，〈山地桃源的陸沈〉，《臺灣原住民籲天錄》（1994年8月15日），頁111。

印第安人、日本的布拉庫人、艾奴人類似，都受到不同程度的種族歧視，不過臺灣原住民的處境，猶有過之，已到了文化解體的階段。」〔註 391〕要如何改善原住民生活壓力，即成爲重要的原住民族議題。

（三）失落蓮花之經濟困境

根據洪田浚的觀察指出，原住民族均面臨著文化解體的生活困境，「原住民各族，不論阿美、排灣、布農、魯凱、卑南、雅美、賽夏、泰雅、鄒、邵等，他們的本族，卻將嚴重喪失了母姓，同時各族的文化母體也因此爲之崩解。」〔註 392〕原住民族還面臨著嚴重的文化流失與人口外流問題，「山地原住民部落依舊深藏在群山峻嶺之間，可是各部落的語言、文化和生活習慣，逐漸在蛻變。年輕的一代不會說他們的母語，國中以上年齡的青年男女，留在村中的，少之又少，幾不可復見。」〔註 393〕甚至於在原住民女性的人口外流現象更加顯著。

> 據調查，山地原住民村落人口流出率，從一九七二年的三·八八％，提高到一九七八年的六·〇三％。平地原住民從一九六九年的三·五〇％，提高到一九八二年的七·六五％。而女性原住民流出率，比男性增加得快些。〔註 394〕

在山地經濟困境日趨嚴重之際，原住民乃被迫進入平地尋求生存的契機，「山地經濟愈來愈依賴市場和平地經濟，山地內部經濟的本身，已無法自給自足。於是乎，單是提高山地的土地經濟效益，恐怕無法解決原住民的經濟效益，恐怕無法解決原住民的經濟困境。」〔註 395〕當原住民在進入平地社會謀求經濟發展時，往往面臨諸多種族歧視與工作壓迫的經濟困境。

（四）從青山綠水到燈紅酒綠之困境

山地經濟困境，乃爲原住民族人口外流的重要因素之一。過去自給自足的山地經濟生活型態，乃產生重大的變遷，「過去的原住民部落，一向是自給自足的次文化社會，以從事山田燒墾的粗放農業生計爲基礎。原住民只要一

〔註 391〕洪田浚，〈大自然的遺民〉，《臺灣原住民籲天錄》（1994 年 8 月 15 日），頁 135。

〔註 392〕洪田浚，〈失落的蓮花〉，《臺灣原住民籲天錄》（臺北：臺原出版社，1994 年 8 月 15 日），頁 153。

〔註 393〕洪田浚，〈失落的蓮花〉，《臺灣原住民籲天錄》（1994 年 8 月 15 日），頁 153。

〔註 394〕洪田浚，〈失落的蓮花〉，《臺灣原住民籲天錄》（1994 年 8 月 15 日），頁 153。

〔註 395〕洪田浚，〈失落的蓮花〉，《臺灣原住民籲天錄》（1994 年 8 月 15 日），頁 153。

支槍、一把刀、一根鋤和一套衣服，就可以安然自在地度日爲生。」〔註396〕
如今原住民被迫與平地漢族進行經濟競爭，導致經濟生活產生巨大的衝擊與
困境。

> 山地經濟也被納爲臺灣整體經濟一環，因而產生基礎性的變遷，使
> 平地市場經濟的消費方式，打破了自給自足狀態的原始經濟。山地
> 原住民社會從此淪入平地社會的底層，輾轉掙扎。〔註397〕

當山地原住民進入平地社會與漢族競爭時，諸多原住民就業與工作壓迫
議題，甚至於族群不平等待遇與種族歧視議題，均爲現代都市原住民，將面
對的生活衝擊與挑戰。

（五）原住民之身心痛苦根源

當原住民在進入平地謀生時，往往飽受身心的族群壓迫與衝擊，「原住民
則重新又被趕下山來，進入平地社會的最底層，受到最極致榨取，使生命本
身就是罪孽的煎熬，只有宗教與酒精，才能使他們獲得現實的解脫。」〔註398〕
平地原住民的經濟困境與工作壓迫，均爲現代都市原住民尚待改善的生活困
境之一。

五、原住民族之工作壓迫議題

（一）失落蓮花之職業壓迫

根據洪田浚的觀察可知，「一般船東常稱雇用船員是一種『拉夫』行爲。
『走！我們到臺東捉番仔去！』一語，便是他們的口頭禪。而原住民船員上
船後的遭遇，決不在原住民雛妓之下。」〔註399〕原住民在就業市場上，經常
面臨工作壓迫與種族歧視。但迫於山地經濟不足，導致原住民被迫在平地就
業市場求生存，「原住民外出是爲了謀生，即是爲了獲得山地經濟所不能製造
的就業機會。」〔註400〕但平地原住民，仍面臨諸多工作壓迫。

〔註396〕洪田浚，〈從青山綠水到燈紅酒綠〉，《臺灣原住民籲天錄》（臺北：臺原出版
　　　　社，1994 年 8 月 15 日），頁 160。
〔註397〕洪田浚，〈從青山綠水到燈紅酒綠〉，《臺灣原住民籲天錄》（1994 年 8 月 15
　　　　日），頁 162。
〔註398〕洪田浚，〈原住民痛苦的根源〉，《臺灣原住民籲天錄》（1994 年 8 月 15 日），
　　　　頁 215。
〔註399〕洪田浚，〈失落的蓮花〉，《臺灣原住民籲天錄》（1994 年 8 月 15 日），頁 155。
〔註400〕洪田浚，〈失落的蓮花〉，《臺灣原住民籲天錄》（1994 年 8 月 15 日），頁 153。

不論當童工、奴工、雛妓、遠洋漁船船員、礦工、營造工或拆船
工，都是平地社會中最卑賤的職業屬於雙重市場中的「次級勞力市
場」。工作性質「不穩定、待遇差、不安全、少升遷、沒保障、缺福
利」。〔註 401〕

根據洪田浚的分析可知，原住民均從事高勞力低收入工作，「原住民外出
後，所從事的行業，依序是製造業、娼妓及個人服務業、漁業、礦業、營造
業、拆船業等等。」〔註 402〕原住民在競爭激烈的平地就業市場上，乃面臨著
諸多經濟困境的衝擊。

（二）從青山綠水到燈紅酒綠之工作剝削

原住民迫於山地經濟困境，不得已前往平地就業市場尋求一席之地，努
力地在夾縫中求生存，「原住民面對突如其來，且有上下約二千年文化差距的
平地優勢文化的宰制，便在如此強大的結構變遷下，原住民青年及婦女不得
不離鄉背井，出外謀生。」〔註 403〕但原住民在平地就業市場上，經常面臨著
族群不平等的族群待遇；甚至於大多從事高勞力低收入的工作。

船主方面每視招募船員為拉夫行為，因為遠洋船員已成為陸上「棄
民」的最後收容所，凡是在臺灣陸地不能生存的人，才會被迫「下
海」，難怪八成以上的船員是山地各族的原住民，「拉『番』上船」
便是一般船主的口頭禪。〔註 404〕

原住民從事漁業工業，乃面臨著諸多工作剝削與職業風險，「拉『番』上
船──遠洋漁船的暗黑地獄：失去國家主權保護的臺灣漁業勞動者，在現代
奴工船上過著非人生活，受盡層層剝削，生命危如累卵！」〔註 405〕但漁民還
是以原住民居多。

除漁船幹部外，幾乎清一色是原住民，例如一千噸漁船，大約二十名
幹部為平地人，其餘七十人則是原住民，船員中偶爾點綴一兩名平

〔註 401〕洪田浚，〈失落的蓮花〉，《臺灣原住民籲天錄》（1994 年 8 月 15 日），頁 153。
〔註 402〕洪田浚，〈失落的蓮花〉，《臺灣原住民籲天錄》（1994 年 8 月 15 日），頁 153。
〔註 403〕洪田浚，〈從青山綠水到燈紅酒綠〉，《臺灣原住民籲天錄》（1994 年 8 月 15 日），頁 162。
〔註 404〕洪田浚，〈從青山綠水到燈紅酒綠〉，《臺灣原住民籲天錄》（1994 年 8 月 15 日），頁 171。
〔註 405〕洪田浚，〈從青山綠水到燈紅酒綠〉，《臺灣原住民籲天錄》（1994 年 8 月 15 日），頁 167。

地人，也屬列管的凶頑份子，或是拉夫而來的老人、小孩。〔註406〕

原住民在平地謀求生計，多以漁業工作為主，甚至於以遠洋漁業為主；原住民女性同要從事著高勞力低收入的工作，諸如，「原住民女性遷徙到平地以後，大都從事收入偏低的勞力工作。她們在工廠或工地上，並不能適應前未所見的工作方式，嚴格、呆板、枯燥而拘束，同時也缺乏同族的伙伴，因此工作不能專心。在加上技術不夠純熟，人際關係不佳，很容易為雇主所歧視。」〔註407〕在平地就業市場中，原住民即成為社會最底層的勞動階級。

　　討海人中最無保障的遠洋漁業，便成為棄民、賤民、罪犯、老人、
　　小孩等人的捕逃藪，其中尤以原住民最多，是則山地原住民，男為
　　船員，女為娼妓，奈何命薄如斯，生命無異已成不堪負荷的贖罪
　　體。〔註408〕

原住民的就業困境、經濟困難、工作剝削與種族歧視，均成為現今原住民工作壓迫中，常見的族群現象與社會適應議題，彷彿再現薩依德所述，原住民族所遭遇到的殖民壓迫，「在你的敘事、歷史、旅行故事和探險中，你的意識會再現為主要權威，形成一個活躍的能量點，不只了解殖民化活動，也了解異國的地理和人民。」〔註409〕因此，要如何協助原住民改善社會適應議題，乃成為刻不容緩之務。

（三）行船人之沉船曲悲歌

現今原住民，不僅在就業市場上飽受工作剝削，甚至於「有的原住民被扣海外，家中生活陷入困境，太太在家為了生存，和替丈夫籌措營救費用，便賣兒賣女，出現所謂原住民雛妓與童工，或者太太自己『下海』。」〔註410〕此即成為原住民在工作壓迫下最深沈的悲歌。

　　行船人的沉船曲──一九八四年的臺灣漁業災難：「男人出海，女人
　　下海」。就是今天原住民船員家庭的寫照，漁船船員不幸的命運，不

〔註406〕洪田浚，〈從青山綠水到燈紅酒綠〉，《臺灣原住民籲天錄》（1994 年 8 月 15日），頁 172。

〔註407〕洪田浚，〈從青山綠水到燈紅酒綠〉，《臺灣原住民籲天錄》（1994 年 8 月 15日），頁 162。

〔註408〕洪田浚，〈從青山綠水到燈紅酒綠〉，《臺灣原住民籲天錄》（1994 年 8 月 15日），頁 175。

〔註409〕薩依德，〈導論〉，《文化與帝國主義》（2001 年），頁 17。

〔註410〕洪田浚，〈行船人的沉船曲〉，《臺灣原住民籲天錄》（臺北：臺原出版社，1994年 8 月 15 日），頁 179。

僅顯示臺灣漁業的惡質化，也使弱勢族群陷入階級剝削的泥沼，原
住民成爲現代奴工。〔註411〕

關於原住民漁民的家庭悲劇，經常可見「『男人出海，女人下海』，就是
今天原住民船員家庭的寫照。」〔註412〕此即道出諸多原住民在經濟困境下，
所承受莫大的身心衝擊與族群壓迫，令人不勝欷噓。

（四）時代畸零人之工作困境

隨著近代原住民運動與原住民文學的興起，原住民族成爲族群議題關注
的焦點，「住膩都市和鄉鎮的平地人，好像發現寶藏一樣，趕著人潮往山地跑。
原住民在過去的一年之間，從被人遺忘的化外之民，大爆冷門，變成臺灣社
會的主角之一。」〔註413〕諸多原住民議題，乃隨之成爲諸多學者、專家討論
的議題之一。

由一群原住民知識份子組成的第一個社團組織——「臺灣原住民權
利促進會」，也在一九八四年底成立，成爲臺灣同鄉會返國考察的重
點之一，以及報紙談論的話題。〔註414〕

諸多媒體乃披露原住民所承受的族群壓迫與工作困境，「報紙優先刊登原
住民各項新聞，電視臺爲豐年祭做專輯，海山煤礦災變，原住民礦工死傷狼
藉，更是成爲轟動國內外的大新聞。」〔註415〕洪田浚首先即探討原住民的工
作壓迫與經濟困境。

職業死亡率比礦工還高的漁船船員，百分之八十是原住民，他們也
是整批被介紹所騙賣上遠洋漁船做奴工，一趟出海三五年，命運只
有三種，不是葬身海底，就是被扣國外，再不然返鄉發現居然是倒
欠船公司的錢。〔註416〕

〔註411〕洪田浚，〈行船人的沉船曲〉，《臺灣原住民籲天錄》（1994 年 8 月 15 日），頁
179。
〔註412〕洪田浚，〈行船人的沉船曲〉，《臺灣原住民籲天錄》（1994 年 8 月 15 日），頁
179。
〔註413〕洪田浚，〈時代的畸零人〉，《臺灣原住民籲天錄》（1994 年 8 月 15 日），頁
188。
〔註414〕洪田浚，〈時代的畸零人〉，《臺灣原住民籲天錄》（1994 年 8 月 15 日），頁
188。
〔註415〕洪田浚，〈時代的畸零人〉，《臺灣原住民籲天錄》（1994 年 8 月 15 日），頁
188。
〔註416〕洪田浚，〈時代的畸零人〉，《臺灣原住民籲天錄》（1994 年 8 月 15 日），頁

　　洪田浚乃舉諸多社會眞實案例，去探討原住民的工作困境，「一九八四年
一月間，豐泰公司打著榮工處的旗號，以招募工人當幌子，四處騙取報名費，
先後有七百多人上當，而其中原住民就占了一半以上。」〔註417〕諸多原住民
族均承受著不平等的工作待遇與剝削。

　　　　阿美族的基隆市議員蔡萬成，受託處理一件原住民漁民無力背負海
　　　　難去世弟弟的借支，而與船公司發生衝突的事件。原住民船員遭遇
　　　　海難死了，不僅領不到撫卹金，船公司還向死者家屬索賠出海前的
　　　　借支。〔註418〕

　　洪田浚在〈時代的畸零人〉中，揭露一九八四年諸多原住民受迫害的眞
實案例，諸如「三月間，林口國中的原住民老師林金泡獲選十大傑出青年，
他說臺灣各地的原住民船員，在分紅制的剝削下，平均每人積欠船公司七萬
元。」〔註419〕諸如此類的原住民際遇乃不勝枚舉。連原住民童工均承受著工
作壓迫的摧殘，「被販賣到弓溢塑膠廠的七名童工，最小八歲，最大十五歲，
每天工作十五小時，一天吃兩餐飯，好幾天洗一次澡……青春肉體以二至三
萬元的價碼，廉價出售……。」〔註420〕諸多社會眞實案例，均見證著原住民
的辛酸血淚。

　　　　原住民童工，最小八歲，最大十五歲，他們被販賣到弓盜塑膠公司
　　　　做苦工，每天工作十五小時，一天吃兩餐飯，好幾天洗一次澡，一
　　　　個月領一百五十元的零用錢。弓溢公司的負責人黃文鴻，以及販賣
　　　　人口的掮客劉瑞德、楊吉春，被警方移送法辦。他們買受一名童工
　　　　的代價是二至三萬元。〔註421〕

　　原住民童工議題，不僅披露原住民的工作壓迫外，還彰顯出原住民孩童
的就學問題。諸多原住民孩童不但被迫剝奪就學機會，甚至於提早感受到原

　　　　188。
〔註417〕洪田浚，〈時代的畸零人〉，《臺灣原住民籲天錄》（1994 年 8 月 15 日），頁
　　　　188。
〔註418〕洪田浚，〈時代的畸零人〉，《臺灣原住民籲天錄》（1994 年 8 月 15 日），頁
　　　　188。
〔註419〕洪田浚，〈時代的畸零人〉，《臺灣原住民籲天錄》（1994 年 8 月 15 日），頁
　　　　188。
〔註420〕洪田浚，〈時代的畸零人〉，《臺灣原住民籲天錄》（1994 年 8 月 15 日），頁
　　　　187。
〔註421〕洪田浚，〈時代的畸零人〉，《臺灣原住民籲天錄》（1994 年 8 月 15 日），頁
　　　　189。

住民所承受的族群壓迫與種族歧視。

> 由於七名原住民童工都來自屏東縣春日鄉，屏東縣政府教育局進一
> 步發現，春日鄉內的春日、古華和力里三所國小，有近五十名學生
> 長期缺課，其中一半去當童工，另一同伴行蹤不明，連家長也不知
> 子女去向。〔註422〕

由於原住民在工作壓迫與種族歧視的困境下，僅能以酒精加以逃避；因此，「省議員莊金生說，公賣局大力向雅美人推銷各種酒類，已經使蘭嶼變成『醉島』，公賣局應負責賠償。」〔註423〕甚至於有人發起節酒運動以改善此情況，「十一月，臺東縣海瑞鄉地方人士，鑑於原住民酗酒，天天手不離杯，容易傷身肇事，因此發起『節酒運動』，勸導原住民節酒儲蓄。」〔註424〕此外，關於蘭嶼核廢料議題，方為原住民族議題中尚待改善之務。

> 蘭嶼受核能廢料的影響，島上的雅美族兒童普遍感染腦膜炎，為過
> 去所沒有的現象，為挽救雅美人免於絕種，前高雄縣長陳月瑛建議
> 行政院立刻把國家核能廢料場，遷出蘭嶼，搬到無人島去。〔註425〕

隨著原住民進入平地社會與漢族競爭，以尋求立足之地之際，諸多社會適應與工作壓迫議題隨之而起，諸多「爭取種族尊嚴的抗爭行動：卅餘萬原住民在政府的種族政策下，成為無根的族群，大約三分之二的原住民人口，不得不離鄉背井，流落都市討生活，成為資本社會中最卑賤的奴工。」〔註426〕如何正視原住民的工作壓迫與族群歧視，所衍生的族群困境，乃成為當前刻不容緩之務。

（五）原住民運動之反抗新潮

隨著諸多原住民運動興起，即為原住民的發聲管道，「雖然過去原住民有霧社事件，對不平等的對待起而反抗，可是對整個原住民族來講，只是象徵

〔註422〕洪田浚，〈時代的畸零人〉，《臺灣原住民籲天錄》（1994 年 8 月 15 日），頁
　　　　189。
〔註423〕洪田浚，〈時代的畸零人〉，《臺灣原住民籲天錄》（1994 年 8 月 15 日），頁
　　　　193。
〔註424〕洪田浚，〈時代的畸零人〉，《臺灣原住民籲天錄》（1994 年 8 月 15 日），頁
　　　　193。
〔註425〕洪田浚，〈時代的畸零人〉，《臺灣原住民籲天錄》（1994 年 8 月 15 日），頁
　　　　195。
〔註426〕洪田浚，〈時代的畸零人〉，《臺灣原住民籲天錄》（1994 年 8 月 15 日），頁
　　　　196。

而已，原住民有普遍的順應性。」〔註427〕原住民在社會中所承受的眞實壓迫與歧視，即爲長期族群不平等關係所衍生，尚待深入思考改善之道。

六、原住民族之雛妓議題

（一）失落蓮花之雛妓困境

洪田浚藉由〈失落的蓮花〉，描述原住民雛妓議題，「失落的蓮花——原住民雛妓的故事：外表寧靜的山村，其實不再是人間桃源，除了及笄少女成了外人的搶手貨之外，自創世洪荒以來的原始密林，也成爲平地人覷覦的對象。」〔註428〕原住民少女淪爲雛妓，乃時有所聞。

> 已經獲救脫離妓院的蓮花，又因父親體弱多病，自願再入火坑，賺錢給父親看病。同時她的二哥「阿能」，自從策劃救她出來以後，雙眼視力日漸衰微，目前已經失明。〔註429〕

洪田浚藉由社會眞實案例披露，原住民族議題乃亟待重視與改善，「藉著排灣族少女蓮花的悲劇性故事，闡述少數民族在強勢文化侵略下，部落解體、家庭破滅和個人淪落的現象。」〔註430〕洪田浚甚至於實際觀察原住民雛妓的惡劣生存環境，「在此之前，我也曾獲友人之邀，參觀高市府北中城一帶的妓院。看到難以數計的原住民雛妓，在陰暗的大廈房間內營生。她們的年齡從十二、三歲到十七、八歲之間，居大多數。」〔註431〕不僅雛妓的工作環境惡劣，心理壓力更爲沈重。

> 所以現在的妓院，雖然房間陰暗如故，設備未見改變多少，但風貌大不相同。嫖客常見一群天眞的原住民姑娘，鶯聲燕語，稚氣迷人。且她們對待客人，也較親切，不比過去的平地妓女那樣乏味。
>
> 〔註432〕

關於原住民成爲雛妓的社會現象，乃見證著原住民少女的辛酸血淚，「自從近年來，大批原住民雛妓出現在妓院，使風化區的景觀爲之一變。原住

〔註427〕洪田浚，〈原住民運動的新潮〉，《臺灣原住民籲天錄》（1994 年 8 月 15 日），頁 213。

〔註428〕洪田浚，〈失落的蓮花〉，《臺灣原住民籲天錄》（1994 年 8 月 15 日），頁 150。

〔註429〕洪田浚，〈失落的蓮花〉，《臺灣原住民籲天錄》（1994 年 8 月 15 日），頁 151。

〔註430〕洪田浚，〈失落的蓮花〉，《臺灣原住民籲天錄》（1994 年 8 月 15 日），頁 151。

〔註431〕洪田浚，〈失落的蓮花〉，《臺灣原住民籲天錄》（1994 年 8 月 15 日），頁 151。

〔註432〕洪田浚，〈失落的蓮花〉，《臺灣原住民籲天錄》（1994 年 8 月 15 日），頁 152。

民雛妓被賣入妓院後，照樣受到嚴酷的鞭笞，可是她們人多，又因年幼，沒有一般世俗的羞恥觀念，縱然有羞恥之心存在，久之也變得麻木，習以為常。」〔註 433〕因此，如何改善原住民族的就業困境與經濟壓迫，乃為刻不容緩之事。

> 出外謀生的原住民，在「次級勞力市場」中掙扎求生，經常遭遇嚴
> 重的社會心理適應問題，例如城市中所見的原住民雛妓，就欠缺一
> 般平地妓女常見的職業性格。然許多原住民外出，並非出於自願，
> 而是在非常狀態下，被迫或被動從事這些工作。例如原住民雛妓的
> 大批出現，大部分與販賣人口集團有關。〔註 434〕

洪田浚筆下的蓮花，僅彰顯出原住民少女淪為雛妓議題的冰山一角，「『為什麼我們是原住民？』蓮花只是數以萬計原住民雛妓之一，蓮花的故事只是數以萬計同類故事之一。然而，雛妓問題也不過是難以數計原住民問題之一。」〔註 435〕諸多原住民均在社會底層，從事著高勞力低收入工作，而飽受經濟壓迫。

（二）從青山綠水到燈紅酒綠之雛妓議題

原住民雛妓議題，根據洪田浚的觀點而言，「原住民妓女的廣泛存在，是臺灣原住民問題惡化的關鍵所在。這項殘酷的事實，使每一位原住民青年抬不起頭來。」〔註 436〕此番言論乃不免過於武斷，如何改善雛妓議題的惡化，如何改善原住民的就業困境乃為首要之務。

> 從青山綠水到燈紅酒綠──原住民妓女問題研究：沒有任何一個民
> 族，只適合使用勞力或操持賤業。如果表象如此，那也是一種弱勢
> 文化被強勢文化所瓦解，而造成社會適應不良的後果。〔註 437〕

洪田浚將原住民雛妓議題，歸諸於社會適應不良所造成的後果；但原住民經濟困境與就業環境，方為重要因素之一。根據原住民雛妓的人口統計可知，此即為嚴重的原住民族議題。

〔註 433〕洪田浚，〈失落的蓮花〉，《臺灣原住民籲天錄》（1994 年 8 月 15 日），頁 152。
〔註 434〕洪田浚，〈失落的蓮花〉，《臺灣原住民籲天錄》（1994 年 8 月 15 日），頁 155。
〔註 435〕洪田浚，〈失落的蓮花〉，《臺灣原住民籲天錄》（1994 年 8 月 15 日），頁 158。
〔註 436〕洪田浚，〈從青山綠水到燈紅酒綠〉，《臺灣原住民籲天錄》（1994 年 8 月 15 日），頁 160。
〔註 437〕洪田浚，〈從青山綠水到燈紅酒綠〉，《臺灣原住民籲天錄》（1994 年 8 月 15 日），頁 159。

根據他的研究，臺灣原住民民族總數將近四十萬人中，約有一半是
女性。原住民女性扣除十二歲以下的「非賣品」，當有十萬少女。這
十萬少女中，至少有三萬人，每天過著生張熟魏，暗無天日的生
活。〔註438〕

關於洪田浚的分析指出，「原住民子女在平地社會受挫，往往會引起反社
會行為，最明顯的是他們大批進入風化場所賣淫為生。」〔註439〕原住民淪為
雛妓，乃歸咎於反社會行為說法，仍有待商榷。此議題背後所隱含的諸多因
素，與如何改善原住民雛妓議題，乃為首要之務。

原住民妓女和雛妓氾濫成災的原因，固然不止一端，但歸結到最
後，無可避免地會涉及今日的山地政策，如只片面認為是原住民少
女貞操觀念薄弱和原住民社會的貧窮，就不免流於輕率，並未觸及
問題的核心。〔註440〕

關於原住民少女淪為雛妓的因素可知，「原住民少女陷入火坑的途徑，
以非法集團的人口販子威脅最為嚴重，他們以金錢誘惑文盲的山地原住民
家長，使其糊里糊塗地簽下女兒的賣身契。」〔註441〕此即諸多原住民受騙
而賣身的主要因素之一。此外，諸多原住民少女為改善經濟困境而嫁給退
役軍人，「許多原住民少女嫁給退役軍人，由於夫妻年齡差距甚大，婚姻不
適而離異，終於也走上賣淫業。」〔註442〕此方為原住民少女成為雛妓的因
素之一。

有好幾批人口販子，專門在偏遠的山地鄉向原住民遊說，好把女兒
交給他們，再負責介紹到臺北或高雄等大都市的餐廳或工廠上班。
他們先付一筆工資給家長，就把女兒帶走，然後又以「包檔」的方
式和娼寮的老鴇分贓，可能還會轉手兩三次才成交，賣身契約為三

〔註438〕洪田浚，〈從青山綠水到燈紅酒綠〉，《臺灣原住民籲天錄》（1994 年 8 月 15
日），頁 160。

〔註439〕洪田浚，〈從青山綠水到燈紅酒綠〉，《臺灣原住民籲天錄》（1994 年 8 月 15
日），頁 162。

〔註440〕洪田浚，〈從青山綠水到燈紅酒綠〉，《臺灣原住民籲天錄》（1994 年 8 月 15
日），頁 160。

〔註441〕洪田浚，〈從青山綠水到燈紅酒綠〉，《臺灣原住民籲天錄》（1994 年 8 月 15
日），頁 162。

〔註442〕洪田浚，〈從青山綠水到燈紅酒綠〉，《臺灣原住民籲天錄》（1994 年 8 月 15
日），頁 162。

年或五年。〔註443〕

　　再加上原住民妓女的經濟優渥，導致偏差觀念的產生，「一位日進千金的原住民妓女，回鄉後所受的羨慕，超過舊社會頭目階級的尊榮。」〔註444〕因此，「原住民固有的道德規範和嚴謹保守的性觀念，常會隨著電視機、電唱機和電影的影響，而受到敲擊，造成混亂，終至蕩然無存。」〔註445〕上述均為洪田浚分析原住民雛妓議題的重要因素；但如何改善此種現象的發生，乃為重要的當務之急。

（三）時代畸零人之雛妓童工

　　關於原住民少女淪為雛妓議題，洪田浚在〈時代的畸零人〉中，舉諸多社會真實案例進行探討，「全省各地的私娼寮、風化區及臺北萬華的華西街，有幾千名十五、六歲的原住民少女操賤業，她們都被迫或被騙而陷入火坑，希望警方加強臨檢各風化場所，救出那些可憐的原住民少女。」〔註446〕由此彰顯出原住民遭遇人口販賣的情況嚴重。

> 二月間，臺北市廣慈博愛院收容二十四名雛妓，其中原住民少女占了十四位。警方在各大都市破獲應召站，原住民雛妓占著驚人的數量，而一些被販賣的八、九歲原住民童工，在街頭哭著找媽媽，也被人報警查獲。〔註447〕

　　原住民雛妓議題，甚至於有警員介入與人口販子助紂為虐，更使原住民雛妓處境更加雪上加霜，「蘭嶼朗島派出所警員林書賢與人口販子古玉蘭勾結，先後多次販賣原住民少女賣淫，被臺東縣警察局督察室查獲，移送法辦。林書賢販賣一名原住民少女獲利為十五萬元。」〔註448〕關於原住民雛妓的現

〔註443〕洪田浚，〈從青山綠水到燈紅酒綠〉，《臺灣原住民籲天錄》（1994 年 8 月 15 日），頁 163。

〔註444〕洪田浚，〈從青山綠水到燈紅酒綠〉，《臺灣原住民籲天錄》（1994 年 8 月 15 日），頁 162。

〔註445〕洪田浚，〈從青山綠水到燈紅酒綠〉，《臺灣原住民籲天錄》（1994 年 8 月 15 日），頁 162。

〔註446〕洪田浚，〈時代的畸零人〉，《臺灣原住民籲天錄》（1994 年 8 月 15 日），頁 189。

〔註447〕洪田浚，〈時代的畸零人〉，《臺灣原住民籲天錄》（1994 年 8 月 15 日），頁 188。

〔註448〕洪田浚，〈時代的畸零人〉，《臺灣原住民籲天錄》（1994 年 8 月 15 日），頁 189。

象，乃時有所聞，在全臺北中南各地均有所查獲。

> 臺北市刑警大隊偵破一起販賣人口案，救出原住民少女連 X 美與胡
> X 萍，而將人口販子陳春長、林玉英移送法辦，並追蹤掮客原住民
> 婦人「基敏」。……高雄縣鳳山分局刑事組破獲一處應召站，救出兩
> 名原住民雛妓顏 X 花（十五歲）、高 X 英（十五歲），她們兩人都是
> 高雄縣桃源鄉建山村人，卻被親生母親顏松阿路販賣。……豐原一
> 家私娼寮館保鑣吳正雄，到花蓮販賣原住民少女，押到豐原爲娼，
> 被豐原警分局查獲。〔註449〕

政府當嚴正地看待此雛妓議題的嚴重性，諸如「六月，原住民立委華
愛，向行政院質詢，要求政府全面普查原住民人口，嚴防人口買賣及賣淫情
事。」〔註450〕除了探討原住民雛妓的背後成因外，「華愛說，臺灣的地下色情
場所，購買原住民未成年少女當雛妓，令人痛心。由於原住民普遍貧窮，容
易遭到金錢誘惑，而致賣兒賣女。另一方面，原住民戶口又不夠清楚，使非
法集團經常以介紹職業爲由，用金錢誘惑原住民出賣幼年女童。」〔註451〕最
重要的即要努力協助原住民雛妓脫離被荼毒蹂躪的困境。

> 臺灣省警務處於十月六日要求各縣市警察單位，兩個月內全面清查
> 原住民戶口，並加強取締販賣人口和原住民女子賣淫。如發現十四
> 歲以上少女出外謀生，未依規定辦理遷出登記，或申報流動戶口，
> 除應向家屬追查其行蹤，並統計其人數。〔註452〕

連原住民知識份子方挺身而出地大聲疾呼，政府應當正視並尋求改善原
住民雛妓現象的存在，「胡德夫指出，今天的原住民，不是工人，就是娼妓，
情況非常惡劣，已經滅種邊緣，非採取行動加以挽救不可。」〔註453〕原住民
族的就業困境與工作壓迫的改善，乃爲刻不容緩之務。

〔註449〕洪田浚，〈時代的畸零人〉，《臺灣原住民籲天錄》（1994 年 8 月 15 日），頁
189～195。
〔註450〕洪田浚，〈時代的畸零人〉，《臺灣原住民籲天錄》（1994 年 8 月 15 日），頁
189。
〔註451〕洪田浚，〈時代的畸零人〉，《臺灣原住民籲天錄》（1994 年 8 月 15 日），頁
189。
〔註452〕洪田浚，〈時代的畸零人〉，《臺灣原住民籲天錄》（1994 年 8 月 15 日），頁
193。
〔註453〕洪田浚，〈時代的畸零人〉，《臺灣原住民籲天錄》（1994 年 8 月 15 日），頁
195。

（四）原住民運動之工作壓迫

關於原住民雛妓議題，洪田浚乃由原住民經濟困境進行分析，「回到雛妓問題的發生，可分為兩個階段，從十七世紀漢人到臺灣拓殖開始，一直到二十世紀初期，是第一階段。這一時期原住民社會文化的變遷，主要是質變，但臺灣戰後，原住民社會在整體臺灣經濟結構的變動下，卻發生『質變』。」〔註454〕此即歸因於原住民族所承受著族群壓迫與種族歧視所致。

> 所謂量變，是指拓殖的漢人對原住民土地的掠奪，和部分「熟番」
> 的奴役。至於質變，即是以優勢的社會經濟條件，完全將原住民社
> 會浸染，對其土地全部吞沒，對其殘餘的自尊完全剝奪，直接間接
> 逼使原住民為娼為奴，任意踐踏、犧牲，不當一回事。〔註455〕

縱然無法改善原漢族群在人口結構上的懸殊比例；但對於族群壓迫與種族歧視的汙名化現象，乃亟待改善。此外，如何協助原住民尋求更佳就業管道，以改善其經濟困境與就業環境，方為刻不容緩之務。

七、原住民族之神話傳說故事

（一）原點之文化悸動

關於原住民文化層面而言，在洪田浚觀察中的原住民族，乃充滿著諸多文化寶藏，豐富多元的文化傳說，均為人類共同的珍寶；洪田浚乃結合人文主義中，知性與感性的研究態度去觀察原住民族，「人文主義的問題，在智識層面上，其內容是透過同情契入與知性的努力，去理解外國文明的過去及其未來形式。」〔註456〕原住民族與大自然的關係，乃息息相關而密不可分。原住民族山海文化的生命本質，更擴大人類文化發展的生活場域。

> 原住民的老獵人，和傳唱舞詠數千年的原住民祭典歌舞，以及靜靜
> 躺在深山老林的部落廢墟，正是人類文化的原典，也是人類生命的
> 原點。通過原住民的自然文化，包括山的文化和海的文化，我們和

〔註454〕洪田浚，〈原住民運動的新潮〉，《臺灣原住民籲天錄》（1994 年 8 月 15 日），頁 208。

〔註455〕洪田浚，〈原住民運動的新潮〉，《臺灣原住民籲天錄》（1994 年 8 月 15 日），頁 208。

〔註456〕Frederic Lefever, "UneHeure avec Sylvain Levi" in Memorial Sylvain Levi, ed. Jacques Bacot (Paris: Paul Hartmann, 1937), pp.123~4。薩依德，《東方主義》（1999 年），頁 363。

大自然生息相通，回歸生命的本體。〔註457〕

　　洪田浚對於原住民文化傳說，乃充滿著諸多美好的印象，諸如排灣族的山林狩獵文化，即見證著部落勇士的氣魄；魯凱族人好茶村的美好景致，即見證著魯凱族的歷史足跡。北大武山即見證百步蛇孵蛋的陶壺，與太陽後代的祖先誕生。

> 我不能忘記天際星子印染在排灣族達瓦蘭溪上點點金黃色的跳躍，獵人沙布地最後倒在那裡，倒在愛妻的深情和山神的懷抱裡。也不能忘記群山間萬頃雲海從北大武山稜傾瀉而下，浩蕩雲絲竟是魯凱族好茶人美麗天堂的永恆裝潢，在那兒也是太陽和陶壺結婚而由百步蛇替他們孵蛋的地方。〔註458〕

　　洪田浚描述泰雅族射日傳說故事，見證泰雅勇士的英勇；還有，達悟族的拼板舟與飛魚神話傳說，即充滿海洋文化元素。關於阿美族傳說故事、魯凱族的蛇郎君傳說故事……等諸多原住民族神話傳說故事，均為洪田浚文學的重要文化議題。

> 也不能忘記世紀奇峯大霸尖山插入雲霄的雄偉，泰雅族的兩代英雄在這個近日點射中了兇惡的太陽，從此天上有了月亮、星星和唯一的太陽分據晝夜。更不能忘記雅美族人世代駕著雕板木舟在無限的太平洋中追逐著神話中的飛魚，他們以全靈魂的顫抖驅逐核廢場的惡靈，以及阿美族禁忌之山的黑色奇萊、魯凱族美麗公主嫁給蛇郎君的大小鬼湖；魁儡山女頭目最後獨守的舊古樓。〔註459〕

　　洪田浚描述布農族的抗日傳說，甚至於百步蛇傳說；此外，關於賽夏族的矮人族與矮靈祭傳說故事，均為洪田浚的書寫題材。對於原住民族文化保存與傳說故事探討，均有所裨益。

> 布農族抗日英雄打和荷阿里和拉馬達星星在關山越嶺的密林深處縱衡叱吒、出雲山中神祕的史前岩雕依然有那位吃百步蛇女人哀怨的詛咒，還有那些至今仍深據高山崖谷而拒絕文明的小矮人，偶爾被

〔註457〕洪田浚，〈原點的悸動〉，《臺灣原住民籲天錄》（臺北：臺原出版社，1994年8月15日），頁10～11。

〔註458〕洪田浚，〈原點的悸動〉，《臺灣原住民籲天錄》（1994年8月15日），頁10～11。

〔註459〕洪田浚，〈原點的悸動〉，《臺灣原住民籲天錄》（1994年8月15日），頁10～11。

人碰到卻瞬間消失無蹤……。〔註460〕

豐富的原住民族文化傳說故事，均成爲洪田浚的重要創作題材。此乃爲吸引其關注於原住民族文化議題研究的重要動機，故在其創作的諸多重要篇章中，均有關於原住民族神話傳說故事的闡揚。

（二）矮小人種與烏鬼番之傳說

洪田浚還描述關於小琉球的烏鬼番特色，「小琉球故老相傳，烏鬼番水性很好。在海底可以淺泳一個小時，不需浮出水面換氣。他們頷下有魚般的鰓，在海中鑿沉過往的商船，劫取貨物。」〔註461〕關於烏鬼番與原住民族，均充滿著諸多想像與傳說故事流傳。

> 矮小人種與烏鬼番：臺灣省最早的原住民可能爲矮黑人（Pygmoid），此可由今日臺灣各地民間，尚有「烏鬼」故事之傳說，與土著賽夏族之舉行矮人祭，布農族傳說有「塔圭利侏儒」及臺東排灣族傳說其先住民爲矮人族等，獲得啓示。與臺灣僅一水之隔菲律賓，現尚有四、五萬稱爲 Aitas 的矮黑人，則臺灣於二、三百年前，曾有矮黑人種居住，實無足爲奇。〔註462〕

在歷史文獻紀載中，同樣有關於矮黑人的描述；縱然目前關於矮黑人形象，僅存在於原住民族神話傳說故事，「矮小人種或矮黑人留下的史蹟幾乎是一片空白，只剩下一些傳說供人發思古之幽情，現今猶存的賽夏族矮人祭最足以說明這件事。」〔註463〕關於矮黑人的記載乃眾說紛紜。

> 《臺灣省通志》把矮小人種一律稱爲矮黑人，可能是後來矮人與黑人的混種而成。而「烏鬼」之說，陳冠學肯定其專指現今東港外海小琉球的住民而言，小琉球島上仍然留有烏鬼洞的遺跡，供人憑弔與遊覽。〔註464〕

〔註460〕洪田浚，〈原點的悸動〉，《臺灣原住民籲天錄》（1994 年 8 月 15 日），頁 10 ～11。

〔註461〕洪田浚，〈矮小人種與烏鬼番〉，《臺灣原住民籲天錄》（1994 年 8 月 15 日），頁 18。

〔註462〕洪田浚，〈矮小人種與烏鬼番〉，《臺灣原住民籲天錄》（1994 年 8 月 15 日），頁 21。

〔註463〕洪田浚，〈矮小人種與烏鬼番〉，《臺灣原住民籲天錄》（1994 年 8 月 15 日），頁 23。

〔註464〕洪田浚，〈矮小人種與烏鬼番〉，《臺灣原住民籲天錄》（1994 年 8 月 15 日），頁 22。

在日治時期，同樣有關於矮黑人的傳說存在，「日人國分直一著有《烏鬼番傳說和遺跡》及《小琉球嶼先史遺跡》，也對烏鬼番詳加研究。矮小人種活躍在臺灣的時間很長，在日治初期據說還有少數人存在。」〔註465〕日本學者在《蕃族慣習調查報告書》、《人類學雜誌》，均對於矮黑人傳說與形象有所記載；甚至於認爲矮黑人乃居住於石洞中，乃爲臺灣古代的原住民族。但尚待更多歷史與考古證據加以證實。

　　在日本的《人類學雜誌》卷四十七及二十二上有兩篇記載臺灣矮人族的調查報告，其一爲鹿野忠雄一九三二年調查所得，篇名爲〈小人居住在臺灣的傳說〉，其一爲足立文太郎一九〇六年所撰〈臺灣古棲之土人〉。鹿野氏説：「大麻里蕃社有矮人姑安的傳說，其禮長三尺，有石房屋及石壁。」足立文太郎氏則引用「欒大社在三百年前，尚有矮人住在石壁的傳說，以探討臺灣人古代的矮人。〔註466〕

關於矮黑人最主要的傳說故事，「有關矮黑人的傳說，是小琉球的『烏鬼番』。」〔註467〕還有，「滿洲鄉南仁山的石板屋群，據稱與矮黑人有關。」〔註468〕縱然如今矮黑人僅活在神話傳說故事中，但關於矮黑人的傳說故事，均不離賽夏族的神話傳說故事與矮靈祭祭典。

　　從以上所能找到的記錄可知，第一批到達臺灣的矮小人種，或許已經從臺灣這塊美麗的土地消失了。矮小人種可能包括數個族群，及其後裔的相互混合，但不管如何，他們已經完全淹沒在歷史的洪流裡。也許只有向天湖兩年一次的「矮靈祭」，才能定期把那些飄渺的幽靈召喚回來，使人記起有過這麽一群優秀、聰明卻很弱小的人們。〔註469〕

關於賽夏族的記載可知，賽夏族即「分布在新竹五峰和苗栗南庄的賽

〔註465〕洪田浚，〈矮小人種與烏鬼番〉，《臺灣原住民籲天錄》（1994年8月15日），頁22。

〔註466〕洪田浚，〈矮小人種與烏鬼番〉，《臺灣原住民籲天錄》（1994年8月15日），頁33。

〔註467〕洪田浚，〈矮小人種與烏鬼番〉，《臺灣原住民籲天錄》（1994年8月15日），頁23。

〔註468〕洪田浚，〈矮小人種與烏鬼番〉，《臺灣原住民籲天錄》（1994年8月15日），頁26。

〔註469〕洪田浚，〈矮小人種與烏鬼番〉，《臺灣原住民籲天錄》（1994年8月15日），頁27。

夏族，人口約四千人，與蘭嶼雅美族相當，是原住民九族中最少的族群。」
〔註 470〕關於賽夏族人乃為原住民族九族人口最少的說法，即應進行修正；原
住民族現今已成為十六族，而賽夏族也並非人口最少的原住民族。

> 賽夏族的周圍是強悍的泰雅族，兩個族群獵場重疊，弱小的賽夏族
> 只好依農維生。相傳該族的農耕技術是由一夥身高不及三尺的「矮
> 達」（或係布農族所說的塔圭利侏儒——Takeritsutsw）教導的。矮達
> 不喜打仗，但富有聰明智慧。〔註 471〕

關於矮黑人的神話傳說故事，最重要的即為賽夏族的矮靈祭祭典。當矮
黑人教導賽夏族人耕種有功後，改善賽夏族的經濟生活；矮黑人即要求賽夏
族人需準備祭典活動，提供矮黑人同歡。豈料，好色的矮黑人竟經常調戲賽
夏族女性，造成雙方衝突而導致矮黑人消滅，賽夏族自此每年即需準備「矮
靈祭」祭典以祈求豐收。

> 在某次的豐收歡樂夜，「矮達」因為酒後亂性，玷汙了賽夏族女性，
> 使賽夏族大怒，於是設下圈套消滅他們。可是往後賽夏年年歉收，
> 災害頻仍，賽夏人認為是矮達的幽靈在作怪，就舉族祭祀，以表追
> 思和感恩，祈求矮達之靈寬恕，這就是「矮靈祭」的由來。〔註 472〕

在日治時期，諸多臺灣與日本學者均有針對原住民族的矮人傳說，與賽
夏族矮靈祭的由來，進行田野調查研究。在不同版本的說法，均存在著異同
之處，對於原住民族文化保存與比較，均有其文化價值存在。

（三）巴斯達矮之傳奇

在洪田浚〈巴斯達矮傳奇〉中，同樣對於賽夏族的矮靈祭典與矮人族
傳說進行分析。在日治時期，即有日本學者對此提出田野調查成果，「日治
時代，日本學者對臺灣小矮人追蹤調查，有豐富的收穫，證實臺灣矮人分
布很廣。」〔註 473〕日本學者即以田野調查方式，努力地研究矮黑人的文化

〔註 470〕洪田浚，〈矮小人種與烏鬼番〉，《臺灣原住民籲天錄》（1994 年 8 月 15 日），
頁 23。

〔註 471〕洪田浚，〈矮小人種與烏鬼番〉，《臺灣原住民籲天錄》（1994 年 8 月 15 日），
頁 23。

〔註 472〕洪田浚，〈矮小人種與烏鬼番〉，《臺灣原住民籲天錄》（1994 年 8 月 15 日），
頁 23。

〔註 473〕洪田浚，〈巴斯達矮傳奇〉，《臺灣原住民籲天錄》（臺北：臺原出版社，1994
年 8 月 15 日），頁 32。

習俗。

> 《蕃族慣習調查報告書》中記載一九一七年時，小島由道在賽夏族
> 採集的傳說，賽夏族每二年舉行一次「巴斯塔艾」大祭，其目的乃
> 是爲安慰「塔艾」矮小人種亡魂而設，「塔艾矮人」是從前住在「娃
> 來溪」之右岸「麥巴來」山西北面山腹之岩洞裏，身長不過三尺，
> 惟臂力強大，並且擅長巫術，賽夏族人甚畏懼。〔註474〕

賽夏族的矮靈祭，爲最重要的三大祭典之一，「由於賽夏族迄今保有『矮
人祭』的傳統，這是該族三大祭典之一，另兩種是祖靈祭和豐年祭。『矮人祭』
就是在紀念矮黑人『巴斯達矮』。」〔註475〕關於矮人族的傳說故事，即成爲賽
夏族最有名也最重要的神話傳說故事之一。

> 巴斯達矮傳奇——賽夏族的矮人傳說：矮達的農業技術高超，使賽
> 夏族人受益良多，從此免除了疾病、毒蛇、猛獸的侵害，年年農作
> 物豐收，賽夏族人在每年收成後，準備豐盛的酒菜來招待矮人，以
> 示酬謝護佑之意。〔註476〕

現今關於矮黑人傳說故事，乃在矮黑人滅種數百年後，流傳著曾出現在
苗栗縣南庄鄉賽夏族群居的東河村。但此項說法孰眞？孰假？即尚待證實。
此或許僅爲侏儒的現身而引起的傳聞，乃深具可能性。

> 臺灣最早的原住民小矮人，在滅種四、五百年後，突然傳說在苗栗
> 縣南庄鄉賽夏族群居的東河村出現，言者向警方報案時，把一個疑
> 是小矮人的黑色動物，描述得活靈活現，確實引人遐思，趣味盎
> 然。〔註477〕

根據上述說法可知，臺灣矮黑人說故事乃廣爲流傳，甚至流傳於在賽夏
族的矮靈祭與矮人傳說，即成爲賽夏族最重要的族群文化養料之一。但諸多
文化傳說故事，乃尚待更多考古與歷史證據加以證實。

八、原住民族之文化習俗

（一）原住民族之深山婚禮

關於排灣族的傳統婚禮與現代婚禮，均充滿著諸多獨特的文化習俗，「深

〔註474〕洪田浚，〈巴斯達矮傳奇〉，《臺灣原住民籲天錄》（1994年8月15日），頁32。

〔註475〕洪田浚，〈巴斯達矮傳奇〉，《臺灣原住民籲天錄》（1994年8月15日），頁29。

〔註476〕洪田浚，〈巴斯達矮傳奇〉，《臺灣原住民籲天錄》（1994年8月15日），頁28。

〔註477〕洪田浚，〈巴斯達矮傳奇〉，《臺灣原住民籲天錄》（1994年8月15日），頁29。

山裏的婚禮——排灣族的傳統婚儀：古老的習禮處處蘊含著對生命的尊敬。艱辛的迎娶過程，無非顯示對繁衍種族大事的尊重，使新婚男女珍惜得來不易的愛情，能同甘共苦的生活在一起。」〔註478〕尤其在傳統古禮的原住民婚禮中，更隨處可見文化精神的存在，「一九八七年元旦的時候，屏東縣三地鄉的一個排灣族村落青山村裏，舉行一次引人矚目的排灣族傳統婚禮。」〔註479〕洪田浚即以現代眞實的原住民傳統婚禮爲例加以分析。

> 住在城裏的原住民，大都適應了都市裏的生活習慣，結婚也和漢人
> 沒什麼分別，不是按照宗教儀式，就是擺酒席大宴賓客，再不然就
> 公證結婚。可是，在原住民的各部落間，結婚依然是全族的大事，
> 儘管儀式再怎麼改變，通宵達旦的痛飲狂歡，卻依然深受原住民熱
> 愛，山林子民的歌舞，就像是自然的節奏一般互古不變。〔註480〕

關於古典的排灣族婚禮，根據《臺灣省通志》〈同胄志〉中，曾描述排灣族的搶婚習俗，由此展現出排灣族原住民勇士的氣魄；此種搶婚習俗流傳至今，仍有部分排灣族婚禮乃遵循傳統古禮而行。

> 排灣族於結婚當日，社內青年男女集女家歌舞。當夜新娘由女友陪
> 同到頭目家，拭淚速稱將失去清淨之身爲人妻。而當新郎發現新娘
> 欲吻之，新娘即與同伴逃避於親戚家，或友人家，甚至避於山中。
> 新郎偕友人尋得後，由友人背新娘往女家。此時新娘須大聲哭泣，
> 並作掙扎，從此與婚前曾有往來之男友斷絕交往。〔註481〕

傳統遵循古禮的排灣族搶婚習俗，乃需反覆地進行搶婚行動，「新郎於翌日之夜，再赴女家作親近新娘動作，新娘驚逃，男方友人再尋得後背返女家，如此前後三次，第四夜女母以藤蔓縫於新娘卷上，使女與婿同衾，新郎以刀斷藤條，乃結成夫妻。」〔註482〕當排灣族新郎搶婚成功後，新娘即將可正式出嫁。

> 翌日，男家會同媒人，將聘禮送至女家，女方將各種禮品分發親戚，
> 受禮各人亦向男方贈送家具裝飾品。翌日，新郎及親戚、媒人等偕

〔註478〕洪田浚，〈深山裡的婚禮〉，《臺灣原住民籲天錄》（臺北：臺原出版社，1994年8月15日），頁60。

〔註479〕洪田浚，〈深山裡的婚禮〉，《臺灣原住民籲天錄》（1994年8月15日），頁61。

〔註480〕洪田浚，〈深山裡的婚禮〉，《臺灣原住民籲天錄》（1994年8月15日），頁61。

〔註481〕洪田浚，〈深山裡的婚禮〉，《臺灣原住民籲天錄》（1994年8月15日），頁61。

〔註482〕洪田浚，〈深山裡的婚禮〉，《臺灣原住民籲天錄》（1994年8月15日），頁61。

同背負新娘之青年返男家，路中新娘哭啼不停，以衣拭淚。〔註483〕

上述即爲《臺灣省通志》文獻中，所記載的排灣族原住民搶婚習俗。但居住於大母母山「達瓦蘭」部落的排灣族「拉瓦爾群」，所流傳的搶婚習俗，乃與傳統的排灣族婚禮有所差異。

> 就好像青溪從大母母山奔流到這裏，瀉注成一個叫「海神宮」的深潭，青山村的原住民，在兩百多年前從大母母山的「達瓦蘭」部落輾轉遷徙到這裏，他們屬於排灣族中的「拉瓦爾群」，他們的傳統婚禮和《臺灣省通志》〈同胄志〉中所記載的排灣族婚禮，就稍稍有點不同。〔註484〕

排灣族「拉瓦爾群」的搶婚習俗中，原住民女性，「『拉瓦爾群』的女子，當她們獲知婚約的時候，就開始哀哭不已，到處逃匿躲藏。男家迎娶時，也必定與女家發生各種糾纏不清的爭鬥，然後好不容易把新娘找到了，使她蹲在地上，送還女家。」〔註485〕與傳統排灣族婚禮不同之處，乃增加「接鼻禮」習俗的舉行。

> 接著媒人會替這對要結婚的男女舉行「接鼻禮」，然後縫緊女褲，讓這對男女同衾共寢，新郎卻不得將緊縫的女褲解開，一親芳澤。到了次日，才分發大螺錢給女儐相，由女儐相解開褲縫，新娘這才以身相許，這叫「密布爾」。另一種方式，則是男方將大螺錢或禮物分發給親戚後，新郎才進入洞房，使新娘手握鐵器，以身相許。〔註486〕

傳統遵循古禮的排灣族婚禮，乃充滿諸多獨特禮數與習俗；由於排灣族乃爲階級分明的族群；因此，禮數即成爲重要的婚禮元素之一。但現今排灣族搶婚習俗，乃隨著時代變遷而逐漸簡化，但搶婚習俗的文化精神仍然存在。

> 傳統的排灣族婚禮，是排灣族社會封建禮儀的一部分。「禮」規定了封建社會上下位階的人際關係，但因爲賴以存在的封建生產關係已經逐漸瓦解了，所以，這一套封建禮法也漸漸受到質疑與挑戰，用以嚴格區分身分的服飾、頭飾，以及門楣樑柱的雕紋等等，也漸漸模糊了它們原來的意義。〔註487〕

〔註483〕洪田浚，〈深山裡的婚禮〉，《臺灣原住民籲天錄》（1994年8月15日），頁62。
〔註484〕洪田浚，〈深山裡的婚禮〉，《臺灣原住民籲天錄》（1994年8月15日），頁62。
〔註485〕洪田浚，〈深山裡的婚禮〉，《臺灣原住民籲天錄》（1994年8月15日），頁62。
〔註486〕洪田浚，〈深山裡的婚禮〉，《臺灣原住民籲天錄》（1994年8月15日），頁62。
〔註487〕洪田浚，〈深山裡的婚禮〉，《臺灣原住民籲天錄》（1994年8月15日），頁67。

　　排灣族不僅在搶婚婚禮習俗中，得以展現文化特色外，階級分明的排灣族，乃在諸多原住民族文化層面，均遵循著階級之分；但不僅排灣族文化充滿獨特性外，諸多原住民族，均具有其獨一無二的族群文化特質。

（二）原住民族之文化根源

　　原住民族文化的多元性與獨特性，乃於族群文化發展初期即可彰顯其族群特質，「任何一位原住民，沒有一個不是從他們的部落文化之淵源流長，薰陶出來的，原住民的本性質樸樂天，愛好歌唱、雕刻、編織，物質慾望極低，這是高山賜與他們的美好基本性格，應該是漢人所不可忽略的臺灣少數民族文化特質。」〔註488〕在關注與探討原住民族文化之際，應兼顧其諸多層面的族群特色與發展。

第五節　古蒙仁部落意象中的原住民族

一、山地原住民族議題

　　古蒙仁在《黑色的部落》中，所收錄的〈一個沒有鼾聲的鼻子〉、〈幾番蘭雨話礁溪〉、〈黑色的部落〉；與收錄於《願嫁山地郎》的〈碧岳村遺事〉……等諸多文本，乃描述諸多原住民族議題，諸如原住民族歷史、形象、部落景象、文化習俗、神話傳說……等議題；甚至於原住民族所遭遇的種族歧視，均為探討原住民族處境時，可深入分析的重要議題。古蒙仁即以報導文學創作，試圖將原住民族的現代處境，逐一再現於文本中，冀望喚醒更多漢族與原住民族，正視與改善原住民族的現代生活困境。

　　古蒙仁自述在走進部落，走入原住民族的世界前，「在這以前，我從來沒有過山地生活的經驗，學生時代雖然喜歡爬山，但與山胞接觸的機會仍然有限。」〔註489〕古蒙仁與諸多人對於原住民族同樣普遍存在著的刻板印象，乃流於片面式的族群認知。

　　　我對山胞的印象，幾乎都來自阿美族文化村之類的山地歌舞表演。
　　　那些穿戴著花花綠綠的山胞，拿著木杵或舞著番刀，在吵雜刺耳的

〔註488〕洪田浚，〈原住民痛苦的根源〉，《臺灣原住民籲天錄》（1994 年 8 月 15 日），頁 220。

〔註489〕古蒙仁，〈一個沒有鼾聲的鼻子〉，《黑色的部落》（臺北：時報文化出版社，1978 年），頁 18。

音樂裏蹦蹦跳跳。那些濃稠俗麗的色調，矯飾的粗獷柔情，淒厲尖
拔且帶著無限東洋風的山地歌謠，這就是許多人所自認為瞭解的同
胞。〔註490〕

當古蒙仁決定要進行原住民族深入報導時，即真實地走入山地部落，方
可真實地見證著原住民文化，「我從部落的竹籬矮簷間走過，走進他們的家
庭，走進了他們最隱密的生活圈子裏，我終於看清了他們真實的面目。當我
和他們一齊相處時，或許是語言隔閡帶給我的錯覺吧！」〔註491〕此乃引發古
蒙仁對於原住民族現代族群處境的思考。

山地的問題：居住在封閉的，還是利用原始的步行交通工具的泰雅
族同胞，在今日臺北人的繁榮夢裏，簡直是不可想像。實在想像不
到，就只有幾百年吧，平地人的大量湧到，使他們放棄了易於耕種
覓食和發展的地方，到山林和野獸爭生存機會。加上貧瘠的土地，
欠缺的水源，消耗體力的高山空氣和跋涉，造成了農業困難的先史
時代的經濟社會。〔註492〕

若要進行原住民族的田野調查報導，首先即要先設身處地地為原住民族
著想，「山地同胞究竟怎樣想平地人呢？也許最好的報導，應先有一顆山地人
的心，站在山地人的立場上，描繪山地的歷史，處境和未來的希望。『歷史在
哪裡？』」〔註493〕此外，體會原住民族文化精神的精隨，諸如泰雅族的族群精
神，「不管秀巒村有多大，不管裏面的山坡有多高，泰雅人終必用自己的雙手，
來解開自身的命運；用他們的血汗，來洗刷這個黑色的惡靈。」〔註494〕原住
民族在現代社會中的族群不平等際遇，尚待族人努力地克服與改善。

二、原住民族之歷史

（一）黑色部落之歷史變遷

關於泰雅族原住民族，古蒙仁乃進行歷史分析，認為泰雅族即經由數次
遷徙行動，方可正式定居。關於泰雅族族群遷徙的歷史背景與實際因素，方
可深入探討其族群處境的變遷。

〔註490〕古蒙仁，〈一個沒有鼾聲的鼻子〉，《黑色的部落》（1978年），頁18。
〔註491〕古蒙仁，〈一個沒有鼾聲的鼻子〉，《黑色的部落》（1978年），頁18。
〔註492〕古蒙仁，〈一個沒有鼾聲的鼻子〉，《黑色的部落》（1978年），頁9。
〔註493〕古蒙仁，〈一個沒有鼾聲的鼻子〉，《黑色的部落》（1978年），頁12。
〔註494〕古蒙仁，〈一個沒有鼾聲的鼻子〉，《黑色的部落》（1978年），頁23。

> 比較可靠的說法，秀巒村的泰雅族應該屬於基那衣（或譯今孩兒）
> 番的一支。據今約三百二十多年前，從馬嘉那兒社分出，逐漸向北
> 移動，終於沿著控溪到了基那衣山的東北邊，暫時在那兒定居下來。
> 控溪上游一帶原為不毛之地，求生極為不易。二十年後，他們再度
> 遷移到泰岡一帶，才正式定居下來。〔註495〕

　　古蒙仁思考泰雅族原住民，在遷徙歷史軌跡上的象徵意義，「歷史在這些
黑暗范昧的部落間，原就不具備什麼意義的；進化的原則除了表現在生存競
爭上的殺戮外，也留不下什麼特別的痕跡。對於隱藏在這段黑暗中的秀巒村
泰雅族，又何能例外？」〔註496〕泰雅族與諸多原住民族，在族群遷徙歷史上，
又產生何種族群際遇與意識呢？均為尚待探討之議題。

（二）幾番蘭雨話礁溪之歷史事件

　　古蒙仁在〈幾番蘭雨話礁溪〉中，描述清乾隆與嘉慶時期，對於原住民
的強勢討伐事件，「乾隆十二年（西元一七四七年）時，吳沙感於舊有的土地
已充分開發利用，便進一步擬定了對蘭境的全盤開拓大計。當時的淡房同知
徐夢麟頗為贊賞，開始有招撫蘭番使他們歸順的決心。」〔註497〕直至嘉慶時
期，乃展開實際招撫行動。

> 嘉慶元年時（西元一七九六年），吳沙聚徒日眾，實力大增，便在九
> 月十六日率眾深入蘭境，進站烏石港，築土圍墾，稱為頭圍（即今
> 日頭城鎮）。不久番人即傾族而出，抵死抗拒。〔註498〕

　　清代官方與原住民在此事件中，原漢族群衝突乃正面交鋒地正式展開。
原住民即受到生命財產的威脅，諸如「他的母親吳氏，早年遭遇更為悽慘。
在一次生番的暴動中，全家遇害，只有她一人躲在蚊帳下，倖免於難。」
〔註499〕族人均忐忑不安地飽受摧殘。

> 當時番人散居在今五峯旗、金面一帶的山區，以及礁溪國小後面的
> 山腰處，常思蠢動。一旦下山，便是殺人放火，打家劫舍，總要飽

〔註495〕古蒙仁，〈黑色的部落〉，《黑色的部落》（臺北：時報文化出版社，1978 年），
　　　　頁 171。
〔註496〕古蒙仁，〈黑色的部落〉，《黑色的部落》（1978 年），頁 172。
〔註497〕古蒙仁，〈幾番蘭雨話礁溪〉，《黑色的部落》（臺北：時報文化出版社，1978
　　　　年），頁 125。
〔註498〕古蒙仁，〈幾番蘭雨話礁溪〉，《黑色的部落》（1978 年），頁 125。
〔註499〕古蒙仁，〈幾番蘭雨話礁溪〉，《黑色的部落》（1978 年），頁 128。

掠一番，才呼嘯而去。農民們的生命財產，便在這種**劫**掠燒殺之中，

備受摧殘，朝不保夕，弄得人心惶惶。〔註500〕

　　古蒙仁即由此見證當時在宜蘭地區，清廷強勢歸撫原住民，所造成的原漢族群衝突事件。此即爲原住民族抵抗外族入侵，所爆發零星的族群衝突事件之一；往後諸如原漢族群衝突、原日族群衝突的番變事件，乃時有所聞而層出不窮。

（三）黑色部落之歷史事件

　　古蒙仁在〈黑色的部落〉中，描述原住民族「李棟山事件」的抗日事件爆發，「民國二年（日明治四十三年）日本當局爲了進一步開發山地，控制生番，擬訂了一份全面整頓計畫，謂之隘勇線前進計劃。一向與世隔絕的偏遠山區，從此就不得安寧了。」〔註501〕此後零星的原日族群衝突事件，乃時有所聞而層出不窮。

> 黑色的部落——秀巒山村透視：傳說中的秀巒村泰雅族，是全省山
> 胞中最凶悍的一支，性猛烈，好戰鬥。日據時代，日本警方爲了討
> 平他們，爆發了著名的李棟山事件。死事之慘烈，眞可媲美霧社事
> 變。〔註502〕

　　原住民族抗日事件的爆發，即源於日本殖民統治強勢鎮壓，所導致官逼民反的武裝抗日行動。當日本強勢鎮壓後不久，原住民族即再次發動武裝起義去抵抗日本殖民統治。

> 翌年番亂又起，馬里克灣番領先起事，煽動基那衣、他巴火、也巴
> 干各社番，出沒於隘勇警備線附近，殺人斬首，以爲報復。沿線山
> 胞也多聞聲響應，聲勢愈來愈大。日本警方疲於應付，不得不擬定
> 第二次李棟山隘勇線前進計畫，並動員軍方資助。〔註503〕

　　原住民族熟悉山地部落的地勢與情勢，即善用環境之便發動武裝抗日行動，「八月末，適有暴風雨來襲，風雨交加，雲霧凄迷，山胞趁勢發動猛攻，日方部隊潰不成軍，幾被殲滅，最後只好狼狽撤退。馬里克灣番和基那衣番，總算報了一箭之仇。」〔註504〕對於原住民族的強力抵抗，日本殖民官方

〔註500〕古蒙仁，〈幾番蘭雨話礁溪〉，《黑色的部落》（1978年），頁125。
〔註501〕古蒙仁，〈黑色的部落〉，《黑色的部落》（1978年），頁172。
〔註502〕古蒙仁，〈黑色的部落〉，《黑色的部落》（1978年），頁165。
〔註503〕古蒙仁，〈黑色的部落〉，《黑色的部落》（1978年），頁173。
〔註504〕古蒙仁，〈黑色的部落〉，《黑色的部落》（1978年），頁173。

只好採取更縝密的作戰計畫，「民國元年，日方又擬就第三度隘勇線前進計畫，專門用以對付馬里克灣番和基那衣番。」〔註505〕日本殖民官方即採取先進武器，來對付原住民的強力抵抗。

> 日方在一再受挫的劣勢下，開始挖掘坑道，作爲前進時的掩蔽。並調遣大砲入山，構築大砲陣地，作爲前進時的重要據點。肉體畢竟敵不過砲火，山胞儘管驍勇，終懾於巨砲的火力，開始後退了。
> 〔註506〕

在日本殖民官方的先進武器強勢鎮壓下，原住民仍寧死不屈地奮力抵抗著，「在年餘的戰鬥中，基那衣番扮演了最凶悍的角色，令日軍喪膽。戰事進行至此，各地山胞都已先後降服，馬里克灣亦形同瓦解，只有基那衣番依然頑強地抵抗，充分表現出他們驍勇善戰，抵死不屈的本性。」〔註507〕原住民族的肉搏戰，終究不敵日本殖民當局的先進武器而棄械投降。

> 面臨大軍壓境，基那衣番毫不示弱，轉戰各山區，與日軍展開慘烈的惡鬥。李棟山上的砲聲震天，殺聲震野，基那衣番被猛烈的砲火炸得支離破碎、身首異處，他們依舊前仆後繼，衝鋒陷陣。漫山的腥風血雨飄洒下，這場慘絕人寰的血戰終於結束了。〔註508〕

當原住民族經歷過無數次大小零星的抗日事件後，終究屈服於日本殖民官方的先進武器下，「秀巒村的泰雅人歷經日本的統治，政府的照顧，六十餘年來，蒙在他們臉上的那層陰影——已不復見了。秀巒村的炊煙依舊裊裊的上升，守在原來的部落裏，他們像遁跡世外的隱者。雖然落後、貧窮，卻是愉快而知足的。」〔註509〕原住民僅可認分地接受日本殖民官方的統治，甚至於逐漸習慣於皇民化運動的洗腦與同化。

三、原住民族形象

（一）碧岳村遺事之誠懇布浩

古蒙仁在〈碧岳村遺事〉中，描述原住民族的誠懇老實形象，以布浩帶著獵槍下山去驗槍事件爲開頭。將原住民辛勞刻苦，又守規矩地遵循漢族政

〔註505〕古蒙仁，〈黑色的部落〉，《黑色的部落》（1978 年），頁 173。
〔註506〕古蒙仁，〈黑色的部落〉，《黑色的部落》（1978 年），頁 174。
〔註507〕古蒙仁，〈黑色的部落〉，《黑色的部落》（1978 年），頁 174。
〔註508〕古蒙仁，〈黑色的部落〉，《黑色的部落》（1978 年），頁 174。
〔註509〕古蒙仁，〈黑色的部落〉，《黑色的部落》（1978 年），頁 175。

府所頒佈的山地政策，乃展現原住民族的樸實形象。

> 布浩已經開始在出汗了，上路還不到一個時辰呢。……他困難地聳
> 聳肩，想甩掉他們，卻使本已麻木的雙肩，重新感覺道那兩把獵槍
> 的鈍重。更由於這樣一聳，掛在肩後槍管上的那兩斤豬肉和鹹魚，
> 竟引起了一連串的顫動，叫他不得不回頭去探一探，確定它們依然
> 掛在上面後，才繼續往前走。〔註510〕

布浩即充滿無奈地下山去驗槍，「想想這一趟下山，原只為了到分局驗
槍。村子裡，人家的槍枝早就驗過了，管區的江巡官老式來催呀催的，煩都
煩死了。也怪不得他，最近正趕著給教堂的神附蓋教堂，才蓋了一半，總不
能丟下來不管。後來派出所來了公文，語氣十分強硬，嚇得他當天就趕下山
了。」〔註511〕在漢族政府公文的威脅下，布浩僅能特地趕緊下山去驗槍。在
難得下山之餘，布浩即順道添購物資，以補足山地資源的缺乏。

> 既然下了山，那要整整一天的腳程哩，好歹總得多帶點東西上去才
> 叫人甘心吧！於是，像和誰賭氣似的，他驗過了槍後，就到小鎮的
> 市集多逛了幾圈；能買的，差不多都買了。好傢伙：二個背包給塞
> 得鼓騰騰的。又是鐵釘，又是鉋子；還有透明漆和各種顏料之類的
> 瓶瓶罐罐。臨走之前，又吩咐了旅店旁邊的那家鋪子，秤上兩三斤
> 豬肉和鹹魚。這一身傢伙舒舒服服地蹲坐在他背上，現在都化成了
> 一股沉甸甸的壓力，在一陣陣地榨著他身上的油水哪！〔註512〕

原住民布浩乃為樂天知命的族群性格，「自己一身髒亂黝黑，整天在外面
拼活，能有塊擋風遮雨當然就很滿足了。」〔註513〕當布浩剛回到山地部落後，
隨即馬上被原住民部落老人所呼喚，因不善於國語的原住民老人遇見平地
人，與平地漢族的語言隔閡，僅能請布浩協助溝通。

> 「是個山地人。」……「布浩，呵！你來得正好。」簡陋的櫃檯下，
> 那個精瘦的老人站起來了，用很急驟的山地話大聲地嚷著。他那雙
> 堆滿目屎的眼睛，更是不停地猛眨著，好像有什麼不尋常的事情發
> 生了。「幫個忙吧！」布浩直挺挺地站在門邊，倦乏地說：「槍管上

〔註510〕古蒙仁，〈碧岳村遺事〉，《悲情的山林》（臺中：晨星出版社，1987年1月），
　　　　　頁194。
〔註511〕古蒙仁，〈碧岳村遺事〉，《悲情的山林》（1987年1月），頁195。
〔註512〕古蒙仁，〈碧岳村遺事〉，《悲情的山林》（1987年1月），頁195。
〔註513〕古蒙仁，〈碧岳村遺事〉，《悲情的山林》（1987年1月），頁197～198。

的豬肉和鹹魚先給我拿下來。」老人趕過去，墊高腳尖取下豬肉和
鹹魚，焦急地看著他將獵槍和背包卸下來。「布浩——」老人等不及
的說：「他們兩個——你知道我不太懂國語。噢！有一個會一點山地
話，但我還是聽不懂。他們一直坐在那裡，大概迷路了，你過去看
看好嗎？」〔註514〕

當漢族進入山地部落中，總要先展現對於原住民族的熱情。此時，酒成
為拉近原漢族群隔閡，與距離的最好選擇，雙方隨即跨越原漢族群的鴻溝而
成為朋友；原住民老人甚至於介紹布浩為山地部落中最好的木匠。

「嗨！朋友。」那個中年人站起來，用不純熟的山地話說：「過來喝
一杯吧！」然後朝老頭勾勾指頭：「老闆，再來一杯米酒。」……「他
叫布浩。」老人依舊搓著手，敬佩的說：「他是我們碧岳村最好的木
匠。」〔註515〕

當布浩與漢族朋友相談甚歡之際，甚至於形容山地部落女孩的狂野與開
放；漢族朋友也答腔，曾瞧見豪放玩水的原住民女孩，將原住民女性形象塑
造地有流於刻板印象，乃有失公允。

布浩嚥下半杯的酒：「到了西河堡可要小心點，我們山地女孩野的很
哩！伊們最喜歡你這種年輕的男人了。」「裡面的姑娘還好吧！」范
良敏接著說：「前幾天我們經過玉峰村時，就看到三、四個女人在溪
邊玩水。全身脫得光溜溜地，躲在岩石後朝我們招手，媽的！我就
說：咱們下去樂一樂吧！這小子就是不開竅。」……「我們那邊的
女孩子真漂亮哪！你看了一定會喜歡。」〔註516〕

布浩乃曾在平地社會中嘗試過諸多高勞力低收入工作，後來習得一技之
長而選擇返鄉工作，此即諸多原住民的就業寫照。如同諸多原住民形象般，
布浩總是努力、認命、老實地工作著。

丈夫出門去了。打從昨天他背著獵槍，消失在山道的煙塵中時，伊
就有著這樣的快感。……丈夫是馬家林的一個木匠，原本住在玉峰，
雙親從小就過世，由祖母扶養長大。後來老人也死了，便下山做
木工；學了一身好手藝，退伍後將一直在村裡的各部落間做活。非

〔註514〕古蒙仁，〈碧岳村遺事〉，《悲情的山林》（1987 年 1 月），頁 199〜200。
〔註515〕古蒙仁，〈碧岳村遺事〉，《悲情的山林》（1987 年 1 月），頁 201。
〔註516〕古蒙仁，〈碧岳村遺事〉，《悲情的山林》（1987 年 1 月），頁 204。

常賣力，人也十分老實；就是嘴巴稍微歪了點，沒事的時候就稍微
叼根菸；多多少少能夠掩飾這個缺憾。〔註517〕

當布浩告知妻子莫莉，近來有平地人入山來，「『今天在路上碰到兩個平
地人。』他繼續說：『他還請我喝酒哪！真有意思，我將他們帶到河西堡來
了。』」〔註518〕一直期待離開山地的莫莉，乃感嘆地說著許久已無平地人入
山來，「『好久沒有平地人來過了，』伊不經意地嘆口氣：『他們住多久，知道
嗎？』」〔註519〕因而關心起平地人入山後，將居住山林部落的時間有多久呢？
布浩即熱情地請漢族朋友吃飯，「什麼不太好？我跟江巡官說好了，中午我請
客。昨天上山時，我帶了不少東西上來呢！」〔註520〕將原住民族熱情好客的
性格展露無疑。布浩妻子莫莉則展現出急於離開孤寂山地部落的想法。

伊穿著一件紫紅色的大衣，下擺露出一截灰黑色的褲管，低垂著臉，
一綹長髮漫過天際，剛好掩住半邊的臉頰；彷彿帶著無盡的委屈，
在那兒尋思著什麼。……「小姐，會說國語嗎？」他小心地、試探
性地問道。〔註521〕

當布浩妻子莫莉與漢族朋友第一次不期而遇後，接著再相遇則在家中，
布浩招待漢族朋友在家吃飯時，飯後布浩隨即前往狩獵，「『那我們走了。』
布浩隨手繫了一把番刀：『要好好招待紀先生啊！再見，小沙麗，要聽媽媽的
話。』……『這麼久了，也回不來了；他們會在獵寮避雨。』」〔註522〕當布浩
妻子莫莉有機會與漢族朋友相處後，隨即萌發下山的念頭。後來，選擇以生
病為由，要求與漢族朋友一同下山後，卻又反悔地選擇回到屬於自己的山林
部落生活。

還記得我告訴過你金線蓮嗎？我終於明白：我的命運就像金線蓮一
樣，只能生長在山深山裡，生長再不見陽光的山窪，一離開山地，
就要枯萎了，死亡了。所以我已經放棄了追尋，我要回去了，回到
屬於我的深山，也許重新試試來愛我那老實的丈夫吧！〔註523〕

〔註517〕古蒙仁，〈碧岳村遺事〉，《悲情的山林》（1987年1月），頁206～207。
〔註518〕古蒙仁，〈碧岳村遺事〉，《悲情的山林》（1987年1月），頁212～213。
〔註519〕古蒙仁，〈碧岳村遺事〉，《悲情的山林》（1987年1月），頁212～213。
〔註520〕古蒙仁，〈碧岳村遺事〉，《悲情的山林》（1987年1月），頁219。
〔註521〕古蒙仁，〈碧岳村遺事〉，《悲情的山林》（1987年1月），頁217。
〔註522〕古蒙仁，〈碧岳村遺事〉，《悲情的山林》（1987年1月），頁222～224。
〔註523〕古蒙仁，〈碧岳村遺事〉，《悲情的山林》（1987年1月），頁257。

當初布浩妻子莫莉如此堅決地藉故下山，即認為山林部落生活乃如此地無趣，「伊既然這麼堅決地要下山來，那麼，伊在山上斷然是不快樂地！這麼想來，伊的憂愁也是有原因的了。但是下山後，伊要到哪兒去呢？」〔註524〕但真正下定決心下山生活之際，卻又不知何去何從，就僅能重新回到屬與自我的山林部落；彷彿諸多原住民般，在平地社會的夾縫中求生存，尋求不到一席立足之地之餘，僅能重新回到山地原住民部落。

四、原住民族之種族歧視

（一）碧岳村江錦田與范良敏之種族歧視

在漢族巡官江錦田與范良敏的對話中，對於原住民族的種族歧視之意，與充滿輕蔑語氣，均展露無疑，彷彿法農所述，被殖民者所遭遇的種族歧視處境，「說一種語言，是在承擔一個世界、一種文化。」〔註525〕在漢族眼中，深山中竟還有人居住；甚至於對於原住民虔誠信教到可不理會兵役，而令漢族感到不可思議。

> 「我保證你一個人都看不到。」江錦田巡官那張黑稜稜的長臉笑了，他說：「今天是禮拜天，溪河寶的人都到馬嘉麟作禮拜去了。」
> 「是的！」范良敏吐了一口煙：「這些山地人倒是很奇怪的，他們信起教來真絕透了；連服兵役都敢不去。媽的，小紀，你真該去見識見識！」……「紀老弟大概沒來過這麼深山的地方吧！」將巡官說。「是，這還是第一遭。」他喘著氣：「真想不到裡面還有人住。」〔註526〕

根據漢族巡官江錦田與范良敏的觀點，帶著漢族中心主義的心態，認為原住民山林部落，總是較為落後偏僻。不僅漢族不願意到山地生活；甚至於連山地原住民均想離開山地，前往平地社會求生存，彷彿布浩妻子莫莉的心態。

> 「到這麼深山的部落來，一定很累吧！」「嘎！是的，這兒畢竟不比平地。」「比起平地來，這兒是落後太多了。」「也不見得。」他小心地說：「至少生活不會那緊張。」「你們平地人最喜歡這麼說，但

〔註524〕古蒙仁，〈碧岳村遺事〉，《悲情的山林》（1987 年 1 月），頁 247。
〔註525〕法農，〈黑人與語言〉，《黑皮膚，白面具》（2005 年 4 月），頁 110。
〔註526〕古蒙仁，〈碧岳村遺事〉，《悲情的山林》（1987 年 1 月），頁 215～216。

——講歸講，卻沒有人願意來這兒。」〔註527〕

當漢族巡官江錦田與范良敏努力地穿梭於山林中，彷彿「山路崎嶇地往伸手不見天日的暗影之中，晨間的林子裡，灰茫茫的盡是繚繞不去的大霧。他們向走進一個夢幻的、奇異的國度裡，一切彷彿都不是真實地了。」〔註528〕漢族朋友為了要下山，即努力地在荒郊野外度過。對他們而言，此乃為難以想像的生活環境。

> 一連四天，他們都在荒涼的野外度過了。每天一大早就需翻山越
> 嶺，在那人煙絕跡的原始森林尋找他們的樣區。找到之後，又要忙
> 著測方向，釘標誌。天黑了，便隨便找個地方過夜，有時睡山胞的
> 獵寮，有時在乾涸的河床上宿營。〔註529〕

當漢族朋友終於回到平地社會後，總算鬆一口氣地說道，彷彿回到人類居住之處。對於原住民所居住的山林部落，在漢族朋友眼中，彷彿非人可住之處；甚至於連布浩妻子莫莉，同樣提及今生再也無法接受回到山林部落的生活。

> 「終於又回到人住的地方來了。」他擦著油亮的嘴唇說：「深山裡頭
> 什麼東西都沒有，簡直不是人住的地方！」「紀先生說得也是，」莫
> 莉眨著疲乏眼皮說：「我今生再也不回去那個地方了。」〔註530〕

不論漢族對於山林部落，與原住民族的歧視眼光外，就連原住民莫莉也對於山林部落的家鄉不以為然。諸多原住民同樣對於平地社會極為嚮往，彷彿人生所有的希望即在於此；但諸多原住民在飽受族群壓迫後，僅能重新選擇回到山林部落，重新尋得立足之地。

五、原住民族之部落景象

（一）碧岳村之部落景象

古蒙仁在〈碧岳村遺事〉中，描述山地原住民部落，原住民族人口外流情況嚴重，彷彿諸多原住民部落的現實寫照。就連布浩妻子莫莉也夢想著離開山林部落許久，冀望得以見識一下外界的世界。但仍有部分原住民選擇留在山地部落求生存，因到平地社會生活，彷彿為可望不可及的夢想。

〔註527〕古蒙仁，〈碧岳村遺事〉，《悲情的山林》（1987年1月），頁225～226。
〔註528〕古蒙仁，〈碧岳村遺事〉，《悲情的山林》（1987年1月），頁237。
〔註529〕古蒙仁，〈碧岳村遺事〉，《悲情的山林》（1987年1月），頁228。
〔註530〕古蒙仁，〈碧岳村遺事〉，《悲情的山林》（1987年1月），頁245。

> 「不過近幾年來，我們山地的年輕人都喜歡往平地跑；尤其是女孩
> 子，伊們都是一刻都待不下來哪！」「不只是山地，連農村、漁村也
> 一樣，現在城裡到處都是謀升上進的年輕人，大約是城裡有較好的
> 發展機會吧。」「對我們來說，那是遙不可及的夢想啊！」……伊說：
> 「我倒很想將這一切拋開，離開山地，到外地去。」〔註 531〕

夢想離開山林部落許久的布浩妻子莫莉，即選擇趁此機會，藉故隨著漢
族朋友下山。豈料，在布浩妻子莫莉勇於離開山林部落後；在平地社會中，
卻又尋找不出一席立足之地，此即為始料未及之事。

> 「太太說身體不舒服，要下山去看醫生。我前幾天下山驗槍時也
> 不講，現在好啦！我忙都忙死了，哪有時間再帶伊下去。」……
> 「反正就是這樣，伊說要下山看一聲，我又抽不出空來，後來我就
> 想，你們兩位明天不是要下山嗎？所以特地跑來拜託兩位的。」
> 〔註 532〕

當布浩妻子莫莉重新選擇要回到山林部落時，告知女兒家的位置，「『那，
我們的家在哪裡呢？』『在山的那一邊那一邊呢！』莫莉用手指指著雲堆裡
起伏的山巒說：「『小沙麗住在雲裡頭呢，看哪！就像棉花那樣的雲哩！』」
〔註 533〕布浩妻子莫莉的形象，即象徵著諸多原住民在山地部落中，無奈又無
可奈何的心境。

（二）黑色部落之邊陲地帶

漢族對於原住民族的刻板印象，所引發的觀點，「躺在黑暗的竹屋中，不
禁想起半世紀前他們的祖先還幹著殺人梟首的勾當，而我好大的膽子，竟敢
宿於他們家中，說不定那些人就埋在床下呢！」〔註 534〕在山地原住民部落
中，當年曾留下諸多外族的足跡，甚至於居留至今。

> 秀巒村的大門雖然偏僻，然而畢竟是打開的。早期的部落裏，就留
> 下了許多平地人的足跡。拖著長辮子的通事，穿著「勇」字制服的官
> 兵，配著武士刀的日本警察，分別代表了不同時代的平地人在部落
> 裏的活動。有的辦完事就下山。有的有的長期定居下來。〔註 535〕

〔註 531〕古蒙仁，〈碧岳村遺事〉，《悲情的山林》（1987 年 1 月），頁 226。
〔註 532〕古蒙仁，〈碧岳村遺事〉，《悲情的山林》（1987 年 1 月），頁 232～233。
〔註 533〕古蒙仁，〈碧岳村遺事〉，《悲情的山林》（1987 年 1 月），頁 260。
〔註 534〕古蒙仁，〈黑色的部落〉，《黑色的部落》（1978 年），頁 200。
〔註 535〕古蒙仁，〈黑色的部落〉，《黑色的部落》（1978 年），頁 201。

　　現今在山地原住民部落中，多數爲原住民居住，僅有少數平地人居住，「但是，今日的平地人，又有誰願意投身到一個這麼偏僻的半原始社會呢？現代人對文明的依賴愈深，對文明的社會愈難以自拔，人們已很難想像什麼叫做半原始的生活了。因此，秀巒村中的平地人，都是一些與職業分不開的公務員，因公務在身，不得不上來的。他們包括學校裡的老師，派出所的警員，以及流動的林務局探測人員。」〔註536〕居住在山地原住民部落的原住民，乃經常被賦予漢族名字。

> 黃光河這個名字，當然是戶籍人員的傑作，其實他的本名叫比浩，翻成國語，即是菓子。菓子在山地方言中有很深的含意，他們流傳下來的許多神話都與菓子有關。至於它所代表的眞正意思，則不是我們所能瞭解的。他的母親看起來還相當年輕，大概才四十出頭的樣子，伊的父親曾是部落裏的頭目。〔註537〕

　　在山地原住民部落中，總少不了原住民文化風情，「逢上泰雅人開墾回來，幾瓶老酒是少不了的。小店的簷前有一排竹椅，晚上梁主任點上蠟燭，燭光透過窗扉濛濛亮著，泰雅人便坐在那排竹椅上喝酒談笑，充滿了原始部落社會的情調。」〔註538〕縱然有獨特的原住民族文化氛圍，但當漢族至此後，仍免不了無法適應。

> 部落裏的生活的確是艱苦的，平地人乍然來到，必難以適應——筆者爲寫報導而上山，故屬例外。物質上的缺乏還可以忍耐，但精神上的空虛卻無可彌補。每當入夜後，世界即陷於全然的漆黑中。漫漫長夜，只賴幾根燭光照明，而燭光能找名什麼？反徒生惆悵，益增思慕罷了！〔註539〕

　　漢族作家以漢族中心主義思維分析原住民部落，「畢竟，人類陷於文明的泥淖中已太深了，無法自拔了，部落裏的平地人又何能例外？其實，泰雅人又何能例外？他們不也是在企盼著文明的早日來臨嗎？那麼，促使秀巒村隔絕於文明之外的根本原因，究竟在那裏？」〔註540〕將山地部落視爲現代文明的棄嬰，乃有失公允；此論乃忽視原住民文化的獨特性。

〔註536〕古蒙仁，〈黑色的部落〉，《黑色的部落》（1978年），頁201。

〔註537〕古蒙仁，〈黑色的部落〉，《黑色的部落》（1978年），頁198。

〔註538〕古蒙仁，〈黑色的部落〉，《黑色的部落》（1978年），頁202。

〔註539〕古蒙仁，〈黑色的部落〉，《黑色的部落》（1978年），頁204。

〔註540〕古蒙仁，〈黑色的部落〉，《黑色的部落》（1978年），頁204。

> 秀巒村之所以成為現代文明的棄嬰，其根本原因即在於此。它的臍
> 帶太長太長太糾纏，吮吸不到母親身上的養份。僵臥在文明的永夜
> 裏，它是蒼白而孱弱的。多少的世代過去了，直到今天，它與外界
> 的交通，還是僅賴那條不到一公尺寬的山路。須盤過多少的山頭，
> 跨過多少的溪澗，繞過多少懸崖峭壁，原始森林？烈日烤曬，雨打
> 風吹，文明的足蹤，在那兒卻步了。〔註541〕

早期現代建設發展，在山地部落中乃較為落後，「處在這種極度劣勢的環
境中，一切交通只有靠最原始的人力。而人力卻是最昂貴的，它的代價往往
超出貨物本身數倍，成為消費者最大的負擔。」〔註542〕根據山地部落交通不
便的景象可知，「民國六十年十二月，新竹警察局某要員曾深入秀巒村巡視。
目睹該村交通阻隔，生活困苦，即指示該所主管，設法發動村民拓寬道路。」
〔註543〕時至今日原住民部落與平地都市，仍存在著城鄉差距。

> 同年六月十一日，這個泰雅人首度試圖他們的雙手，去改變自己命
> 運的劃時代工作，終於在秀巒村展開了。所有的男人，都自備工具
> 來參加這個壯大的行列。半年之後，土方完全清除完畢。警方又供
> 以炸藥、鑽孔機，開始炸岩、挖岩。馬達聲震撼著寧靜的山谷，爆
> 炸聲此起彼落，泰雅人的工作大為提高。風雨無阻，廢寢忘食，宇
> 老至田蒲這段山路的拓寬工程，終於在六十三年七月二十日這天大
> 功告成。〔註544〕

當年山地部落交通改善，即有賴於原住民族的胼手胝足，「九天之後，這
條新闢的道路正式通車。不論路基、坡度、視野等種種狀況，都十分良好，
已達山區行車的要求。泰雅人多年來的夢想終於實現了，尤其這是藉他們的
雙手實現的，更令他們興奮與驕傲。據聞通車那天，鞭炮聲響徹山谷，大家
追著車子一路歡呼狂奔，相當地感人。」〔註545〕不僅山地交通問題改善，原
住民乃努力地改善族人生活困境。

> 今天，泰雅人終於明白了這個事：路，不光是人走出來的，有時候
> 還需要用上雙手。只有不斷地動手，他們方有接近文明的一天；而

〔註541〕古蒙仁，〈黑色的部落〉，《黑色的部落》（1978 年），頁 205。
〔註542〕古蒙仁，〈黑色的部落〉，《黑色的部落》（1978 年），頁 205。
〔註543〕古蒙仁，〈黑色的部落〉，《黑色的部落》（1978 年），頁 206。
〔註544〕古蒙仁，〈黑色的部落〉，《黑色的部落》（1978 年），頁 206。
〔註545〕古蒙仁，〈黑色的部落〉，《黑色的部落》（1978 年），頁 206。

屬於他們的文明，也只有透過這種方式，才可以取得。〔註546〕

縱然山地原住民部落正努力地改善生活困境，但山地險峻的地勢，仍為阻礙之一，「只是，這一天對他們來說，還相當地遙遠。泰崗和宇老那兩個陡峭的山坡，才是他們能否通向文明的最大難關。那兩道急坡，就像兩個死結，緊緊的扼在他們的咽喉間，要想解開它們，泰雅人還得有一番更艱苦的奮鬥。」〔註547〕不過山地部落情境，隨著近幾十年來的改善，已有長足的改善。

六、原住民族之風俗習慣

（一）黑色部落之文化習俗

關於現今泰雅族與過去泰雅族之異同之處，「拿泰雅人來說，今日的泰雅人與原來的泰雅人已有一段距離了，最明顯的莫過於風俗習慣上的變遷。」〔註548〕古蒙仁在〈黑色的部落〉中，乃針對原住民族諸多層面的風俗習慣進行探討。

1. 原住民族之社會組織

現今原住民族的社會組織，即遵照政府通行的社會組織型態，「泰雅人現時的基層組織，依照平地一般村里，底下分為若干鄰戶。但大體上看來，仍然脫離不了傳統的部落和山林的組織型態。」〔註549〕在現代社會組織型態下，原住民族仍保有傳統山林部落的組織特色。

2. 原住民族之維生技能

原住民族傳統的維生方式，即以山田燒墾與狩獵為主，「山田燒墾，是原始土著開始懂得如何生產後，所採取的第一種生產方式。秀巒村的泰雅人，稟承了他們祖先的遺傳，在這麼多年之後，依然保存著這種方式。」〔註550〕此種謀生方式即源自於山林環境的就地取材所致。

> 泰雅人的山田，多在山坡、谷底，遠離部落，往返十分費時，山田
> 又無需特殊的照顧，故他們實際在工作上的時間並不多。只是做些

〔註546〕古蒙仁，〈黑色的部落〉，《黑色的部落》（1978年），頁208。
〔註547〕古蒙仁，〈黑色的部落〉，《黑色的部落》（1978年），頁208。
〔註548〕古蒙仁，〈黑色的部落〉，《黑色的部落》（1978年），頁186。
〔註549〕古蒙仁，〈黑色的部落〉，《黑色的部落》（1978年），頁176。
〔註550〕古蒙仁，〈黑色的部落〉，《黑色的部落》（1978年），頁178。

> 鋤草鬆土的活兒，其餘的時間便在旁邊休息，等到時間差不多了，
> 才回到部落去。〔註551〕

　　除了山田燒墾的農耕方式外，原住民仍種植可自給自足的農作物，「對於泰雅人來說，混作不但可以增加他們的生產，同時也減低了他們的努力，可以說是一種最理想的種植方式。」〔註552〕但自給自足的山地經濟生產方式，在現今社會已逐漸入不敷出。

> 播種當以他們的主副食做為取捨的標準，泰雅人日常的食物是小
> 米、玉米、旱稻、甘藷、山芋、豆類，故播種時多以這些食物為主。
> 除了這些主要食物外，泰雅人也在部落附近或門前空地闢有菜圃，
> 種些蘿蔔、芥菜、豌豆、薑、葱、蒜等等，作為佐食。此種生產，
> 完全視自己的需要，而不考慮市場上的交易，充分表現出自給自足
> 的閉鎖式經濟型態。〔註553〕

　　原住民在農耕之餘，經常從事狩獵以增加生產，「在傳統的部落社會裏，除了開墾，泰雅人的主要工作便是狩獵。在較久遠的時代中，狩獵的重要性甚至凌駕於開墾之上，足以供給部落生活所需。」〔註554〕自古以來，狩獵即成為原住民男子，重要的傳統維生技能與勇士象徵。

> 事實上，不論遠古或現代，泰雅的兒童到了十歲以後，便能學習如
> 何獵取他們生平的第一隻獵物，做為他們是否於成熟的證據。在深
> 山裏，這就是他們賴以生存下去的技能，所以狩獵是極為神聖正當
> 的工作。〔註555〕

　　原住民族因狩獵而衍生諸多祭典與禁忌，「由於狩獵直接關係到他們部落早期生活的絕續，泰雅人在極端謹慎的從事這項工作時，難免會祈求祖靈護佑，便很自然的將之神話而發展成某些宗教儀式。例如豐年祭前一年一度的集體圍獵，整個部落須以最虔敬的態度，誓守許多被認為觸犯神旨的禁忌。」〔註556〕縱然部分禁忌乃存有迷信的成分，但仍存在於現今原住民社會。

　　今日的泰雅人雖不必墨守成規，然而某些禁忌仍然是存在的。例如

〔註551〕古蒙仁，〈黑色的部落〉，《黑色的部落》（1978年），頁176。
〔註552〕古蒙仁，〈黑色的部落〉，《黑色的部落》（1978年），頁179。
〔註553〕古蒙仁，〈黑色的部落〉，《黑色的部落》（1978年），頁179。
〔註554〕古蒙仁，〈黑色的部落〉，《黑色的部落》（1978年），頁180。
〔註555〕古蒙仁，〈黑色的部落〉，《黑色的部落》（1978年），頁180。
〔註556〕古蒙仁，〈黑色的部落〉，《黑色的部落》（1978年），頁180。

蕃華鳥啼聲即是危險的訊號，若貿然前進，必遭凶害。在行獵途
中，須保持肅靜，不得歡笑喧嘩，那是最大的不敬，不但獵不到野
獸，還招來災禍。〔註557〕

狩獵即爲泰雅族原住民的重要傳統維生技能，舉秀巒村爲例，原始山區
即爲重要的狩獵地點，「秀巒村已屬原始山區，爲野獸鳥禽出沒之處。對泰雅
人來說，這些動物即是他們豢養的家禽家畜，因此那廣大的原始山林，事實
上都可視爲他們蘊藏豐富的財富。這些財富，包括山羊、山鹿、山豬、山雉、
野兔，乃至駭人聽聞的狗熊豺狼等，式樣繁多，應有盡有。」〔註558〕山林即
成爲原住民族的無盡寶藏。

這些財物雖多，但都屬善於飛竄奔跳的「動產」，要想得到牠們，仍
須花一番心血。泰雅人行獵的方式有二，一是持獵槍伺機追捕，另
一則是預設陷阱，等牠們自投羅網。兩者之中，以追獵較爲重要。
〔註559〕

秀巒村的泰雅族人，還有另一項特殊技能，即爲所謂的「打香菇」，「泰
雅人栽培香菇，有一特別的工夫，稱之『打香菇』。每逢山上豪雨時，便立即
上山，將每一根木頭上下倒置，據說有助香菇的生長。因此雨水期內，泰
雅人變得格外忙碌，紛紛上山打香菇。有時一天要跑好幾趟，上上下下，可
眞是興奮又愉快，因爲每打一次，香菇的生長便更見效果，難怪他們樂此
不彼了。」〔註560〕但此項技能即使爲原住民帶來財富，卻也使其產生酗酒的
惡習。

香菇，給秀巒村帶來了前所未有的財富，也加重了泰雅人的嗜酒習
性，使得這些血汗錢換來的代價在一夜之間狂飲而盡。從竹東回來
的挑夫，都變成瘋言狂語的醉漢，踉踉蹌蹌的從山下的酒家顚蹎上
來，兩個口袋早已空空如也。沒有下山的，也在村子的小店裏開懷
暢飲，一把一把的鈔票，換來的只是暫時的刺激與麻醉。當他們第
二天從小店的土階下醒過來，口袋裏也空了。但他們並不覺得惋惜，
屁股拍拍，又回去蹲著啃那又粗又硬的甘諸皮了。〔註561〕

〔註557〕古蒙仁，〈黑色的部落〉，《黑色的部落》（1978年），頁181。
〔註558〕古蒙仁，〈黑色的部落〉，《黑色的部落》（1978年），頁181。
〔註559〕古蒙仁，〈黑色的部落〉，《黑色的部落》（1978年），頁181。
〔註560〕古蒙仁，〈黑色的部落〉，《黑色的部落》（1978年），頁184。
〔註561〕古蒙仁，〈黑色的部落〉，《黑色的部落》（1978年），頁186。

根據古蒙仁的分析可知，打香菇彷彿為原住民帶來開放性的經濟型態；但現今原住民的就業型態與生產技能，乃產生莫大的變遷與衝擊。原住民要如何改善經濟生活，即為當前的重要之務。

> 先不管這些香菇帶給秀巒村的到底是利，是弊；是功，是過，他們確已成功地打開了泰雅族多年來閉鎖式的經濟型態，與外界的整體經濟活動取得了連繫，這是一無可爭議的事實。單從這方面來看，香菇所代表的意義，竟是一個革命性的突破。泰雅人應該意識到，屬於他們的一個新時代，已經來臨了。〔註562〕

關於山地保留地政策，在原住民族眼中，乃喪失土地所有權；但根據古蒙仁觀點，乃認為此即政府的德政，「秀巒村擁有相當縱深的保留地，這些保留地並沒有一定的主權，誰有能力開墾，土地就屬於誰的。泰雅人在這一點上享有完全自主的權利，也是政府所提供給他們的最大德政。」〔註563〕在思考原住民族族群處境時，要如何平衡原漢族群間的觀點差異，即為重要的思考要務。

3. 原住民族之飲食習慣

關於原住民族飲食習慣，乃有別於漢族的飲食習慣，「大致來說，晚飯算是他們較重視的一餐，但看起來他們的飲食水準，與平地人仍有一大段的距離。」〔註564〕根據古蒙仁觀點而言，原住民族的飲食水準，乃略遜於漢族；但現今原住民的飲食習慣，乃與漢族無異。

> 一般家庭都是以小米做為主食，佐以蕃薯。小米煮後濕黏無味，極難下嚥，蕃薯還算差強人意。貧困的家庭，就靠這兩種食物充饑，不加菜餚。半碗小米竟無法吃畢，那豬肉更是酸鹹得令人欲嘔。〔註565〕

古蒙仁還觀察到原住民的用餐習慣，乃以蹲坐圍食為主，看在古蒙仁眼中，猶如在受罪般；甚至於將原住民的使用筷碗，視為文明的邁進，此不免流露出漢族中心主義的思維模式。但現今原住民的用餐習慣，乃儼然與漢族無異。

> 有許多家庭，至今仍沒有在桌上進餐的習慣。最可見的情形，是在

〔註562〕古蒙仁，〈黑色的部落〉，《黑色的部落》（1978年），頁186。
〔註563〕古蒙仁，〈黑色的部落〉，《黑色的部落》（1978年），頁179。
〔註564〕古蒙仁，〈黑色的部落〉，《黑色的部落》（1978年），頁177。
〔註565〕古蒙仁，〈黑色的部落〉，《黑色的部落》（1978年），頁177。

地面上放一塊木板，將飯菜至於木板上，大家蹲圍在一起，或散
在土階門檻上。吃飯原是一種享受，泰雅人反倒像在受罪了。但他
們吃得非常愉快，對食物和蹲跪的方式從來不曾有過挑剔抱怨。
在他們看來，用筷用碗，已是文明上的一大躍進，並頗爲沾沾自喜
呢！〔註566〕

除了原住民的飲食與用餐習慣外，還可分析比較各個原住民族間，食物
與飲食習俗的異同之處。此均爲原住民飲食文化中，可深入探討的諸多層面。
由原住民飲食習俗中，方可比較其飲食文化特色。

4. 原住民族之飲酒習慣

關於原住民族的飲酒習俗，古蒙仁認爲此乃爲其強烈剽悍民族性所致，
不免過於武斷；甚至於流於漢族中心主義的思考觀點，「他們縱酒、狂歡的積
習依然存在。泰雅是一個嗜酒的部落，他們強烈慓悍的族性，表現於外是殺
人馘首；表現於內則是舉杯狂歡，非至爛醉如泥，決不罷休。」〔註567〕此種
說法乃忽略原住民族飲酒文化，所象徵的族群精神與文化意義。

今日的泰雅人已不再「出草」，結果便是進一步的在酒精中麻醉自
己。一醉解千愁，醉眼惺忪的世界，成了他們逃避煩惱的最佳庇護
所。酗酒、鬧事、打架，已是秀巒村的一個傳統了。所以飯菜可以
不吃，酒可得每日照飲。小店裏的米酒供不應求，醉酒的漢子東倒
西歪，泰雅人就是這麼令人難以瞭解。〔註568〕

現今社會中的原住民族有時以酒精來逃避族群壓迫與種族歧視，甚至於
經濟困境所產生的精神壓力，誠如古蒙仁所述，「泰雅人點起的燭炬在部落裏
黯然地燃燒著，吃過飯不久，他們就得上床睡覺了。因爲上帝賜給他們的是
一個完全的黑色的部落，愛迪生的手伸不到這麼偏遠的山地，光明離他們仍
然是十分遙遠的呀！」〔註569〕原住民在夾縫中求生存的生活困境，彷彿即爲
在黑暗中，尋求光明的希望與未來的契機。

5. 原住民族之刺紋與鑿牙

關於原住民族的刺紋習俗，乃深具族群文化意義；且刺紋爲顯而易見的

〔註566〕古蒙仁，〈黑色的部落〉，《黑色的部落》（1978年），頁177。
〔註567〕古蒙仁，〈黑色的部落〉，《黑色的部落》（1978年），頁177。
〔註568〕古蒙仁，〈黑色的部落〉，《黑色的部落》（1978年），頁178。
〔註569〕古蒙仁，〈黑色的部落〉，《黑色的部落》（1978年），頁178。

族群特徵，縱然現今社會已難得一見，「今日，存在於上下兩代之間，最明顯、最易爲我們察覺的差異，無疑是他們臉上的刺紋。一般而言，五、六十歲左右的老人，他們的臉上都刺有花紋。男的刺在額上和頦下，呈寬約一公分的長條狀。女的除了額上外，最主要的是在雙頰上，從雙耳向鼻翼兩側集中，幾乎占了整個下巴。」〔註570〕原住民的刺紋意義，乃深具族群精神象徵。

> 刺紋的原始意義，是做爲一種區分的標幟，男的必須出草斬過人頭，女的則學會紡織，才有刺面的資格。故這標幟是一種成熟的表徵，也是古老的部落裏受人尊敬的對象。日據時代，日本政府爲達到馴服的目的，強制他們一律取消刺紋，故之，六十歲以下的人就少見了。〔註571〕

泰雅族的鑿齒習俗，縱然已不復見於現今，但過去仍存在於泰雅族社會中，「除了刺紋，泰雅族尚有鑿牙的習慣。泰雅孩童到八、九歲時，父母就會將他們左右門齒拔掉；拔下來的牙齒，並須埋在門外。」〔註572〕對於鑿齒習俗而言，原住民認爲此乃爲美觀的象徵。

> 這並沒有什麼特別的意義，據長輩解釋，可能是爲了增加泰雅人的美感。尤其對女人來說，拔了牙齒之後，笑起來倍覺嬌媚。基於此種審美觀點，鑿牙竟蔚而成風，世代沿襲下來。但最近這個習慣也已被放棄，對喜歡嚼檳榔者而言，實乃一大福音。〔註573〕

諸多原住民族風俗習慣，乃深具其文化意義；在探討原住民族風俗習慣之際，深入探討分析原住民族的文化象徵與精神意義，即爲重要的研究視角之一。此外，仍有諸多原住民族習俗與禁忌，尚待深入探討。

6. 原住民族之婚姻與生產

關於原住民族的婚姻制度，乃恪守著男女感情間的分際，「婚姻是一個人的終身大事，泰雅族自也不例外。古老的泰雅人，如何揭開存在兩性之間的神秘，並進一步繁衍他們的子孫。婚前的性行爲被視爲背德、淫亂，是泰雅族最大的禁忌之一。若偷嘗禁果，必遭最嚴厲的神譴，爲部落所不容。」

〔註570〕古蒙仁，〈黑色的部落〉，《黑色的部落》（1978年），頁186。
〔註571〕古蒙仁，〈黑色的部落〉，《黑色的部落》（1978年），頁187。
〔註572〕古蒙仁，〈黑色的部落〉，《黑色的部落》（1978年），頁187。
〔註573〕古蒙仁，〈黑色的部落〉，《黑色的部落》（1978年），頁187。

〔註574〕原住民各個族群間的婚姻制度，仍存在著諸多異同之處。

　　在這種閉塞的社會風氣下，媒人就負起了牽紅線的全責；而這媒
　　人，通常都是由父母親客串的。男方若屬意某家女孩，便得央請父
　　母親前往提親。女方若答應了，這門親事就算訂了，以後再詳議聘
　　金、嫁妝及訂親的日期。從前的聘金是貝幣，如刀、箭、弓、農具
　　等等。〔註575〕

　　原住民在訂親後，即有獨處約會的機會，「訂親之後，男女雙方可開始
交往，但不得在公共場所公然露面。大多在晚上由男方到女方家裡拜訪。」
〔註576〕但在結婚前，雙方仍要恪守男女分際，以遵守原住民族的婚姻禮俗
規範。

　　女方家人會自動避開，讓他們有獨處談情的機會。若沒有足夠空間，
　　女的便會帶男的到臥房去。若天晚了，不便回去，女的會留男的在那
　　過夜，兩人同睡一起，可擁抱愛撫，但絕不可發生性行為。〔註577〕

　　在原住民族婚姻制度中，婚禮乃為全族的盛事，均很熱鬧地舉行著，「通
常訂婚之後，便會很快的舉行婚禮。傳統的泰雅族社會裏，結婚是最大的喜
慶，整個部落的人都要去參加，婚禮在男方家裡舉行，男方必須預備許多酒
食請客。通宵達旦，飲酒作樂，唱歌跳舞，總要狂歡三晝夜，才各自散去。
這對男女，便正式結合為夫妻，男耕女織，開始他們共同的生活。」〔註578〕
在不同原住民族婚姻習俗中，部分族群還存在著搶婚習俗。

　　往昔還盛行搶婚，這是部落裏允許的一種怪異風俗。男方如果說親
　　不成，而偏又對該女念念不忘，他們的父兄便會找機會將女孩綁架
　　過來，隱藏到深山裏，然後去威脅女孩的家長，要他們答應這門親
　　事。女方若屈服了，則頃刻之間，化仇家為親家，將女的送下山
　　來，完璧歸趙，擇吉成親。若女方不答應，雙方可能會發生衝突，
　　或由老頭目出面調停。女方再堅持不肯，男方只好乖乖放人，道歉
　　了事。〔註579〕

〔註574〕古蒙仁，〈黑色的部落〉，《黑色的部落》（1978年），頁187。
〔註575〕古蒙仁，〈黑色的部落〉，《黑色的部落》（1978年），頁188。
〔註576〕古蒙仁，〈黑色的部落〉，《黑色的部落》（1978年），頁188。
〔註577〕古蒙仁，〈黑色的部落〉，《黑色的部落》（1978年），頁188。
〔註578〕古蒙仁，〈黑色的部落〉，《黑色的部落》（1978年），頁188。
〔註579〕古蒙仁，〈黑色的部落〉，《黑色的部落》（1978年），頁188。

　　在婚禮後緊接而來的傳宗接代，同樣有關於生產的禮俗與禁忌，「男女結婚之後，所面臨的第一椿大事便是生產。在泰雅人的古老觀念中，生命是神所賜與，故嬰兒是稟承上天旨意降生到世界上來；不能生產，也是上天的決定，做為對人類的一種懲罰，因此不能生產者，必定犯了什麼禁忌，為部落所不齒。」〔註 580〕此種無法生育的迷信思想，對於不孕症者乃極為不公平。

> 　　孕婦懷胎十月後，就接近了產期。由於泰雅人迷信平時工作愈努力，則分娩可免受許多痛苦，所以他們進入產期後，仍抱著便便大腹上田作活。往昔泰雅人的流產率極高，即可能是這種因素造成。即或未必流產，也多產於野外，由產婦一人將嬰兒生下來。在這種環境下，但求安全，無法顧及什麼衛生，對產婦與嬰兒都極不利。〔註 581〕

　　原住民族的生產過程，誠如早期漢族生產般，「房內生產，可獲得較多的照顧，一般由母親或部落裏的產婆前來接生。男人家小不得停留觀望，否則即是犯忌，生產中會遭到波折，增加產婦的痛苦。」〔註 582〕但現今原住民的生育過程，已與漢族並無二異。在早期甚至於認為，「嬰兒誕生後，剪下來的臍帶須埋在牆角，以防止暴露於外，觸犯神明。」〔註 583〕此即由於傳統迷信觀念所致。最後，關於原住民的命名原則，乃有其獨特之處。

> 　　泰雅人名字中沒有姓，只冠父親或母親的名字。通常都是子女的名字在前，父母的名字在後，為連名制。但平時呼喚，僅呼其本名。有些仿古代的頭目、英雄，冀望能成龍成虎；有些則仿照動植物命名，就地取材，省去不少麻煩。日據時代受日本奴化教育，一度相當盛行太郎、次郎，現在則乾脆交由戶籍人員的靈感去自由發揮了。〔註 584〕

　　在原住民命名的轉變過程，即可見證外族、日本與漢族，對於原住民族的政治統治與文化衝擊，均造成原住民於一生中，需多次更換姓名，原住民族名、日本名、漢名，均見證原住民自主權的受限與族群困境的產生。

〔註 580〕古蒙仁，〈黑色的部落〉，《黑色的部落》（1978 年），頁 189。
〔註 581〕古蒙仁，〈黑色的部落〉，《黑色的部落》（1978 年），頁 189。
〔註 582〕古蒙仁，〈黑色的部落〉，《黑色的部落》（1978 年），頁 189。
〔註 583〕古蒙仁，〈黑色的部落〉，《黑色的部落》（1978 年），頁 190。
〔註 584〕古蒙仁，〈黑色的部落〉，《黑色的部落》（1978 年），頁 190。

7. 原住民族之宗教信仰

關於原住民族的宗教信仰，可由其喪葬習俗與精神信仰分析，「死亡是人類最後的歸宿，這個歸宿對泰雅人來說，則是一個鬼靈的世界。生命既由鬼神所賜與，則生命之消失必也是由鬼神所收回。當鬼神所象徵的一種最後的命運降到他們的身上，這個人就要死亡了。」〔註585〕原住民在死亡後的喪葬儀式，仍有其規範可循。

> 泰雅人死亡後，須洗淨身子，穿戴整齊，使身體保持蹲坐的姿態。
> 兩膝收縮，雙手合抱於胸前，除了頭部以外，全身裹以毛毯，然後
> 埋於他的床鋪底下。埋葬時，須備有刀槍、弓矢、食物等殉葬品，
> 並等所有親人都到齊後，才能入土。屍體不置棺木，僅裹以毯子，
> 並蓋上一塊石板，其餘空隙填以泥土，用腳踏平。那陰暗的泥土裏，
> 就是他安息之所了。再有家人死亡，則葬於其側；若以客滿，這家
> 就得另遷新居，將原有的房子全部讓給幽靈們居住。〔註586〕

原住民族同於漢族存有守喪習俗，「人死後必須守喪，泰雅人守喪約十餘天之久。這段期間內不能飲酒吃肉，洗澡梳頭，只能守在家中傷心流淚。部落裏也多休息一天，到喪宅去祭拜，以表示他們的哀悼。」〔註587〕但現今原住民也已漢化至深，「今日的泰雅人，已進化到讓我們看不到這些痕跡的地步了。他們吸收的愈多，失去的也就愈多，但——這畢竟是個好現象啊！」〔註588〕此番言論即基於漢族作家的漢族中心主義所致。在超自然精神信仰上，原住民族乃存在有祖靈崇拜信仰。

> 人類學家們曾針對這個問題做過一番研究，認爲泰雅人的信仰屬於
> 超自然信仰。這種超自然信仰泛指所有的超自然存在，是整體合
> 一，而不是個別存在的。更確切地說，這種超自然信仰，即是以祖
> 靈爲中心的信仰，認爲祖靈高高在上，具有無限的威嚴，能支配宇
> 宙萬物。他們的命運即掌握在祖靈的手中，故泰雅人對祖靈十分敬
> 畏，決無任何反抗的表示。〔註589〕

原住民的祖靈崇拜精神信仰，乃產生對祖靈的絕對信仰觀念，「爲了表示

〔註585〕古蒙仁，〈黑色的部落〉，《黑色的部落》（1978年），頁190。
〔註586〕古蒙仁，〈黑色的部落〉，《黑色的部落》（1978年），頁190。
〔註587〕古蒙仁，〈黑色的部落〉，《黑色的部落》（1978年），頁190。
〔註588〕古蒙仁，〈黑色的部落〉，《黑色的部落》（1978年），頁191。
〔註589〕古蒙仁，〈黑色的部落〉，《黑色的部落》（1978年），頁191。

他們對於祖先的絕對忠誠與遵從，泰雅人必須透過具體的行動，將他們虔誠的心意表現出來，於是就產生了種種的宗教儀式。」〔註 590〕在生活諸多層面，原住民均將遵循祖靈的旨意。

> 在積極方面，他們必須遵照祖靈的旨意，來從事各種生產工作。例如播種前，須舉行播種祭，以徵詢祖靈的意見，並祈求庇蔭。仿此，收割前有收穫祭，收穫後則有豐年祭。無非是酬庸祖靈，以表示他們的感謝之意。〔註 591〕

原住民族除了諸多信仰規範需遵循外，還有諸多生活禁忌需要遵循，「在消極方面，泰雅人必須絕對服從這些儀式所規定的種種禁忌。這些禁忌的範圍很廣，幾乎及於他們的日常生活上的所有細節。」〔註 592〕諸多族群禁忌的遵循，看似迷信之餘，仍有其科學根據可循。

> 例如嚴禁男女婚前發生性行為，婚後不得與人通姦，狩獵時不可傷害蕃葦鳥。舉凡一切傷天害理，背德苟且的行為，都禁忌之列。這些種種的禁忌，即構成他們整個信仰上的依據。道德意識也賴此得以保存，成為早期部落社會裏的最大安定力量。〔註 593〕

原住民族傳統的祖靈精神信仰，在外來宗教傳入後，即產生莫大的衝擊與影響，「嚴格說來，泰雅人奉守禁忌儀式的這種信仰，實不足以構成『宗教』的嚴密體系。它本身幾乎等於一個空殼子，當外來的宗教傳入時，它便缺乏足供對抗的力量。」〔註 594〕此番言論乃有失公允，原住民族精神信仰，仍有諸多觀念流傳至今。

> 所以自從基督教所代表的西方教派船入秀巒村時，泰雅人的傳統信仰裏，很快地就羼入了異質的文化，而成為一個奇妙的混合體。一方面，他們以基督教徒的身分，按時到教堂做禮拜；一方面，他們仍難以擺脫傳統禁忌對他們的控制。〔註 595〕

不可諱言地外來宗教，對於原住民部落精神信仰的影響甚鉅，「今日秀巒村的大多數部落裏，都設有天主堂和教堂。每逢星期天，不管多忙碌，他們

〔註 590〕古蒙仁，〈黑色的部落〉，《黑色的部落》（1978 年），頁 192。
〔註 591〕古蒙仁，〈黑色的部落〉，《黑色的部落》（1978 年），頁 192。
〔註 592〕古蒙仁，〈黑色的部落〉，《黑色的部落》（1978 年），頁 192。
〔註 593〕古蒙仁，〈黑色的部落〉，《黑色的部落》（1978 年），頁 192。
〔註 594〕古蒙仁，〈黑色的部落〉，《黑色的部落》（1978 年），頁 192。
〔註 595〕古蒙仁，〈黑色的部落〉，《黑色的部落》（1978 年），頁 192。

都會準時聚集在那裏。住處偏僻一點的居民，往往要趕幾小時的山路。男男女女，扶老攜幼，匆忙而愉快地跋涉在崎嶇的山路，情形十分感人。」〔註596〕教堂與教會在山地原住民部落中，乃時有所見。

> 大致看來，泰雅人所進行的禮拜儀式，與平地沒有兩樣。主要的差
> 別，大概就是用山地話傳教吧！今日的傳教士或神職人員，都由本
> 村人擔任，這對教會本身的佈道工作自然更爲便利。〔註597〕

此外，「教堂已成爲今日泰雅人聚會的主要場所，是他們日常生活上聯絡感情，敦親睦鄰的最佳媒介，這可以說是山地宗教團體的一大特色。」〔註598〕此對於原住民族的精神信仰產生重大的變遷與影響。但對於原住民老人而言，「年老的泰雅人還在緬懷著漸去漸遠的傳統，基督所代表的信仰，在他們只不過是一種形式罷了。」〔註599〕傳統祖靈信仰與外來宗教信仰，即在山地原住民部落中相互影響著。

> 那些老一輩的信徒身上。他們之中，雖不乏全神貫注的虔誠信者，
> 但大多數卻是漫不經心的。也許是基於某些理由，他們不得不來參
> 加，但他們心目中並沒有上帝的存在。最常見的情形，是他們靠在
> 椅背上閉目養神，瞌睡打盹；或者搔頭挖耳，摸手捏腳，或者竊竊
> 耳語，眉目傳情。有些較懶散的，乾脆直挺挺的躺在後排的長椅上，
> 呼呼大睡了。〔註600〕

外來宗教精神信仰力量，除了在精神層面產生影響外；對於原住民族的文化信仰也產生莫大的衝擊，「除了老一輩之外，基督教和天主教已在秀巒村裡取得了絕對優勢，教會的影響力也愈益增強。目前他們正利用這種影響力，推動部落裏的改革工作。」〔註601〕外來宗教對於近代山地原住民部落的影響甚鉅。

> 發放救濟品的時代已成爲過去了，最重要的還是觀念上的革新，心
> 理上的建設。如基督教徒嚴禁酗酒，即是針對他們所有貧困、落後
> 的最根本原因而發的一針見血之論。此病根一日不除，泰雅人的沉

〔註596〕古蒙仁，〈黑色的部落〉，《黑色的部落》（1978年），頁193。
〔註597〕古蒙仁，〈黑色的部落〉，《黑色的部落》（1978年），頁193。
〔註598〕古蒙仁，〈黑色的部落〉，《黑色的部落》（1978年），頁193。
〔註599〕古蒙仁，〈黑色的部落〉，《黑色的部落》（1978年），頁193。
〔註600〕古蒙仁，〈黑色的部落〉，《黑色的部落》（1978年），頁193。
〔註601〕古蒙仁，〈黑色的部落〉，《黑色的部落》（1978年），頁194。

府及一日不起。我們且看宗教的力量，是否能驅退附在泰雅人身上
的這個百年惡靈吧！〔註602〕

此番言論即基於漢族作家的漢族中心主義，彷彿薩依德所述，漢族對於
原住民族的刻板印象，彷彿即爲本然眞理的謬誤，「文化、宗教以及種族上的
差異，比起社會經濟的分類範疇，或者政治歷史的分類範疇更加要緊嗎？思
想觀念是如何獲得權威、正常化，甚至是『本然』的眞理地位呢？」〔註603〕
將山地原住民族部落視爲落後的象徵，一切唯有現代文明方可改善其落後景
象；此種觀點乃完全忽視原住民族文化的獨特性與價值性。

8. 原住民族之教育

關於原住民族教育，除了傳統文化技能外，「泰雅人求生能力之強，除了
天生外，恐怕也是從小就鍛鍊出來的。」〔註604〕在現代原住民族教育層面，
乃有諸多值得探討的議題存在，諸如「泰雅的學童，即是這個整體之中的
一枚枚螺絲釘，緊緊地嵌在一起，在啓蒙的路上，攜手並進。」〔註605〕漢
族作家基於漢族中心主義思維，即認爲原住民孩童的漢化教育，乃令人感到
欣慰。

在這個物質匱乏，文化落後的山區，泰雅兒童用在他們生硬的國語，
齊聲誦讀著國父幼年的故事時，竟是十分感人的。當他們唱著：國
旗、國旗、美麗的國旗，我們愛護你時，嘹亮的歌聲響徹雲霄，縈
迴在羣山萬壑之間，又是何等地讓人肅然起敬。〔註606〕

漢族作家認爲山地原住民孩童智力低落，與學習情緒不佳的觀點，乃甚
爲偏頗而有失公允，「然而山地教學，必有它的困難之處。客觀條件固然樣
樣闕如，但最根本的原因，還是學童的學習情緒普遍低落。一般而言，山
地兒童的智力似乎較平地兒童略低，家庭的督導也不若平地人那麼嚴格。」
〔註607〕對於山地原住民部落中，教育資源缺乏的問題，即爲尚待改善的根本
因素所在。

學童進學校，恐怕還是爲了團體生活能帶給他們更大的歡樂。教導

〔註602〕古蒙仁，〈黑色的部落〉，《黑色的部落》（1978 年），頁 194。
〔註603〕薩依德，〈晚近發展面面觀〉，《東方主義》（1999 年 9 月），頁 474。
〔註604〕古蒙仁，〈黑色的部落〉，《黑色的部落》（1978 年），頁 195。
〔註605〕古蒙仁，〈黑色的部落〉，《黑色的部落》（1978 年），頁 196。
〔註606〕古蒙仁，〈黑色的部落〉，《黑色的部落》（1978 年），頁 194。
〔註607〕古蒙仁，〈黑色的部落〉，《黑色的部落》（1978 年），頁 196。

兒童如何學習團體生活，並透過團體活動來達成教育功效，爲晚近
教育學家們所極力提倡，在山地教學方面，這點尤其重要。〔註608〕

對於原住民歌唱與體力的肯定，乃爲諸多漢族對於原住民族的族群刻板
印象，「山地兒童的智力雖然較低，但上帝卻賜與他們一個善於歌唱的嗓門。
尤其女孩子，鶯言燕語，婉轉柔和，十分動聽。而且他們擁有天生的運動家
體格，和充沛的活力，最喜歡蹦蹦跳跳。由於擁有這麼好的天賦，泰雅孩童
對於唱歌和體力都極有興趣。學校經常利用他們這種天賦與興趣，舉辦各種
競賽。」〔註609〕但現代原住民族教育，除了肯定原住民的天賦，與發展原住
民族的教育資源外，乃同樣必須重視原住民族傳統文化傳承的重要性。

七、原住民族之神話傳說

（一）黑色部落之始祖傳說

原住民族各個族群間，乃流傳著諸多不同的神話傳說故事，尤其以人類
起源傳說、洪水傳說、族群歷史傳說……等諸多原住民口傳文學，均深具其
族群精神與文化意義。

傳說中的泰雅族的始祖，誕生在大霸尖山上。相傳混沌初開時，大
霸尖山上有一塊即爲突出的巨石，裏面藏有一男一女，被蕃畢鳥（泰
雅族稱之爲 siliak，爲一種神鳥）看到後，每天就在十塊錢啼叫，祈
禱人類的出生。果然有一天，轟然一聲巨響，大石裂開爲二，走出
一對男女，這就是泰雅族的源起；在他們看來，當然也是所有人類
的源起。〔註610〕

關於泰雅族原住民的人類起源傳說，還存在著不同的說法，「另外還有一
種說法，也相當流行。中央山脈的 buno hou 地方，有一棵大樹，這棵樹的形
狀特別奇怪，半面爲木質，半面爲岩石，後來這棵樹化爲神，裏面出現一對
男女，泰雅族即賴以繁衍下來。」〔註611〕由泰雅族原住民的族群傳說，乃可
見證原住民族的初民思想。

這兩則神話的原型，雖已遭人類學家的否決，漸漸失去了神祕的色
彩，但我們不難從這兒瞭解到若干初民的心態。這種對於山嶽的崇拜

〔註608〕古蒙仁，〈黑色的部落〉，《黑色的部落》（1978年），頁196。
〔註609〕古蒙仁，〈黑色的部落〉，《黑色的部落》（1978年），頁196。
〔註610〕古蒙仁，〈黑色的部落〉，《黑色的部落》（1978年），頁170。
〔註611〕古蒙仁，〈黑色的部落〉，《黑色的部落》（1978年），頁170。

之情，可以說是源於對原始圖騰的敬畏心理，今日泰雅族人依舊以
大霸尖山作爲他們的「祖山」，亦可說是這種心理的延續。〔註612〕

不僅泰雅族存在著諸多神話傳說故事外，諸多族群均有許多不同層面且多元化、充滿獨特性的原住民族口傳文學。此即可見證著原住民族族群精神，與文化價值的重要精隨。

第六節　官鴻志、黃小農、江上成報導文學中的原住民族

一、原住民族之青年形象再現

官鴻志在〈不孝兒英伸〉中，以報導文學的方式，見證原住民青年湯英伸，所爆發的湯英伸社會事件。根據湯英伸的生活背景可知，「嘉義師專四年級肆業。現在沒有做事。家有父母湯保富、母親汪枝美……等五人。生活依靠父親薪津收入維生。小康。」〔註613〕湯英伸在求學階段的表現乃極爲出色，而深受肯定。因此，當湯英伸事件爆發後，即引起族人震驚與國內輿論譁然。

> 可湯英伸也記過不少次大功小功和數不清楚的嘉獎。他參加校際才
> 藝比賽、優秀山胞聯誼會、黨幹部研習會、田徑比賽、殘障青年村，
> 都爲他爭來一個又一個光榮和獎勵。〔註614〕

年輕有爲的湯英伸，在族人與同學眼中，均留下良好的印象，「只有 18歲的曹族少年，他能詩、能歌、學藝雙全；是同學心中的好朋友，族人眼中的好兄弟。是校園裡熠熠發光的明星，一大堆獎牌的得主……。」〔註615〕湯英伸乃出生於一個模範家庭，自身又考上師專，而成爲部落中閃亮的焦點。

> 據高神父說，在村子裡，他一向對湯英伸另眼看待。英伸生長在本
> 村的一個公認的「模範家庭」，爸爸、媽媽都是那麼好、那麼有風格
> 和尊嚴的人，英伸又憑著自己的實力考上嘉義師專，內心當然有一
> 份秀異之感吧。〔註616〕

〔註612〕古蒙仁，〈黑色的部落〉，《黑色的部落》（1978 年），頁 170。
〔註613〕官鴻志，〈不孝兒英伸〉，《人間》（臺北：人間雜誌社，1986 年 7 月），頁 96。
〔註614〕官鴻志，〈不孝兒英伸〉，《人間》（1986 年 7 月），頁 110。
〔註615〕官鴻志，〈不孝兒英伸〉，《人間》（1986 年 7 月），頁 92。
〔註616〕官鴻志，〈不孝兒英伸〉，《人間》（1986 年 7 月），頁 107。

湯英伸在校園時，同樣成為校園中的焦點人物；甚至於曾為了生活刻苦耐勞地成為水泥工。但為人慷慨、個性又開朗，還跟朋友一起懷抱著諸多夢想，冀望組成合唱團與到美國看演唱會，以實現音樂夢想。

> 「他是班上的核心人物」「他人很慷慨，所以自己口袋裡常常沒有錢。」去年，湯英伸利用暑假到臺北做水泥工，那粗重的勞動和毒熱的陽光，使他全身曬得黑亮亮地回來。返校後，他嘴裡時時掛念著那群陪他流汗、唱歌的山胞夥伴。他甚至一心想著與他們一起合組合唱團，走唱天涯。黑馬說：「他對音樂非常狂熱。他說他最大的願望，就是到美國看演唱會。」〔註617〕

湯英伸不僅個性開朗，廣受好評外，甚至於還曾救人一命，諸如「雅惠是斗六某中學高一的學生。去年，天主教青年團契在特富野舉辦活動、她的好同學劉雪燕游泳時陷入漩渦，差一點使她沉溺水中，被湯英伸救了起來。」〔註618〕湯英伸自幼即特別乖巧，甚至於成為資優生而獲得獎助學金。

> 阿碧說，因為英伸小時候特別乖巧，族人給英伸取了一個乳名，叫「弟仔」，是一種親密的暱稱，含有大家的弟弟的意思。讀達邦小學時，弟仔連續當了六年的班長，畢業時拿了一個縣長獎，獎品是一本字典。後來，英伸還得了世界展望會的「資優學生獎助金」，考上嘉義輔仁中學，那也是一所南部著名的教會學校。〔註619〕

根據湯英伸的學姐阿碧所述，「求學期間一直是湯英伸學姐的阿碧回憶說：『我們山上的孩子，上學、下學，喜歡在山路上互相丟石頭玩。可從來沒有聽人說過，湯英伸會丟石頭。』」她望著路邊斷崖下的翠色的山谷，說：『也沒聽說湯英伸和別人打過架。』」〔註620〕素行良好的湯英伸，一向給人熱情陽光、積極奮發的印象。

> 從同學的口中，讓你想見湯英伸是一位熱情、上進的青年，他常常說：「我要讓他們在亮麗處看見我，不要在黑暗中看見我！」有誰知道，他的遭遇會把這句話整個兒顛倒過來呢？他失敗了。〔註621〕

根據湯英伸母親所述，其乃為人見人愛的孩子，「『我們好愛英伸。……

〔註617〕官鴻志，〈不孝兒英伸〉，《人間》（1986年7月），頁110。
〔註618〕官鴻志，〈不孝兒英伸〉，《人間》（1986年7月），頁111。
〔註619〕官鴻志，〈不孝兒英伸〉，《人間》（1986年7月），頁104。
〔註620〕官鴻志，〈不孝兒英伸〉，《人間》（1986年7月），頁104。
〔註621〕官鴻志，〈不孝兒英伸〉，《人間》（1986年7月），頁110。

在父母面前，在我們部落裡從小他一直是乖巧、受人稱讚的孩子。』汪枝美說著，眼眶紅了起來。」〔註 622〕當湯英伸事件爆發後，母親始終難以置信，而充滿苦衷地低調不語。

> 自從湯英伸出事以後，汪枝美始終不敢上臺北去。她寄了一整冊的照片給湯英伸，母子相隔至今，也有四個多月了。「也好在是這樣，凡事我都是坐在家裡想……。」她說。她的眼神中充滿著對丈夫湯保富的一份感謝。但每每有人向她問起湯英伸，汪枝美總是低頭不語。一個曾經讓她驕傲的兒子，如今卻成了奪走三條生命的殺人犯。這難言的苦衷，恁誰也不能詮說啊……。〔註 623〕

此外，「雖然才見面不多久，阿碧沒有絲毫生份的感覺。她開門見山，直接道出了她對湯英伸命案的感受。」〔註 624〕根據阿碧的描述，當湯英伸案件爆發後，族人紛紛前往關切；甚至於均無法置信，自幼乖巧懂事的孩子，竟成為殺人犯。

> 她說，在 1 月 25 日那個晚上，分駐所所長郭孝華離開富特野湯伯伯家以後，族人一批一批地湧到英伸的家，大夥的心都懸著、唸著，到晚間電視新聞節目的螢光幕上，赫然出現了湯英伸那張熟悉、清秀的臉龐，大家頓時撕裂了心似的，放聲地號泣……。「誰能相信啊？」她說：「一個從小就文靜內向，不太說話，眼看著他長大的孩子，竟然變成了殺人犯！」〔註 625〕

在山地部落中，族人均充滿義氣地欲協助湯英伸一家人，「在臺北聽說過，他們族人有人願意賣掉房屋，田產，損錢出來為湯英伸抵命，有這回事嗎？」〔註 626〕阿碧證實族人均義氣相挺地提供協助，「有。村子裡幾個讀大學的年輕人也發起聯名為英伸的人品作證，甚至有人跑大新竹買玻璃材料回來，打算做成手藝品，義賣了捐給湯家。但是這些都給湯伯伯婉拒了。」〔註 627〕族人均對於湯英伸的人格充滿自信，甚至於展現出部落族人深厚的情感，卻均遭到湯英伸的父親拒絕。

〔註 622〕官鴻志，〈不孝兒英伸〉，《人間》（1986 年 7 月），頁 108。
〔註 623〕官鴻志，〈不孝兒英伸〉，《人間》（1986 年 7 月），頁 108。
〔註 624〕官鴻志，〈不孝兒英伸〉，《人間》（1986 年 7 月），頁 104。
〔註 625〕官鴻志，〈不孝兒英伸〉，《人間》（1986 年 7 月），頁 104。
〔註 626〕官鴻志，〈不孝兒英伸〉，《人間》（1986 年 7 月），頁 104。
〔註 627〕官鴻志，〈不孝兒英伸〉，《人間》（1986 年 7 月），頁 104。

二、湯英伸事件之爆發實錄

關於「湯英伸事件」，乃事出必有因，除了自幼所受到的族群歧視外，再加上諸多因素，均成為造成湯英伸事件爆發的因素之一。根據湯英伸母親的觀察，自從湯英伸休學返家後，即展現出諸多異常情緒。

> 她對於兒子英伸一步一步走過的不能回頭的破滅困境，感到神傷。去年年底，湯英伸休學返家，在情緒上很不穩定，常常望著屋外的浮雲發楞，嘆息。發悶的時候，他偶爾會彈彈鋼琴自娛，看看書排遣，幾乎是足不出戶了。〔註628〕

當湯英伸再度回到校園參與音樂比賽晚會活動，使其情緒更加陷入低潮。縱然諸多同學好友均經常來電關懷，但還是無法改變湯英伸的低落情緒與休學事實，此即成為湯英伸事件爆發的遠因之一。

> 直到有一天，「大概是去年12月30日吧！英伸他去了一趟學校，參加學校的音樂比賽晚會。回到山上時，我看他顯得更加悶悶不樂了，」汪枝美說：「我知道英伸實在很懷念學校生活，尤其是那些朝夕相處的師專同學。休學以後，同學們時常打電話來，寫信給英伸，鼓勵他奮發起來，昂揚向上。奈何，命運竟然粉碎了一切。」
>
> 〔註629〕

正當湯英伸的人生身陷低谷時，決定要到外地去闖出自我的一片天地；豈料，此即成為一條不歸路，使湯英伸陷入萬劫不復的境地。湯英伸還是選擇悄悄地離開熟悉的部落，重新找尋人生的新希望，為自我找到一條康莊大道。

> 也就在那條山路上，在那個寂靜夜晚，湯英伸悄悄地決定離家出走，不再返校。像一切受挫的年輕人一樣，他必須離開使他感到挫敗的環境，逃到另一個天地，從頭開始。他想靠著自己的雙手，去闖出自己的路子。〔註630〕

當湯英伸滿懷希望地離開山地部落，追求一個自力更生的夢想時；豈料，一個莫大的悲劇，正在面前等待著他。首次到都市謀生的湯英伸，即掉入一個職業介紹所的陷阱中，進而陷入萬劫不復的巨大深淵。

〔註628〕官鴻志，〈不孝兒英伸〉，《人間》（1986年7月），頁108。
〔註629〕官鴻志，〈不孝兒英伸〉，《人間》（1986年7月），頁108。
〔註630〕官鴻志，〈不孝兒英伸〉，《人間》（1986年7月），頁111。

> 一月九日，湯英伸離家出走。在筆記本上，他抄下臺北「天祥西餐
> 廳」的地址，匆匆北上。……顯然，離開了故鄉，急切地想要自力
> 更生的湯英伸滿懷了希望，卻絲毫不知道這家餐廳根本沒有營業登
> 記。如果他稍加留意，他就會發現，這家始自稱「新開幕」的餐廳，
> 在報上已經足足登了一年餘廣告。〔註631〕

湯英伸留給山地部落雙親的一封書信，乃說明自己即將展翅高飛，並在
書信中透露出自我迷失與壓力過大，或許即為造成日後悲劇發生的因素之
一。勇於追求未來的湯英伸，即滿懷期待地準備到大都市中自力更生、一展
身手。

> 經過無數次的掙扎與抉擇，我還是決定找尋自己的世界。或許，在
> 雙親眼中，這是不智之舉。但一個十八歲的男孩，即使還沒做好準
> 備，仍必須承受這些事實吧！因為壓力太重，無法承受，迷失了。
> 但或許在年輕的歲月中，這些是必須歷練的。我寧願有個瘋狂的
> 年少，而不想在暮年時，嘆悔自己。並請雙親勿掛念，就當我像平
> 常出去一樣，我會好自為之，也請不必找我，我不會耽誤我的前
> 途！〔註632〕

縱然湯英伸的離家出走，帶給雙親莫大的衝擊，但家人還是為了保留著
屬於湯英伸的榮耀，其臥室內的一切擺設均沒有改變；但一切屬於湯英伸辛
苦得來的驕傲，卻再也等不到湯英伸重返榮耀之路，一切彷彿過往雲煙般地
成為回憶，令人不勝唏噓。

> 那天，湯英伸離家出走後，家人刻意不讓英伸房間裡的一切受到絲
> 毫變動。他的各種獎牌，仍然兀自掛在牆頭上。那是一次又一次在
> 師專全校師生的矚目和熱情的掌聲下，辛苦掙來的光榮。〔註633〕

湯英伸事件的事發過後，乃引起臺灣社會的震驚；隨著湯英伸自首，也
引發社會輿論一連串的討論，誠如薩依德所述，受苦受難的亞洲，彷彿即為
飽受族群壓迫的原住民族；若以湯英伸為象徵，歐洲即為象徵漢族的彭老闆，
「亞洲受苦受難，但在他受苦受難的同時，也對歐洲造成威脅：東、西方間
恆久、彼此磨擦的邊界，從亙古以來似乎就沒有改變過。」〔註634〕當湯英伸

〔註631〕官鴻志，〈不孝兒英伸〉，《人間》（1986年7月），頁98～99。
〔註632〕官鴻志，〈不孝兒英伸〉，《人間》（1986年7月），頁99。
〔註633〕官鴻志，〈不孝兒英伸〉，《人間》（1986年7月），頁108。
〔註634〕薩依德，〈類型、專業和看法：東方主義的世俗性〉，《東方主義》（1999年9

在受苦受難之際，與彭老闆的族群衝突乃一觸即發。根據湯英伸的自白，描述事發經過，乃始於漢族彭老闆不准湯英伸辭職，甚至於大打出手，引爆一切的衝突。

> 在沈酣的睡夢中，被彭老闆強拉起來。湯英伸說，當時他心中忽然湧起一股哀怨和憤怒；他脫口而出：「老闆，我不做了，你另請高明。這總可以吧？」午夜一點多，屋子裡一片死寂，只傳來洗衣機轟隆轟隆地攪動聲。他躺在布簾背後。小孩子的鼾聲，溫馨、均勻地傳來。突然，彭老闆出拳打過來，冷不防地，他被重重一擊。
> 〔註635〕

當湯英伸被羞辱後，隨即展開反擊；再加上要不到身分證，無法重獲自由的湯英伸，再也忍不下這口氣。因此，一場原漢族群衝突的悲劇乃就此引爆，「『彭喜衡，你不要看我瘦弱，好欺負！』這次，湯英伸冷冷地喊出彭老闆的名字。『我工資不要了，你給我身分證，我要辭職回家。』他說。洗衣機轟隆轟隆地怒吼著。」〔註636〕因此，一場震驚全國的湯英伸事件就此爆發。

> 1月25日清晨，臺北新生北路一家洗衣店裡，發生了一起驚動社會的慘案，行兇者竟然是一個師專肆業的國家公費生，來到臺北9天，只有18歲的曹族少年。〔註637〕

在湯英伸事件爆發之際，即引起全國輿論的熱烈討論，「為什麼這樣的一位山地青年，從純樸的小山村隻身來到繁華的臺北。霎時成為三條人命的兇嫌？令人悲傷的社會新聞背後，是不是也有一個嚴肅的社會的困局？我們能不能為它找出一點痛的線索？」〔註638〕因此，探討湯英伸事件所隱含的族群議題，乃值得深入思考。

> 工作才九天，他成了殺人嫌犯。命案發生以後，輿論譁然，給社會帶來不少的驚動。電視新聞以「滅門血案」為題，做了很大的報導；有一家報紙把這件命案定性成「引狼入室的悲劇」。但兇嫌湯英伸卻只是一個嘉義師專肆業的國家公費生，這個事實引起教育界關注，

月），頁365。

〔註635〕官鴻志，〈不孝兒英伸〉，《人間》（1986年7月），頁103。
〔註636〕官鴻志，〈不孝兒英伸〉，《人間》（1986年7月），頁103。
〔註637〕官鴻志，〈不孝兒英伸〉，《人間》（1986年7月），頁92。
〔註638〕官鴻志，〈不孝兒英伸〉，《人間》（1986年7月），頁92。

　　也造成省內罕見的議論話題。〔註639〕

　　當湯英伸事件爆發之際，眾人均反覆思索著事件爆發的因素，「我們一同詢問著這個沈重的疑問：一位山地青年從純樸的小山村，隻身到繁華的臺北市，才短短工作了 9 天，竟成為 3 條人命的殺人嫌犯。」〔註640〕此社會事件乃可進而反思到族群議題，「這是為什麼？這令人悲傷的社會新聞背後，是不是也有一個嚴肅的社會的困局呢？我們能不能為它找出一點沈痛的線索？」〔註641〕湯英伸事件爆發後的強大社會輿論，乃造成湯英伸莫大的壓力而選擇輕生。

> 到臺北縣土城看守所探監時，才知道湯英伸不久前才割腕自殺過。
> 二月二日清晨，他留下一封簡短的遺書，在單人牢房內打破眼鏡，
> 以碎碎的鏡片割腕，被值勤人員發現，送醫急救以後，才挽回一條
> 生命。〔註642〕

　　當湯英伸撿回一命之際，即將要面對法律制裁。在偵查庭時，湯英伸即彷彿遊街犯人般地手足無措，「看見擁擠的、黑鴉鴉的人群，他顯得有些驚慌失措。眾人的眼神下，他像古代極刑中被遊行示眾的人犯。」〔註643〕湯英伸乃勇於面對與承擔所犯下的錯誤。

> 2 月 3 日這天，湯英伸殺人命案第一審偵查庭，開始審理。臺北地
> 方法院第十七法庭白色綾避的布告欄上，這樣寫著：「湯英伸，強盜
> 殺人罪。」湯英伸沒有戴眼鏡，眯著一雙眼睛，戴手銬，由兩名法
> 警從走廊側門，帶進法庭。他一張瘦削的臉，蒼白、疲弱，恍如隔
> 世。〔註644〕

　　湯英伸在面對審問時，乃勇於承認所犯下的罪行，「在被告席上，湯英伸俯首站立，不斷地慟哭和抽搐，使他看來脆弱而孤獨。他像是撕裂著自己最深的傷口，喃喃地說：『我犯了滔天大罪，願意接受國家制裁！』這嗚咽的自白，使他的辯護律師羅國寧捏了一把汗。」〔註645〕當原住民青年湯英伸在都

〔註639〕官鴻志，〈不孝兒英伸〉，《人間》（1986 年 7 月），頁 96。
〔註640〕官鴻志，〈不孝兒英伸〉，《人間》（1986 年 7 月），頁 97。
〔註641〕官鴻志，〈不孝兒英伸〉，《人間》（1986 年 7 月），頁 97。
〔註642〕官鴻志，〈不孝兒英伸〉，《人間》（1986 年 7 月），頁 97。
〔註643〕官鴻志，〈不孝兒英伸〉，《人間》（1986 年 7 月），頁 98。
〔註644〕官鴻志，〈不孝兒英伸〉，《人間》（1986 年 7 月），頁 98。
〔註645〕官鴻志，〈不孝兒英伸〉，《人間》（1986 年 7 月），頁 98。

市就業的短短九天，即造成這場原漢族群悲劇。

> 整個法庭內，秩序井然。法官的問話，湯英伸的口供，輕重地交疊
> 著……和血衣、兇器混織成一片令人寒顫，悲傷、絕望的故事。這
> 些對話──審判長與湯英伸的對話，深沈、悲痛，湯英伸短短 9 天
> 零碎工的生涯，彷若一道瞬間迸裂的火芒。短短，卻永劫不復。」
> 〔註646〕

湯英伸的辯論律師，乃動之以情地爲湯英伸辯論，「『因爲休學，他到洗衣店打工，不幸發生這種悲劇，其情可憫。』羅國寧說著，一邊彎身從桌上抱起一疊資料，絮絮地從頭講起。」〔註647〕湯英伸事件所反映，不僅爲雇主與雇工的摩擦，此象徵著原漢族群間的衝突。

> 6 月 18 日，湯英伸在法庭上囁囁地說：「1 月 25 日那天，下午三
> 點，我曾經打過電話，給中山分局，說：我要去自首！」法律上明
> 文規定，自首是唯一減刑的充足條件。但湯英伸受到過度驚嚇之後，
> 加上他對自己苛重的懺悔，除了坦承罪行，已完全喪失正常求生意
> 志。不懂法律的他，竟把這個自首的事實經過隱藏在心裡長達五個
> 月，距離他第二審宣判日期 6 月 25 日，只剩 7 天。〔註648〕

湯英伸最後在初審被宣判，「湯英伸連續殺人，處死刑，並褫奪公權終身。又竊盜，處有期徒刑陸月。應執行死刑，褫奪公權終身。」〔註649〕此時即可感受到族人與法警，對於湯英伸的同情與憐惜之意。

> 初審宣判湯英伸死刑那一天，湯保富聽不清楚審判長唸著什麼？只
> 看見湯英伸帶著滿臉的淚水，絕望的表情，出第 17 法庭。簇擁在湯
> 英伸身邊的族人群中，有人塞了一千塊錢給湯英伸，湯英伸一直搖
> 頭不肯拿。也有人摸著湯英伸的頭流淚。那一雙雙粗糙、焦慮和鍾
> 愛的手，似乎使法警也感動了，特別通融在還押之前，多給了幾分
> 鐘，讓湯英伸和族人相聚……。〔註650〕

最後三審定讞的判決，湯英伸即要接受無期徒刑的判決，「『即使湯英伸能免於死刑，我想他也要被自己的懺悔無窮地放逐下去，無顏回到這美麗的

〔註646〕官鴻志，〈不孝兒英伸〉，《人間》（1986 年 7 月），頁 98。
〔註647〕官鴻志，〈不孝兒英伸〉，《人間》（1986 年 7 月），頁 98。
〔註648〕官鴻志，〈不孝兒英伸〉，《人間》（1986 年 7 月），頁 112。
〔註649〕官鴻志，〈不孝兒英伸〉，《人間》（1986 年 7 月），頁 103。
〔註650〕官鴻志，〈不孝兒英伸〉，《人間》（1986 年 7 月），頁 104～105。

家鄉。這才是最殘酷的重刑吧！』」〔註651〕不僅湯英伸無顏見江東父老，最難受的即為湯英伸的雙親。

> 窄仄的法庭中廊前，這些迢迢從嘉義特富野山上趕來的曹族父母，看來木訥、謙恭，不住地抽搐流淚，在這陌生的大城市裡，他們只能用眼淚表現他們巨大的哀痛、驚惶和悲傷。生死相隔的五分鐘，剎時，任何言語都沈寂了。最後湯英伸抽泣地說：「給大家添了這麼多麻煩，實在對不起！」他轉過身，隨著法警走了。〔註652〕

官鴻志乃描述湯英伸的雙親，「我不知道和湯保富握了幾次手，看著他黧黑的臉、濃濃的眉，比漢人大而且明亮的眼睛，和強抑在眼眶中的淚意，送他們上了計程車。」〔註653〕縱然陪湯英伸一同聆聽判決，但心中的滋味乃為五味雜陳。

> 一起殺人命案，引起社會如此重大的迴響，是大大地出乎人們意料的。當我們從特富野回到了臺北，四處採訪幾位律師時，他們都表露出極度的關切；願意為湯案擔任義務辯護律師的就有四位。這種人與人的友愛光輝，竟也抹去我們一路採訪時心頭上的陰影。〔註654〕

當官鴻志想起湯英伸所要面對的判決時，「我想起帶著『無期徒刑』的歡悅回到押房的英伸。『不！這個社會，不能這樣把罪惡全歸到你的身上』我心中吶喊著，『不！我們都是負罪的人吧……』」〔註655〕此番言論乃認為不可將原漢族群間的衝突所產生的原罪，僅歸諸於湯英伸身上。湯英伸事件彷彿為阿里山蒙上一層陰影，「汽車在阿里山公路奔馳著。公路邊，一座被『欣欣水泥廠』剷平了的禿山，像一顆被剖開的南瓜，腰腹上滿佈了慘淡的流砂，像血一樣流著……。」〔註656〕阿里山鄒族族人，均為此不勝欷歔。

三、原住民族族群壓迫

（一）原住民族之種族歧視壓迫

當湯英伸在都市工作時，分別遭到職業介紹所的漢族邱老闆，與洗衣店

〔註651〕官鴻志，〈不孝兒英伸〉，《人間》（1986 年 7 月），頁 108。
〔註652〕官鴻志，〈不孝兒英伸〉，《人間》（1986 年 7 月），頁 105。
〔註653〕官鴻志，〈不孝兒英伸〉，《人間》（1986 年 7 月），頁 113。
〔註654〕官鴻志，〈不孝兒英伸〉，《人間》（1986 年 7 月），頁 112。
〔註655〕官鴻志，〈不孝兒英伸〉，《人間》（1986 年 7 月），頁 113。
〔註656〕官鴻志，〈不孝兒英伸〉，《人間》（1986 年 7 月），頁 99。

漢族彭老闆的聯手剝削，誠如法農所承受的殖民剝削，彷彿原漢族群間的族群剝削，「法農清楚地表明他的立場：『殖民剝削不能與其他形式的剝削相混淆，殖民的種族主義不同於其他的種族主義……。』」〔註657〕湯英伸乃同時承受著工作與族群壓力，甚至於原漢族群不平等的待遇，如此地切身之痛，使湯英伸的情緒即如洪水般一發不可收拾地，諸多族群壓迫所帶來的壓力乃一觸即發。

> 湯英伸想到還要回去洗衣店，從建國北路到新生北路的這一段路途，他走得好疲累。就在前一天，他在日記本上寫了這樣一首詩。
>
> 也許頭一次吧，湯英伸在生活中，切膚地感受到「不公平」的存在……。〔註658〕

當湯英伸回想起要重回壓力來源時，「走過褪色的紅磚道，看汽車駛遠時揚起的塵埃，不禁覺得好孤獨，曾說過要成功！曾說過要忍耐！卻按奈不住即將崩潰的神經，大罵一聲：太不公平了！」〔註659〕湯英伸再也承受不住原漢族群間的不平等待遇，「在深夜的路上，湯英伸一個人孤單單地走著。初春的冷風迎面吹來，擦在酒後的他的身上。他感到凄愁，感到傷痛。」〔註660〕湯英伸再也按耐不住即將潰堤的生活壓力。因此，洗衣店彭老闆的羞辱，即成為壓倒湯英伸的最後一根稻草。

> 那天下午，湯英伸向彭老闆要身分證。他想辭掉工作回家，彭老闆的回答卻是：「番仔！你只會破壞我的生意！」「番仔」的辱稱，使他感到遭受重擊似的挫傷。〔註661〕

當湯英伸事件爆發時，原住民的心理因素，即成為諸多學者分析的重要因素之一，誠如「臺大心理學教授楊國樞，在一項針對湯英伸涉嫌殺人命案為題的座談會上表示：『我們必須了解山地同學的言行背後，意義並不一樣』。」〔註662〕諸多學者均由原漢族群文化差異的因素，探討湯英伸事件的成因。

> 大家的議論焦點，集中在臺灣社會現代化過程中，少數民族的文化

〔註657〕陳光興：法農，〈法農在後／殖民論述中的位置〉，《黑皮膚，白面具》（2005年4月），頁49。

〔註658〕官鴻志，〈不孝兒英伸〉，《人間》（1986年7月），頁102。

〔註659〕官鴻志，〈不孝兒英伸〉，《人間》（1986年7月），頁102。

〔註660〕官鴻志，〈不孝兒英伸〉，《人間》（1986年7月），頁102。

〔註661〕官鴻志，〈不孝兒英伸〉，《人間》（1986年7月），頁102。

〔註662〕官鴻志，〈不孝兒英伸〉，《人間》（1986年7月），頁96。

差異與適應問題上。「我們要找出個原因：爲什麼一名師專生，從山
地村落到臺北之後，只在臺北過了 9 天吧，就變成了殺人的凶嫌？」
這個問題沈沈地壓在大家心頭。〔註663〕

諸多關懷原住民族的學者，均紛紛爲湯英伸事件探討，「陸陸續續地，山
地音樂田野工作者明立國，作曲家邱晨，原住民詩人莫那能，也先後跑到『人
間』編輯部，大夥先凝重地談著湯英伸的案子。」〔註664〕盲人詩人莫那能對
於湯英伸事件，乃心有戚戚焉的提出看法。

雙眼失明的莫那能，絮絮地道出他早年那一段悲涼的歲月。他說：
「13 年前，我被職業介紹所賣了。當時我也眞的曾經有過衝動，想
要討回一個社會公道……。」因此，他認爲這是少數民族的共同問
題。「山地青年的命運，怎麼 13 年前是這樣，13 年後也這樣？」他
哽咽了，目盲的雙眼中，亮著滿眶的淚。〔註665〕

連鄉土小說家黃春明，對於湯英伸的遭遇乃心有同感，諸如黃春明曾被
師專三次退學與轉學的記錄，乃承受莫大的心理壓力，均使黃春明深刻地
感受到湯英伸所承受的諸多壓力，即可抱持同理心地體會湯英伸內心深處的
想法。

小說家黃春明坐在椅子上，感嘆地說：「我們一定要探討這個問題。
去聽一聽湯英伸的父母親怎麼說？他的老師、同學、族人如何看待
這個問題。」他的話，令人油然想起黃春明的一些動人的自敍，說
到他如何被幾所師專三次退學、轉學的記錄，遭得他在這所、那所
學校之間淚浪……「我想，我最能了解湯英伸的心情……。」黃春
明說。〔註666〕

山地部落的高義輝神父，即看著湯英伸的成長過程，而提出相關看法，
「尤其是他成長於一個虔誠的宗教家庭，在倫理道德與做人處事方面，英伸
對自己有很深的期許。因此，湯英伸到平地神會求學時，遇到客觀壓力，他
身爲山地人的自卑感就會被激發了出來，從而形成對於平地社會的一種激烈
的反撥。」〔註667〕由於長期以來的原漢族群關係不平等，使原住民飽受諸多

〔註663〕官鴻志，〈不孝兒英伸〉，《人間》（1986 年 7 月），頁 96～97。
〔註664〕官鴻志，〈不孝兒英伸〉，《人間》（1986 年 7 月），頁 97。
〔註665〕官鴻志，〈不孝兒英伸〉，《人間》（1986 年 7 月），頁 97。
〔註666〕官鴻志，〈不孝兒英伸〉，《人間》（1986 年 7 月），頁 97。
〔註667〕官鴻志，〈不孝兒英伸〉，《人間》（1986 年 7 月），頁 107。

種族歧視的壓力，進而產生族群自卑感。高義輝神父甚至於觀察到湯英伸的諸多表現，進行分析與思考。

> 高神父嚴肅地說，「我的看法，只是一個自我反省下的假設。」他還記得就在去年，特富野舉辦了一個天主教夏令營。「湯英伸就那麼自然而然變成夏令營的領袖人物。」高神父回憶地說：「白天，他表現得真是傑出，勤奮、彬彬有禮。但有一個夜晚，他忍不住湊上了群比較低俗的年輕人，結夥跑到後面山崗去喝酒，被我們發現了。」〔註668〕

高義輝神父乃深刻地分析著湯英伸的心理狀態，身為原住民族的自卑感在湯英伸內心深處發酵著，誠如瑪諾尼的殖民心理學觀點，彷彿諸多原住民被殖民者般，均因族群身分而產生所謂的自卑感，「瑪諾尼的基本論點是，殖民心理學是兩種扭曲人格的交會：殖民者的『自卑感』（inferiority complex）與被殖民者的『依賴情節』（dependency complex）。」〔註669〕自幼即表現優異的湯英伸，更無法承受挫折與羞辱；甚至於諸多原住民孩童，均已視湯英伸為教師之際，湯英伸乃無法面對被迫休學的事實，此即造成其內心莫大的心理壓力。

> 身為一個山胞，湯英伸隱藏的自卑感，在不斷的壓抑中反彈、化裝而成為外表的優越感了。他從小就奮力上進，也時時患得患失，為了他許下的心願，畢業後回到達邦國小教書──他努力考上了嘉義師專。但還沒等他畢業，特富野的孩子，竟早已當他是小學老師一樣敬畏他，愛他，不敢在他面前說髒話，而更多的時候，他卻又私下害怕自己的心願有一天會變成泡影！〔註670〕

根據高義輝神父的觀察，從不認為湯英伸會鑄下大錯；但湯英伸卻出人意表地犯下震驚全國社會的大案件。高義輝神父進而擔憂諸多原住民孩童，是否同樣承受著莫大的族群壓力；甚至於與湯英伸一樣，乃無法適應外來族群壓力所帶來的諸多傷害。

> 高神父說，當時他心裡想，湯英伸平時很乖巧，每天笑咪咪的，這個當人家客客氣氣的楞小子，不可能做了什麼大錯吧！他因而並不

〔註668〕官鴻志，〈不孝兒英伸〉，《人間》（1986 年 7 月），頁 107。
〔註669〕陳光興，〈法農在後／殖民論述中的位置〉，法農，《黑皮膚，白面具》（2005 年 4 月），頁 43。
〔註670〕官鴻志，〈不孝兒英伸〉，《人間》（1986 年 7 月），頁 107～108。

特別著急，也沒向湯英伸的父親提起。「哪裡想到，厄運卻降了大禍了！」高神父說。……提起這個遺憾。高神父開始不斷地反省，不斷地想，也開始替村中的小孩感到憂心。他說，湯英伸殺人命案，是一個相當複雜的典型例子，要真正去徹底了解，並不十分容易。他憂悒地說：「現在我們只能假設：湯英伸的病態在於他的雙重性格。」〔註671〕

當山地原住民神父高義輝，分析湯英伸事件時，乃提出真切的看法，「特富野天主堂的高義輝神父，坐在屋簷走廊下，談起了這不幸的命案。『我在日本聽到消息，覺得驚愕。我心裡想，如果說湯英伸跟別人打架那是有可能的，但置人於死地我萬萬沒有想到。』他說。輔大哲學系畢業的高神父說，當時他的第一個直覺，英伸的悲劇，其中一定有文化差異上的問題。」〔註672〕原漢族群文化差異，所引起的原漢族群衝突，即成為事件爆發的重要因素之一。高義輝神父乃描述自身所承受過的族群歧視，所產生的心理壓力與自卑感。

他說他還記得自己讀臺中一中時，因為自己是山地人，「有些同學把我當牛馬一樣看待」。再加上每次數學都考零分，他內心感到極度的頹喪，埋下深深的自卑感。「每回有人罵我是『番仔』時，總覺得痛痛快快地打它一架，會使自己比較舒服。」他說。〔註673〕

高義輝神父甚至舉同學劉三福的例子，縱然已為二十多年前的事件，卻令人記憶猶新。劉三福同樣身為原住民，而承受著種族歧視的莫大壓力，憤而與日本同學發生衝突。諸多原住民即因種族歧視，所產生的精神壓力，乃瀕臨爆發的臨界點。

「山地生的衣服洗不乾淨……」高神父又舉了一個例子。目前在日本福岡大學教中文的劉三福，跟他是臺中一中的同學、也來自山地。有一回，他和劉三福在宿舍水槽邊洗衣服，旁邊的同學無意間丟了一句：「山胞的系服洗不乾淨」，「這個兩、三拳可以打死一個人的劉三福，驀然撲了上去，把對方打成重傷了……」高神父說。事隔廿餘年，高神父還記得他握緊著劉三福顫抖的拳頭，激動著說：「你

〔註671〕官鴻志，〈不孝兒英伸〉，《人間》（1986 年 7 月），頁 107。
〔註672〕官鴻志，〈不孝兒英伸〉，《人間》（1986 年 7 月），頁 106。
〔註673〕官鴻志，〈不孝兒英伸〉，《人間》（1986 年 7 月），頁 106～107。

要表現得比他堅強啊！」〔註674〕

　　高義輝神父乃細膩地分析著原住民心理因素與精神壓力，甚至於回想起湯英伸曾跟神父告解的內容，均呈現出內心極為不安的心理狀態，誠如法農所述，彷彿原住民族因自卑感與族群壓迫，所產生的心理防禦機制，「重點在於知道黑人是否可能超越他的縮減感（sentiment de diminution），去除生命中那讓他與仇外行為連結起來的強制性格。在黑人身上，有一種情感的激化，一種感到自己渺小的盛怒，一種對所有人類交流的無能，將他禁錮在讓人難以忍受的島嶼性（insularite）中。」〔註675〕此即諸多原住民，努力在漢族族群壓力下的夾縫中求生存，所面臨的諸多族群壓力，均令人苦不堪言。

> 高神父說，山胞在劣勢文化下，過著城市底層的游牧生活。他們容易衝動、緊張，經常會感到不安全感，而「辭職」、「想家」只是這個綜合複雜體的一個代名詞罷了。高神父清楚地記得，就在去年，湯英伸到教堂向他告解：「我已經變成病態的人！」湯英伸苦痛地說。〔註676〕

　　當高義輝神父聆聽著諸多原住民族人的內心剖白時，均心有戚戚焉地感同身受。山地原住民族人在原漢族群共處的社會中，均承受著諸多族群歧視所產生的莫大精神壓迫，高義輝神父即不斷地聆聽著山地原住民族人內心深處，族群壓迫所帶來的傷害與苦楚。

> 高神父聽著他內心的剖白，耐心地安慰過他，高神父太熟悉這份苦楚了。一個離鄉背井求學的年輕人，絕不是「不能適應，就不要來平地」的問題，高神父內心裡湧起了一份傷痛，躊躇一會兒，沈沈地說出了這麼多年以來，他以神職人員身分一次又一次聽到的，山上的孩子們心靈最深處的苦悶。〔註677〕

　　高義輝神父又舉例證明，山地原住民女孩安玉英，曾在學校受到教官的羞辱，質疑山地原住民乃經常不洗澡。此番質疑乃使安玉英飽受種族歧視的傷害，而跑來跟高義輝神父告解，逐一地訴說在校園中所遭遇到的諸多族群歧視，所產生的精神壓迫。

> 安玉英，一個如今已長得亭亭玉立的曹族姑娘。有一回，因為山上

〔註674〕官鴻志，〈不孝兒英伸〉，《人間》（1986年7月），頁107。
〔註675〕法農，〈有色女與白男〉，《黑皮膚，白面具》（2005年4月），頁126。
〔註676〕官鴻志，〈不孝兒英伸〉，《人間》（1986年7月），頁107。
〔註677〕官鴻志，〈不孝兒英伸〉，《人間》（1986年7月），頁107。

交通不便，星期六下午必須提早一堂課下學，坐遊覽車回持富野。
那天，女教官把曹族同集合在操場上，安玉英也站在隊伍中。也不
知什麼緣故，教官突然對著她們說：「聽同學的反應，你們山地人常
常不洗澡……。」安玉英忍著滿的熱淚，跑回山上。才盡情地號啕
大哭了。她向高神父傾訴：「不要把全部的錯，都往我們山地手身上
戴啊！」安玉英滿腹的委曲，幽幽地道出一件一件在學校的辛酸。
〔註678〕

　　安玉英甚至於質疑，為何原住民被視為怪物，「『為什麼我是山地人？為
什麼我們山地人就要被別人當成怪物？』這是長期壓抑在她心中的問號。」
〔註679〕連校園中的教官，同樣質疑原住民學生的人格？若舉原住民同學杜秀
雲的例證說明，某次杜秀雲的父親給她一千多元；豈料，剛好有人掉錢，教
官卻一口咬定為杜秀雲所為。

也有一回，曹族同學明明看見杜秀雲的爸爸，送了一千餘元到學校
給她；誰知道那天恰巧宿舍裡傳出有人掉錢的消息。杜秀雲口袋裡
準備繳食宿費的一千餘元，竟成為偷竊的贓物證據。杜秀雲抵死也
不肯承認，曹族同學也都挺身作證，「我們的確看見她爸爸送錢到學
校。」同學們說。〔註680〕……不料，女教官卻說：「大家確定是她
拿了錢，不必查了！」「我們山上的學生在學校宿舍裡，經常遇到這
樣的困擾，凡有人掉錢，山地孩子就變成當然的嫌犯了！」高義輝
神父說。〔註681〕

　　高義輝神父已聆聽過太多原住民族人，因種族歧視所引起的精神壓迫，
造成原住民無數的衝擊與傷痛，諸多例證乃不勝枚舉地訴說著，原住民所承
受的心理衝擊與族群壓迫，尤其以湯英伸事件為例，彷彿即為法農所述的，
黑人被殖民心理所產生的自卑感，「我的黑色顯而易見，無法改變；我的黑色
濃厚而無可討論。它折磨著我，追捕著我，讓我憂心，讓我發怒。黑人是野
蠻人、蠢蛋、文盲。但我，我知道，就我例子而言，這些說法都是錯的。有
一種對黑人的迷思，必須不惜一切代價摧毀。」〔註682〕當高義輝神父耳聞湯

〔註678〕官鴻志，〈不孝兒英伸〉，《人間》（1986 年 7 月），頁 107。
〔註679〕官鴻志，〈不孝兒英伸〉，《人間》（1986 年 7 月），頁 107。
〔註680〕官鴻志，〈不孝兒英伸〉，《人間》（1986 年 7 月），頁 107。
〔註681〕官鴻志，〈不孝兒英伸〉，《人間》（1986 年 7 月），頁 107。
〔註682〕法農，〈黑人的實際經驗〉，《黑皮膚，白面具》（2005 年 4 月），頁 201～202。

英伸事件時，直覺認為此即與原漢族群文化差異，所引起的族群衝擊有關，而造成這場悲劇的發生。

（二）原住民族之教育壓迫

原住民青年不僅在工作時，將承受工作壓迫；就連在校園中，均會承受著種族歧視所帶來的族群壓迫。湯英伸在校園中同樣承受著諸多不平等待遇，與原住民所承受的族群壓力。但在同學眼中，湯英伸乃深具義氣，甚至於為朋友兩肋插刀地頂罪而勇於承擔。

> 提起抽煙這回湯英伸被記大過，有一位同學黯然地說：「其實，香煙是我抽的！」「那天清早，我跑到他們的寢室去找湯英伸，他生病躺在床上。我坐在他床邊，抽完一支煙便上課去了。沒想到，我前腳才走，教官後腳就踩進了寢室。」這位同學說。「這個大過，湯英伸為我頂下來了，事後他不為這個冤屈吭一聲。湯英伸就是這種人，全校同學都知道，他是我們學校的明星。」〔註683〕

在同學眼中的明日之星湯英伸，卻因在校園中打麻將而遭受到學校懲戒；湯英伸甚至於想盡辦法求情，均無濟於事，使湯英伸已無計可施，「『他跑去找教官求情，跪在地上，懺悔地哭泣，但教官說，不是我一個人可以救你啊！』同學們都說，這位教官很疼愛湯英伸，卻也無可奈何。那一陣子，為了苦苦等候學校召開訓導會議，對他的命運做一個審判，英伸變成了另一個人樣。『一大早，他走進教室，便趴在桌上，他的眼眶發黑。』這位坐在湯英伸旁邊的女同學，含著淚說：『我勸過他，好好照顧身子啊。英伸他就朝我淒苦地笑……。』」〔註684〕湯英伸內心彷彿等待判決般地五味雜陳。

> 訓導會議的結果下來了。湯英伸因為在學校打麻將，林總教官認為湯英伸犯的這個錯誤，非處份不可，「否則，老師和學生的心裡會怎麼想？在立場上，我也有苦衷啊。孩子是你的，你自己帶回去管教吧！」最後，父子倆人商議的結果，決定自動辦理休學。湯英伸說，「我對『留校察看』實在沒有把握，萬一再犯了小錯，被學校退學了反而不好。爸爸，我們下學期重新來，我用生命向您承諾……。」〔註685〕

〔註683〕官鴻志，〈不孝兒英伸〉，《人間》（1986年7月），頁110。
〔註684〕官鴻志，〈不孝兒英伸〉，《人間》（1986年7月），頁109。
〔註685〕官鴻志，〈不孝兒英伸〉，《人間》（1986年7月），頁109。

當湯英伸與父親商量後，決定要暫時休學；豈知，未來的世事變化，乃
為湯英伸所始料未及，一場巨大的原漢族群衝突，所產生的悲劇乃即將引爆。
湯英伸還是離情依依地與同學們道別，迎向自我選擇的未來。此項選擇乃使
湯英伸的人生，產生一百八十度的大轉變。

> 最後一次學期考試，湯英伸無心考試，在卷子上填了名字，便逕自
> 走出教室。他回到寢室，自彈自唱地錄下這卷錄音帶，向四年甲班
> 全體同學告別：「親愛的四甲，我們要別離了。啊！這一刻，不知
> 道……，心裡什麼滋味都有，真的不知道說些什麼。說感傷，是有
> 那麼一點；說高興，也是有那麼一點點。但是，我還真是捨不得你
> 們。相聚了三年，有歡樂，有悲傷，我們都一起度過了！我，不能
> 改變什麼，雖然我們要暫時分離一段日子，但我相信我們的友誼一
> 定會永遠存在……」湯英伸落寞的歌聲，似遠似近地，在男生寢室
> 縈繞著。悶熱的午後，窗外傳來低低鳴唱的蟬聲。〔註686〕

回憶起湯英伸在校園中的表現，「三年之內，他被逮到幾個小辮子：單車
雙載、不繡學號、爬牆、抽煙。這些讓他總共記下三次大過、三次小過，再
加上四次警告。」〔註687〕此乃不減湯英伸在校園中的優秀表現；但幾經挫折
後的湯英伸，索性選擇奇裝異服地表現自我，「經過幾次叫他灰心黯淡的挫折
和打擊，有一天，湯英伸索性豁出去，他理了一個龐克頭，奇裝異服地在校
園裡晃盪。」〔註688〕最後打麻將事件才讓湯英伸真正休學，即欲以此為起
點，尋找自我的一片天。但在休學後的某日，湯英伸乃應同學之邀重回校
園，卻遭遇到莫大的種族歧視羞辱。

> 去年 12 月 30 日，已經休學在家的湯英伸，接受同學們寫信和打電
> 話再三邀請，興致沖沖地返校參加音樂晚會。就那個晚上，有位教
> 官卻衝著湯英伸說：「湯英伸，往後你儘量不要回來！」同學們氣憤
> 地哭了，「即使湯英伸休了學，他仍然是學校的一份子啊！」同學們
> 說。〔註689〕

湯英伸的內心深受種族歧視的打擊，卻又故作鎮靜地面對所受到的傷
害，「湯英伸站在同學面前，故作鎮靜地說：『這位教官，也是為我們大家好

〔註686〕官鴻志，〈不孝兒英伸〉，《人間》（1986 年 7 月），頁 109。
〔註687〕官鴻志，〈不孝兒英伸〉，《人間》（1986 年 7 月），頁 110。
〔註688〕官鴻志，〈不孝兒英伸〉，《人間》（1986 年 7 月），頁 110。
〔註689〕官鴻志，〈不孝兒英伸〉，《人間》（1986 年 7 月），頁 110。

吧！』可是，至今還沒有人知道，在他返回特富野的路上，湯英伸那年輕易感的心，是怎樣地因羞辱、挫折、怒恨而絞痛啊。」〔註690〕諸多的打擊與傷害，均成為湯英伸事件爆發的諸多因素之一。當湯英伸的同學甚至於回憶起，當初湯英伸離開學校的場景。

> 離開特富野，走進嘉義師專校園，迎面就感受到圍牆之內一股尚未
> 平息的議論。同學們的口中，不免也分析起這件命案的遠因：湯英
> 伸被迫離開學校。「他被休學離校時，我們全班哭著送他走的……。」
> 〔註691〕

當湯英伸的導師評論湯英伸事件，認為湯英伸休學或許為正確；但同時卻認為湯英伸事件，乃令人無法置信，「謝美樺導師在課堂上說：休學對湯英伸而言，是福是禍，目前還不知道。同學們應該鼓勵他，多給他寫信。當時，我坐在我的位子想，應該是福吧，沒想到他竟殺了人。」〔註692〕諸多認識湯英伸的朋友，均對於此事件的發生難以置信；但分析湯英伸好強的個性，必定無法承受此種羞辱與傷害。

> 一個綽號叫「黑馬」的同學說：「一腳踩進那洗衣店，湯英伸他一定
> 會這樣想吧，『如此下去，我的前途在哪裡？』每天送衣洗衣，好強
> 的他，怎麼受得了啊……，也沒想到結果竟會如此！」〔註693〕

出必有因，在分析湯英伸背後所承受的諸多壓力，諸如族群壓迫、工作壓力、教育壓力、同儕壓力、經濟壓力……等諸多壓力，均造成湯英伸事件爆發的諸多因素之一，誠如法農的被殖民心理層面的族群壓迫，「土著民族的基因符碼重新甦醒、身體文法向主流社會滲透，形塑『抵殖民的翻譯』，召喚、展演備受壓抑的心理動能。」〔註694〕由此事件的暴發，乃可針對諸多族群社會議題進行反思與分析。

（三）原住民族之工作壓迫

關於湯英伸事件的爆發因素，乃由於事出必有因。原住民青年湯英伸所遭遇到的工作壓迫，在漢族職業介紹所邱老闆，與漢族翔翔洗衣店彭老闆的

〔註690〕官鴻志，〈不孝兒英伸〉，《人間》（1986年7月），頁110～111。
〔註691〕官鴻志，〈不孝兒英伸〉，《人間》（1986年7月），頁109。
〔註692〕官鴻志，〈不孝兒英伸〉，《人間》（1986年7月），頁109。
〔註693〕官鴻志，〈不孝兒英伸〉，《人間》（1986年7月），頁109～110。
〔註694〕黃心雅；法農，〈法農，權力、慾望與身體的中介書寫〉，《黑皮膚，白面具》
　　　　（2005年4月），頁22。

欺騙與壓榨下，逼得湯英伸將所有羈押已久的憤怒與怨氣，即一觸即發地引爆，造成原漢族群間的議題再度浮上檯面。湯英伸事件爆發，乃始於職業介紹所的不合理剝削。

> 一月十二日，湯英伸離家第第三天。他按著報紙廣告，打電話給天祥西餐廳。電話筒裡傳來一個女人的聲音：「有，隨到隨做。帶身分證來登記就行！」辦公桌上，邱老闆擺一本沒有註明任何公司行號的工作登記表，只註明是「本中心」，第一項求職須知清清楚楚寫著：「求職人員委託工作登記時，應先付清費用」。所以，邱老闆開門見山地說：……「先繳一千塊」，邱老闆說。〔註695〕

湯英伸在尚未工作前，即在職業介紹所中被騙一筆錢，「我們不談薪水。薪水是雇主和找工作的人之間的事。湯英伸的待遇多少我不知道。我們只收介紹費三千五百元。湯英伸沒有錢，來介紹所兩趟，共付一千五百元。我告訴他洗衣店老闆會自動扣錢，送過來給我們，叫他不用擔心。」〔註696〕單純的湯英伸一心只僅為了找到工作，即想盡辦法不疑有他地繳交這筆介紹費。

> 一月十六日，湯英伸坐車到三重市向親戚借錢，又轉回世吉介紹所，向老闆繳了五百元。前晚，他在表哥家裡寫了一封家書，告訴遠在特富野的雙親：「兒子在一家餐廳上班，媽媽請不要掛念。」〔註697〕

豈料，職業介紹所的邱老闆，不僅剝削湯英伸的介紹費，還騙湯英伸餐廳尚未開張，「不料，在湯英伸的回憶裡，這一回邱老闆的說法卻有不同，他說：『要繳三千五百元，不夠的錢有人會幫你先繳，再從你的第一個月薪水扣下來！現在餐廳還沒開幕，等過年以後就馬上開張，你先去一家洗衣店做工。待遇也不錯，一天五百元。』」〔註698〕關於邱老闆要求湯英伸先到洗衣店工作，湯英伸依舊默默地接受這一切，甚至於還很感謝邱老闆的協助。

> 湯英伸一直不知道邱老闆開的其實就是職業介紹所。他一直還很感謝邱老闆的好心善意，在餐廳未開幕之前先給他介紹工作，「反正過年快到了」，他心裡這樣想。但三千五百元這筆不小的數目，使他開始覺得懊惱。再說，一千元都已經繳了，求職須知第二項又說明：

〔註695〕官鴻志，〈不孝兒英伸〉，《人間》（1986 年 7 月），頁 100。
〔註696〕官鴻志，〈不孝兒英伸〉，《人間》（1986 年 7 月），頁 99～100。
〔註697〕官鴻志，〈不孝兒英伸〉，《人間》（1986 年 7 月），頁 100。
〔註698〕官鴻志，〈不孝兒英伸〉，《人間》（1986 年 7 月），頁 100。

「求職人員在本中心登記後，被本中心介紹去做任何一項工作，而不做再回來者，介紹費不能退回，可免費介紹工作。」〔註699〕

當湯英伸以為尋找工作一切順利，即將要展開美好生活之際；豈料，尚未賺到錢，即欠下一筆款項，「湯英伸追述，當時邱老闆曾掛了一通電話。不久，翔翔洗衣店的彭先生跑來了，他當場付清了湯英伸的欠款二千元。『你欠我們的錢，要扣留身分證做低押，請你簽一張借據。』邱老闆說。這張借據，總共簽下二千二百元。原來，去翔翔洗衣店上班的這一程計程車費兩百元，也簽在湯英伸的帳上。」〔註700〕但湯英伸還是接下這份工作，「1月16日，湯英伸接下洗衣工人的工作。由於年關迫近，店裡生意特別忙碌，每天上午九點開店，一直不停地工作到深夜兩點，是常有的事。」〔註701〕湯英伸就算工作繁重、身心疲倦、環境克難，再加上思親之情，使湯英伸身心承受著莫大的壓力。

1月24日中午，湯英到洗衣店做工的第八天，他趴在床上寫日記。在彭老闆小孩的臥房，彭喜衡用一張布簾和板架，隔出一個小角落，算是他睡覺的舖子。就在這個灰暗的屋角，湯英伸每天把疲憊的十八歲的身體，拋在那舖子上，在思親的淚水未乾之前，呼呼沈睡過去。〔註702〕

湯英伸僅能在日記寫下心情寫照，「日記本上，他零亂地寫下片段文字：『洗衣店蒙難記』、『世界上最大的罪惡』、『我立誓要辭職離開這裡』……。」〔註703〕正當湯英伸的情緒與身心壓力，均瀕臨壓力爆炸的臨界點，湯英伸事件因此一觸即發。再加上湯英伸欲返鄉參與過年、家鄉運動會與豐年祭，竟遭到漢族彭老闆的拒絕。

下午三點，湯英伸向老闆辭職，他說：「我要回家過年，家鄉運動會和豐年祭都快到了。」湯英伸心裡仔細盤算過，已經做了八天，一天工資五百，應該可以抵償欠債，剩餘的錢還給親戚。至少回家的車資有了。〔註704〕

〔註699〕官鴻志，〈不孝兒英伸〉，《人間》（1986年7月），頁100。
〔註700〕官鴻志，〈不孝兒英伸〉，《人間》（1986年7月），頁100。
〔註701〕官鴻志，〈不孝兒英伸〉，《人間》（1986年7月），頁101。
〔註702〕官鴻志，〈不孝兒英伸〉，《人間》（1986年7月），頁101～102。
〔註703〕官鴻志，〈不孝兒英伸〉，《人間》（1986年7月），頁102。
〔註704〕官鴻志，〈不孝兒英伸〉，《人間》（1986年7月），頁102。

　　彭老闆乃極盡所能地剝削湯英伸，「因此，他也向彭老闆提出要求，索回被扣留的身分證。不料，彭老闆竟說：『你吃我的、住我的，一天工資兩百，就想一走了之，你還欠我錢哪！』」〔註705〕湯英伸在身心俱疲下，又遭到彭老闆在薪資上的剝削，諸多原住民在都市工作時，均將遭遇到此類似困境。

> 原先講好每天 500 元的工資，剛剛邱老闆卻說是 200 元。照這樣盤算起來，8 天的工資卻成了 1600 元，差借據上的 2200 還有 600 元。白白做了 8 天的工，卻還倒欠了人家 600 元。他怎麼算都算不清楚這筆奇怪的帳。他想起平時彭老闆常對他說：「好好幹！不會虧待你的！」卻從未談到工資到底有多少。想著自己手腳笨拙，給機器軋了一口傷，又總是惹老闆生氣……學校、同學、父母一一都讓他背棄了，獨獨剩下這口飯，供他吃的、住的，至少，讓他一個人躲在陌生的城市……。〔註706〕

　　當湯英伸無法忍受漢族彭老闆在工作上的諸多不當剝削後，即心生辭職的意念；豈料，在無法順利辭職下，才會與彭老闆的原漢族群衝突一觸即發。當原住民在都市就業受挫時，即會尋求同在都市工作的族人協助，湯英伸因此前往表哥那兒訴苦。

> 他順道去建國北路的表哥家裡，一口氣喝了五、六瓶紅露酒。「我不做了！」他向表哥訴苦，他對臺北感到疲累了。「也好，你先回特富野最過年，等過完年後，我再替你找工作。」表哥是一個彈鋼琴的樂師，在臺北人面熟，可以為他找工作，他這樣的安慰著湯英伸。
> 夜晚臺北的路上，千家燈火。〔註707〕

　　當湯英伸的同學回顧著，諸多原住民青年在工作上，均被極盡所能的壓迫，「我們曾經去打工，為了要體會老闆對待工人的那種滋味。我們也曾想到臺北去看迪亞，但他的時間都被排滿了。」〔註708〕朋友甚至於欲探望湯英伸，但其工作時間均被排滿。不僅，湯英伸遭受工作壓迫外，同校同學也曾在湯英伸進出的同一家職業介紹所差點受騙上當。

　　湯英伸更不知道，去年暑假，嘉師四年甲班一位同班女同學，也曾

〔註705〕官鴻志，〈不孝兒英伸〉，《人間》（1986 年 7 月），頁 102。

〔註706〕官鴻志，〈不孝兒英伸〉，《人間》（1986 年 7 月），頁 102～103。

〔註707〕官鴻志，〈不孝兒英伸〉，《人間》（1986 年 7 月），頁 102。

〔註708〕官鴻志，〈不孝兒英伸〉，《人間》（1986 年 7 月），頁 111。

經一頭栽進這同一家介紹所的經過。她說：「我去應徵時，被帶到一
個小房間。老闆說先繳八百元。我們：何時開始上班？老闆也說還
沒開幕，但可以幫我介紹到希爾頓飯店。後來我打電話去問希爾頓
飯店，才知道他們並沒有僱人的事。」〔註709〕

根據阿碧所述，湯英伸所創作的小說〈爸媽！我們探險去！〉中，乃透
露出原住民青年在都市就業，而飽受種族歧視的屈辱，而造成無限悲哀的傷
懷情緒，彷彿即為湯英伸的心情寫照。

「初次去特富野，就深深愛上那個地方，相信您們也愛上了，可不
是？你們問起我湯英伸寫的那篇小說，我現在告訴您，題目是：『爸
媽！我們探險去！』內容描寫一群年輕人到臺北謀職的故事。小說
中的人物讀起來都很哀傷落寞。是否這就是迪亞潛意識裡的悲懷
呢？〔註710〕

關於湯英伸事件，江上成在〈冰凍的春天──悲劇前後的一家人〉中，
乃以悲劇前後的翔翔洗衣店一家人為例，加以分析報導。當初喜好機械工藝
的漢族老闆彭喜衡，乃始料未及一枝小小的拔釘器，竟成為日後全家人悲劇
的發生，同時也震撼臺灣早期多元族群共處的保守社會。

喜歡動手做器械工藝的彭喜衡，還特別向朋友拿一枝尺來長的鐵鑄
拔釘器，來拆除整修後留下的鐵釘和木條。這支漆皮剝落、鏽色黯
淡、狀如長牙毒蛇的拔釘器，被當作日常用具般，有時放置在貯架
上，有時斜靠在乾洗機旁的角落。沒有人知道，這支拔釘器是否負
著某種惡靈，正冷酷地等待一幕人間慘劇。〔註711〕

當初，湯英伸在職業介紹所的介紹下，到翔翔洗衣店工作，在介紹所已
被剝了一層皮，始料未及的一張報紙與一份平地工作，會改變湯英伸的一生；
甚至於引起社會震驚與廣大的輿論爭議。

元月16日，邱世芳找到了一名工人：「身高約170公分左右，面貌
清秀，五官端正，皮膚白，留西裝頭，不是長髮，髮型與耳朵齊；
瘦瘦的，一個山地人。」「湯英伸是看見我登報紙，應徵餐廳工作，
而來到我經營的世吉介紹所的。」邱世芳說，「他在元月12日來登

〔註709〕官鴻志，〈不孝兒英伸〉，《人間》（1986年7月），頁99。
〔註710〕官鴻志，〈不孝兒英伸〉，《人間》（1986年7月），頁111。
〔註711〕江上成，〈冰凍的春天──悲劇前後的一家人〉，《人間》（臺北：人間出版社，
　　　　1986年7月），頁123。

> 記時，我告訴他，現在年關將到，沒有餐廳會雇用新人的。湯英伸
> 點頭說『好』，就在元月 16 日介紹他到了翔翔洗衣店。」〔註712〕

乍到都市工作的湯英伸，情緒再也按耐不住地爆發出來，鑄下驚天動地的大錯，也震驚臺灣社會；甚至於爆發出諸多原住民族職業壓迫議題的爭議與討論，將原住民長期在就業市場中，所遭遇到的不平等待遇加以揭露。

> 彭喜衡雇用這位青年工作沒幾天，沉默的青年似乎很不能適應；
> 上工之後，先後向彭老闆辭職過兩次。彭喜衡認爲湯英伸工作了
> 幾天的薪水，還不足以償還代墊的介紹費，因而沒有將身分證還
> 給湯英伸。不知怎麼樣動起手來了。沒料到，這名帶著酒氣的山
> 地青年，順手握住了放至附近的拔釘器，朝彭喜衡揮了過來……。
> 〔註713〕

湯英伸事件乃爆發出，原住民的都市職業適應議題，「一個山地青年，遽而投入十里外場的臺北，也許是身體、文化上所不能適應，使他鑄成大錯。」〔註714〕根據彭喜衡的親戚彭喜專的觀點，乃將湯英伸歸諸於慘無人道的殺人兇嫌。

> 「兇嫌根本沒有人性！瘋子！連那麼小的孩子也下的了手，你說說
> 看，像那麼小的孩子，要她死還不容易嗎？又何必費事打她、然
> 後又摔她？這樣狠毒的人，還能留在世界上嗎？」彭喜專憤怒地
> 說。〔註715〕

彭家老么甚至於認爲，殺人償命乃天經地義，傳統入境隨俗的觀念下，完全罔顧原漢族群間的族群適應議題。此即展現爲了湯英伸事件鬧得沸沸揚揚之際，被害人家屬表達著不滿的情緒與心聲。

> 彭家老么的回答是——「殺人者死，這是我們中國人傳統的法治觀
> 念。你在這個社會中生活，就是遵守這個社會的法治。我們不是說
> 『入境隨俗』的嗎？雖然他是山地人，到了平地，就應適應平地的

〔註712〕江上成，〈冰凍的春天——悲劇前後的一家人〉，《人間》（1986 年 7 月），頁123。

〔註713〕江上成，〈冰凍的春天——悲劇前後的一家人〉，《人間》（1986 年 7 月），頁123。

〔註714〕江上成，〈冰凍的春天——悲劇前後的一家人〉，《人間》（1986 年 7 月），頁124。

〔註715〕江上成，〈冰凍的春天——悲劇前後的一家人〉，《人間》（1986 年 7 月），頁124。

生活；如果不能適應，就不要來平地。如今殺死 3 條人命，還有什
麼原諒的？」〔註716〕

縱然江上成在〈冰凍的春天──悲劇前後的一家人〉中，描述彭喜衡遺
孤在湯英伸事件爆發後，縱然受到妥善的照料與適應良好，但被害人家屬仍
永遠無法忘懷這原漢族群悲劇所帶來的傷痛。此外，黃小農在〈隱藏的陷阱
──歧路上的職業介紹所〉中，描述當時臺灣早期社會的職業介紹所，「少數
介紹所，利用謀職者急於找工作的心情和困境把人當成了貨物搾取著不當的
財利；甚至逼使純潔無知的青年淪落到苦痛無告的深淵……」〔註717〕諸多職
業傷害與工作壓迫，乃源自於職業介紹所的不法利益所得，而導致悲劇的發
生。黃小農甚至於將湯英伸事件，歸諸於職業介紹所的不法所致，「湯英伸的
悲劇，就和職業介紹所有著曲折無奈的牽連。兩年多前，桃園復興鄉的一位
泰雅族青年，由於山上的生活艱難，初次下山來臺北找工作。」〔註718〕黃小
農還舉諸多原住民受到職業介紹所的工作剝削與精神壓迫為例，呈現原住民
到平地求職所面臨的不平等待遇，乃時有所聞。

向我們說起這個故事的，是這位被騙了一千五百元的泰雅青年的堂
兄。「報紙上多得是這種廣告，幾乎天天都有。隱藏在這種廣告之中
的，很可能是一個坑人的陷阱。」〔註719〕

黃小農甚至於以原住民詩人莫那能的親身經歷，見證臺灣原住民慘遭工
作剝削與壓迫的斑斑血淚史。當時飽受工作壓迫的莫那能，離開血汗工廠後，
竟面臨另一個痛苦深淵，繼續受到不平等的工作剝削與精神壓迫，此即其當
初始料未及之處。

一個更不幸的故事，發生在一位極優秀的原住民盲人詩人身上。三
十年前，在臺東生長的排灣族的莫那能才十七歲。那時，他的雙眼
還沒失明。他還記得，那是一個炎熱的夏天。他和五個同族青年因
為不能忍受臺中一家工廠的非人待遇，趁著黑夜，翻出架著鐵蒺藜

〔註716〕江上成，〈冰凍的春天──悲劇前後的一家人〉，《人間》（1986 年 7 月），頁
　　　　124。
〔註717〕黃小農，〈隱藏的陷阱──歧路上的職業介紹所〉，《人間》（臺北：人間出版
　　　　社，1986 年 7 月），頁 115。
〔註718〕黃小農，〈隱藏的陷阱──歧路上的職業介紹所〉，《人間》（1986 年 7 月），
　　　　頁 116。
〔註719〕黃小農，〈隱藏的陷阱──歧路上的職業介紹所〉，《人間》（1986 年 7 月），
　　　　頁 117。

的圍牆離開工廠。〔註 720〕

莫那能回憶當初乍到都市時，遇見有人親切地以日語交談，便單純地誤信對方為好人，而掉入一個慘無人道的痛苦深淵。在職業介紹所中，所談妥的工作待遇與福利，均為子虛烏有，而令莫那能乃心有不甘。

> 在茫茫的人群中，有人主動用他在山上聽慣了的日語和他說話，他感到非常的親切，一顆徬徨的心，似乎也安定下來了。「不是說要當捆工嗎？」莫那能滿腦子疑惑。「對，一大早要搬魚。」「薪水呢？」「一千八。」殺了五、六條魚之後，莫那能越想越不甘心。〔註 721〕

莫那能乃要求回到職業介紹所，去理論當初談妥的工作性質、待遇與福利，「他一直惦念著那份月薪七千元的工作。他吵著要老闆帶他回介紹所。就這樣，他在一天之內在這個介紹所內進出了好幾趟。」〔註 722〕但誤入險途的莫那能，僅想取回身分證件，卻始料未及地被軟禁起來。

> 直到最後一次又被雇主送回時，他想討回身分證，中年人非但不給，反而把他帶至樓上的廁所門邊，要他做在一個木箱子上，不給他飯吃，也不讓他睡覺，只要他一打盹，介紹所內的人就用臉盆盛水將他潑醒。這時的莫那能才完全曉得，自己已掉入一個獸夾子裡了。〔註 723〕

除了莫那能親身經歷過，漢族職業介紹所的殘酷對待外，還親眼見證諸多原住民族人，均同為天涯淪落人地慘遭剝削與壓迫。當莫那能慘遭軟禁的翌日，同有排灣族原住民少女即將陷入火坑。

> 隔天早上，職介所帶進來三個十四、五歲的排灣族少女。莫那能聽到有人在小閣樓上對他們說，要安排她們到餐廳工作，月薪一萬二。他又急又氣地衝上閣樓，用山地話大嚷著：「趕快離開這裡！他們是騙子！」一個充滿了殘酷和野蠻的世界。〔註 724〕

〔註 720〕黃小農，〈隱藏的陷阱——歧路上的職業介紹所〉，《人間》（1986 年 7 月），頁 117。

〔註 721〕黃小農，〈隱藏的陷阱——歧路上的職業介紹所〉，《人間》（1986 年 7 月），頁 118～119。

〔註 722〕黃小農，〈隱藏的陷阱——歧路上的職業介紹所〉，《人間》（1986 年 7 月），頁 119。

〔註 723〕黃小農，〈隱藏的陷阱——歧路上的職業介紹所〉，《人間》（1986 年 7 月），頁 119。

〔註 724〕黃小農，〈隱藏的陷阱——歧路上的職業介紹所〉，《人間》（1986 年 7 月），

當莫那能試圖解救原住民少女受騙之際，即遭受職業介紹所人員的一陣痛毆，再度將莫那能軟禁至洗手間，「有人趕過來，一腳把他踢下樓梯，接著加上一頓拳腳，最後將他關進廁所裡。隔了一會兒，莫那能踢開廁所的門。」〔註725〕職業介紹所人員，甚至於語帶威脅地恐嚇莫那能，以鄙棄的語氣藐視其為番仔，逼迫其屈服於惡勢力的威嚇下。

> 他在一陣扭打後，正想衝出門外時，他們其中的一個冷冷地說：「等一下，你這個番仔，你的身分證在我們手上，你會倒霉的。我們會寫信告訴你的家人，說你在臺北犯了法，等你的父母來找你的時候，在把他們殺掉。或是我們會把你的身分證借給別人去做壞事。你不怕的話，你就走好了。」〔註726〕

當時年少單純的莫那能，僅好默默地承受這一切非人的際遇，「單純的莫那能於是立即突然放棄了一切掙扎的努力。他前所未有的感受到，環繞在他四周的，是一個充滿了殘酷和野蠻的世界。」〔註727〕對於莫那能與諸多原住民而言，漢族職業介紹所的不法壓迫與剝削，乃為冰山一角；更多原住民乃心有戚戚焉，承受著原住民少數民族的悲劇不斷地上演著。諸多原住民青年在滿懷希望下到都市就業時，卻屢屢遭到漢族職業介紹所，與漢族老闆的剝削與歧視，甚至於諸多不合理待遇，均使原住民在都市謀職而心生不滿，誠如法農的被殖民者立場，彷彿即為原住民所承受的族群壓迫困境，「以被殖民者的立場，清楚但又不失簡化地揭露了他的手足被剝削、被異化的日常生活經驗。」〔註728〕諸多原漢族群間的工作糾紛與壓迫，乃時有所聞。

四、原住民族部落景象

（一）原住民族之回歸部落

當諸多原住民在都市與在外受挫時，第一個念頭通常會興起回歸部落的

　　　頁119。

〔註725〕黃小農，〈隱藏的陷阱——歧路上的職業介紹所〉，《人間》（1986年7月），頁119。

〔註726〕黃小農，〈隱藏的陷阱——歧路上的職業介紹所〉，《人間》（1986年7月），頁119。

〔註727〕黃小農，〈隱藏的陷阱——歧路上的職業介紹所〉，《人間》（1986年7月），頁119。

〔註728〕楊明敏；法農，〈黑色的俄爾甫斯、白色的納西塞斯〉，《黑皮膚，白面具》（臺北：心靈工坊文化事業股份有限公司，2005年4月），頁69。

想法。當湯英伸鑄下大錯之際，即將要前往自首時，同樣悲痛無助地希望有機會回歸部落，感受一下故鄉的溫暖與懷抱。諸多受挫的原住民，均將山地部落視為人生挫折時的最佳避風港。

> 25 日下午六點，臺北建國北路上，湯英伸和哥哥兩人，坐上計程車逕自往臺北中山分局開去。湯英伸臉上沒有一絲表情，只是沈默地看著窗外的街景。突然間，湯英伸噓噓地抽泣起來。他努力抑制抽搐，抬起滿是淚水的臉，說：「哥哥，我們能不能先回家，看爸爸，媽媽……好不好？」事實上，當天下午三點，湯英伸已經打電話給中山分局說：「我殺了人，下午去警察局自首。」〔註729〕

根據阿碧所述，諸多原住民老人均無法理解，為何原住民青年，均喜愛往都市謀生。但隨著在都市受挫與適應不良狀況發生時，再逐一地回歸山地部落的懷抱，選擇重新回到自幼成長的故鄉取暖。諸多原住民族人，均對於湯英伸事件乃充滿疑惑。

> 瞧，那就是特富野……五月梅現雨，向山裡走去，路上只有滴答沈寂的雨聲。「那是一種悲劇吧。我們老一代的曹族人，多半一輩子守在山上；年輕人卻只想往臺北跑，然後一個一個受到各種挫傷回到山上來。像湯英伸，到臺北，才工作九天，就出了事，判了死刑……。」阿碧低聲地說，她那一雙深黑的眸子裡，充滿了迷惑。
> 〔註730〕

根據阿碧親身經歷過都市生活後，真心地陳述還是故鄉的懷抱最溫暖。諸多山地原住民青年，在都市的辛酸與苦楚，甚至於離鄉背井、寄人籬下的感受，均使原住民青年，傷痕累累地飽受族群歧視的傷害，此時思鄉情懷乃油然而生。

> 在臺北做過事的阿碧，比什麼人都知道，一個山地孩子離鄉背井到繁華都市的苦楚。「有好多山地孩子在城裡都落得永劫不復，有的以各種不同的方式，客死他鄉……。我在外面跌跌撞撞，才發現山上的故鄉最好。」她說。〔註731〕

阿碧此番陳述乃為諸多山地原住民，在都市適應不良，甚至於飽受族群

〔註729〕官鴻志，〈不孝兒英伸〉，《人間》（1986 年 7 月），頁 95。
〔註730〕官鴻志，〈不孝兒英伸〉，《人間》（1986 年 7 月），頁 104。
〔註731〕官鴻志，〈不孝兒英伸〉，《人間》（1986 年 7 月），頁 104。

不平等待遇後，有感而發的肺腑之言，誠如法農的觀點所述，「法農終於體認到，需要改變的不是殖民地人民，而是這個使殖民地人民受創的殖民體制。」〔註732〕原住民所承受的族群壓迫，乃源自於原漢族群人口的懸殊比例，故要改善原漢族群關係，必先思維原住民，所承受的族群創傷將如何撫平？原住民族社會適應將如何改善？爾後，諸多學者均針對都市原住民的社會適應議題，進行分析探；冀望有機會改善原住民的社會適應不良，與都市生活困境。

（二）原住民族部落之建設與變遷

當官鴻志前往山地原住民特富野部落之際，放眼望去即感受到鄒族部落之美景，與細雨中鐵皮屋矗立，「特富野這個山村座落在一個山谷底下，美麗的峻谷在村頭上邊，岔開成兩條支流，曲曲彎彎地淌著一條婉約的流水，四周散置著這座高嶺上的幾十戶曹族人家。一面斜坡上，蜿蜒而上，只見半壁的鐵皮矮屋，在細雨中顯出樸素、乾淨而且柔緻的廓影。」〔註733〕由於部落中原住民老人不闇國語，因此由阿碧出面接待，此即反映出原漢族群的語言隔閡議題。

> 「那天，我們走向特富野的半途上，一個叫作阿碧的曹族姑娘，戴一頂寬邊草帽，喘著熱汗趕下山來。她解釋由於湯保富不在家，村裡推派她作代表，『老人家不會說國語，所以，讓我來接你們。』她說。」〔註734〕

阿碧描述著當年原住民求學之路，乃十分艱辛坎坷。原住民孩童就學，均要承受著山地部落交通不便的狀況，歷經千辛萬苦方可到校就讀。回憶起過去那段苦日子，乃令人記憶深刻。此即反映出早期社會中，山地部落交通不便的議題。

> 斷崖下，一棵壯壯碩的樟樹旁邊，躺著一條隱沒的、廢棄的小路，如今，已經在梅雨中長滿了怒生的雜草，向著山谷底下蜿蜒而去。指著那條小路，阿碧說：「從前，我們到學校上課，就是打這條小路走到十字路口，一個阿里山鐵道的小站。再轉搭小火車到嘉義。」

〔註732〕宋國誠，〈是精神醫師，也是職業革命家〉，法農，《黑皮膚，白面具》（2005年4月），頁30。

〔註733〕官鴻志，〈不孝兒英伸〉，《人間》（1986年7月），頁106。

〔註734〕官鴻志，〈不孝兒英伸〉，《人間》（1986年7月），頁104。

> 阿碧說，那段苦日子，大家也都這麼咬著牙熬過來了。〔註735〕

阿碧闡述著如今眼前的康莊大道，即由湯英伸父親湯保富，號召全村共同出錢出力完成，「『現在，我們可方便了。我們鄉裡人自己出錢出力，開出這條長 11 公里的寬敞的公路。當時是湯伯伯找族人商量、核計，用全村的熱情和力量實現的……。』她說。」〔註736〕當年湯英伸父親湯保富，乃滿腹理想地建設山地部落。

> 民國 67 年，當時年輕力壯的湯保富，滿腦子建設故鄉的熾熱理想，
> 為了測量地形，他每天清晨五點就起來了。當時沒有測量工具，他
> 居然學會了用眼睛測量，就這樣一天又一天，竟也劃出一張有模有
> 樣的施工地圖來。〔註737〕

當年在山地交通藍圖完成後，即「萬事具備，只欠東風」，經費問題乃隨即產生，「『藍圖有了，經費呢？我們村民窮慣了，可從來沒有人想過這問題。』阿碧閃耀著光芒的眸子，說：『我們倒想過，縱然再窮，只要下定決心，我們還是可以改變自己的命運啊。』」〔註738〕原住民族即展現無比堅定的毅力，共同募款以完成建設此康莊大道的夢想。

> 經過商量，族人共同決議：每戶繳出一萬兩千塊。幾經輾轉，湯保富
> 終於募到了更多的錢——買水泥，租挖路機……大家輪流出勞力。
> 有錢的時候動工沒錢的時候，湯保富天天望著停頓的開路工程焦
> 急。「前後總共花了 8 年，我們踩著的這條公路，終於一寸寸開出來
> 啦！也搞活了我們山邊的經濟。」阿碧說，「從前我們村子裡，經常
> 讓梅子爛在梅樹上，根本沒有人去採。一斤才兩塊五毛，誰採啊！
> 現在一斤，22 塊，商人還會自動上山來採購、訂契約。」〔註739〕

當年在原住民族人共同篳路藍縷地努力下，終於完成這條康莊大道的夢想。但鋪路完成後的造橋工程，只好再向曾文水庫建設委員會申請撥款，以建設特富野大橋，「有了這條山路，湯保富拿著族人用心血開鑿出來的成果，到曾文水庫建設委員會申請撥款，請求建設特富野大橋。『因為架個橋，少說都是幾百萬元的事，不能說由村民一萬、五千地湊是不是？』阿碧說。」

〔註735〕官鴻志，〈不孝兒英伸〉，《人間》（1986 年 7 月），頁 105。
〔註736〕官鴻志，〈不孝兒英伸〉，《人間》（1986 年 7 月），頁 105。
〔註737〕官鴻志，〈不孝兒英伸〉，《人間》（1986 年 7 月），頁 105。
〔註738〕官鴻志，〈不孝兒英伸〉，《人間》（1986 年 7 月），頁 105。
〔註739〕官鴻志，〈不孝兒英伸〉，《人間》（1986 年 7 月），頁 105。

〔註740〕經由湯英伸父親湯保富地奔相走告地努力不懈下，終於完成此項造橋
大工程。

> 讓公文往返了一年多，省方面批下了架橋計劃，撥下錢和工程隊伍，
> 才把特富野橋漂漂亮亮地架起來了。如今，它靜靜地弓在河水上，
> 族人打橋頭走過來時，總會想起湯保富這個人。〔註741〕

湯英伸父親湯保富，乃義務擔任山地部落中的道路主任委員，盡忠職守
地為族人建設山地部落而夙夜匪懈。當通車典禮時，諸多族人均身著原住
民族傳統服飾地慶祝著，湯保富乃繼續構築著，部落另一條康莊大道的建設
藍圖。

> 通車典禮那天，鄉裡的人興高采烈的慶祝。在橋的那頭，曹族婦女
> 穿著鮮紅的民族傳統盛服，夾道歡迎縣府的長官來剪綵。震耳的炮
> 竹聲中，湯保富揹著相機，站在人群裡。可他的腦海中卻忙著另一
> 條更高的山邊公路。經過他不斷連繫、奔波，目前也在開工了。至
> 今，湯保富怎麼也卸不下「道路主任委員」的差事。這個義務職，
> 族人信任他，不願他辭職改選。〔註742〕

自從山地部落的造橋鋪路工程順利完成後，原住民族家家戶戶，均提高
生活所得，對於改善部落經濟來源，乃有所裨益。在特富野部落中的原住民
男子，全都努力自立更生地從事生產工作，整個部落乃生氣蓬勃。

> 阿碧說，自從他們自力開了這條山路，村裡的每戶人家，一年平均
> 增加了廿餘萬收入。現在，特富野部落裡看不到精壯的男人在喝酒
> 閒盪。「他們全上山幹活去了。一批批的種植計劃，透過鄉公所農業
> 課的推廣，一步一步落實起來。」〔註743〕

因此，誠如阿碧所述，山地特富野部落的原住民族人，均努力從事生
產，「阿碧說，『山茶油、栗子、大蒜、夏季蔬菜，也一季一季在山坡上開了
花、結了果；一季季換成一疊疊鈔票，根本地改變了我們的物質和精神生活
的面貌。』」〔註744〕此項造橋鋪路工程，對於改善部落經濟生活，與原住民族
生活困境，乃有莫大的功績。

〔註740〕官鴻志，〈不孝兒英伸〉，《人間》（1986年7月），頁105。
〔註741〕官鴻志，〈不孝兒英伸〉，《人間》（1986年7月），頁105。
〔註742〕官鴻志，〈不孝兒英伸〉，《人間》（1986年7月），頁105。
〔註743〕官鴻志，〈不孝兒英伸〉，《人間》（1986年7月），頁105。
〔註744〕官鴻志，〈不孝兒英伸〉，《人間》（1986年7月），頁105～106。

小　結

關曉榮在諸多報導文學中，細膩地描述原住民生活實況，真實地記載下原住民族的辛酸與血淚，諸如 1985 年 11 月〈百分之二的希望與奮鬥〉、〈記錄一個大規模的・靜默的・持續的民族大遷徙〉、〈范澤開──關曉榮「八尺門」報導攝影連作〉；1985 年 1 月〈船東・海蟑螂和八尺門打漁的漢子們〉；1986年 1 月〈老邱想哭的時候〉；1986 年 2 月〈失去了中指的阿春〉；1986 年 3 月〈都是人間的面貌〉；與 1987 年 12 月〈一個蘭嶼能掩埋多少「國家機密」〉……等諸多報導文學，均為關曉榮文學的重要篇章。接著，即歸納分析關曉榮原住民文學書寫。

關曉榮以報導文學，真實記錄原住民族的社會真實案例，見證原住民的現代活困境。布農族原住民漁民老邱、斷指阿春、老邱妻子……等諸多人物，均努力地為生活奮鬥著，卻飽受漢族經濟與精神上的多重殖民壓迫；船東、海蟑螂……等人物，即成為施予壓迫的人物形象。至於外省范澤開與傅玉鳳的原漢族群婚姻，同樣見證著原住民生活困境。原住民即以藉酒澆愁，來面對經濟生活困境，與以酒來享受返航後的天倫之樂。

蘭嶼廢棄物、核廢料、犯人……等諸多議題，均象徵著蘭嶼彷彿原住民族弱勢族群地位般地被邊緣化；無奈地承受著漢族的多數族群壓迫，此均由於原漢族群人口懸殊比例，所造成的社會結構。因此，由江瓦斯、董森永、郭建平、謝小玲、曾秀妹、周朝妹……等人物的真實描述，見證著原住民族所承受的族群壓迫；甚至於以呂步眼的原漢族群衝突，來突顯原住民所承受的不平等待遇。至於吳慶陸即象徵著漢族殖民者般，多數族群的漢族中心主義，對於核廢料議題，乃不以為意地表明無害；最後，以犯人高金鐘被蘭嶼青少年視為英雄，諷刺著蘭嶼社會議題的嚴重性。

關曉榮在諸多報導文學中，細膩地描述原住民生活實況，真實地記載下原住民族的辛酸與血淚，諸如在 1985 年 11 月〈百分之二的希望與奮鬥〉中，關曉榮在八尺門生活半年中，以攝影角度紀錄著八尺門原住民的真實處境；進而分析諸多因原漢族群人口懸殊，所產生的原住民族議題，諸如原住民工作、原住民族族群困境……等諸多層面。原住在花蓮東部海岸的阿美族人，因集體遷村行動而輾轉流徙到基隆「八尺門」丘陵地，形成原住民聚落。多數族人乃從事漁撈的勞動工作，以廢棄的船版做為材料，依山墾荒，搭建小屋。此乃屬於違章建築，而慘遭屢建屢拆、屢拆屢建的命運；甚至於不能依

法申請水電設施，必須接受附近漢族條件苛刻的水電接駁供應。此外，多數族人均從事高勞力低收入工作，諸如阿美族婦女縫著成衣廠服飾，以賺取二至三小時才五十元左右的微薄薪資。

在 1985 年 11 月〈記錄一個大規模的・靜默的・持續的民族大遷徙〉中，關曉榮乃描述原住民族大規模、持續、靜默的向平地遷徙，還分析諸多原住民族議題，諸如關曉榮報導文學的創作動機、原住民飲酒議題……等諸多層面，呈現八尺門的生活環境、漁業辛勞與職業傷害；甚至於原住民在下船後的酗酒議題。關曉榮曾表示會選擇觀察原住民族，乃由於幼年曾與山地原住民孩童玩；再加上早年在霧臺鄉拍照時，遇見自稱為攝影協會的人，對於少數民族的特異服飾與舞蹈、刺青，乃充滿著旁若無人的攻擊性態度，所引發欲如實記錄原住民族的動機。此外，關曉榮有鑑於少數民族的族群淪落與崩解，即造成原漢族群間的隔閡產生，諸如其曾在路上碰見返鄉的山地原住民青年，邀他共享喝酒歡唱時光；但酒醒後又重回原漢族群間的不信任與緊張感。還有，漢族對於原住民族的刻板印象，乃認為好酒為原住民族天生的劣根性，再加上好吃、懶做、貪酒的汙名化；豈知，原住民僅在祭典節慶婚嫁時，方飲用自釀的酒。現今原住民的酗酒因素，即基於面臨漢族所造成原住民受騙、挫敗、受辱而無法適應，所產生的藉酒澆愁現象。

在 1985 年 11 月〈范澤開──關曉榮「八尺門」報導攝影連作〉中，乃描述排灣族原住民傅玉鳳，為了生活嫁給外省老兵范澤開的故事，還分析諸多原住民族議題，諸如原住民家庭生活、原住民工作、原住民飲酒議題……等諸多層面。范澤開乃為貴州省開陽縣人，十一年出生於貴州鄉下小山村「陽水」。十八歲曾在大陸結婚，十九歲應召入伍，三十九年隨國軍來臺，曾迷航六天六夜。傅玉鳳曾因母親一年拿取一天九百塊的工錢（二十多年前的幣值），九歲即到高雄幫傭到十幾歲為止。在五十七年娶屏東縣獅子鄉楓林村排灣族山胞傅玉鳳為妻，但玉鳳卻數度離家，甚至於帶著小男嬰回家，連老岳父、老岳母都帶來給范澤開扶養。六十七年傅玉鳳首次離家出走，六度被范澤開尋回；七十一年起，范澤開則將傅玉鳳五吋黑白大頭照片擺上神案，獨自扶養著子女，一家人仍溫馨和樂的生活著。縱然原住民孩童，曾因種族歧視與單親家庭，導致范復興的打架事件發生，卻也不影響一家人的生活。

在 1985 年 1 月〈船東・海蟑螂和八尺門打漁的漢子們〉中，乃描述八尺

門原住民，生活在窄小、簡陋、骯髒，而充滿著殘糞、煙蒂、檳榔渣與燭火臘痕的惡劣生活空間，物質生活水準低落；還分析諸多原住民族議題，諸如原住民生活壓力、原住民工作、原住民飲酒議題……等諸多層面。原住民漁民，即承受著船東與海蟑螂的雙重剝削，再加上廢船殘骸、銹蝕鋼板、斑駁船身、小舢板、汙水、垃圾、工人、氫氧吹管、船隻的濃煙與引擎聲……等惡劣工作環境；甚至於縱情於聲色場所。此外，討海生活的風險乃危機四伏，人命彷彿為一種消耗品。原住民在返航後乃歡聚飲酒，以調劑身心壓力；隨著經濟不景氣，而導致漁民滯留陸地，而無奈地消磨著愁慘歲月。連原住民婦女與孩童，乃迫於生活壓力，甚至於同樣要從事歌舞工作，以貼補家用。

在 1986 年 1 月〈老邱想哭的時候〉中，乃描述布農族原住民漁民老邱家徒四壁，在出海回來後即飲「酒」助興，全家人飲酒同歡，老邱卻藉酒澆愁。當老邱在酒醉時，方得以紓解生活壓力，藉酒澆愁。此外，還分析諸多原住民族議題，諸如原住民家庭生活、原住民生活壓力、原住民工作、原住民飲酒議題……等諸多層面。此外，老邱還曾擔任過國小代課老師、郵佐、貨車司機，也曾因工作職業所傷害過手，呈現出航海風險與職業傷害。至於老邱的妻子，經常嚼檳榔外，還要到和平島剝蝦，整天工作卻以每剝一公斤蝦肉，僅換來十塊錢的微薄工資。

在 1986 年 2 月〈失去了中指的阿春〉中，乃描述八尺門原住民漁民，因職業傷害而造成斷指的阿春，即為二十八歲、寬肩、厚胸、方臉、粗臂，乃於五歲隨父母自臺東遷來基隆，目前擔任小單拖漁船的大副。此外，還分析諸多原住民族議題，諸如原住民工作、原住民飲酒議題……等諸多層面。阿春經常熱情地邀約關曉榮一同共飲，但此次卻因斷指滴酒未沾，自卑地以右手拿著檳榔；甚至於關曉榮的手，被原住民拿來對照，而稱之為「好命的手」。此外，在漁民出航後，乃充滿著滿載而歸的期待，故多將船隻命名為「春滿發」、「漁豐」、「海豐」；但隨著經濟不景氣，返航後的船員即經常失業。

在 1986 年 3 月〈都是人間的面貌〉中，乃描述原住民均努力地為未來奮鬥，諸如老邱因困頓而買醉、阿春斷指仍努力工作；卻不斷地遭遇到族群壓迫。此外，還分析諸多原住民族議題，諸如原住民族群困境……等諸多層面。此外，乃描述關於漢族對於原住民的刻板印象，諸如阿美族豐年祭、雅美族丁字褲、排灣族木刻……等族群文化意象；甚至於充滿著族群歧視字眼，關

曉榮曾親耳聽到漢族稱呼原住民老番婆，均令人不勝唏噓。

在 1987 年 12 月〈一個蘭嶼能掩埋多少「國家機密」〉中，乃描述在蘭嶼島民心中，蘭嶼彷彿爲臺灣垃圾場般，廢棄物、犯人、核廢料均載往蘭嶼，還分析諸多蘭嶼原住民族議題，諸如原住民族群意識、核廢料議題、犯人議題……等諸多層面。當臺電建造第一座核能電廠，蘭嶼即成爲放射核電廢料垃圾場。關於「核能安全論」與「罐頭工廠」的謊言，再加上「重刑犯須隔離」的諸多因素，蘭嶼即成爲廢棄物儲存場的犧牲者。當年紅頭與野銀村民與鄉長江瓦斯，甚至於聽不懂中文地默默接受所謂的「罐頭工廠」。漁人村的董森永曾表示，漢族乃認爲核廢料眞的無害；漢族吳慶陸即聲稱一點點輻射外洩，很容易被海洋稀釋；蘭嶼島民郭建平表示，漢族口中的「軍港」，即成爲裝載毒物的港口；至於所謂的「農場」，即收容臺灣犯人與退役者，諸如喬全有在中尉退伍後，被警總逮捕，進而「輔導就業」地押至蘭嶼，後來與漁人村原住民婦女結婚。

但二十歲的蘭嶼小姐謝小玲回憶說，當年所謂的「隊員」經常在撿田螺時威脅居民，還在芋田裡脫光洗澡，也曾偷地瓜、芋頭、鍋子、火柴、地瓜藤。當拓寬紅頭段公路的隊員，甚至於經常亂跑，導致當時諸多國中女生懷孕。索聚元縱然否認，但其雅美族妻子、曾秀妹與當地婦女周朝妹，均表示人犯強暴雅美婦女，乃時有所聞。椰油村人呂步眼與阿兵哥、炸魚的隊員起衝突，乃被打斷三根肋骨；卻僅獲得 500 元、兩瓶米酒、三瓶保力達、兩包糖果、兩包花生的賠償。此外，蘭嶼的逃脫犯人名盜高金鐘，甚至於成爲蘭嶼青少年心目中的英雄。諸多報導文學中，均爲關曉榮文學的重要篇章與原住民文學書寫。

關於漢族作家張深切在 1951 年，所創作的原住民劇本《遍地紅》，乃針對霧社事件爲題材所創作，此即漢族作家描述原住民霧社事件的早期代表性文本之一。張深切還在文本中分析諸多原住民族議題，諸如日治時期的殖民壓迫、原住民族的抗日事件、日治時期的霧社事件、日治時期的皇民化運動、原住民族群認同、原住民婦女描述、原住民孩童描述……等諸多層面。

描述諸多關於日本殖民壓迫、土地資產、勞役活動、皇民化運動……等諸多議題外，還呈現當時日本殖民官員的擄掠姦淫，輕蔑地笑稱要把全霧社的美人均拉來做老婆，與酋長、三齊王、原住民族皇帝，僅爲日本殖民統治者的奴隸；吉村甚至於口出穢言「馬鹿野狼（八迦亞羅）」表示，「我不是生

蕃，不吃你們的臭東西」導致巴瑟驀地拔刀砍去，使其首級當場落地。此外，關於日本殖民官員的種族歧視，乃將原住民女性視爲蕃女；安達乃觀望許久後，向桑木部隊長說，蕃女、蕃人均爲了鼓舞士氣而在跳舞。在皇民化運動中，日本殖民官員三輪甚至於將原住民視爲兇頑的蕃奴，煽動友蕃去攻擊敵蕃，以暴制暴地壓制原住民族。最後，甚至於連日本孩童舉刀發令說，要開始討伐生蕃；此外，反觀山地原住民孩童，也曾舉刀追殺日本孩童。佐塚同樣在霧社事件中，被原住民砍倒；花岡一郎與花岡二郎卻僅能以死明志。但經過日本殖民者的皇民化運動後，諸多原住民，諸如隆夫甚至於表明要成爲純粹的日本人，名字要念塔卡歐、林要念哈雅喜，呈現族群認同意識的迷思。

張大春在《公寓導遊》中的〈走路人〉；《四喜憂國》中的〈四喜憂國〉、〈最後的先知〉、〈饑餓〉……等篇章，乃針對諸多原住民族議題進行分析，諸如漢族刻板印象之原住民族、原住民歷史、種族歧視、族群壓迫、部落景象、觀光文化與漢化情境、大船下水祭之祭典……等諸多層面。

張大春在 1986 年 1 月 5 日聯合報副刊的〈走路人〉中，描述漢族軍方派人調查山地原住民族，所謂「走路人」的祕密。此即以漢族軍人的旁觀者角度，去描述漢族對於原住民形象的觀點，諸如漢族軍人乃將原住民，視爲野人般地看待。因此，接下此任務的漢族軍人，就算百般的不願意，也得進入山地去完成任務。張大春還分析諸多原住民族議題，諸如山地原住民形象、原漢族群接觸……等諸多層面。當漢族軍方調查山地原住民「走路人」的祕密時，觀察到走路人擁有超乎尋常的求生意志、精於狩獵、風向、水源、花開、游魚，與觀察自然界的諸多變化……等諸多特質。走路人遊走於山地各族間傳遞訊息，乃沒有中心思想、國家觀念、文化教育、手矯結實又俐落，還會留下白色漿液留註記號，縱然野蠻卻已不會吃人。

張大春在〈四喜憂國〉中，由原住民女性古蘭花，嫁給漢族先生的故事，描述原住民形象。當古蘭花回到花蓮部落，總經常以山地原住民族舞蹈表演賺錢。還有，宗教文化痕跡在山地部落乃隨處可見。此外，關於原住民族歷史，乃描述日本殖民來到原住民部落時，即粗暴地將原住民馘首；甚至於在日本殖民者眼中的蘭嶼，乃無任何經濟價值，僅可提供原住民族文化研究的用途。漢族女記者對原住民族，乃充滿著種族歧視，甚至於對原住民說出野蠻二字。此外，原住民乃認爲將核廢料傾倒於蘭嶼島上，簡直即將

原住民族視爲野蠻民族而充滿著歧視之意。現今在山地部落景象，常見原住民青年在飲酒。但原住民族傳統文化習俗與精神，卻逐漸被現代文明意象所取代。

張大春在〈饑餓〉中，乃以巴庫展現原住民形象，自卑地自認爲貧窮、無知，甚至於漂泊不定的族群命運。至於巴庫的妹妹馬塔妮，乃爲家中最早接觸現代文明者，卻逐漸淡忘山地部落景象。關於原住民所承受的族群壓迫，諸如巴庫若不小心說錯話，即會換來老闆無情的咒罵；當巴庫努力地爲老闆工作賺錢，卻經常遭遇到老闆的無情剝削。此外，山地部落常見的景象，即爲觀光文化的影響；當馬塔妮回到部落時，即存在著既熟悉卻又陌生之感。最後，達悟族原住民文化祭典大船下水祭，乃具有驅鬼儀式，與新船的英勇姿態，即值得原住民族感到驕傲。

洪田浚在《臺灣原住民籲天錄》中，收錄諸多原住民族文化研究篇章，描述諸多原住民傳統生活型態與文化變遷過程。洪田浚還分析諸多原住民族議題分析，諸如原住民歷史、日治時期之殖民壓迫、原住民族之集體遷村、經濟、工作壓迫、雛妓議題、神話傳說故事、文化習俗……等諸多層面，即分別針對原住民族，日治與戰後時期的歷史、政治、文化……等諸多研究視角進行探討。洪田浚在原住民族歷史層面，乃針對歷代以來的原住民族群文獻記載進行分析；在政治層面，乃針對至日時期與戰後時期，原住民所面臨的日本殖民壓迫，到戰後的殖民遺毒再現，思考去殖民化議題的發展。此外，探討日治時期與戰後時期的原住民族集體遷村行動，對於原住民的衝擊與影響。再者，關於原住民族文化層面，洪田浚在〈原點的悸動〉中，乃探討諸多原住民神話傳說，諸如排灣族山林狩獵文化、魯凱族人好茶村美景、泰雅族射日傳說、達悟族拼板舟與飛魚神話傳說、阿美族神話傳說、魯凱族蛇郎君傳說故事、布農族抗日傳說故事、賽夏族矮人族與矮靈祭傳說故事、小琉球烏鬼番傳說故事……等諸多口傳文學記載。此外，在〈深山裡的婚禮〉中，還深入分析排灣族遵循傳統古禮，所進行搶婚的婚禮習俗，與演變至今現代排灣族搶婚婚禮習俗的異同之處。

在〈矮小人種與烏鬼番〉中，乃描述著關於小琉球的烏鬼番特色，在歷史文獻紀載中，同樣有關於矮黑人的描述。在日治時期，同樣有關於矮黑人的傳說存在，諸如日本學者在《蕃族慣習調查報告書》、《人類學雜誌》……等均有所記載。此外，在〈巴斯達矮傳奇〉中，對於賽夏族矮靈祭典與矮人

族傳說乃進行分析探討；甚至於在矮黑人滅種數百年後，曾流傳著其出現在苗栗縣南庄鄉賽夏族群居的東河村。

在〈深山裡的婚禮〉中，乃深入分析排灣族遵循傳統古禮，所進行搶婚習俗，與現代排灣族搶婚習俗的異同之處；甚至於以社會真實案例的田野調查，來實際還原排灣族的搶婚習俗特色。此外，在〈山地桃源的陸沈〉中，乃描述原住民族集體遷村，在日治時期與戰後時期均造成衝擊，諸如原住民族土地權遭受剝奪，謀生技能被迫改變，而造成經濟困境，被迫到平地來與平地人競爭時，將面臨諸多生活挑戰與經濟壓迫。

在〈大自然的遺民〉中，乃描述在日本殖民帝國的原住民族集體遷村，即劃定番人所要地，以限制住居，進而達到殖民壓迫與利益剝削之政治目的。至於戰後原住民族，均聞遷村色變與聞省地徵收而色變。此外，在〈失落的蓮花〉中，乃描述原住民文化解體的生活困境、嚴重文化流失與人口外流問題；再加上工作壓迫，原住民努力求生存的就業市場，諸如製造業、娼妓與個人服務業、漁業、礦業、營造業、拆船業……等就業議題。在雛妓議題，即以社會真實案例的披露，描述雛妓不僅工作環境惡劣，心理壓力更為沈重。

在〈從青山綠水到燈紅酒綠〉中，乃描述原住民的山地經濟困境，即造成原住民族人口外流嚴重；再加上工作壓迫，原住民甚至於還要面臨著諸多工作剝削與職業風險。關於原住民族雛妓議題，諸多原住民乃由於受騙而賣身；因此，要改善此議題的惡化，即要改善原住民的就業困境。此外，在〈行船人的沉船曲〉中，乃描述原住民漁民的家庭悲劇，經常可見男人出海，女人下海的生活悲劇。

在〈時代的畸零人〉中，乃描述原住民族集體遷村，再加上山地部落不當的觀光資源被開發之際，原住民的傳統部落型態，即面臨莫大的衝擊與挑戰。關於原住民所面臨的工作壓迫，即以諸多原住民成為雛妓的社會真實案例，去探討原住民的工作困境。此外，在〈時代的畸零人〉中，舉諸多社會真實案例去探討原住民族雛妓議題，彰顯出原住民遭遇人口販賣的情況嚴重，諸如警方在各大都市所破獲的應召站，原住民雛妓占著驚人的數量，而被販賣的八、九歲原住民童工，在街頭哭著找媽媽……等諸多社會實例，甚至於有警員介入與人口販子助紂為虐，更使原住民雛妓的處境更加雪上加霜。

　　在〈原住民籲天錄〉中，乃描述縱然山地觀光得以為山地經濟帶來利益；但山地保留地政策與原住民族土地所有權的被剝奪，使原住民族運動的「還我土地」運動，乃應運而生。此外，在〈原住民運動的新潮〉中，乃描述原住民族集體遷村政策與山地保留政策，衍生的即為原住民族還我土地運動。此外，原住民所承受的工作壓迫，即由於長期族群不平等關係所衍生；甚至於描述諸多雛妓真實案例發生，乃令人感嘆。

　　在〈原住民痛苦的根源〉中，乃描述原住民族集體遷村，在日治時期，日本殖民者即以剛柔並濟方式，劃定番界集中管理。至於現今原住民在山地保留地政策的衝擊下，同樣面臨土地資源的喪失。至於平地原住民即同樣面臨經濟困境與工作壓迫。此外，關於原住民雛妓現象，可由十七世紀漢人到臺灣拓殖開始，一直到二十世紀初期，為第一階段；但至今雛妓議題仍舊存在。此外，原住民族仍保持本性的質樸樂天，愛好歌唱、雕刻、編織，物質慾望極低，即為高山賜與的美好基本性格。

　　古蒙仁在《黑色的部落》中，乃收錄〈一個沒有鼾聲的鼻子〉、〈幾番蘭雨話礁溪〉、〈碧岳村遺事〉、〈黑色的部落〉……等諸多文本，乃進行諸多原住民族議題分析，諸如山地原住民議題、歷史、原住民形象、部落景象、社會組織、維生計能、飲食飲酒習慣、刺紋、鑿牙、婚姻、生產、宗教信仰、教育文化習俗、始祖之人類起源神話傳說……等諸多層面。

　　在〈一個沒有鼾聲的鼻子〉中，古蒙仁乃決定要進行原住民深入報導，真實地見證著原住民文化。此外，在〈幾番蘭雨話礁溪〉中，古蒙仁乃描述清乾隆與嘉慶時期，對於原住民的強勢討伐事件；直至嘉慶時期，即展開實際招撫行動。諸多歷史事件即見證當時宜蘭地區，清廷強勢歸撫原住民族，所造成的原漢族群衝突事件。

　　在〈碧岳村遺事〉中，乃描述原住民誠懇老實、樂天知命的形象，諸如原住民布浩帶著獵槍下山去驗槍事件為開頭，將原住民辛勞刻苦，又守規矩地遵循山地政策地前往驗槍；順道添購物資，以補足山地資源的缺乏，至於酒乃可拉近原漢族群隔閡。但布浩也曾在平地社會中，嘗試過諸多高勞力低收入工作，卻在飽受壓迫後選擇返鄉工作。此外，布浩妻子莫莉乃急於夢想離開孤寂的山地部落；甚至於以生病為由，要求與漢族朋友一同下山後，卻又反悔地選擇回到屬於自己的山林部落生活。關於山地原住民部落景象，乃為人口外流情況嚴重。至於原住民所承受的種族歧視，諸如在漢族江錦田與

范良敏眼中，如此深山中竟然還有人居住；當他們重回到平地社會後，彷彿回到人類居住的地方。

在〈黑色的部落〉中，乃描述歷史中的原住民族，諸如泰雅族即經由數次的遷徙行動，方可正式定居；還描述原住民「李棟山事件」抗日事件爆發的歷史背景。關於山地原住民部落景象，僅有少數平地人居住至此，包括學校老師，派出所警員，與流動的林務局探測人員。關於原住民族風俗習慣，可知在現今原住民社會組織，即遵照政府通行的社會組織型態，卻仍保有傳統山林部落的組織特色。原住民還有另一項特殊技能，即為所謂的「打香菇」。至於原住民的飲酒習俗，漢族乃認為由於其強烈剽悍民族性所致。

此外，刺紋習俗即深具其族群文化意義。至於原住民族的婚姻制度，婚禮同樣為全部落的盛事。至於原住民乃認為若不能生產，即為上天對人類的一種懲罰。此外，嬰兒誕生後所剪下來的臍帶，需埋在牆角以防止暴露於外，而觸犯神明。山地部落在外來宗教傳入後，即產生莫大的衝擊與影響。但原住民族的喪葬習俗與精神信仰，仍認為死亡為人類最後的歸宿。至於在原住民族教育層面，在教育資源缺乏之際，現今傳統的文化技能訓練，已逐漸被漢化教育所衝擊。此外，古蒙仁還描述諸多原住民族神話傳說，諸如人類起源傳說、洪水傳說、族群歷史傳說……等諸多神話傳說，均值得深入探討。

官鴻志在〈不孝兒英伸〉中，以報導文學方式，見證原住民青年湯英伸，所爆發的湯英伸社會事件。根據湯英伸的生活背景可知，湯英伸在求學階段的表現，乃極為出色而深受肯定。當湯英伸事件爆發後，均引起族人震驚與國內輿論譁然。官鴻志還分析諸多原住民族議題，諸如原住民青年、湯英伸事件、原住民工作與教育壓迫、原住民種族歧視壓迫、原住民部落情境、原住民部落建設與變遷……等諸多層面。此外，諸多原住民，諸如湯英伸與湯英伸嘉師四年甲班的同班女同學、莫那能、高義輝神父、劉三福、曹族姑娘安玉英、杜秀雲、阿碧……等人物的社會真實案例，均象徵著原住民乃承受諸多殖民壓迫與種族歧視的多重壓力。至於湯保富乃象徵著為改善原住民山地部落，而努力奮鬥的形象，而促進原住民部落的現代化發展。至於職業介紹所邱老闆、翔翔洗衣店彭老闆……等人物，即象徵著漢族多數族群的族群壓迫，對於原住民在現代社會中，乃由於工作壓迫、種族歧視，而導致社會生活適應不良，與族群自卑情結的產生。

　　原住民青年湯英伸社會事件，可由湯英伸的背景追溯起，其乃爲嘉義師專四年級肄業，出生於公認的模範家庭，家境小康；還曾擔任六年的班長、榮獲縣長獎、世界展望會的「資優學生獎助金」，乃就讀於嘉義著名的教會學校輔仁中學。湯英伸乖巧、熱情、上進，且經常受人稱讚；卻文靜內向，不太說話。但能詩、能歌、學藝雙全的他，曾參加校際才藝比賽、優秀山胞聯誼會、黨幹部研習會、田徑比賽、殘障青年村……等諸多豐功偉業；此外，湯英伸最大的願望，即爲前往美國看演唱會。湯英伸卻也曾因抽煙而被記大過、單車雙載、不繡學號、爬牆、抽煙；甚至於因在校園中打麻將而被留校察看，因此湯英伸父子倆乃決定自動辦理休學。但在休學後，湯英伸僅能彈鋼琴自娛與看書排遣時光。當湯英伸應邀回到校園參與音樂比賽晚會，而受到教官屈辱後，乃情緒低潮地離家出走。湯英伸出外工作後，卻慘遭漢族職業介紹所邱老闆與漢族翔翔洗衣店彭老闆的雙重工作壓迫，惡意地欺騙與壓榨；再加上漢族彭老闆不准湯英伸辭職過年、參加家鄉運動會與豐年祭，甚至於以「番仔！你只會破壞我的生意！」的話語，均使湯英伸的不滿情緒乃一觸即發。事後對照湯英伸的創作小說〈爸媽！我們探險去！〉，亦即展現出原住民青年，在都市就業飽受種族歧視的屈辱。

　　湯英伸在嘉師四年甲班一位同班女同學，也曾在職業介紹所面臨惡意的謊言欺騙，本來要將其介紹到希爾頓飯店，卻完全爲一場騙局。盲人詩人莫那能在 13 年前，也曾被職業介紹所欺騙；鄉土小說家黃春明曾被師專三次退學與轉學的記錄，使其對於湯英伸的遭遇，乃心有戚戚焉。此外，畢業於輔大哲學系的高義輝神父，表示此即爲原住民族自卑感與原漢文化差異所致。高神父表示在事發前一年，湯英伸即曾苦痛地告解表明，「我已經變成病態的人！」此外，當湯英伸與哥哥搭乘計程車，開往臺北中山分局時，湯英伸即表明欲回到故鄉家中看看。

　　高神父表示當年就讀臺中一中時，「有些同學把我當牛馬一樣看待」；甚至於被罵成「番仔」，均令人感到難受。此外，在臺中一中的同學，如今在日本福岡大學教中文的劉三福，曾因「山胞的系服洗不乾淨」的言語羞辱而與人打架。此外，曹族姑娘安玉英，面對教官質疑言語，「聽同學的反應，你們山地人常常不洗澡……。」安玉英乃哭訴著說道，「不要把全部的錯，都往我們山地手身上戴啊！」還有，杜秀雲的父親給她一千元零用金，恰巧遇到宿舍有人掉錢，即被莫須有罪名栽贓成偷竊的贓物證據……等諸多原住民慘遭

種族歧視的實際案例。因此，山地部落的原住民老人曾言，諸多原住民年輕人在平地受到各種挫傷，即經由故鄉的呼喚，均選擇重新回到山上來。最後，還在阿碧口中呈現，特富野山村在「道路主任委員」湯保富的推波助瀾下，陸續完成部落的康莊大道與造橋工程。

黃小農在〈隱藏的陷阱──歧路上的職業介紹所〉報導文學中，描述當時臺灣早期社會的職業介紹所，即利用謀職者急於找工作的心情與困境，簡直將人當成貨物搾取著不當的財利；甚至逼迫純潔無知的青年淪落到苦痛無奈的深淵。因此，關於湯英伸事件，即同樣可歸諸於職業介紹所的不法所致。

江上成在〈冰凍的春天──悲劇前後的一家人〉中，關於湯英伸事件，乃以悲劇前後的翔翔洗衣店一家人為例，加以分析報導。當初喜好機械工藝的漢族老闆彭喜衡，特別向朋友拿一枝鐵鑄拔釘器，來拆除整修後留下的鐵釘和木條；卻始料未及此拔釘器，竟成為日後全家人悲劇的發生。